大清十二帝

最新整理珍藏版 本书编委会主编

清宫密档全揭秘 大清皇帝全纪实

皇帝是封建王朝政权和神权的象征，有着至高无上的权力。清朝作为专制主义中央集权发展的顶峰时期，其在位的十二位帝王上演了中国封建社会最后一幕历史大剧。

【学术顾问】汤一介 文怀沙

中国书店

一

中華藏書

大清十二帝
【最新整理珍藏版】

图书在版编目 (CIP) 数据

大清十二帝 /《大清十二帝》编委会编. -- 北京：
中国书店, 2011
　ISBN 978-7-80663-111-9
　Ⅰ. ①大… Ⅱ. ①大… Ⅲ. ①皇帝 — 生平事迹 — 中国
— 清代　Ⅳ. ①K827=49

中国版本图书馆 CIP 数据核字（2011）第 143423 号

大清十二帝(最新整理珍藏版)

责任编辑：钟　书
封面设计：郭英英
出版发行：中国书店
地　　址：北京市宣武区琉璃厂东街115号
邮　　编：100050
总 经 销：全国新华书店
印　　刷：北京楠萍印刷有限公司
开　　本：787 × 1092 毫米　1/16
印　　张：196.5
字　　数：3423千字
版　　次：2011 年 8 月第 1 版　第 1 次印刷
书　　号：ISBN 978-7-80663-111-9
定　　价：1560.00元（全6卷）

ISBN 978-7-80663-111-9

9 787806 631119 >

马背江山，开国英雄
——天命汗爱新觉罗·努尔哈赤

  清太祖努尔哈赤，伟大的政治家、军事家，女真族的杰出领袖，清朝政权的奠基人。纵观努尔哈赤的一生，他从25岁起兵，到生命结束，可以说是在马背上度过了44年的政治生涯。盘点他一生的历史贡献，举其大端，有统一女真各部，统一东北地区，制定满族文字。

  努尔哈赤在中华历史上开创了一个时代，由他奠基的大清帝国，发展到康乾盛世时，成为当时世界上人口最众多、幅员最辽阔、经济富庶、文化繁荣、国力强盛的大帝国。努尔哈赤作为大清帝国的奠基人，作为一个新时代的开创者，他统一女真、建立后金、抗击明军、夺取辽东的创举对清代历史产生了原生性的影响：播下了"康乾盛世"的种子。

文武双全，创业天下
——天聪汗爱新觉罗·皇太极

  爱新觉罗·皇太极，生于明万历二十年十月廿五，为清太祖努尔哈赤的第八子，在位17年（1626－1643年）。崇德八年（1643年）八月初九晚突然病故，年52岁。葬于沈阳昭陵（今沈阳市北陵公园北），庙号"太宗"。

  皇太极用其波澜壮阔的一生奋斗，为后来清军入关，定鼎北京，统一中原，奠定了基础，准备了条件。《清史稿·太宗本纪》中对皇太极的评价是："允文允武，内修政事，外勤讨伐，用兵如神，所向有功。"这个评论，大体公平。

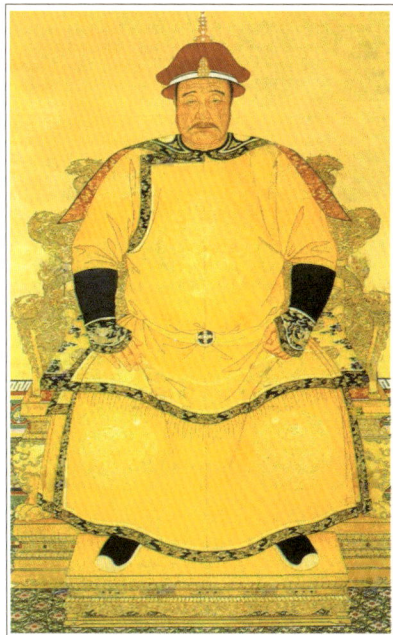

一心向佛，遁入空门
——清世祖顺治皇帝爱新觉罗·福临

  顺治帝福临，是清朝入关后的第一位皇帝。他是皇太极的第九子，生于崇德三年（1638年），崇德八年（1643年）在沈阳即位，改元顺治，在位18年。卒于顺治十八年（1661年），终年24岁，庙号"世祖"。

  和之前的两位帝王相比，顺治帝性格中少了几分英雄霸气，多了一丝少年柔情。与董鄂妃荡气回肠的爱情让他久久不能放下，转而消极厌世，遁入空门，最终匆匆走完了短暂的人生历程。他是清朝历史上唯一公开皈依禅门的皇帝。这就是一个真实的顺治，充满矛盾和复杂情结的顺治。

文韬武略，盛世帝王
——清圣祖康熙皇帝爱新觉罗·玄烨

  康熙帝名玄烨，是顺治的第三子，生于顺治十一年（1654年）。他是中国历史上在位时间最长的皇帝，在位61年。

  康熙自幼勤奋好学，文韬武略样样精通，智除鳌拜、撤除三藩、统一台湾、平定准噶尔叛乱等一系列军事行动中或御驾亲征，或决胜千里，充分展示了他的军事才能。慎选人才，表彰清官，修治河道，笼络汉族知识分子等行为，又反映了康熙是一个出色的政治家和睿智的君主。康熙皇帝在文治武功方面都创造了辉煌的成绩，为康乾盛世的到来奠定了坚实的基础。

治理天下，严谨名世
——清世宗雍正皇帝爱新觉罗·胤禛

雍正帝名胤禛，生于康熙十七年（1678年），是康熙的第四子。康熙六十一年，45岁的胤禛继承帝位，在位13年，死于圆明园。庙号"世宗"。

雍正是在康熙末年社会出现停滞的形式下登上历史舞台的。复杂的社会矛盾，为雍正提供了施展抱负和才干的机会。他有步骤地推行了多项重大改革，高瞻远瞩，又惟日孜孜，励精图治，在位十三年中取得了卓有成效的业绩，为后代的乾隆打下了扎实雄厚的基础，使"康乾盛世"在乾隆时期达到了顶峰。

雄才大略，诗人皇帝
——清高宗乾隆皇帝爱新觉罗·弘历

乾隆帝名弘历，生于康熙五十年（1711年），卒于嘉庆四年（1799年）。他是雍正的第四子，在位60年，退位后又当了三年太上皇，终年89岁。

如果说雍正是一位改革型皇帝，那么乾隆则是一位文化型皇帝。乾隆在文治方面做的事情很多，主要是编修文化典籍。乾隆不仅"崇文"，而且"宣武"。他的武功之一是用兵西陲，巩固新疆。乾隆帝是中国清代一位杰出的皇帝。他的前期统治推动了又一个封建盛世的到来。但其统治后期出现了更多的腐败没落现象，阻碍了中国社会发展的步伐。

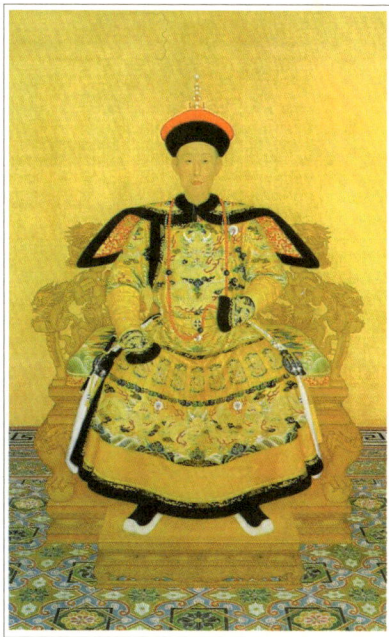

励精图治，无力回天
——清仁宗嘉庆皇帝爱新觉罗·颙琰

　　嘉庆帝颙琰，清高宗弘历的第十五子。生于乾隆二十五年（1760年），五十四年被封为嘉亲王，乾隆六十年登基，改元嘉庆，在位25年。卒于嘉庆二十五年（1820年），终年61岁。庙号"仁宗"。

　　嘉庆帝是一位励精图治的守成君主。他亲政后采取的一系列政策、措施，对于改变乾隆后期的种种弊政起了一定的作用，但不可能从根本上扭转大清的衰败颓势。从嘉庆帝个人来说，他始终开不出一副根治日趋严重的腐化和怠惰的药方，对一大批"尸禄保位"的官僚只能警告、恫吓，最终徒呼奈何而已，只能眼睁睁看着这个古老国家沿着衰败的道路滑下去。

俭廉勤政，鲜有作为
——清宣宗道光皇帝爱新觉罗·旻宁

　　道光帝名旻宁，清仁宗次子。年号道光，习称道光帝。在位31年（1820-1850年），道光三十一年崩于圆明园，终年67岁，庙号"宣宗"。

　　才智平庸的道光帝徒以俭德著称。他处于历史转折的关键时刻，"守其常而不知其变"。道光帝柄政30年，事必躬亲，朝纲独断，但内政事物，如吏治、河工、漕运、禁烟等均无起色。勤政图治而鲜有作为，正是他一生的悲剧所在。

苦命天子，内外交困
——清文宗咸丰皇帝爱新觉罗·奕詝

　　咸丰帝，名奕詝，1850年至1861年在位，道光十一年（1831年）生于北京圆明园，道光帝第四子，庙号"文宗"。

　　从一个帝王的角度来说，咸丰帝继位以后，重用汉族大臣，严惩贪污腐败，改革力度超过了嘉庆、道光两代君主。从个人际遇来说，在历代帝王之中，咸丰帝的命运差不多是最惨的一位。大清朝积累了二百多年的矛盾在他在位期间来了个总爆发，他用短暂的一生承担了下来，备尝艰辛，真可谓是"内外交困，苦命天子"。

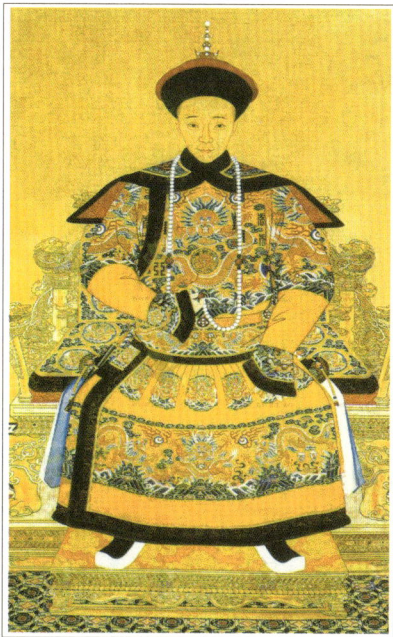

少年傀儡，因人成事
——清穆宗同治皇帝爱新觉罗·载淳

　　同治帝，名爱新觉罗·载淳，咸丰帝长子，咸丰六年（1856年）三月二十三日生于北京紫禁城储秀宫，他是清朝第八任皇帝。同治十三年十二月初五日崩于皇宫养心殿，终年19岁，庙号"穆宗"。同治帝为人任性，刚愎自用，是受制于慈禧太后，无所作为的傀儡皇帝。

　　一个六岁顽童，成为咸丰帝唯一的皇位继承人；一场宫廷政变，使皇太后登上了政治舞台；傀儡皇帝，听命于垂帘听政的母后；放荡生活，断送了十九岁的年轻生命，这可以说是同治一朝的缩略写照。

囚徒皇帝，郁郁而终
——清德宗光绪皇帝爱新觉罗·载湉

光绪，清朝第十一位皇帝，也是清军入关以来第九位皇帝，年号光绪。同治十年六月二十八日生于北京太平湖畔醇亲王府邸，为醇亲王奕譞第二子，在位34年（1875-1908年）。光绪三十四年十月二十一日崩于中南海瀛台涵元殿内，终年38岁。庙号"德宗"。

光绪帝作为衰世皇帝，英姿勃发，维新变法，力搏狂澜，拯救中华，但还是没有扭过慈禧太后。慈禧太后的独断专横造就了他逆来顺受的软弱性格，加上当时的情势，使他不敢也不能与太后彻底决裂。所以造成了国家的悲剧，同时也造成了光绪个人的悲剧。

见证历史，归入民间
——清宣统皇帝爱新觉罗·溥仪

一声叹息，末代皇帝，风风火火，糊糊涂涂。这可以说是末代皇帝溥仪前半生的真实写照。可是他的后半生，却发生了翻天覆地的变化，经过人民政府改造，溥仪的思想发生了巨大的转变，他忘却了往昔的皇帝身份，走向了平民，过上了普通老百姓的生活，并找到了自己的黄昏伴侣。

见证了历史的变迁，归入寻常百姓家，这就是末代皇帝的一生。这样的变化和溥仪自己的努力是分不开的。正如他曾经说过，"皇帝，这是我认为最可耻的称号，自豪的是我今天成了一名中国公民。"

从十二帝看大清朝　再现有故事的清史

——《大清十二帝》最新整理珍藏版出版前言

　　清朝作为中国历史上最后一个封建专制的王朝,其绵延二百多年的统治在中国历史上上演了中国封建社会的最后一幕历史大剧。

　　皇帝是封建王朝政权和神权的象征,是王朝的最高统治者,有着至高无上的权力。清朝作为专制主义中央集权发展的顶峰时期,皇帝掌军国大权,举凡军事、政治、经济、科举、法制、外交等方面的大政方针无不由他决定。皇帝与这个朝代的兴亡,有着十分密切的关系,所谓"一言兴邦,一言废邦",并不完全是夸张之言。

　　大清王朝是由女真族(满族)建立起来的封建王朝,是中国历史上继元朝之后第二个由少数民族建立起来的统一政权,从顺治元年(1644)清兵入关到1912年中华民国成立,清帝退位,清王朝统治历时268年。清王朝处于封建社会晚期,盛衰隆替,风云变幻,它的崛起为封建社会注入了新的生机,它的衰落又导致了封建社会的瓦解。在这期间,清朝共有延续十二个皇帝——入关前两帝:努尔哈赤和皇太极;入关后十帝:顺治,康熙,雍正,乾隆,嘉庆,道光,咸丰,同治,光绪,宣统。在这个特定的大清王朝历史时期中的十二位皇帝,自然有治世之帝,也有平庸之君。

　　努尔哈赤与皇太极是清入关前的两位帝王,他们英勇善战,金戈铁马,训练八旗,为清朝定鼎中原奠定了坚实基础,可谓马背上下均可治理国家。顺治作为清军入关后的第一位帝王,他亲政后迅速接受了汉文化与中华文明,发展了生产力,为大清王朝康雍乾百年盛世的到来奠定了基础。继之而来的康熙、雍正、乾隆三位帝王,把中国社会带入了空前繁荣的阶段,使清朝成为当时疆域辽阔、政治统一、经济兴盛的强国。康熙大帝被誉为"千古一帝";雍正帝以铁腕治国,真正实现了"以一人治天下"的家天下理想;乾隆帝则一改其父风格,温婉治国,同样做出了非凡的成就。自嘉庆以后,经道光、咸丰、同治、光绪历代,清朝逐渐走向衰落。此时的大清朝已是积重难返,内忧外患:太平天国、鸦片战争、八国联军,大清王朝面临着空前的危机。这几位帝王都力图采取措施,企盼王道中兴,尤其是光绪的百日维新,但终究挡不住历史发展的滚滚车轮。溥仪登基不到三年,辛亥革命爆发,他也由此成为中国历史上最后一位君主。他的退位,标志着清王朝统治的结束,结束了统治中国长达两千多年的封建君主专制制度。

《大清十二帝》(最新整理珍藏版)选取在清朝近 300 年历史中出现的十二位帝王来切入历史。他们有的具有开创之功,有的具有守成之力,有的经历了民族大发展的高峰,有的奋起于国家危亡的低谷,有的消沉在无奈悲歌中,有的堕落在盛世赞歌里。在中华民族走过千年兴盛、百年屈辱历史后的今天,研究这些帝王无疑具有重要的现实意义。

《大清十二帝》(最新整理珍藏版)用流畅、浅显的语言将十二位帝王的一生娓娓道来,从政治生涯、一生大事记、家庭成员、重要辅臣、生活逸事等版块将他们修身齐家治国平天下的智慧和爱恨情仇、生离死别展现给读者,使读者能够对各位帝王有一个相对完整的印象;另一方面又以历史为线索,围绕治与乱、生与死、得与失、情与爱的矛盾,真实地揭示了清朝历史和清朝列帝的内在联系,展示出大清王朝兴衰、成败、治乱、福祸的脉络,趣味性地透视出有血有肉、云谲波诡的历史风云。

《大清十二帝》(最新整理珍藏版)采用新颖的观点,通过简明、精练的文字内容,立体、真实地评价了清代各位帝王,深刻揭示出中国古代社会繁荣衰败的内在规律,诠释了历史嬗变兴替的过程。温故而知新,是为了使历史更好地服务于当代。

《大清十二帝》(最新整理珍藏版)编委会

目　录

第一卷　马背江山，开国英雄
——天命汗爱新觉罗·努尔哈赤

第二卷　文武双全，创业天下
——天聪汗爱新觉罗·皇太极

第三卷 一心向佛，遁入空门
——清世祖顺治皇帝爱新觉罗·福临

中华藏书 大清十二帝·最新整理珍藏版

第四卷　文韬武略，盛世帝王
——清圣祖康熙皇帝爱新觉罗·玄烨

第五卷　治理天下，严谨名世
——清世宗雍正皇帝爱新觉罗·胤禛

第六卷　雄才大略，诗人皇帝
——清高宗乾隆皇帝爱新觉罗·弘历

第七卷　励精图治，无力回天
——清仁宗嘉庆皇帝爱新觉罗·颙琰

第八卷　俭廉勤政，鲜有作为
——清宣宗道光皇帝爱新觉罗·旻宁

第九卷 苦命天子，内外交困
——清文宗咸丰皇帝爱新觉罗·奕詝

第十卷 少年傀儡，因人成事
——清穆宗同治皇帝爱新觉罗·载淳

第十一卷　囚徒皇帝，郁郁而终
——清德宗光绪皇帝爱新觉罗·载湉

第十二卷　见证历史，归入民间
——清宣统皇帝爱新觉罗·溥仪

第 一 卷

马背江山，开国英雄

——天命汗爱新觉罗·努尔哈赤

努尔哈赤大事记

1559 年，即明世宗嘉靖三十八年，努尔哈赤出生于建州左卫苏克素护部赫图阿拉城（后改称兴京，今 中国辽宁省抚顺市新宾县）。祖父觉昌安（明代译作叫场）、父塔克世（明代译作他失）为建州左卫指挥，母为显祖宣皇后。在当时的东北地区，辽东总兵李成梁的部队是最主要的军事力量。他利用女真各部落之间以及和其他民族部落之间的矛盾纵横捭阖，以控制局势。

1574 年，即明万历二年，明朝建州右卫指挥使王杲（努尔哈赤的外祖父）叛明被李成梁诛杀。王杲的儿子阿台章京得以逃脱，回到古勒寨（今新宾上夹河镇古楼村）。

1583 年，即明万历十一年，李成梁攻打古勒寨。觉昌安、塔克世进城去探望，因战事紧急被围在寨内。建州女真苏克素浒河部图伦城的城主尼堪外兰在李成梁的指挥下诱阿太开城，攻破古勒寨之后屠城，觉昌安、塔克世也未能幸免。努尔哈赤和他的弟弟舒尔哈齐在败军之中，因仪表不凡，被李成梁的妻子放走。努尔哈赤归途中遇到额亦都等人拥戴，有十三副盔甲作为装备。他回到建州之后，明朝军队归还努尔哈赤的祖、父遗体，并给他"敕书三十道，马三十匹，封龙虎将军，复给都督敕书"。

1584 年，即明万历十二年，努尔哈赤率领部众去攻打尼堪外兰，攻克图伦城，尼堪外兰逃走到鹅尔浑。

1587 年，努尔哈赤攻克鹅尔浑，尼堪外兰逃到明朝领地。努尔哈赤请求明边吏押还尼堪外兰，并将他处死。

1587 年，努尔哈赤在"建州老营"的废址上建城，该城在 1621 年后金迁都辽阳后被称为佛阿拉，即"旧老城"（今新宾县永陵镇二道村）。

1599 年努尔哈赤采用了蒙古文字而为满语配上了

字母。

1601年努尔哈赤去北京向明朝朝贡。

1603年努尔哈赤迁都到赫图阿拉。

1616年，即明万历四十四年，努尔哈赤在赫图阿拉称"覆育列国英明汗"，国号"大金"（史称后金），成为后金大汗。此时的努尔哈赤已经侵占了大部分女真部落。

1618年明万历四十六年，因为努尔哈赤认为明朝朝廷偏袒女真叶赫部而心生不忿的缘故，愤然颁布"七大恨"，起兵反明。

1619年三月，明征集十四万军队讨伐努尔哈赤。努尔哈赤掌握有利战机，集中兵力，在萨尔浒之战，大败明军，歼灭明军约六万人，取得了决定性的胜利。

1621年努尔哈赤迁都辽阳，兴建东京城。

1622年，天启二年即天命七年，努尔哈赤大败辽东经略熊廷弼和辽东巡抚王化贞，夺取明辽西重镇广宁（今辽宁北宁市），熊廷弼兵败被斩，王化贞下狱论死。

1625年努尔哈赤迁都沈阳。

1626年1月，努尔哈赤发起宁远之战，明朝守将袁崇焕以葡萄牙制的红夷大炮击败之，兵退盛京（沈阳）。

1626年4月，努尔哈赤又亲率大军，征蒙古喀尔喀，"进略西拉木轮，获其牲畜"。

1626年5月，明将毛文龙进攻鞍山，努尔哈赤回师盛京。

1626年7月中旬，努尔哈赤身患毒疽，七月廿三前往清河汤泉疗养，八月初七，大渐，十一日，乘船顺太子河而下，病逝于瑷福陵隆恩门鸡堡，终年六十八岁，葬于沈阳福陵（今沈阳东陵），庙号"太祖"。

家庭成员

祖先

始祖：布库里雍顺，母曰佛库伦，相传感朱果而孕。稍长，定三姓之乱，众奉为贝勒，居长白山东俄漠惠之野俄朵里城，为其部族定名为满洲。满洲自此开始。元政府其地置军民万户府，明初置建州卫。

越数世，布库里雍顺之族不善抚其众，众叛，族被戕，幼子范察幸免一死。

又数世，至都督孟特穆，是为肇祖原皇帝，有智略，谋恢复，歼其仇，且责地焉。於是肇祖移居苏克苏浒河赫图阿喇。

世祖：孟特穆，追尊肇祖原皇帝。

充善之母，追尊原皇后。

肇祖有两个儿子：长子充善，次子褚宴。

充善有三个儿子：长子妥罗，次子妥义谟，次子锡宝齐篇古。

锡宝齐篇古有一个儿子：都督福满，是为兴祖直皇帝。

曾祖父：福满，兴祖直皇帝。

觉昌安之母，追尊直皇后。

兴祖有六个儿子：长子德世库，次子刘阐，次子索长阿，次子觉昌安，是为景祖翼皇帝，次子包朗阿，次子宝实。

祖父：觉昌安，追尊景祖翼皇帝。

塔克世之母，追尊翼皇后。

景祖继承祖业，居赫图阿喇。诸兄弟各筑城，近者五里，远者二十里，环卫而居，通称宁古塔贝勒，是为六祖。

景祖有五个儿子：长子礼敦；次子额尔衮；第三子界堪；第四子塔克世，是为显祖宣皇帝；第五子塔察篇古。

父母

父亲：塔克世，追尊显祖宣皇帝。

显祖有五个儿子，太祖其长也。母喜塔喇氏，是为宣皇后。孕十三月而生。是岁己未，明嘉靖三十八年也。

生母：喜塔喇氏，都督阿古之女。追尊宣皇后。

继母：纳喇氏。

庶母：李佳氏，古鲁礼之女。

兄弟

努尔哈赤有多个弟弟。

二弟，爱新觉罗·穆尔哈齐。母为塔克世之妾李佳氏，异母弟。多罗勇壮贝勒。

三弟，爱新觉罗·舒尔哈齐。母为宣皇后喜塔喇氏，同母弟。庄亲王。

四弟，爱新觉罗·雅尔哈齐。母为宣皇后喜塔喇氏，同母弟。通达郡王。

五弟，爱新觉罗·巴雅齐。母为塔克世次福晋纳喇氏，异母弟。

后妃

据文献记载，努尔哈赤共有 16 个妻妾。《清史稿》上记载努尔哈赤共有 14 位妻妾，未记载从殉的两位庶妃。

满族早期实行一夫多妻多妾制，但与汉族的一夫一妻多妾制不同。大福晋和侧福晋都是妻，都有正式的名分，都称为福晋，侧福晋只比大福晋的地位略低；小福晋和格格、滕妾、婢妾等都是妾，都没有名分，庶福晋仅是对她们的尊称而已，地位远低于大福晋和侧福晋。大福晋和侧福晋等妻所生子女都属嫡出，地位高；小福晋和格格、媵妾、婢妾等妾所生子女属庶出，地位较低，远低于大福晋和侧福晋的子女。

皇后（追封 2 位）

孝慈高皇后，叶赫那拉氏，名孟古。叶赫贝勒杨吉努之女，叶赫贝勒纳林布禄（那林孛罗）、金台什（金台失）之妹。明万历三年乙亥生。十六年九月嫁努尔哈赤为侧福晋。三十一年癸卯九月二十七日薨，年二十九。崇德元年四月，皇太极追封其母为孝慈武皇后，谥号曰孝慈昭宪纯德真顺承天育圣武皇后。顺治元年九月，升祔太庙。康熙元年四月，将太祖谥号由"武"改为"高"，即为孝慈高皇后；雍正、乾隆累加谥，曰孝慈昭宪敬顺仁徽懿德庆显承天辅圣高皇后。祔葬福陵。有一个儿子，皇八子皇太极，即清太宗。

孝烈武皇后，大妃乌拉那拉氏，名阿巴亥。乌拉贝勒满泰之女。明万历十八年庚寅生。二十九年十一月，其叔父贝勒布占泰（卜占台）送她嫁给努尔哈赤为侧福晋。前一任大福晋去世后，立为大福晋。三继（或四继）大福晋，是最后一任大福晋。天命十一年八月十一日，太祖崩；次日，大妃以身殉，年三十有七。顺治七年八月，多尔衮追封其母为孝烈武皇后，谥曰孝烈恭敏献哲仁和替天俪圣武皇后，升祔太庙。八年二月，因多尔衮得罪，罢皇后名份，夺谥号、黜庙享。孝烈武皇后有三个儿子，皇十二子阿济格，皇十四子多尔衮，皇十五子多铎，史称太祖大妃。

册封之妃（1 位）

寿康妃，博尔济吉特氏。蒙古科尔沁贝勒、后封炳图郡王孔果尔之女。明万历四十三年正月嫁努尔哈赤为侧福晋。顺治十八年十月，康熙帝尊封为皇曾祖寿康太妃，行册封礼。康熙四年十二月二十五日薨，以妃礼葬福陵之右。无子女。

大妃（大福晋、正妻）（2位）

元妃，佟佳氏，名哈哈纳扎青。塔本巴晏之女。努尔哈赤入赘。元配嫡福晋，为第一任大福晋。子二，皇长子褚英；皇次子代善。女一，皇长女，嫁董鄂氏何和礼，称东果格格，封固伦公主。史称太祖元妃。

继妃，富察氏，名衮代，莽塞杜诸之女。初嫁努尔哈赤三祖索长阿孙威准，生子昂阿拉。万历十三年复嫁努尔哈赤，继室大福晋，为第二任大福晋，史称太祖继妃。天命五年二月，以窃藏金帛，迫令自尽（一说，被其子莽古尔泰所杀），葬福陵之外。有两个儿子，皇五子莽古尔泰，皇十子德格类。一个女儿，皇三女，名莽古济。

侧妃（侧福晋）（4位）

侧妃，伊尔根觉罗氏。札亲巴晏之女，生卒年不详。有一个儿子，皇七子阿巴泰。一个女儿，皇次女，名嫩哲。

侧妃，叶赫那拉氏。叶赫贝勒杨吉努之女，孝慈高皇后之妹。明万历三十八年嫁努尔哈赤为侧福晋。生卒年不详。有一个女儿，皇八女，名聪古伦，封和硕公主。

侧妃，科尔沁博尔济吉特氏，蒙古科尔沁贝勒明安之女。太祖闻其贤，往聘之，明万历四十年壬子正月嫁努尔哈赤为侧福晋。顺治元年二月卒，无子女。

侧妃，哈达那拉氏。哈达部贝勒（都督金事）扈尔干之女。明万历十六年戊子四月，扈尔干遣子岱善送之来嫁努尔哈赤为侧福晋。生卒年不详。无子女。

庶妃（妾）（7位）

庶妃，包括小福晋、格格、媵妾、婢妾等，都没有名分。其中生育子女者才能成为小福晋，所生子女属庶出。

庶妃，兆佳氏。喇克达之女，生卒年不详。有一个儿子，皇三子阿拜。

庶妃，钮祜禄氏。博克瞻之女，生卒年不详。有两个儿子，皇四子汤古代，皇六子塔拜。

庶妃，嘉穆瑚觉罗氏，名真哥。贝勒浑巴晏之女。生卒年不详。有两个儿子，皇九子巴布泰；皇十一子巴布海。三个女儿，皇四女，名穆库什；皇五女，嫁达启；皇六女，嫁苏纳。

庶妃，西林觉罗氏。奋杜里哈斯祜之女，生卒年不详。有一个儿子，皇十三子赖慕布。

庶妃，伊尔根觉罗氏，察弼之女。有一个女儿，皇七女，封乡君品级，嫁鄂托伊。

庶妃，名德因泽。姓氏不详，殉太祖。

庶妃，名阿济根。姓氏不详，殉太祖。

子女

皇子（16人）

皇长子，爱新觉罗·褚英，废太子，追封广略贝勒。母为元妃佟佳氏。

皇次子，爱新觉罗·代善，封礼烈亲王。母为元妃佟佳氏。

皇三子，爱新觉罗·阿拜，镇国勤敏公。母为庶妃兆佳氏。

皇四子，爱新觉罗·汤古代，镇国克洁将军。母为庶妃钮祜禄氏。

皇五子，爱新觉罗·莽古尔泰。母为继妃富察氏。

皇六子，爱新觉罗·塔拜，辅国悫厚公。母为庶妃钮祜禄氏。

皇七子，爱新觉罗·阿巴泰，饶馀敏郡王。母为侧妃伊尔根觉罗氏。

皇八子，爱新觉罗·皇太极，清太宗。母为孝慈高皇后叶赫那拉氏。

皇九子，爱新觉罗·巴布泰，镇国恪僖公。母为庶妃嘉穆瑚觉罗氏。

皇十子，爱新觉罗·德格类。母为继妃富察氏。

皇十一子，爱新觉罗·巴布海。母为庶妃嘉穆瑚觉罗氏。

皇十二子，爱新觉罗·阿济格，罢英亲王。母为大妃乌拉那拉氏。

皇十三子，爱新觉罗·赖慕布，辅国介直公。母为庶妃西林觉罗氏。

皇十四子，爱新觉罗·多尔衮，睿忠亲王，追封成宗义皇帝，后罢。母为大妃乌拉那拉氏。

皇十五子，爱新觉罗·多铎，豫通亲王。母为大妃乌拉那拉氏。

皇十六子，爱新觉罗·费扬果，黜宗室。母不详。

公主（8人，养女2人）

皇长女（1578—1652），称东果公主，封固伦公主，谥固伦端庄公主。生母为清太祖元妃佟佳氏哈哈纳札青。明万历六年（1578）二月二十二日生。不仅是长女，而且是努尔哈赤诸子女中之最长者。长子褚英与次子代善是她的同母弟弟。明万历十六年（1588）嫁董鄂氏何和礼，时年十一。因此称东果公主或东果格格。顺治九年（1652）七月卒，年七十五。康熙五十五年（1715）追谥端庄，即为固伦端庄公主。其夫何和礼，明嘉靖四十年（1561）生。26岁时袭其兄位为董鄂部首领。明万历十六年（1588）投附努尔哈赤，当时已有妻子，努尔哈赤复以长女嫁之，可见努尔哈赤对何和礼的重视。何和礼是后金的开国元勋之一，后金政权建立后封为一等大臣，为参决军国大事的开国五大臣之一。后金天命年间授世职三等总兵官。天命九年（1624）八月卒，年六十四。何和礼作为清王朝的开国元勋，死后亦受到很高礼遇。清太宗时，追封何和礼为三等子。顺治十一年（1654），追谥曰温顺，并勒石记功，内有"追述往事，轸念前勋"，称赞何和礼"乃能益励忠诚，封疆攸赖，始终尽瘁克襄王室"。雍正八年（1729），加封号勇勤。他有六个儿子，次子多积礼、第四子和顾图、第五子都类，在清朝初年皆有作为。其中第五子都类为公主所出。

皇次女（1587—1646），名嫩哲，称沾河公主，封和硕公主。生母为清太祖侧妃伊尔根觉罗氏，是第七子阿巴泰的同母姐姐。明万历十五年（1587）生。据唐邦治先生考证，此女先嫁巴图鲁伊拉喀，后被伊拉喀遗弃，努尔哈赤杀死了伊拉喀。在天命年间又将此女嫁给早年投附的沾河部杨书之子郭尔罗氏达尔汉，因此称沾河公主或沾河格格。顺治三年（1646）七月卒，年六十。达尔汉，明万历二十二年（1594）生，比嫩哲格格小7岁。天聪年间，达尔汉为满洲镶黄旗固山额真，为八大臣之一，积功封至一等子，官都统。崇德六年（1641）十月因争功被撤销固山额真职分并夺其世职。顺治元年（1644）卒，年五十一。

皇三女（1590—1635），名莽古济，称哈达公主，未正式册封，待遇视固伦公主，后革公主称号，削宗籍。生母为清太祖继妃富察氏衮代，第五子莽古尔泰、第十子德格类、第十六子费扬古是她同母兄弟。明万历十八年（1590）生。二十九年（1601）嫁给哈达部纳喇氏吴尔古代（龙虎将军孟格布禄之子），时年十二，因此称哈达公主或哈达格格。天命末年，吴尔古代卒。天聪元年（1627）复嫁给蒙古敖汉部博尔济吉特氏琐诺木杜凌，赐以开原之地。九年（1635）莽古济因骄暴被削除格格称号而为民，并且禁止其与亲属往来。是年又被属下家权冷僧机告发，揭发她曾与同母兄弟莽古尔泰、德格类一起盟誓谋逆夺权，其丈夫琐诺木杜凌并出证，结果被处死。与吴尔古代生两女，一女嫁豪格为嫡福晋，后被豪格杀死；另一女嫁岳托为继福晋，后为岳托殉葬。

皇四女（1595—1659），名穆库什，革和硕公主。生母为清太祖庶妃嘉穆瑚觉罗氏，与第九子巴布泰、第十一子巴布海、第五女、第六女为同母兄妹。明万历二十三年（1595）生。三十六年（1608）嫁海西女真乌拉部贝勒纳喇氏布占泰，时年十四。随着布占泰与努尔哈赤矛盾的加深，万历四十年（1612）布占泰欲射以鸣镝，努尔哈赤率兵将其接回。后复嫁后金开国元勋巴图鲁钮祜禄氏额亦都，生额亦都第十六子遏必隆，第十七子索索浑费扬古，殇。还生一女钮祜禄氏，嫁褚英的第三子尼堪。额亦都去世后，再嫁额亦都第八子钮祜禄氏图尔格。图尔格，生于明万历二十四年（1596）。崇德初，穆库什封和硕公主。崇德二年（1637），其女因嫁尼堪未生育，将女仆之女冒为己生。事情暴露后，穆库什被革除和硕公主称号，图尔格也被免职。是年穆库什与图尔格离异，由其同母兄弟巴布泰、巴布海养赡。图尔格后因军功复职，积功晋升三等公，顺治二年（1645）卒。顺治十六年（1659）五月，穆库什卒，年六十五。

皇五女（1597—1613），无封。努尔哈赤庶妃嘉穆瑚觉罗氏为其生母，与第九子巴布泰、第十一子巴布海、第四女穆库什、第六女同母。明万历二十五年（1597）生。三十六年（1608）嫁后金开国元勋巴图鲁额亦都之次子达启为妻，时年十二。达启自幼即受到努尔哈赤的钟爱，恃宠而骄，成为额驸后，更是骄横，经常在努尔哈赤诸子面前行止无礼。额亦都虽多次训斥，但始终不改。为正门庭，是年额亦都将达启杀死。明万历四十一年（1613），皇五女卒，年十七。

皇六女（1600—1646），无封。生母为清太祖庶妃嘉穆瑚觉罗氏，与第九子巴布泰、第十一子巴布海、第四女穆库什、第五女同母。明万历二十八（1620）生。四十一

中華藏書

大清十二帝·最新整理珍藏版

中国书店

年（1613）嫁海西女真叶赫部纳喇氏苏鼐，时年十四。苏鼐曾官至都督，后金天聪九年（1635）因故革去世职。崇德五年（1640）卒。第六女于顺治三年（1646）卒，年四十七。

皇七女（1604—1685），封乡君品级。生母为努尔哈赤庶妃伊尔根觉罗氏。明万历三十二年（1604）三月初十日生。大金朝天命四年（1619）嫁给骑都尉纳喇氏鄂托伊，时年十六。崇德六年（1641）鄂托伊阵亡。第七女乡君于康熙二十四年（1685）卒，年八十二。

皇八女（1612—1646），名聪古伦，封和硕公主。生母为努尔哈赤侧妃叶赫纳喇氏。明万历四十年（1612）十二月初七日生。天命十年（1625）嫁蒙古喀尔喀部台吉博尔济吉特氏固尔布锡，时年十四。固尔布锡于天命八年（1621）投附努尔哈赤，授二等子，并赐号青卓礼克固，十年（1625）又将幼女嫁给他。天聪年间为兵部承政。顺治七年（1650）晋一等子。八年（1651）坐罪削爵，晚年复爵，十八年（1661）卒，年六十五。聪古伦于顺治三年（1646）二月卒，年三十五。

养女，名荪岱，称巴约特格格，封和硕公主。努尔哈赤之弟舒尔哈齐的第四女，生母为舒尔哈齐继福晋瓜尔佳氏。明万历十八年（1590）六月二十一日生。后金天命初年努尔哈赤将其收养宫中，封为郡主，称和硕格格。天命二年（1617）嫁蒙古喀尔喀部巴约特台吉博尔济吉特氏恩格德里，时年二十八。因此称巴约特格格或巴约特公主。她是爱新觉罗皇室中第一个下嫁到蒙古的公主，从此拉开了满蒙两族长达三百年的联姻历史。恩格德里于万历二十三年（1605）投附努尔哈赤，天命二年（1617）娶公主。天聪九年（1635）迁居东京辽阳，后封三等子，崇德元年（1636）卒。公主在天聪九年晋封为和硕公主。顺治六年（1649）四月公主去世，年六十。

养孙女，名肫哲，封和硕公主。是努尔哈赤从子（侄子，弟舒尔哈齐第四子）恪僖贝勒图伦之次女。明万历四十年（1612）七月十六日生，天命年间努尔哈赤抚养宫中。天命十一年（1626）15岁时嫁给蒙古科尔沁部台吉博尔济吉特氏奥巴。天聪六年（1632）奥巴去世，复嫁给蒙古土谢图亲王巴达礼。崇德二年（1637），皇太极遣使封其为和硕公主。顺治五年（1648）卒，年三十七。

重要辅臣

额亦都

介绍名片

额亦都（1562—1621），姓钮祜禄氏，隶满洲镶黄旗，世代生活在长白山，为清开国五大功臣之一，其他四大臣为何和礼、费英东、安费扬古和扈尔汉。他的先祖名叫阿陵阿拜颜，父亲名叫都陵阿巴图鲁。康熙朝重臣遏必隆的父亲，孝昭仁皇后的祖父。

一生简历

清太祖努尔哈赤在统一女真的战争中，之所以能屡战屡胜，所向披靡，就是因为他手下有三员为他出生入死的强将，其中最受努尔哈赤器重的、视其为股肱的就是出身于显赫的钮祜禄氏，被努尔哈赤赐以"巴图鲁"（能征善战的英雄）称号的额亦都。

额亦都出生于雄踞乡里的富贵之家，因此遭到嫉妒。在他小的时候，父母被仇人所杀，额亦都躲在邻村得以幸免。十三岁那一年，他亲手杀死杀害父母的仇人，报了深仇大恨，然后逃到姑姑家。他的姑父是嘉木瑚寨的寨主穆通阿，有一个儿子哈思护，比额亦都大两岁，与额亦都非常投缘，待他如亲兄弟一样，两人一起玩乐，度过了少年时代。

在以后的几年中，额亦都与哈思护或射猎于山林中，或驰马于原野上，过着无忧无虑的生活。而与此同时，建州女真却发生了一件大事，古勒城主阿太被明朝总兵李成梁攻击，阿太是努尔哈赤伯父礼敦的女婿，得知这个消息后，努尔哈赤的爷爷觉昌安就带着儿孙们前去营救孙女和孙女婿。而叶赫部贝勒尼堪外兰引明朝大军引诱阿太打开城门，明军如潮水般涌入古勒城中，残忍地将全城的男女老幼全部杀死，觉昌安和努尔哈赤的父亲塔克世也被杀害。努尔哈赤和弟弟舒尔哈齐也在乱军中被俘，李成梁的妻子见他们兄弟二人相貌非凡，将来一定是英雄人物，便暗地里将他们放跑了。

明万历八年（1580）努尔哈赤兄弟俩逃到了嘉木瑚，借宿在穆通阿家，与额亦都谈得十分投机。额亦都十分欣赏努尔哈赤的领袖气度，告诉姑姑要跟努尔哈赤出去闯世界，可是他的姑母与姑父因惧怕明朝和叶赫而反对。他说："大丈夫生活在世间，就要干出一番轰轰烈烈的事业，决不能碌碌无为。这番出走，我决不会做让姑姑为难的事，请姑姑放心。"于是十九岁的额亦都就跟从二十二岁的努尔哈赤走了。这一走，额亦都终身都未与努尔哈赤分离，护卫左右，折冲御侮，成为努尔哈赤最为得力的部将。

努尔哈赤回到自己的部族中，当时家中只有父亲塔克世留下的十三副盔甲，他的族人五城城主龙敦等人因惧怕明朝，打算杀死努尔哈赤向明朝请功，于是遣人半夜里袭击努尔哈赤，被额亦都抓住，以后的几次袭击也都因为额亦都等人的保护而失败。努尔哈赤被族人憎恨，多次被欺负侮辱，有一次，族人甚至把箭射进他的屋里，但由于额亦都的保护，每次都化险为夷。

万历十一年（1583）努尔哈赤以祖父十三副遗甲起兵，前往进攻仇人尼堪外兰的城堡图伦，额亦都身先士卒，登上图伦城墙。随后又在对色克济，舒勒克占布等城的战役中立下战功。

万历十五年（1587）额亦都领兵攻巴尔达城，大军行进到浑河因大水而受阻，他命令士兵把绳子系在身上，鱼贯而渡。到达巴尔达城已是深夜，利用夜色掩护，率先登城，守城兵士惊起，箭如雨下，额亦都身受伤五十余处，坚持拼杀，不肯退却，最终攻下坚城。努尔哈赤亲自出郊迎接凯旋的英雄额亦都，设宴慰劳，将俘虏全部赐予他，赐号"巴图鲁"（意为英雄）。

在对萨克察的战役中，额亦都率军连下克尼玛兰城，索尔瑚寨，再立头功。建州边界上有个名叫科什的盗马贼，力大无比，经常偷盗马匹，额亦都单骑追上了科什，将他杀死夺回了马匹。佳穆瑚的贝辉巴颜背叛建州投降了哈达，额亦都将其父子五人斩杀。

万历二十一年（1593），叶赫部联合了扈伦三部（乌拉，哈达，辉发），蒙古三部（科尔沁，锡伯，卦尔察），长白山两部（纳殷，朱舍里）共九部三万联军进犯建州，努尔哈赤陈兵于己于古哷山，额亦都率一百人向九部发起挑战，九部中的叶赫部贝勒布斋应战，额亦都奋力斩敌九人，布斋胆怯逃回，因马撞到树上而摔下来，被赶上的建州士兵乌淡斩杀。布斋被杀九部兵马群龙无首，乱作一团，建州兵马趁势发动进攻，科尔沁贝勒明安的马陷到了泥坑里，换了一匹没有鞍的马就继续逃走。九部兵马大败，被俘虏的人不计其数，额亦都带兵乘胜追击，占领了叶赫的诺赛和兆佳两个村庄，并抓主了乌拉部贝勒的弟弟布占泰。

10月，额亦都同理事大臣噶盖带领千人攻打长白山部的纳殷路，原来纳殷路长搜稳塞克什在九部大败后回到本部，将他手里的七个村寨全部安扎在斩佛多和山上，打算利用山势的险峻继续与努尔哈赤对抗，额亦都等人围山几个月，双方僵持不下。

翌年三月，即公元1594年3月，额亦都率领勇士百人从悬崖爬上山，纳殷兵促不急防，死伤无数，搜稳塞克什也被杀死，纳殷路被消灭。额亦都得胜回师，努尔哈赤十分高兴，把自己的战马赐给了他。

万历二十七年（1599）额亦都从努尔哈赤攻哈达，哈达灭亡。万历三十年（1607）额亦都、费英东、何和礼等从努尔哈赤攻东海渥集部瓦尔喀，九月灭辉发。

随着时间的推移，出生入死的友谊，使额亦都与努尔哈赤的关系更加亲密，大约就在这期间，他曾将自己的女儿许配给努尔哈赤八子皇太极，是为元妃钮钴禄氏，至万历三十九年（1611），已为皇太极生下一子名洛博会，但不久便夭亡。

1610年11月，额亦都奉命招抚渥集部的那木都禄，绥芬河，宁古塔，尼玛察四路，招降了路长康果哩等十九人，在回师的途中还击败了雅兰路，俘虏了上万人。

万历三十九年（1611），又与何和礼、费英东等出征渥集部虎尔哈，万历四十一年（1613）灭乌拉。至此海西四部都归入努尔哈赤麾下。

在统一女真各部和对明作战过程中，几乎每一次大的战役，额亦都均未漏下并屡立军功，努尔哈赤视之为股肱之臣，先将族妹嫁给他，继而又以公主妻之，额亦都成为努尔哈赤的女婿。万历四十三年（1615）努尔哈赤定八旗旗制，额亦都隶镶黄旗。次年建国号后金，他与费英东、何和礼、费扬古、扈尔汉等共为顾命五大臣，由额亦都、费扬古两巴图鲁主军事，费英东为大扎尔固齐（扎尔固齐，蒙语断事官之意，大即长），主刑政，扈尔汉主扈从，并辅何和礼参与执政。五大臣或为努尔哈赤的养子或为努尔哈赤的女婿，都是文武兼备的强有力人才。额亦都称"达拉哈吓"，累官至左翼总兵官，一等大臣，所部有三个世管牛录，分隶镶黄旗和正白旗。

天命元年（1616），努尔哈赤建后金，额亦都被任命为听政五大臣之一，努尔哈赤训谕他们要秉志公诚，励精图治。额亦都谨遵上言，更加勤勤恳恳，鞠躬尽瘁。

天命二年（1617），额亦都奉命偕同安费扬古进攻明马根单、花豹冲、三岔儿城堡，皆攻克。

天命四年（1619），明为控制努尔哈赤的势力，派经略杨镐率六总兵杜松、王宣、刘蜓、马林、赵梦麟和李如柏，统兵20余万，分四路进攻建州，史称萨尔浒之战。努尔哈赤命大贝勒代善率其他诸贝勒先往抚顺一线抵御杜松、王宣、赵梦麟。当部队到达太兰冈时，代善却命停止前进，在此扎寨，等候太祖。当时身为四贝勒的皇太极提出自己的看法，他说："界藩山有我筑城夫役15000多人，而且夫役多兵少，敌兵容易从那儿乘虚而入，我们应马上赶去保护。另外，我们可以借此显示我们的兵力，以壮夫役和士卒之胆。现在我们就此扎寨，不是显得我们太软弱无能了吗？"就在众贝勒议论纷纷犹豫不决的时候，额亦都站出来说："我认为四贝勒所言极是。"表示支持皇太极。于是大军进师界藩山。

当诸贝勒率军到达时，敌军已逼近界藩。众夫役见军队开到，便腾跃下山参加了战斗。不久太祖率军也赶到，指挥夹击明军。斩王宣、赵梦麟、刘綎三总兵，破马林于尚间崖、杜松于古林崖。仅用四日，击退了明二路进兵。这次战役，额亦都担任前锋，英勇无比，再次立下战功。

天命六年（1621），额亦都从军克辽阳，不久病死，终年六十岁。他佐助努尔哈赤创业四十余年，战功卓著。当他病重时，努尔哈赤"车驾临视，垂泣与诀"，死后又三次"亲临痛哭"。后金崇德元年（1636）追封宏毅公，被誉为"忠勇忘身，有始有卒，开拓疆土，厥积懋焉"。皇太极天聪元年，追封弘毅公，配享太庙。雍正皇帝时为他立碑修道，以纪念这位为清朝开国立下汗马功劳的勇士。

额亦都共有儿子十六人。最著名的是末子遏必隆，康熙初年曾为四大辅臣之一。三子彻尔格、八子图尔格、十子伊尔登、十三子超哈尔也都战功累累，英名显赫。诸孙中以彻尔格之子陈泰最为著名，顺治年间曾任大学士，率清军前往湖南讨伐孙可望。额亦都的家族为清朝的建立、巩固和发展立下了不可磨灭的功劳。

额亦都的第二个儿子达启，既不能文，又不能武，自幼被努尔哈赤收在宫中养育，并将自己的第五个女儿嫁给了他。达启恃宠而骄，经常对皇子无理。额亦都对此十分担忧，他认为长期下去，一定会给自己带来灾祸。一天，他在自己的府里设宴，几个儿子均与宴。大家正喝在兴头上，额亦都突然站起来，命左右捆起了达启，大家全都惊呆了，不知父亲因何如此。只见额亦都抽出匕首对大家说："天下哪有父亲杀儿子的？只因此子傲慢无礼，已到了不可救药的地步，如果发展下去，将来必辜负大金，败我门风。尊上是天经地义的事情，任何不听从者将血染此刃！"随即将达启引入侧室处死。诸子这才开始惧怕。以后，额亦都到太祖那里道歉，太祖听后既惊讶，又惋惜，感叹道："你对国家的忠诚，是任何人无法相比的。"从此，努尔哈赤更加信任他，连他的过失都可以容忍了。

有一次，有一国人私下里到他那儿告状，额亦都擅自断了此案。努尔哈赤认为，大臣不应私自断案，不然一人独断，必然导致天下大乱。他没有过分地指责额亦都，但对此事下了一道禁令。努尔哈赤深知额亦都是忠于他的，因此，对他的恩宠和照顾依然如故。努尔哈赤先把族妹嫁与他为妻，后又将和硕公主许配与他。

额亦都随努尔哈赤征战40余年，每次均为前锋，从未战败过，可谓常胜将军。努尔哈赤先后任命他为左翼总兵官、一等内大臣，授一等子爵。多次赐与他领地和旗民，并给予百人廪食，食三世。

何和礼

介绍名片

何和礼（1561—1624），后金五大臣之一。满族。栋鄂氏。何和礼的先世居于东海瓦尔喀（今吉林省珲春），原姓觉罗氏，约于 16 世纪初迁居于佟佳江（今浑江）中游栋鄂地区，自为一部，称为栋鄂部，以地为姓。何和礼的祖父克彻，父亲额勒吉、兄屯珠鲁，皆任过栋鄂部的部长，明万历十四年（1586），何和礼 26 岁时，就代替屯珠鲁当上了栋鄂部部长。

明万历十六年（1588），太祖努尔哈赤纳哈达部女为妃，他率兵护行。所部兵马精壮，雄长一方，应努尔哈赤请至兴京，尚长公主嫩姐，授一等大臣，隶满洲正红旗。事太祖三十余年，积功至子爵。

一生简历

栋鄂地处辽东山区，林木茂密，土地肥沃，雨量充沛，气候适宜。栋鄂部族定居此处，除继续狩猎、捕鱼、采集外，农业生产也有了一定的发展，整个部落都处在上升时期，到何和礼任部长时，已成为建州女真诸部中实力最强的一部。

努尔哈赤用武力统一了建州女真族大部分地区以后，他与栋鄂部之间虽然互有争战，但后来双方关系又大为缓和。他知道栋鄂部素强，又知道何和礼所部兵马精壮，雄长一方，因此一心想将栋鄂部招纳在自己的势力之下。万历十六年（1588）四月，努尔哈赤纳海西女真哈达贝勒王台的孙女纳喇氏为妃，欲前往迎娶，特邀何和礼率兵扈从，何和礼便亲率 30 骑侍卫随行。

何和礼素知努尔哈赤乃女真一代枭雄，他在与努尔哈赤的接触和晤谈中，感到努尔哈赤不但具有雄才大略，而且礼贤下士，将来必为英主。努尔哈赤要完成女真各部的统一，进而实现霸业，尤其需要栋鄂部的支持和何和礼这样难得的将才，而何和礼"性宽和，识量宏远"，则给他留下了极深的印象。扈从之行结束后，努尔哈赤将其请到佛阿拉（今属新宾永陵镇），并以贵宾之礼相待，两人纵论今古，推心置腹，均对女真各部纷争的局面表示担忧，大有相见恨晚的感叹，努尔哈赤趁机向他表露出招纳之意，希望何和礼能与自己合兵一处，共创大业，何和礼慨然应允。何和礼返回栋鄂后，力排众议，毅然率领本部军民万余人马投奔努尔哈赤的驻地佛阿拉城，正式归附努尔哈赤。何和礼及栋鄂部的归附，使努尔哈赤实力陡然大增，如虎添翼，并为统一女真各部和对抗明廷奠定了坚实的基础。

努尔哈赤为了表达对何和礼的恩宠，授予他为一等大臣，特将自己的长女东果格格册封为固伦公主，嫁给何和礼为妻，并为他们举行了隆重的婚礼。东果格格乃努尔哈赤和元妃佟佳氏所生，时年只有11岁，被努尔哈赤视若掌上明珠，足见努尔哈赤对何和礼的器重程度。何和礼与努尔哈赤结亲缘戚，分掌兵权，成为努尔哈赤的亲信之人，人们都称其为"栋鄂额驸（额驸即驸马）、"固伦额驸"。

何和礼本有妻室，亦长于骑射，听说丈夫在外又娶了别的女人，十分愤怒，于是率领留在栋鄂部的人马，杀向佛阿拉城，要与何和礼决战。何和礼听说妻子前来，便率人马出迎，并向妻子说明缘由。可是妻子根本不听丈夫的解释，竟然要以兵戎相见，后经过努尔哈赤的当面劝谕，何和礼的妻子不仅罢兵，而且也归顺了努尔哈赤。这件事的来龙去脉如下。

当初努尔哈赤起兵后，身为栋鄂部首领的何和礼听说老罕王打算大展宏图，统一女真各部，将来还能统一天下。他想借此机会投奔老罕王，混个名声出来。他认为如果依附老罕王，利用他的声威，不仅可以保证栋鄂部不受别的强大部落的侵扰，而且还可以乘机扩充实力，增加领地，将来也好流芳百世。但是，他不知道老罕王能否接收他。于是，何和礼便背着自己的妻子，偷偷地带了几个部

中华藏书

大清十二帝·最新整理珍藏版

中国书店

下到老罕王的住处赫图阿拉城去探个虚实。

这天，何和礼一班人乘夜色悄悄地向赫图阿拉城摸来。没想到，他们刚到城墙脚下就被几个建州兵卒捉住了。这些兵以为他们是奸细，就将他们五花大绑地押到了老罕王的汗宫大衙门，准备等候老罕王发落。

努尔哈赤高坐在殿堂之上，目光直视来犯。何和礼低头跪在殿前。罕王令何和礼抬起头来，老罕王一看，这人天庭饱满，地阁方圆，一脸的英雄气。心想：这人非一般常人能比，如能争取过来为我所用，将来定能助我一臂之力，成就大业。想到这里，老罕王走下殿来，亲自为何和礼松了绑，并赔礼道歉，还设宴热情款待了他。

何和礼非常感动，未等老罕王开口就爽快地和盘托出了自己的来意。罕王一听，非常高兴。心想：眼下正是用人之机，如果能借助栋鄂之兵，那扈伦四部便不足为惧了。于是，两个人一拍即合。酒桌上，二人谈古论今，越说越投机，最后合议两家兵合一处对付外敌。老罕王看着眼前这位年轻人，越发感到他是一个不可多得的人才，他当即下旨授何和礼为五大臣之职。为了进一步拢络他，老罕王许诺把自己的长女东果格格嫁给何和礼为妻，将他招为额驸。这时，只见何和礼面露难色，不知所措，唯唯诺诺地说："罕王，这恐怕不行，我家已有妻子，不能再娶你的女儿。我既不能委曲东果格格，也不能有负于我的妻子，所以，还请罕王收回成命。"老罕王大笑说："自古以来，哪个男人不是三妻四妾的，我看你是个巴图鲁（满语，英雄），怎么能只守一个妻子过日子呢？我白白送一个女儿给你，你还不要，有多少人来求婚我都没答应，你怎么能推辞呢？好啦，这事就这样定了，你择日迎娶吧。"无奈，何和礼道出了其中的原委。

原来，何和礼有一妻子，名叫椒棋，此女子不但容颜娇好美丽，而且还长于骑射，身怀统兵征战的本领，沙场之上，丝毫不让须眉。在栋鄂部，她的能力和威望都不在何和礼之下。椒棋与何和礼成亲后不久，就统领部众，成为了一名赫赫有名的女酋长。她不仅能带兵打仗，冲锋陷阵，而且还把整个栋鄂部管理得井井有条。有的人说：骒马哪能驾起辕？其实这个担心是多余的，椒棋就能支开套，而且还是个真正的女英雄。在栋鄂部里何和礼对这位结发妻子是既敬重，又害怕，无论大小事情，何和礼都要与她商议后方可行事。

所以，当老罕王努尔哈赤提出要招何和礼为额驸时，何和礼的第一个反应就是：如果答应了迎娶东果格格一事，那老婆还不要了自己的小命，他哪里敢自作主张。可老罕王的一番盛意，又不好推辞，万般无奈的情况下，何和礼只好答应回家跟老婆商量以后再做决定。老罕王说："好！那我就听你的好消息。"

何和礼回到家以后，还没有来得及掸去身上的浮尘，便向妻子详细地述说了要与老罕王兵合一处和准备迎娶东果格格的经过。椒棋一听，大为恼火，她全然不同意丈夫的意见和做法，愤怒地指责何和礼说："你这个猪脑子！难道你忘了建州与我栋鄂部有世仇吗？当年老罕王的三祖索长阿曾经欺骗过我们，他不仅向你的父亲克哲勤索金子，还杀死了你的哥哥。后来，他的爷爷觉昌安又率六祖子孙联合哈达部王台进攻我栋鄂部，使我们蒙受了惨重的损失。这血海深仇还没报，你怎么能吃里扒外，去投靠仇人的子孙呢？"这顿连珠炮式的责骂，使何和礼哑口无言，根本插不上嘴。椒棋还未等丈夫回过味来，接着又说："你居然还要做人家的额驸，难道我们多年的夫妻之情，竟抵不过一个建州姑娘？"椒棋不仅不同意归顺建州，更不同意丈夫纳罕王的女儿。以她的性格根本不能容忍别的女人与自己共同拥有一个丈夫。

然而，何和礼的决心已定，他据理力争，劝妻子说：

"冤家宜解不宜结，前世的冤仇都是些陈芝麻烂谷子的事了，还提他做什么？今非昔比，六祖的孙子老罕王现在已发展得不得了啦，你看人家有壮观的赫图阿拉城，厅台楼阁，金碧辉煌。八旗军士气高昂，锐不可挡。老罕王雄才大略，不仅要征服统一建州，而且要征服整个女真。依我看，他将来定能统一天下当皇帝！投奔老罕王可是个千载难逢的好机会啊！如果现在不乘机投靠罕王，将来被他灭了族，那时你我只能做个阿哈（奴隶）。再说凭我们这身好武艺，到了那里去干一番惊天动地的事业有什么不好！"

何和礼越说妻子越恼，她怒目圆睁，气愤已极，顺手操起身边的烧火棍就朝何和礼打来，一边打一边破口大骂："你投靠谁我不管了，你要再娶老婆，我坚决不允！我跟你这么多年，哪样拿不出手？你这忘恩负义的家伙，今天，我宁肯打死你，也不允许你再娶别的女人。"说完，椒棋拔出宝剑就冲何和礼刺过来，何和礼左躲右闪，一看实在躲不了了，就一脚端开窗户翻身逃了出去，骑上马向着赫图阿拉城方向跑去。

何和礼这一跑，椒棋可真有些急了。心想：丈夫要是真的不回来了，将来可怎么办呢？于是，椒棋点了20多个亲兵，骑快马追了上去，一直追到赫图阿拉城下。

老罕王努尔哈赤听说有人马来到城下，以为是扈伦四部的人马开始进攻了，便召集众将商讨退敌之策。这事儿，只有何和礼一个人知道是怎么一回事，他走过来拱手见过老罕王及其他将领，要求出战迎敌。老罕王为了检验一下何和礼的本事，答应了他的请求。

老罕王努尔哈赤带领众人来到城头，想看看何和礼出战迎敌的第一仗。

何和礼打马来到城外，椒棋一看何和礼出了城门，就气不打一处来，指着何和礼骂："你这混蛋，为了一个小女人，竟连多年的夫妻之情都不顾了！"说着就要去拽何和礼，嘴里不停地喊：“你今天不跟我回去，我就要你的小命！”何和礼羞得满脸通红，对妻子说：“别别！你可别骂了，当着大庭广众这样撒泼，让我今后怎样做人呐！”

椒棋不理那个碴儿，将马嚼子一勒，前蹄悬空，嚓地一声，这马直奔何和礼而来，椒棋像老鹰捉小鸡似地一把就抓住何和礼。何和礼哪肯就范，于是，两个人就撕打起来，毕竟是多年的夫妻，何和礼为不伤着妻子，只招架而不还手。

这时，站在城头观战的杨古力的母亲，看着有点不对劲儿。当她弄明白是怎么回事后，觉得这娘们真不像话。于是，就一拍马来到了城下，拦住椒棋的马头说：“你们两口子有什么大不了的事，还打到我们汗宫来了，有话下马慢慢说。”椒棋立即反唇相讥：“你是何方老妖婆，竟敢与我这样说话！我自家的事用不着你管。”杨古力母亲说：“这是什么地方？你要撒野回家去撒！”何和礼的妻子大怒，不管三七二十一，抽出宝剑就向杨古力的母亲刺过来。这下可惹恼了杨古力母亲，只见她拔出宝剑，两个人就交上了手。打了七八个回合后，只听杨古力母亲大喝一声，拍马一个箭步冲上，两马一错镫，将椒棋从马上拽下，几个小兵立即上前将其绑了起来，送到老罕王面前。

这时，何和礼赶忙上前，见妻子还在撒泼就气哼哼地说：“还不见过罕王！”罕王从龙椅上起来，摆了摆手，说道：“都是一家人，不必多礼。”然后，给她松了绑。

本来，要以椒棋的性格，说死她都不能服软，但当她看到老罕王和颜悦色、满脸慈祥的样子，气也就消了一半。再看看汗宫大衙门雄伟壮观，八旗将士个个精神抖擞，不禁心悦诚服了。但是，她心里的一个疙瘩还没有解开，如果丈夫娶了汗王的千金，那我往哪摆呢？

罕王看透了她的心思，对她说：“自古英雄多美人，你丈夫是个好汉，多娶几个媳妇不就更显出他的英雄本色吗！当然，凡事都有个先来后到，我的女儿即使嫁过去，你依然是大，她为小。这个问题我已跟小女说好了，请你放心就是了。"

话音刚落，老罕王唤出了自己的女儿东果格格，只见东果格格款款而出，向椒棋深深施了一礼，并甜甜地叫了她一声姐姐。椒棋定睛一看，这小女子果然俊俏无比，小嘴通红，似含苞欲放的杜鹃花，难怪叫自己的臭男人给看上了。这时，椒棋的敌意和疑虑全消了，拉起东果格格的手，又给罕王施了一礼说："他们的婚事就由您来安排吧！"

不日，赫图阿拉城内，张灯结彩，一派喜气洋洋，热热闹闹地为何和礼与东果格格举办了婚礼。

时隔半月，何和礼与椒棋商量，并征得努尔哈赤同意，双双回到了栋鄂部，将全部落的兵丁及家属搬到了赫图阿拉城。从此，栋鄂部的人们就在赫图阿拉城落了户。

从此以后，努尔哈赤对何和礼更为器重，处理军政大事，首先密议于何和礼，然后再付诸实施。何和礼由于办事认真，深谋远虑，很少有失误之时，因此努尔哈赤吩咐让他不离左右以议军机。为了让何和礼随时可面到努尔哈赤，努尔哈赤特命在赫图阿拉城内北城城墙外的高埠台地上，为何和礼营造了额驸府。额驸府在通向内城墙之外设有小门，可直入城内，而且额驸府的选址又紧临努尔哈赤的汗宫大街门和后宫。

万历三十三年（1605），努尔哈赤初定旗制，何和礼率所部隶属红旗，并任本旗总管大臣。万历三十六年（1608），努尔哈赤派长子褚英、侄阿敏率5000兵马征讨乌拉，何和礼率部随征，破敌有功，在宜罕阿麟（今吉林市）之战中，建州兵马大败乌拉兵，斩杀千人，获甲300副，最后攻克了宜罕阿麟城。

万历三十九年（1611）十二月，何和礼奉努尔哈赤之命，与额亦都、扈尔汉率2000兵马，远征东海女真渥集部的虎儿哈路，进围扎库塔城，将该包围后，何和礼等人采取先礼后兵策略，对城中军民进行招降，受到拒绝。三日后，何和礼等人指挥建州兵马采取强攻，最后攻破该城，共斩杀一千余人，俘获两千余人。扎库塔城被攻下后，四周各路慑于建州兵马的威势，纷纷投降归顺，何和礼命他们的首领土勒伸、额勒伸带领其民众500户，随军来到赫图阿拉。这次远征全胜而归，使建州女真统属的势力范围一直延伸到黑龙江、乌苏里江一带。

何和礼对努尔哈赤忠心耿耿，多次参加对女真各部的征战，极受信任，然而却受到褚英的欺凌。褚英为努尔哈赤长子，何和礼的内弟，受封广略贝勒，并一度代理政务。但他心胸狭窄，非常忌恨几位弟弟和五大臣，并放言说，假如弟弟和五位大臣不听他的话，将来就要杀掉他们。何和礼便与各位大臣写了一份受苦情况的报告，呈送给努尔哈赤，结果褚英受到努尔哈赤的斥责和疏远，最后被处死。

正红旗何和礼自从率兵远征东海女真各部之后，努尔哈赤便决定让何和礼辅助自己处理事务，"以使定夺决断，不遣处出"。当乌拉部长布占泰违反誓言，意欲与叶赫等部联盟时，何和礼力主出兵乌拉部，并提出了请努尔哈赤亲自督率建州兵马征伐。在何和礼的建议下，努尔哈赤率何和礼等众将和3万大军亲征乌拉部。

建州兵马连克乌拉河东孙孔泰、郭多、俄漠三城，向乌拉城逼近。在建州大军压境的情况下，努尔哈赤对布占泰犹存招抚的希望，等待着他能后悔归降，令其改过，然后撤军。布占泰一面派使者向努尔哈赤请罪，一面又亲率3万乌拉兵马前来抵御，全部步行列阵。这时，何和礼与众将坚请出战："我军远道征伐，利于速战速决，只是担心乌拉不出兵罢了。现在他们既然列阵以待，我军可利用这平原旷野，一鼓作气将其擒杀。假如错过了这个歼敌的机会，那么我军历兵秣马，到底是为了什么呢？"

在何和礼等诸将的要求下，努尔哈赤方命将士舍骑步战。何和礼随努尔哈赤身先士卒，冲向敌阵。一时间，矢如风发电落，声似狂飙雷鸣。建州兵英勇奋击，乌拉兵亦拼死力敌。经过激烈搏杀，乌拉兵马遭到重创，死伤十之六七，抛戈弃甲，尸横遍地，余皆溃散，建州兵马乘势攻下乌拉城。布占泰见大势已去，只身逃往叶赫。征讨乌拉之役，建州兵"破敌三万，斩杀万人，获甲七千副"，乌拉从此灭亡。

万历四十三年（1615），努尔哈赤正式建立满洲八旗制度，何和礼及所部被编入正红旗，隶属于努尔哈赤次子、正红旗旗主贝勒代善。

次年正月，努尔哈赤建立后金国，改元天命，设置议政五大臣，同听国政，何和礼、额亦都、费英东、安费扬古和扈尔汉位列其中。凡军国大事，先由五大臣拿出处理意见，再交四大贝勒复核，最后由努尔哈赤发布实施。他们"秉克公诚，历精图治"，这就是闻名的后金议政五大臣。

天命四年（1619），何和礼率部参加了闻名的萨尔浒大战。此次战争，明廷以杨镐为经略，调集 10 万兵马，号称 47 万，共分四路，分进合击，会攻后金都城赫图阿拉。努尔哈赤采取"凭尔几路来，我只一路去"的应变策略，集中优势兵力，给明军以毁灭性打击。

在萨尔浒大战中，何和礼及所部兵马起了至关重要的作用。有史料称"萨尔浒之役，率败明师者，皆公（指何和礼）之力也。"因为何和礼在此次大战中，协助努尔哈赤运筹帷幄，使后金全歼明朝三路兵马。而且在后金兵马中，原栋鄂部子弟居多，在东线战场上，栋鄂部兵马利用地利条件，伐木设障，坚壁清野，并以小股兵马袭扰，致使东路明军主将刘铤所率领的明军和朝鲜联军行军迟缓，延搁数日，为后金主力调集东线，全歼东路明朝和朝鲜联军赢得了宝贵的时间。

清太宗何和礼追随努尔哈赤征战 36 年，励精图治，推诚宣力，勤劳政事，深为努尔哈赤所倚重。努尔哈赤比何和礼年长两岁，两人不仅有君臣之礼和翁婿之亲，更有着兄弟般的手足之情。天命九年（1624）八月，何和礼因积劳成疾，病逝于官署之中，享年 64 岁。何和礼去逝时，五大臣中的其他四位已病故在先，仅何和礼尚参与后金的军机大事。努尔哈赤为失去何和礼这样的忠勇大臣而惋惜不已，以致痛苦失声道："我们一起并肩作战而又十分友好的诸位大臣都已不在人世了，上天为什么不让他们留下一位给我送终呢？"努尔哈赤对何和礼等五位大臣的感情和爱惜之情，由此可见。

在何和礼将近 40 年的戎马生涯中，他练就了一支能征善战的八旗兵，培养了一批统军有方的将领。他常躬亲率军征战，指授方略，强调以智取胜，开创了以弱胜强、以少克众的著名战例。他提出了一系列军事主张，对后来兵家有较大影响。

一、他认为天意决定战争胜负。指出"天下之国互相征伐，合天心者胜而存，逆天意者败而亡"（《清太祖武皇帝实录》卷二）。并宣称他所进行的战争合乎"天心"、"天意"，必能取胜。

二、注重军队建设。根据满族当时的社会情况，按照军事、生产、行政合一的原则，创建满洲八旗兵制，要求将士出则征战，入则务农。选拔和任用将领，不重身世、背景，只看是否忠心，有无智谋；不求全责备，强调用其所长，避其所短。治军严格，主张无论训练或作战，都要奖功罚罪，"有罪者即至亲不贷，必以法治；有功者即仇敌不遗，必加升赏"。要求军令颁布后必须严格执行，从令者馈酒，违令者斩头。重视军事训练，常令士兵"跳涧"、"越坑"，熟谙弓马技艺，以提高军事素质，培养勇敢精神。

三、根据实际情况制定用兵方略。他把敌强己弱形势下的用兵方略形象地比作伐大木，指出："欲伐大木，岂能骤折，必以斧斤伐之，渐至微细，然后能折。相等之国，欲一举取之，岂能尽灭乎!"面对女真各部分裂、争战不已和明朝、蒙古、朝鲜三面包围的现实，对外或拉拢、结盟，或称臣、纳贡，对内采用"恩威并行"的方针，先后统一了女真各部。在自身力量强大之后，才正式对明宣战，体现了其先弱后强、逐步发展的主张。他崇尚智取谋伐，强调"平时以正为上，军中以智巧谋略、不劳己不钝兵为上"，要求无论是野战还是攻城，都应机动灵活，根据不同情况采取不同战法，力求用最小代价获取最大胜利。他指挥的萨尔浒之战，体现了集中兵力、各个击破的战术原则。

何和礼作为清王朝的开国元勋，死后亦受到很高礼遇。清太宗时，追封何和礼为三等子。顺治十一年（1654），追谥何和礼为"温顺"，并勒石记功。内有"追述往事，轸念前勋"，称赞何和礼"乃能益励忠诚，封疆攸赖，始终尽瘁克襄王室"。雍正八年（1729），加封号"勇勤"。

何和礼死后葬于辽宁省灯塔市西大窑镇公安堡村东红宝石山南坡的东阿氏墓园。康熙二十七年（1688）动工，五十五年（1716）竣工。园内建有大衙门、班房、园门、碑亭、玉台、石狮、砖铺甬路等，宏伟壮观。固山额贞三等精奇尼哈番谥温顺何和礼诰封碑文立于园内。碑高3米，宽0.9米，汉白玉质，螭首、龟趺座，碑文撰于清顺治十三年，汉满两文合书，汉文8行，满文11行，篆额"诰封"，碑阴刻"东阿氏"。

费英东

介绍名片

费英东，瓜尔佳氏，父亲是苏完部首领索尔果，他的部族世代居住于苏完地区。费英东从小习武，骁勇而精于骑射，十二岁时就能拉开十余石的强弓。1588年四月，索尔果带领苏完部五百余户归顺努尔哈赤，努尔哈赤见年轻的费英东英气逼人，十分喜爱，八旗建制以后，将费英东隶属满洲镶黄旗。

一生简历

费英东姓瓜尔佳氏，父亲索尔果原来是苏完部酋长，就在老罕王努尔哈赤起兵称雄建州那年，费英东跟随父亲投靠了老罕王。费英东文武双全，他不仅力大无比，箭法也相当了得。百十石的弓矢一拉就开，且具有百步穿杨的本领，被老罕王誉为神箭，是老罕王最得意的宠臣之一。

关于费英东是怎样成为神箭的，在民间还有一段传说。

费英东小时候，天资聪颖，懂好几种语言文字。他不仅长于女真语，还懂蒙、汉等文字。但是，美中不足的是他的身体非常瘦弱，经常生病，阿玛和额娘四处求医问药都无济于事，这可愁坏了二位老人家。阿玛常常叹气说："我们女真人是个能征善战的民族，你只会读书不会打仗，将来能做成什么大事呢？"

为了使儿子的身体强壮起来，额娘每天都带他到户外进行活动，稍大一些就教他练箭舞刀的功夫。再长大些时，父母就让诸兄弟们带着他一起练功。可是，费英东总是因为体力不支而跟不上，练了一阵子也没练出什么名堂，他自己也着急上火，索性就不想再练什么功夫了。以后，他每天除了看书学习外，有时间就去找小朋友们玩儿。

离费英东家不远的地方，有很多跳石塘，费英东和一些小朋友经常到那里玩捉迷藏的游戏。一天，小朋友们正在嘻嘻哈哈玩着，突然，费英东一哧溜，双脚踩空掉进了一个大家从来也没发现的山洞里，这可把他吓坏了，只觉得眼前一片漆黑，就昏了过去。

不一会儿，费英东醒过来了。他从地上爬起，摸黑往前走了一气，突然，他发现前边有亮光，而且越走越亮。啊！这是什么地方？仿佛仙境一般，有蓝天白云，还有树木河流，可就是没有人。他很纳闷，也很害怕，硬着头皮往前走，想找一条能回家的路。他走啊走，实在是走不动了，想休息一下。这时，他发现不远处有一座房子，青堂瓦舍，非常漂亮。费英东长这么大，还从来没看到过这么好的房子。于是，他朝房子走去，推开房门进了屋，见屋子里一个人影也没有，就大声喊："有人吗？"仍然没有人应答。这时，他闻到了一股香味，再仔细一看，发现锅灶上摆着一大摞蒸笼，上面还冒着热腾腾的蒸气。费英东上前掀开最上面的蒸笼盖一看，这层蒸笼里蒸着一只大象形状的白面饽饽。他饿极了，伸手拿起这只大象饽饽就吃了。接着，他又掀起了第二节笼屉，这屉里蒸着两个狮子形的饽饽，他又吃了下去，还觉得没吃饱。然后，他又掀起第三个笼屉，这个笼屉里蒸着三个老虎形的饽饽，他又吞了下去，仍然觉得没吃够。又掀起第四节笼屉，将这个屉里的四个豹子形的饽饽咽下肚。在第五节笼屉里他又吃了五个牛形的饽饽。最后一屉里他又吃了两个骆驼形的，直到他吃完了蒸笼里的所有饽饽，才感到吃饱了。

吃饱以后，他又找了一些水喝，然后，他又足足地睡了一觉。当他醒来后，伸伸胳膊、伸伸腿，顿感浑身轻松，力气也增长了许多，人也精神起来，好像换了个人似的。他运足劲，一跃起来，正想回家，这时，就听到有人喊他的名字，费英东循声走去，走着走着，他发现蓝天白云不见了，树木河流也不存在了，眼前一片黑糊糊的。他继续往前摸，一直摸到了洞口。原来，费英东掉进山洞里后，那些小孩慌忙跑回村子找来大人。他们已站在洞口想了半天一夜的办法，向洞中不断地喊话。最后，费英东终于听到有人在喊他，才被等在洞口多时的父亲索尔果等用绳子拽上去。

从此以后，费英东的身板变得健壮了，而且力大无比。没过多久，他就掌握了十八般武艺，骑马射箭样样精通，还成了百发百中的神箭手。原来，费英东身上集一象、二狮、三虎、四豹、五牛、两骆驼之力，还能没劲嘛！

费英东跟着父亲归顺努尔哈赤后，就追随老罕王投入到了南征北战之中。

费英东初次征战讨伐的是瓦尔喀部，这一战中他身先士卒，取噶佳路，杀死瓦尔喀噶佳路长阿球。1598 年正月，费英东同努尔哈赤的长子褚英率军一千再征瓦尔喀，攻克安楚拉库路，围困瓦尔喀部村屯二十余个，三月，瓦尔喀部首领额果里率领部众投降。

1607 年正月，海西女真中强大的乌拉部在贝勒布占泰的率领下侵扰斐优城，城主策穆特黑抵挡不住，向努尔哈赤求援，请求将其领地内的军民迁入建州领地，努尔哈赤命其弟贝勒舒尔哈齐与费英东，扈尔汉带兵保护。扈尔汉率领斐优城三百户先行，遭遇乌拉部的追击，正在相持不下的时候，费英东率领建州兵赶到，杀退了乌拉部。五月，努尔哈赤讨伐东海女真的渥集部，费英东率本部人马攻克渥集部的赫席赫路，鄂摩和苏鲁路，佛纳赫托克索路，俘虏二千多人，立下头等战功。

万历三十五年（1607）三月，舒尔哈齐、褚英、代善、费英东、扈尔汉、扬古利等率兵三千，往接斐优城归顺女真，途中与乌拉万兵交战，此时，舒尔哈齐、褚英、代善各率兵五百，扈尔汉、费英东两员大将领兵三百，纳齐布虾与常书各领兵一百，扬古利的兵数不详。在这关系到努尔哈赤盛衰的重要战争中，三个贝勒领的兵为全军总数的二分之一，仅此而论，也可想见他们在战争中所起的作用之大。

努尔哈赤以褚英"奋勇当先"，赐以"阿尔哈图图门"尊号。阿尔哈图图门是满语音译，阿尔哈，意为计、计谋，图门，意为万，直译为"万计"，即足智多谋之意，清人称褚英为"广略贝勒"。可见褚英的多谋善断，英勇顽强，为女真国的扩展做出了重大的贡献。但是，令人奇怪的是，从明万历四十一年（1613）以后，这位连战连捷屡立军功的"皇长子"，竟突然消失了，在《清太祖实录》中再也找不到他的记载，他有无任职，有何功过，何时去世，是病逝善终，还是战死疆场，或是因罪诛戮，皆无记述。

直到三十五年以后，《清世祖实录》卷三十七才第一次提到，"太祖长子，亦曾似此悖乱，置于国法"。再过六十年，康熙帝指出："昔我太祖高皇帝时，因诸贝勒大臣讦告一案，置阿尔哈图土门贝勒褚燕于法。"以后，《清史列传》卷三《褚英传》才简略地写道："乙卯（1615）闰八月，褚英以罪伏诛，爵除。"但"悖乱"为何？"讦告"何事？罪犯哪条？皆讳而不述。查看《满文老档》，才了解到此案真相。由于这是记述褚英生平的罕见珍贵资料，因此详细引录如下。《满文老档·太祖》卷三载：

聪睿恭敬汗承天眷祐，聚为大国，执掌金政。聪睿恭敬汗思曰：若无诸子，吾有何言，吾今欲令诸子执政。若令长子执政，长子自幼褊狭，无宽宏恤众之心。如委政于弟，置兄不顾，未免僭越，为何使弟执政。吾若举用长子，专主大国，执掌大政，彼将弃其褊心，为心大公乎！遂命长子阿尔哈图土门执政。

　　然此秉政长子，毫无均平治理汗父委付大国之公心，离间汗父亲自举用恩养之五大臣，使其苦恼。并折磨聪睿恭敬汗爱如心肝之四子，谓曰：诸弟，若不拒吾兄之言，不将吾之一切言语告与汗父，尔等须誓之。令于夜中誓之。又曰：汗父曾赐与尔等佳帛良马，汗父若死，则不赐贵尔等财帛马匹矣。又曰：吾即汗位后，将杀与吾为恶之诸弟、诸大臣。四弟、五大臣遭受这样苦难，聪睿恭敬汗并不知悉。四弟、五大臣相议曰：汗不知吾等如此苦难，若告汗，畏执政之阿尔哈图图门。若因畏惧执政之主而不告，吾等生存之本意何在矣。彼云，汗若死后不养吾等，吾等生计断矣，即死，亦将此苦难告汗。

　　四弟、五大臣议后告汗。汗曰：尔等若以此言口头告吾，吾焉能记，可书写呈来。四弟、五大臣各自书写彼等苦难，呈奏于汗。汗持其书，谓长子曰：此系汝四弟、五大臣劾汝过恶之书也，汝阅之。长子，汝若有何正确之言，汝回书辩之。长子答曰，吾无辩言。

　　聪睿恭敬汗曰：汝若无辩言，汝实错矣。吾非因年老，不能征战，不能裁决国事秉持政务，而委政于汝也。吾意，若使生长于吾身边之诸子执政，部众闻之，以父虽不干预，而诸子能秉国执政，始肯听汝执政矣。执掌国政之汗、贝勒，其心必宽宏，公平待养部众。若如此挑拨离间父所生四弟及父举用之五大臣，则吾为何使汝执政耶？先曾思曰，命汝之同母所生兄弟二子执政，部众大半与之。……因此，对汝之同母所生兄弟二子，各给与部众五千户、八百牧群、银万两、敕书八十道。对于吾之爱妻所生诸子，部众、敕书等物皆少赐之也。……汝如此持褊狭之心，则将赐汝专有之部众、牧群等物品，尽行合于诸弟，同等分之。

　　故秋季往征乌拉时，知晓长子之心褊狭，不能依靠，令其同母所生之弟古英巴图鲁留下守城。春天再征乌拉时，亦不信赖长子，留下莽古尔泰台吉及四贝勒二弟。两征乌拉，皆不携长子，使留于家之后，长子与其四位亲信之臣议曰：若以吾之部众与诸弟均分，吾不能生，愿死，尔等愿与吾共死乎？此四臣答曰：贝勒，汝若死，吾等亦从汝而死。后汗父出征乌拉，长子对汗父出征如此大国，胜败与否，毫不思虑，并作书诅咒出征之汗父、诸弟及五大臣，祝于天地而焚之。继而又对亲信诸臣曰：吾兵出征，愿其败于乌拉，战败之时，吾不许父及诸弟入城。……（其臣上告于努尔哈赤）聪睿恭敬汗以若杀长子，恐为后生诸子留一恶例，乃不杀，长子阿尔哈图图门三十四岁时，癸丑年三月二十六日，监禁于高墙之屋。两年后，见其毫无改悔，遂诛杀。

1611年七月，费英东又与阿巴泰等人攻占渥集部的乌尔固辰，穆棱二路，渥集部投降，建州女真的力量得到进一步壮大。

两年后，即1613年正月，努尔哈赤集中力量讨伐强敌——海西女真的乌拉部，建州诸贝勒大臣拼死力战，费英东首先攻占了乌拉部的城门，建州大军趁势入城，乌拉部投降。

1616年，努尔哈赤在赫图阿拉建立了后金政权，任命费英东，额亦都，扈尔汉，何和礼，安费扬古为五大臣，开始了漫长的对明战争。

1619年的萨尔浒之战中，费英东率镶黄旗本部兵马击溃开源总兵马林的军队。努尔哈赤征讨明朝抚顺城时，费英东被火炮击中，部下劝他撤军，而费英东上马大呼："我建州无败退之将，只有战死之将！"部下群情振奋，一举攻克抚顺城。后来，在攻打叶赫城的时候，城上箭矢如雨，努尔哈赤命令撤退，前线的费英东回报说："我们的人已经攻到城下了！"努尔哈赤又命再退，费英东又说："我们的人已经爬上城墙了！"还没等努尔哈赤下达第三次撤退命令的时候，费英东已经占领了叶赫城。努尔哈赤感叹地说："费英东真乃万人敌也！"

天命五年（1620）三月，费英东结束了他戎马征战的一生，享年五十七岁，努尔哈赤大哭，亲自为他守灵。天聪六年，皇太极追封费英东为直义公，配享太庙。顺治十六年，又追封他世爵位三等公。康熙九年，圣祖亲自为他撰写碑文，立碑纪勋。雍正九年追加封号信勇公。乾隆四十三年，晋费英东世爵一等公，子孙世袭罔替。

费英东自少年时就追随努尔哈赤，三十余年的征战中，他身先士卒，总是冲在最前面。费英东性情忠直，遇事果断，对部下很关爱，对俘虏也很仁慈，太宗皇太极曾经对大臣们说："费英东见人不善，必先自斥责而后劾之；见人之善，必先自奖劝而后举之。故被劾者无怨言，被举者无骄色。朕未闻诸臣以善恶直奏斯断人也！"虽然费英东主要活跃在统一女真的战争中，并没有更多的参与对明战争，但他仍然被清朝历代皇帝尊为开国功臣而留名史册。

安费扬古

介绍名片

安费扬古（1559—1622），后金五大臣之一。满族，觉尔察氏，完布禄子。世居瑚济寨，后隶满洲镶蓝旗。少随父归太祖努尔哈赤。1621年，攻取辽沈、辽阳，战功卓著。天命七年七月卒。康熙五十二年（1713），追赐三等轻车都尉世职。

一生简历

安费扬古年少的时候随父归太祖努尔哈赤，从此不离努尔哈赤左右。起兵之初，努尔哈赤追讨杀父仇人尼堪外兰，安费扬古跟从他捣毁仇人的老家图伦城，又计划攻甲板城。当时，萨尔浒城的酋长因尼堪外兰有明朝照着，势力大，留须尼堪，泄露了努尔哈赤的攻城日期，尼堪外兰得以逃脱。努尔哈赤怒不可遏，派安费扬古率兵修理萨尔浒，安费扬古到地方把萨尔浒城给一窝端了。

努尔哈赤英武善战，身边又聚集了一批龙虎将，别说外人，他家里人都嫉妒了。努尔哈赤有个堂兄，叫康嘉，勾结哈达部落劫瑚济寨，请兆佳城主做向导。正在打猎的安费扬古闻讯，带着十二个人追上哈达兵，将其击溃。为报一箭之仇，翌年正月，一个大雪纷飞的深夜，努尔哈赤和安费扬古摸进兆佳城，活捉了城主，并成功策反他的部下。

安费扬古作战善于出其不意，攻其不备。有一次他和努尔哈赤攻马尔墩寨。这个寨子依天险而建，防守严密，逢攻击，箭镞和石头飞滚而下，连攻三天没拿下来。第四天，安费扬古仔细观察地形，终于找到一条山间小径，悄悄带人攀崖而上，拔掉了马尔墩。

出师顺利的努尔哈赤一发不可收，拿下了马尔墩，又盯上陈哲城、王甲城、章甲城、尼玛喇城等等大小不一的山寨。这些山寨抵不住他的凌厉攻势，纷纷被降。而这些战役中，都有安费扬古参与。

明万历十一年（1583），率兵取萨尔浒城。十二年，从太祖征兆嘉、玛尔墩两城。十五年（1587），从征哲陈部，取洞城、杭嘉、章嘉等寨。二十一年（1593），从太祖征哈达部，以功赐号硕翁科罗巴图鲁。二十七年（1599），从灭哈达部。三十九年（1611），从征东海窝集部，破其二路。四十一年，从灭乌拉部。

后金天命元年（1616），安费扬古与额亦都等同为理政五大臣，与扈尔汉征萨哈连部，部队伐木做舟，水路并进，接连收服沿途的城寨。集结到黑龙江南岸，这时候黑龙江出现奇异的自然变化——按正常时令，黑龙江九月才结冰，但是安费扬古驻师的地方，黑龙江居然一夜结冰。

宽约六十步的银亮冰层像一架浮桥，一直铺到对岸。安费扬古喜出望外："此天佑我国也！"。说罢，身先士卒，跃马过江。士兵见状，紧随主帅，陆续到达江对岸。大军刚一过去，冰层哗啦塌陷，被汹涌的江水冲走。

　　过了江的安费扬古，一口气降服使犬部、诺洛部、石拉忻部。安费扬古收服的三大部落，与俄罗斯接壤，甚至已经纵深至俄罗斯。敢于双脚站在欧洲土地上的人，在他之前，还有一位封建帝王——大唐天子李世民，他的领土北部，囊括贝加尔湖和叶尼塞河上游。唐之前，中国的皇帝们忙着搞内战，在统一和鼎立的局势中你抢我夺，没功夫把眼光放到外面去。李世民的唐进入全盛时代，雄厚的经济基础保障了国家机器的高速运转，挥刀割掉了俄国的一块肥肉。再有蒙古皇帝成吉思汗，他的铁骑踏破南宋后，横扫俄罗斯西伯利亚、乌兹别克斯坦地区。成吉思汗死后，皇亲拔都占领了莫斯科。

　　回过头来，努尔哈赤与军师柘祜天带领一千人马随后，陆续往萨哈连进发。扈尔汉与安费扬古带领二千人马，晓行夜宿，冒着酷暑，不几日工夫，便来到了兀尔简河上游的深山密林中。

　　二百艘独木舟早已造齐，每只船上坐八名士兵，二百艘船坐有一千六百名士兵。另外，还有六百名铁骑在陆上行走。为了抓紧时间，扈尔汉与安费扬古商量后，当日出发，两员大将坐在木船上，沿着乌拉河顺流而下。两岸草木葱茏，野花盛开，水鸟不时地在河面上飞来飞去，他们也无心欣赏这优美的景色。从出发那天算起，到了第十八天头上，建州的兵马水陆两支队伍，在一个名叫斡里的河滩汇合了。扈尔汉与安费扬古带领士兵弃船上岸，与六百名骑兵会合一起，稍作休整，又出发了。他们又走了两昼夜，在八月十九日的傍晚，终于赶到了目的地——萨哈连部的治所萨哈连城。

　　其实萨哈连城是一座木寨，全用又粗又长的树干围筑而成。城内的房屋多是泥墙草顶的小屋，部长府与将领们住的房子，都是木头建造的木屋。二将侦察过后，安费扬古悄悄对扈尔汉小声嘀咕了一会儿，便各自分头准备去了。再说萨哈连部长乌齐巴济得知布利奇假借他的命令，私自调兵杀害建州七十名商人的事情之后，大发雷霆，把布利奇喊来大骂一顿。乌齐巴济又与虎尔哈部长贲侯洛夫会了面，他们断定努尔哈赤绝不会善罢甘休，决定暂时让布利奇与索斯洛夫守萨哈连城，一旦守不住，就撤兵到佛多罗充衮寨子里去。

　　且说在八月十九日的夜里，天交二鼓之时，安费扬古领兵马一千人，悄悄来到萨哈连部城寨前，用引火物把栅栏燃着，转瞬之间，火光冲天，守门的士兵吓得不知所措。安费扬古乘势发起攻击，与萨哈连的士兵拼杀在一块儿。布利奇手执一柄大刀，跃马上前，与安费扬古迎个照面。

　　安费扬古举目细看，这布利奇长得极像其父布占泰，遂自报家门，质问布利奇滥杀建州商人一事。那布里奇举起大刀向安费扬古砍来，二人便一来一往，杀到一块了。再说扈尔汉也领一千兵马，绕到萨哈连城寨后面，一见无人守卫，心里十分高兴，立即命士兵点火。火借风势，风助火威，不到一刻工夫，大火冲天而起，从栅城一直往里烧去。扈尔汉领着兵马杀进城去，正巧碰上索斯洛夫领着兵马前来救火，二人也不搭话，便战到一处了。平日索斯洛夫很少练武习兵，又遇上扈尔汉这勇冠三军的大将，战了七、八个回合，就渐感体力不支。

　　扈尔汉越战越勇，看那对手刀法混乱，正想抽刀逃跑之际，便一刀连着一刀，加紧砍杀起来，使他想逃不能，再战无力，惟有刀下受死一条路了。索斯洛夫边战边退，他的战马尾巴一下燃着了，那马惊得连尥蹶子，一连几下，把索斯洛夫掀下马来，未等扈尔汉上前，便被建州的士兵砍死了。扈尔汉把大刀向前一指，向士兵们喊道："冲啊！"建州铁骑如一阵狂风，席地而起，冲杀前去，很快与安费扬古的人马汇合在一起，继续追杀着城寨里的逃兵与部民。

原来，那布利奇仗着年轻气盛，与安费扬古战了有四十多个回合，被安费扬古一枪刺于马下，未等他爬起来，就被建州士兵上前刺死。见两位主将已死，萨哈连部的军卒仓皇四散，有的向河北岸的村寨逃去，有的向河南岸的村寨逃去。这时，安费扬古抓住了一个逃兵，问明情况之后，便让扈尔汉领兵去河北岸，乘胜袭取十六个村寨。

天命三年，安费扬古破抚顺，大败明总兵张承荫援军。

天命四年，安费扬古等五大臣破明经略杨镐四路进攻，取得萨尔浒之战的胜利，寻灭叶赫部。

天命六年（1621），攻取辽沈、辽阳，战功卓著。天命七年七月卒。

康熙五十二年（1713），追赐三等轻车都尉世职。

扈尔汉

介绍名片

扈尔汉（1576—1623），后金五大臣之一。清初满洲镶黄旗人，佟佳氏。世居雅尔古寨，后隶属满洲正白旗。明万历十六年（1588），随父率部归努尔哈赤，被努尔哈赤收为养子，授一等大臣。后从灭乌喇，多有战功，为五大臣之一，赐号达尔汉辖。

一生简历

明万历十六年（1588），扈尔汉随父率部归努尔哈赤，被努尔哈赤收为养子，授一等大臣。

1604年5月的一天，暮春的阳光照耀着东征路，千四战马踏起的尘土遮天蔽日。漫漫烟尘里，建州四大名将率队的一千精兵行色匆匆。盔甲的沉重和行军的饥渴消耗了体能，一千张脸孔面带疲惫，眼神倦怠，但疲惫和倦怠里，洋溢着腾腾士气，这种气足以摧毁世界。而此刻，他们仅仅是用武力说服同语系的族类，仅用宣传语，战刀和马蹄就够了。

几乎没遇到像样子的抵抗，建州大军大获全胜。事实上，跟穿鱼皮衣、划桦皮船、使鱼叉的原始部落打仗，与以石击卵何异。东海女真人的攻击对象，仅限于鱼和黑熊，他们在陆地的交通工具是狗和鹿，而建州是马匹，犬和鹿怎么能与马比呢？

胜利是大家的，扈尔汉心里清楚，他必须干点令人震惊的事情，给义父一个惊喜。通过勘察，他找到突破口——泸野路，那里有两千户居民。对这伙弱势群体，用不着流血恶斗，只消吓唬吓唬，再和风细雨安慰安慰，描绘一下建州的宏伟蓝图，部落民众就会乖乖跟他走。

两千户居民被他收拢了，回建州的路上，民众和马队逶迤数里，走得兴冲冲，急切切。大队人马风尘仆仆进了佛阿拉，努尔哈赤欣喜地走出内宫，迎接制造奇迹的干儿子。寒暄过后，大摆庆功酒会，在当天所有列席的人里面，扈尔汉的光环最耀眼。义父赏赐他一副上等的铠甲和一匹良马，封号"达尔汗"，对于武士来说，战马良驹、金丝甲是最高级的奖赏，这种荣誉比财富更激动人心。而封号"达尔汗"，代表着初出茅庐的扈尔汉在义父眼里，已成长为文韬武略的将军。

努尔哈赤对这位"每战则为先锋，奋不顾身，着实可嘉"的干儿子爱若明珠，设立五大臣时，青春年少、意气风发的扈尔汉位列其中。为进一步凸显干儿子的特殊地位，议政时，特批扈尔汉与四大贝勒平起平坐。他还公开对四大贝勒说，扈尔汉即是你们哥几个之后的五阿哥。

义父养子千日，用子一时，扈尔汉不负众望，临危之际气定神闲，一出场喝得满堂彩。努尔哈赤心花怒放，多年的情感和经济投资，培养出胆气、智谋超群的干儿子，他给自己的建国大业的肌体注入了新鲜血液，血管里喷涌青春的活力。努尔哈赤迫不及待地下达了第二道命令：进军渥集部。种种迹象表明，是捕猎这匹倔马的时候了。

万历三十五年（1607），扈尔汉随贝勒舒尔哈齐率军往迎瓦尔喀斐悠城新附民，败乌拉部阻截之兵。从贝勒巴雅喇征东海渥集部。

万历三十七年，扈尔汉取瑚叶路，以功赐号达尔汉。

万历三十九年，扈尔汉同额驸何和礼征呼尔哈路。

万历四十一年，扈尔汉从征乌拉部，有功。

后金天命元年（1616），扈尔汉同安费扬古征东海萨哈连部，取江南、北四十余寨。招降使犬、诺罗、锡拉忻诸部。同年，与额亦都、费英东、何和礼、安费扬古同为理政五大臣。

天命四年（1619），扈尔汉参加萨尔浒之战，败明军抚顺、开原二路。旋又设伏，与诸贝勒尽歼明将刘綎所部五万人。

天命五年，扈尔汉败明总兵贺世贤于沈阳，晋三等总兵官。

然而，人气如日中天的虾阿哥，在萨尔浒大战告捷后不久，渐渐失宠了。父子俩的感情有了隔膜，起因于进攻沈阳浦河的一次战役。浦河，地处沈阳北郊的村寨，地理位置非常重要，是抚顺至沈阳的连接点。努尔哈赤十分青睐这片处女地，为争夺土地的主权，不惜与干儿子翻脸。

浦河战役打得不激烈，多次正面交锋证明，明军不是擅长野战的后金军的对手。后金的弓箭和马匹所到之处，明军节节败退。外围失守，沈阳城里的驻军坐不住了，"城门失火，殃及池鱼"，再不派兵增援，努尔哈赤抡圆手臂舀尽池水，一池子的鱼就会被晒成鱼干。

大批援军赶到浦河，赶着把命运交由虎狼之师任其拿捏——扈尔汉的右翼部队冲散了援军队伍，援军溃败如潮退。于兵家来说，机不可失，扈尔汉本应乘胜追击，杀进沈阳城。不知他哪根脑筋错乱，突然下令停止追击。错误估算丧失战机，努尔哈赤大为生气，一反多年对干儿子的爱惜，要按军法治罪。更让他恼火的是，扈尔汉拒不认错，公然顶撞，让他这个威风的大汗下不来台。或许，努尔哈赤本意想做个姿态，杀鸡儆猴，警示他人避免类似错误。可干儿子不买账，居然和义父争得面红耳赤。起兵几十年，没有人敢对他这么不尊重，努尔哈赤恼羞成怒，画地为牢，监禁扈尔汉三天。

南征北战的大将军在众目睽睽下蹲牢房，屈辱的滋味比杀头更难忍。父子间有了矛盾，扈尔汉的自信心彻底摧毁，变得一蹶不振，严重影响了军事指挥判断力，使后期的作战决策连连失误，导致他和义父的感情雪上加霜。

天命八年（1623），郁郁不得志的扈尔汉病逝。他是开国五大臣中唯一受罚的一位，也是后金军事史上军事才能极佳的一位大将，遗憾的是，才华横溢的大将军没有处理好和义父的感情纠葛，英年早逝遗恨黄泉。

历史评价

清太祖努尔哈赤，伟大的政治家、军事家，女真族的杰出领袖，清朝政权的奠基人。明世宗嘉靖三十八年（1559 年）出生于建州左卫苏克素护部赫图阿拉城。

纵观努尔哈赤的一生，他从 25 岁起兵，到生命结束，可以说是在马背上度过了 44 年的政治生涯。盘点他一生的历史贡献，举其大端，有以下几件：

统一女真各部。金亡之后，女真各部纷争不已，强凌弱，众暴寡，元、明 300 年来，未能实现统一。努尔哈赤兴起，采用"顺者以德服，逆者以兵临"的策略，经过 30 多年的征抚，实现了女真各部的大统一。

统一东北地区。明中期以后皇权衰落，已不能对东北广大地区实行有效管辖。努尔哈赤及其子皇太极经过艰苦努力，统一了东北。东北地区的重新统一，结束了长期蹂躏掳掠、相互杀伐，"介胄生虮虱"、"黎民遭涂炭"的悲惨局面。

制定满族文字。金灭亡后，通晓女真文的人越来越少，到明朝中期已逐渐失传。满语属阿尔泰语系满—通古斯语族，没有文字。努尔哈赤兴起后，建州与朝鲜、明朝的来往公文，由一个名叫龚正陆的汉人用汉文书写；在向女真人发布军令、政令时，则用蒙古文，一般女真人既看不懂，又听不懂。明万历二十七年（1599 年），努尔哈赤命巴克什额尔德尼和扎尔固齐噶盖，用蒙古字母拼写满语，创制满文，这就是无圈点满文（老满文），皇太极时改进成为有圈点满文（新满文）。努尔哈赤主持创制满文，是满族发展史上的一块里程碑，是中华文化史和东北亚文明史上的一件大事。

努尔哈赤在中华历史上开创了一个时代，由他奠基的大清帝国，发展到康乾盛世时，成为当时世界上人口最众多、幅员最辽阔、经济富庶、文化繁荣、国力强盛的大帝国。努尔哈赤作为大清帝国的奠基人，作为一个新时代的开创者，他统一女真，建立后金，抗击明军，夺取辽东的创举对清代历史产生了原生性的影响：播下了"康乾盛世"的种子。

努尔哈赤正传

第一章　艰辛童年

一

努尔哈赤的六世祖猛哥帖木儿原是元朝斡朵里万户府的万户。猛哥帖木儿是个有才干、有威望而又忠于明朝廷的显耀人物。永乐元年（1403）十一月，通过建州卫大首领阿哈出的举荐，猛哥帖木儿取得了永乐帝的信任，而且永乐帝也命他到北京接受封赏。

猛哥帖木儿在永乐二年（1404）九月初三，入京朝贡，封授建州卫都指挥使官职，赐给印信、金带等物品。从这以后，猛哥帖木儿便以都指挥使身份与阿哈出共同管理建州卫事。努尔哈赤的六世祖先从此正式成为明帝的边臣。

永乐二十一年（1423 年）六月，辽东女真千户杨木答兀逃离职守。杨木答兀大肆掠夺开原人口，假传皇帝圣旨，宣德帝得知后下旨斥责杨木答兀违逆天道，罪不容诛。并谕令，若是他及时悔恶从善，朝廷将屈法申恩，特加宽宥。如果继续怙恶不悛，将尽数擒拿，解到京师，以正国法。从这以后，协助明廷追回杨木答兀所掠夺的人口，就成为猛哥帖木儿不容推拖的责任了。明廷一方面直接谕令猛哥帖木儿传令杨木答兀送还所掠去的人口，同时，旨令朝鲜派遣官员前去催促。宣德七年（1432 年），明廷张内官带领随从人员到建州捕鹰回京，猛哥帖木儿、凡察等依遵朝廷命令，随同张内官送还杨木答兀所掠的人口 130 多人，这样的举动得到了朝廷的赞许。宣德帝以猛哥帖木儿忠于职守，晋升他为右都督。

宣德八年（1433 年）十月，辽东都指挥裴俊受皇帝旨谕，率领官军 152 人，会同朝鲜陪同人员，共 160 多人，前往阿木河，再次接收杨木答兀所掠的人口。十月十四日到达，驻兵于野外，次日，杨木答兀伙同"野人女真" 300 人，突然将官军包围。两军交锋，互有伤亡。猛哥帖木儿闻讯率领 500 人前来增援。他一马当先，截住要路，大呼：送出杨木答兀方可解围。敌方没有应允，两军列队大战。凡察、阿谷也相继率众前来助战。杨木答兀败阵落荒而逃。猛哥帖木儿率军勇猛追杀。杨木答兀为追兵所逼，势穷力竭，弃马登山而逃。在战场上，凡察等 8 人负伤，保卫了明廷的使臣和官军。

四天以后，朝廷使臣正要同凡察、阿谷等到各部去领取被掠人口，杨木答兀等人又率领"野人女真" 800 多人，包围了猛哥帖木儿、凡察、阿谷、歹都等人的家和官军营寨，纵火焚烧房屋。阿谷等措手不及，敌军冲入内庭，内外喊杀声震天，兵刀相接。因为事前没有防备，众寡不敌，猛哥帖木儿和长子阿谷等多人战死。妇女、儿童和敕书、印信都被抢劫一空，只有凡察幸免于难。明使与官军乘着混乱的机会，得以逃生。猛歌帖木儿在顺治初年被追尊为清肇祖原皇帝。

努尔哈赤的五世祖董山是一个有功又有过的人物。他一生轰轰烈烈，为人敢做敢为。正统七年（1442 年），明朝廷分建州左卫，设置建州右卫。《明英宗实录》记载：分建州左卫，设建州右卫。升都督金事董山为都督同知，掌左卫事；都督金事凡察为都督同知，掌右卫事。董山收掌旧印，凡察给新印收掌。

宣德八年（1433年），建州左卫所属的核心部落遭到杨木答兀和"野人女真"残酷地屠杀和毁灭，部众骤然离散。猛哥帖木儿的嫡系诸子被杀掠，余众无人统领，内部开始分争。其中部分人拥护阿谷的养子老胡赤，部分人跟随猛哥帖木儿的弟弟凡察。不久，凡察入京报告兄长被杀的情况。宣德帝以凡察曾经立有战功，便任命他为都督佥事，统领建州左卫部众。

不久之后，猛哥帖木儿的幼子董山和阿谷的妻子，在毛怜卫指挥哈儿秃等的斡旋下，从掠夺的部落中赎回来。董山回卫以后，仅有二十岁，但在许多部众的支持下，同他的叔父凡察展开了争袭职位的明争暗斗。关键是争掌卫印和统管部众。董山没有归来以前，猛哥帖木儿的嫡系以阿谷养子老胡赤为代表的部众，反对凡察统领部落。后来因为明廷对凡察赐授新印，晋职加级，令他统领部众，斗争稍微平息了一些。董山归来以后，争袭斗争又掀起了新的高潮。大部分部落成员心向董山，只有少数人拥护凡察。董山手握旧印奏报朝廷，想凭借印来独揽卫事。朝廷倾向凡察，想叫凡察掌管卫事，以董山充副职，一起治理卫事，命把旧印上缴朝廷。旨令下达以后，凡察、董山都认为旧印是祖宗传下来的，不肯交回。明廷无可奈何，又决定保存旧印，由凡察掌卫事，把新印送还朝廷。结果叔侄关系更加紧张了，都置朝廷的决定于不顾，造成骑虎难下的局面。事情既然如此，正统帝不得不采取更实际的步骤，即查询部落中的民心所向，以定取舍。辽东总兵官曹义得旨后，查知建州左卫部落大部分成员倾向董山。于是，朝臣决议请旨：增设建州右卫。正统七年（1442年），经皇帝批复，分建州左卫，增设建州右卫。任命凡察为都督同知，独掌右卫事。董山也为都督同知，独掌左卫事。这样，就出现了所谓的"建州三卫"。

董山对于明朝的态度前后不同，前期基本上继承父志，忠于朝廷。明朝廷对于猛哥帖木儿的后裔也给予足够的关怀和提拔。正统二年（公元 1437 年）十一月，董山回卫以后，第一次向明廷奏事，述说父、兄被害的情景，提出要迁入辽东居住。

董山（童仓）迁往苏子河三卫合住后，官至右都督，势力复大振。他乘建州卫指挥使李满住年迈之机，起而兼管三卫，颇有统一建州女真之势。但是，明朝中期国力强盛，明廷在加强对女真等族地区管辖的同时，又实行民族分裂和民族歧视的政策。成化三年（1467 年）董山再度蒙难。董山（童仓）等女真贵族借口反对明朝政府的压迫，不时出兵辽东地区"犯抢"，掠夺耕牛、马匹、衣物和人口，给辽东人民带来灾难。成化三年（1467 年），建州左卫都督同董山（童仓），入京朝贡，返程被执，羁之广宁（今辽宁北镇）。同年九月，明军会朝鲜军，合攻建州，董山（童仓）被杀于广宁羁所。

努尔哈赤的四世祖为锡宝齐篇古。董山（童仓）有三子：长妥罗，次妥义谟，三锡宝齐篇古。锡宝齐篇古的事迹不详。锡宝齐篇古只有一子，名叫福满。

努尔哈赤的曾祖是福满，后来清朝尊他为兴祖直皇帝。福满有六子：长德世库，居觉尔察地；次刘阐，居阿哈河洛地；三索长阿，居河洛噶善地；四觉昌安，居赫图阿拉地；五包朗阿，居尼麻喇地；六宝实，居章甲地。六人分别筑城而居。而赫图阿拉城，与五城相距，近者五里，远者二十里。福满六子，共生 22 子。福满子孙凡 28 人，环卫而居。声息相通，成为建州女真中一个大宗族。福满的六子，后称为宁古塔贝勒。"宁古塔"是满语 ningguta 的对音，意为六；"贝勒"是满语 beile 的对音，初意为"大人"、"首长"，为女真贵族之称号。崇德元年（1636 年）定封爵，贝勒在亲王、郡王之下。福满诸子孙聚族分居，耕田采猎，牧放孳息，在苏克素浒河地域是一个稍有势力的大宗族。

努尔哈赤的祖父是觉昌安（叫场），后来清朝尊他为景祖翼皇帝。觉昌安继承先业，居住在赫图阿拉。"赫图"是满语 hetu 的对音，意为横；"阿拉"是满语 ala 的对音，意为岗。"赫图阿拉"就是横岗的意思，在今辽宁省新宾满族自治县永陵乡老城村，后清定名为兴京。觉昌安（叫场）家族在苏克素浒河谷地带，耕田种粮，纺织麻布，并到抚顺马市贸易。

觉昌安（叫场）族盛势众，颇孚众望。他有五子，长礼敦，次额尔衮，三界堪，四塔克世（他失），五塔察篇古。觉昌安（叫场）的第四子塔克世（他失），是努尔哈赤的父亲，后被清朝尊为显祖宣皇帝。

努尔哈赤的先世，从猛哥帖木儿至塔克世（他失），凡六代，历时 200 年，由斡朵里经斡木河到凤州，再由凤州经斡木河到苏克素浒河谷，经历了几代盛衰，最后定居在赫图阿拉。这里的自然条件和地理位置优越，因此，建州女真在女真三大部中，处于优势地位。它比邻抚顺，接近汉族聚居地区，便于和汉族互市通商，输进铁制农具、耕牛和先进生产技术，加快了本部经济发展的步伐。女真社会经济的发展，"贡市"和"马市"贸易的扩大，各部经济联系的加强，到十六世纪末和十七世纪上半叶，出现各部统一与社会变革的趋势。建州女真由于历史与地理、经济与文化、军事与政治、社会与民族、首领与部民的条件，就成为女真各部统一与社会改革的核心。建州左卫指挥使世家出身的努尔哈赤，身处充满机遇的时代，凭借着满身的才华雄略，来迎接历史的到来。

二

公元 1559 年，努尔哈赤出生在赫图阿拉一个女真贵族的家庭。关于他的出生有很多神奇的传说，有的史书上还记载他母亲怀胎 13 个月生的努尔哈赤。

女真贵族中奉行的是一夫多妻制。努尔哈赤的家庭也一样。父亲塔克世有三个妻子，生有五子一女。他的母亲是塔克世的正妻，姓喜塔他氏，名额穆齐。她为塔克世生有三子一女，长子即是努尔哈赤，还有三子舒尔哈齐，四子雅尔哈齐。此外，侧室李佳氏，生次子穆尔哈齐。继室纳拉氏，生五子巴雅喇。

努尔哈赤从小就继承了女真族尚武的传统，他喜欢骑马，射猎，在苏子河畔，他曾有过以柳榆为弓、割荆蒿为矢的童年。他曾经与同伴比武较射，十几个天真顽皮却又十分认真的孩子，模仿大人，各出箭两支，竖为一簇，然后站在 30 步以远，依次发射，这时努尔哈赤总是射中最多。他是他们当中的强者。

然而，努尔哈赤的童年是灰暗的，在他十岁的时候，他的生母就去世了，没有了母亲的呵护和关爱，他深受继母纳拉氏的嫌弃和父亲的辱骂，家对他来说已经不再温暖，幼小的心灵承受着巨大的压力，也同时形成了他性格中倔强和坚毅的一面。

努尔哈赤生来就不苟言笑。父母的冷言，生活的残酷，使沉默寡言的他变得淡然和冷漠。他默默地忍受着，没有辩白，没有抱怨，更没有反抗。后来由于内心的倔强，才十岁出头的努尔哈赤走出了家门。

努尔哈赤走进了山林，加入了采集山货的行列。

女真人在每年的春秋两季就挖参采山货，他们把采集到的山货，送到开原和抚顺的"马市"上，换来米、布、耕牛、铧子以及锅、斧、针线等生产和生活用品。马市贸易给闭塞和贫穷的女真人带来新鲜的感觉和丰富的物品。从而，也使这些依赖山林为生的女真人更加热衷于采集。他们白天在莽莽的林海中采集松子、榛子、蘑菇、木耳，挖掘人参，晚上，便在被称作权子的窝棚里野宿。权子又低又矮又潮湿，仅能容下三四个人。三月和十月，辽东的夜晚已是寒气逼人，人们在这样的环境下休息，去除白天的劳累。

努尔哈赤正是在这种环境下体味着人生的艰辛的。风餐、露宿、狂风、暴雨、蚊虫扑面、烈日似火……也许正是人间的艰辛，才在他那幼小的心灵里筑起刚毅和坚韧的信念。十几岁的努尔哈赤在这个时候就挖参。山里人习惯地称人参为"棒槌"。棒槌多长在陡峭的山崖上，因而挖参人不但有翻山越岭的劳苦，且有坠入山涧的危险。女真人通常结成挖参的群体。如果不是努尔哈赤生得身高体壮，如果不是生活练就了他那勇敢顽强并不失机敏的个性，恐怕没人会接受一个孩子入伙。

几年过后，努尔哈赤已经长大成人。虽然他想融入这个家庭，但是他的继母纳拉氏却一直没有善待过他。于是，他带领小他四岁的胞弟舒尔哈齐寄居到外祖王杲的家中。

王杲是一个集勇武与智慧、残暴与狡黠于一身的人。明嘉靖年间，他出任建州左卫指挥使，隆庆末年升为都督，控制了建州三卫进京朝贡的500道敕书（敕书，为女真人进京朝贡的凭证，女真人以多得者为荣），"九合诸酋"，成统领建州各部之势。

现在，额穆齐长眠于荒冢，她的骨肉则流离在外，王杲于心不忍。也许正是出于对外孙的怜悯和爱护，王杲收留了努尔哈赤兄弟。本来有了王杲的保护，努尔哈赤就没有后顾之忧，可是造化弄人，努尔哈赤的继母纳拉氏，是个有政治背景的人。她本与哈达贝勒王台同族，名叫肯姐，因被王台看中收为养女，故而有恃无恐。塔克世继额穆齐之后再娶纳拉氏，无非是看中她那哈达贝勒养女的身份，以保持与两大势力的均衡外交。在额穆齐死后，他不顾父子之情，一味牵就纳拉氏，自然有他的苦衷。而与王台猜忌颇深的王杲亦是不愿为此卷入家庭矛盾的漩涡，不愿面对矛盾背后的王台。更何况这一时期他与觉昌安父子的关系，也处于极为微妙的状态中。

努尔哈赤对这一切一无所知，年龄和阅历都使他难以顾及事情以外的复杂因素。在外祖家所得到的片刻安宁，已使他心满意足，也不敢再有所奢望。而且，努尔哈赤似乎也不枉有此寄寓的经历。不知是先天的遗传基因还是后天的耳濡目染，在他身上总能看到王杲的影子：智慧过人的头脑、进取冒险的个性，以及对汉族文化与文明的推崇。

可是，对努尔哈赤来说，就连这种寄人篱下的安宁也是短暂的。万历二年（1574 年），王杲在马市上，借明朝边吏验马索贿，煽动建州各部及蒙古三卫袭扰边关。随后，又因边吏收容其部下属人，索要不成，袭杀明军，并将俘获汉人剖胸剜心，施以极刑。于是，明廷罢辽东关市，于是年十月派总兵官李成梁率 6 万明军血洗了古埒塞。王杲虽在激战中乘隙脱逃，但在明廷密如天网的搜捕下，在奔往蒙古三卫的路上，不得已潜入哈达屯寨。王杲被哈达贝勒王台父子械送边官，随后又押解京师，被枭首于搞街。努尔哈赤也在这次劫难中成了明军的俘虏。

在这样危难的环境下，努尔哈赤拉着弟弟舒尔哈齐一同跪倒在李成梁的马前，痛哭流涕，乞求避免一死。这种摇尾乞怜、涕泗涟颐的行径，使人很难与那个叱咤风云、铁马神箭的努尔哈赤联系在一起。然而，他的的确确就是努尔哈赤，努尔哈赤有过对人泣首臣服的耻辱。也正因如此，他才躲过了这场必死无疑的大屠杀。李成梁见努尔哈赤乖敏可怜，询问之后，又得知他是觉昌安的孙子，而觉昌安与塔克世恰恰是这次明军袭杀古埒寨的向导。于是，李成梁为笼络觉昌安父子，不仅免去努尔哈赤的死罪，还将他收为帐下，充作亲丁。

兵营对努尔哈赤来说比那个没有温暖的家要好多了，而且他一身勇武，每次征战都立有战功，受到李成梁的赏识。

然而，努尔哈赤对李成梁的感情却颇为复杂。他既感恩李成梁的厚爱，又忌惮其威严残暴，而李成梁对女真人的嗜杀，尤其令他无法忍受。于是，感激、惧怕、憎恨，交织在一起，他常常分不出哪种感觉最深切。当他亲眼看到外祖王杲被擒，而后又随械送王杲的明军进京，目睹王杲在槁街行刑时惨烈的情景，心中充满了悲愤。这与其说是来自血统本能的亲情，倒不如说是民族感情的激励。

这段经历对努尔哈赤的一生产生了重大的影响。他开始接触汉族文化，也开始阅读汉族的文学书籍，熟悉汉语，并且掌握了许多军事知识，具备了非凡的军事才干。

然而，命运好像故意捉弄努尔哈赤一样，他因为遭到李成梁的猜忌，李成梁率领兵将抓捕他。不过，因为努尔哈赤仪表非凡，被李成梁的夫人放走。

在逃跑的途中，努尔哈赤经历了许多艰难险阻，在当时努尔哈赤仍是一个遭到通缉而又无家可归的普通人。虽然有叶赫贝勒仰加奴的厚爱，派兵将他送回家中，但在继母的眼里，他似乎仍是一个多余的人。不知是为了躲避李成梁的追捕，还是为了躲开纳拉氏对他的冷言冷语，努尔哈赤并未在家立足，他第二次走出家门，开始了真正的游子生涯。

在女真族里，也许十八九岁便是自立的年龄，大约在万历五年（1577 年），努尔哈赤娶了第一个妻子佟佳氏·

哈哈纳札青。这是一桩没有任何政治背景、甚至是没有父母之命的婚姻。婚约也似乎缔结于努尔哈赤的闯荡历程中，遗憾的是，这段佳话因无从考据，只能借助野史、小说的勾画来满足人们猎奇的愿望。

中華藏書

第一卷 马背江山，开国英雄

中国书房

第二章 率兵而起

一

16 世纪末期，建州女真由原来的"建州三卫"融合成建州五部，即苏克素浒部、浑河部、完颜部、栋鄂部、哲陈部和长白山三部，即鸭绿江部、朱舍里部、讷殷部。与建州女真向南迁徙的同时，海西女真也逐渐向南移动，形成了海西四部，即叶赫、辉发、哈达、乌拉等四部。建州女真和海西女真的南移，大概在嘉靖时期才停止。

明朝政府对女真诸部十分重视，竭力进行招抚并设置卫所进行管辖。永乐元年（1403 年），明朝首先设置了建州卫军民指挥使司，由女真头人阿哈出为指挥使，并赐给他诰印、冠带、袭衣和纱巾等。阿哈出本为元代女真部落五万户府中之胡里改万户。"万户"相当于明朝的"指挥"，曾被赐姓名李思诚，后来，他的儿子释加奴也因有功而被赐名为李显忠。当时还未分左、右卫，本来也没有想到再划分其他卫，都是由于后来情况的变化，才又分出左卫和右卫，后来又增设了毛怜卫，由释加奴的弟弟猛哥不花统领。到了永乐七年（1409 年），在斡难河、黑龙江、嫩江、精奇里江、乌苏里江、松花江、享滚河等流域共设了 130 个卫所，同时也任命了大批的女真头人为指挥使、千户和镇抚，并专门设置了"奴儿干都指挥使司"。到了正统十二年（1447年），共有女真卫所204个，到万历时，增至381卫和39个千户所，它们分布在西起鄂嫩河，东到库页岛，北至乌弟河，南达日本海，包括整个黑龙江流域和乌苏里江以东的广大地区。

女真各卫所与明朝政府之间是被统治与统治的关系，是地方与中央的上下级隶属关系。

和历朝统治者一样，为防止女真内部团结一致形成不可控制的强大力量，明朝统治者对女真各部实行"分而治之"的政策，明朝统治者一方面通过设置奴儿干都司，划分建州三卫，并通过卫所的设立来笼络女真各部上层人士，使他们在政治上、经济上隶属于明朝。同时，还利用女真部之间的矛盾让他们相互争夺。随着女真社会的不断发展，到了万历年间出现了"各部蜂起，皆称王争长。互相残杀，甚至骨肉相残，强凌弱，众暴寡"的局面。建州三卫女真逐渐演变为建州五部和长白山三部，各部又划分为若干小部，如：苏克素浒河部下面又分出图伦、萨尔浒、嘉木湖、沽河、安图瓜尔佳等寨，浑河部又分为杭嘉、栋嘉、扎库穆、兆嘉、巴尔达、贝欢等寨。由于王杲父子兵败遇害，建州女真实力大损，一般部落都是人丁稀少，甲仗不全，缺少一个智勇双全，兵强马壮，威震各部的新首领。这样大家都是各自为政，必然会导致两败俱伤。如栋鄂酋长们决定共同出兵攻打努尔哈赤家族，以报过去掠寨之仇，谁知道还没有出兵，内部便起纷争，部中自相扰乱，那么出兵之事只好作罢。再如，努尔哈赤的堂叔康嘉与人合谋，请哈达国出兵助战，并由努尔哈赤同族人、兆嘉诚主李岱导引去劫掠属于努尔哈赤的胡吉寨。还有朱舍里、讷殷二部一同勾结叶赫兵抢掠努尔哈赤的洞寨。由此可见，当时女真内部的混乱的程度，时局动荡、混乱之状态可见一斑。

　　明朝初年，海西女真逐渐演变成哈达、辉发、乌拉、叶赫四大部，称为"扈伦四部"。哈达部因为住在哈达河流域一带而得名。万历初年，哈达部酋长是王台，姓纳喇氏，名为万，被尊称为"万汗"，居住在哈达河北岸的哈达城。王台对明朝忠心耿耿，他承袭祖父黑忱塔山前卫左都督职，经常进京朝贡来表达他对朝廷的忠心。后来他的好友王杲兵败逃到他这里避难，可他却毅然地将王杲交给了明朝政府，他以及他的儿子被明朝天子重重地嘉奖了一番。

　　因为王台机智善战，对属下和善，深受他们爱戴，拥有敕书700道，所辖地域广袤千里，东到辉发、乌拉，南至清河、建州，北邻叶赫，30年间一直秩序井然，百姓安居乐业。随着时光的流逝，王台也渐渐地老去，他不再可能像当年那样指挥若定，精力也大不如从前，更可悲的是他的大儿子虎儿罕与其格格不入，性情残暴，滥杀无辜。终于使部众背心离德，有几名大将先后叛投叶赫而去。

　　叶赫酋长逞加奴与仰加奴是明朝塔鲁木卫的都督金事，他们趁哈达部王台年老体弱，与部下不合的时候，联合其他部落经常到哈达部进行抢掠，而虎儿罕此时却抵挡不住叶赫的进犯。更甚者是辉发、乌拉、建州等周围附近各部纷纷与哈达部落疏远，哈达部日渐衰微。万历十年（1582年），衰老而又疾病缠身的王台因不忍亲眼目睹自己几十年的功业毁于一旦，终日郁郁寡欢，最后忧愤而死。

　　王台一共生有六个儿子，长子名叫虎儿罕，次子名叫三马兔，三子名叫煖太，四子名叫纲实，五子名叫猛骨索罗，至于康古六则是王台的私生子。王台死了以后，仰加努和逞加奴向虎儿罕索要明朝颁给的那700道敕书，虎儿罕拼死保护那些敕书，不肯将它们交给仰、逞二奴。虽然虎儿罕为人暴戾，但对父亲却是一往情深。

王台死后，正在哈达部内外交困之际，王台的子孙之间又发生了内讧。虎儿罕与王台的私生子康古六为父亲的遗产争夺不休，唐古六在虎儿罕的威胁下逃到了逞加妈的帐下。不久，虎儿罕就随父亲而去了，他再也不能与康古六去争夺什么遗产了，康古六得知此讯又返回哈达部，竟霸占了王台的小妻、猛骨孛罗的母亲温姐，温姐是逞加奴的妹妹，康古六正妻的姑姑。康古六在娶逞加奴女儿的时候，已经娶了死去的四哥纲实的遗孀孙氏，后来因为得到温姐这个新宠便又将孙氏遗弃了。三马兔的儿子兀把太把孙氏娶去了，可康古六又转而去抢孙氏，兀把太请求用骆驼与康古六交换孙氏，康古六这才罢手。

猛骨孛罗又名孟格布禄，是王台的第五个儿子，因为前面四个兄长都年幼早逝，因此孟格布禄得以在 19 岁的时候袭父龙虎将军衔并为右都督。孟格布禄与虎儿罕的儿子歹商以及康古六为争夺父亲的遗产，而争斗不止，不能齐心协力共同抵御外来侵犯，康古六还借叶赫的力量来攻歹商，歹商处境十分艰难，更何况他平时为人懦弱而又多疑，不能使众心归附，反而左右多有二心。明朝因为王台向来忠顺，便派来军队保护王台的遗孤歹商，先捉住了叶赫军队的内应温姐，让她告诉其子孟格布禄归还歹商的妻子及其财产。后来，明军攻打孟格布禄，革去其龙虎将军衔。康古六很快也束手就擒，明军本想杀掉康古六与温姐，但又怕孟格布禄为母报仇去杀歹商，于是就让康古六与歹商和好，并将他与温姐放回。不久，康古六突然病倒了，因感激明军不杀之恩，他告诫手下不要犯边。

哈达部到这个时候分崩离析，加上他有明朝的帮助，按理应该趁此良机安定形势，积聚力量以便东山再起。但是歹商的所作所为却是如此地令人失望，他喜欢酗酒，整日喝得酩酊大醉；喜欢看杀人的血腥场面，于是动辄杀人取乐，视人命如草芥。有这样一位无道的头领，部众渐渐离心离德，形势日益恶化。万历十九年（1591年），歹商去叶赫迎娶卜寨的女儿，可在归来的路上，就被岳父卜寨派来的人杀死。叶赫部、乌拉部、辉发部的内部矛盾也纷繁复杂，矛盾重重。至于"野人女真"则是属于文化程度低、生产力水平低下的一类，即使如此其内部也充满了矛盾与斗争。

总之，在努尔哈赤兴起前后，女真社会处于矛盾纷争的状态，而努尔哈赤此时则冷静环视周边，此时正需要有一位民族英雄脱颖而出，而女真各部的混乱与衰败也为这个英雄的诞生创造了极好的时机。以父、祖不幸遇难一事为契机，努尔哈赤借助天时地利的条件开始了自己的辉煌业绩。

二

努尔哈赤要报祖、父之仇，需组成一支队伍。他巧妙地把对尼堪外兰（杀害他父祖的仇人）不满的人，拉到自己一边。如苏克素浒河部萨尔浒寨主卦喇，曾因尼堪外兰诬陷，受到明朝抚顺边关的责治。卦喇之弟诺米纳、嘉木湖寨主噶哈善、沾河寨主常书及其弟扬书等，都非常痛恨尼堪外兰。

万历十一年（1583年）五月，努尔哈赤以报祖、父之仇为名，以塔克世"遗甲十三副"，率兵百余人，向尼堪外兰的住地图伦城发动进攻。但是，努尔哈赤原约诺米纳率兵会攻图伦城，而诺米纳背约不赴。尼堪外兰又得知攻城的消息，于是携带妻子离开图伦城，逃至甲版城。努尔哈赤攻克图伦城后胜利而归，时年二十五岁。

努尔哈赤刚刚起兵的时候，势单力薄，需团聚宗族，共同对敌。其祖父兄弟六人、共有子22人，其父兄弟五人，所以其父祖、伯叔、兄弟、宗侄多至数十人。努尔哈赤起兵时，宗族内部许多人都不服。不过，努尔哈赤懂得知人善任，团结宗族成员。其中额亦都和安费扬古就是他的得力干将。

努尔哈赤带领额亦都、安费扬古等百人的队伍，打败了尼堪外兰，以夺取图伦城为起点，开始统一苏克素浒河部。努尔哈赤家族所在的苏克素浒河部，分布于苏克素浒河（即苏子河）下游到该河注入浑河处的一带地方。苏克素浒河部萨尔浒城主诺米纳，曾同努尔哈赤欧盟，但因见尼堪外兰依恃明朝而势力较强，便背弃盟誓，努尔哈赤对诺米纳虽然心怀忿恨，但他不用力攻，而用智取。当时正是诺米纳、鼐喀达派人来约，会攻浑河部巴尔达城。努尔哈赤假意与诺米纳等约盟，合兵攻巴尔达城。临战时，他要诺米纳先攻，诺米纳不从。这时，努尔哈赤用计谋除掉了诺米纳。

努尔哈赤智取诺米纳之后，安抚他的部民，使他们安居乐业。

万历十二年（1584 年），努尔哈赤又对附近的地区进行了主动攻击，如兆佳、马尔墩、董鄂部、翁科洛城等。

努尔哈赤的不畏强敌、勇猛善战是他的一个重要品质，也是他取得胜利的重要原因。有一个成语是"骁勇善战"，说的就是努尔哈赤这样的"马背上的天才"吧！

后来，努尔哈赤派额亦都率兵再征哲陈部的巴尔达城。额亦都取得了巴尔达城之战的胜利，打得非常精彩。当额亦都率军胜利归来时，努尔哈赤摆宴犒劳众将士，并赐给额亦都"巴图鲁"的称号，在满文中，"巴图鲁"是勇士的意思。

自努尔哈赤起兵之时，是为了报杀父祖之仇的，经过几年对外攻击，他的仇人尼堪外兰还没有被他刺于剑下，此时，报仇正是他心中的前进动力。

中華藏書

大清十二帝·最新整理珍藏版

中国书店

之前，努尔哈赤攻克图伦城时，尼堪外兰逃往甲版城。同年秋，尼堪外兰又携妻子、近属及部众等，从甲版徙至鹅尔浑，并筑城驻居。鹅尔浑城在浑河北岸，属浑河部，距明边较图伦为近，易受明军疵护。鹅尔浑城近明边墙，西通抚顺。努尔哈赤将鹅尔浑城攻陷后，本以为可以就此杀死尼堪外兰，可是没想到他在这时候外出了。

后来，努尔哈赤得知，明军把尼堪外兰保护起来了，顿时怒火中烧，让俘虏的几名汉人向明朝边吏送信，交出仇人尼堪外兰。明朝心想用一个没有用处的尼堪外兰与势力强大的努尔哈赤相对抗是一个不合算的事，于是决定抛弃尼堪外兰。至此，努尔哈赤的大仇终于报了。

努尔哈赤从攻尼堪外兰、克图伦城，开始了统一建州女真的战争。尼堪外兰被斩首标志着努尔哈赤统一建州女真的战争，已经取得决定性的胜利。

第三章　统一女真

一

　　努尔哈赤报仇之后，便开始了统一女真的大业，他是一位优秀的征服者，在通向王位的路上，他勇往直前。

　　努尔哈赤在统一女真的过程中，为了建基立业，巩固权位，暗自扩展势力，他攻克了佛阿拉城，并自称可汗。

　　佛阿拉，满文的意思是旧山城，它的形势，东依鸡鸣山，南傍哈尔撒山，西偎烟筒山（虎拦哈达），北临苏克素浒河即苏子河支流——加哈河与索尔科河，即二道河之间三角形河谷平原南缘的虎拦哈达上。它的东、南、西三面崖壁，仅西北一面开展。东有首里口即硕里口河，东北流入索尔科河；西北有二道河；注入加哈河。索尔科河与加哈河交汇后，此流入苏克素浒河。

　　努尔哈赤之所以从他的祖居地赫图阿拉，迁至新筑城的佛阿拉，是因为他要考虑多方面的因素：努尔哈赤基本统一建州后，开始出现以努尔哈赤及其弟舒尔哈齐为首的新的女真军事贵族，其地位、等级、权势、利益等，均发生了变化，需要兴建与之相适应的城垣、堂子、楼宇、屋舍。所以，要选择新的城址、按照新的等级、规划新的格局、作出新的安排。此其一。努尔哈赤基本统一建州前，赫图阿拉已为其诸祖、伯叔、昆弟和侄辈所安居多年，在此重新规划房舍，势必触犯诸多宗族利益，引发新的宗族矛盾。如另选新址，重新规划，则既不妨害原宗族的利益，又能满足新贵族的需要。此其二。努尔哈赤基本统一建州后，下一步是同明廷和扈伦四部打交道，在彼强己弱的情势下，需要选择一个既便隐蔽、又便出击的新基地。此其三。所以，从政治、军事、宗族等方面筹划，攻克佛阿拉城是非常重要的一步。

万历十五年（1587年），努尔哈赤登上王位的宝座，在建州呼兰哈达山下的佛阿拉城自称可汗。

佛阿拉，是努尔哈赤政权的所在地，在这里，努尔哈赤定国政、创法制、练军队、议征伐；他宴客、饮酒、纵情享乐。此时的努尔哈赤已经不是以前的努尔哈赤，他已经处于一个至高无上的地位了。

努尔哈赤这次称王，明朝政府还一无所知。在明朝边官的眼里，努尔哈赤仍是一个恭顺的边臣，一个多次为明朝保卫边城的建州酋长，一个平均每三年到北京朝贡一次的女真首领。

当努尔哈赤看到，王杲纵兵犯边被悬首京师，尼堪外兰仰人鼻息终遭唾弃，他为自己另辟了一条捷径。他一方面假装对朝廷表示友好；另一方面靠明朝的力量来发展自己的势力。他正是在这两面政策中生存、发展和强大起来。这是需要多少深谋远虑的思考、多少精心巧妙的设计啊！

万历十五、十六年，努尔哈赤统一建州各部的活动，已经引起明朝政府的注意，于是明朝想出了一个计策，就是让哈达部与努尔哈赤联姻。

努尔哈赤深知明廷的用意。他正处在统一建州的关键时刻，必须避开明朝政府的军事干涉，创造一个有利于己的环境。因而，他接受了联姻。从此之后，他表面上对明朝更加顺从和恭敬了。

万历十七年（1589年），住牧在札木河部落的女真首领克五十，屡次侵掠柴河堡（辽宁铁岭境内），射杀官兵，杀死指挥官刘斧。克五十自知闯下大祸，逃入建州以求庇护。努尔哈赤本该救人于危难。但当明廷宣谕追捕的命令送到建州时，他立即斩克五十报告边官，并以杀敌之功乞求升赏。于是，努尔哈赤由此获得了都督金事的封号。

努尔哈赤的这一举动在明朝的眼里成了守边效力的功臣。努尔哈赤以他的两面政策取得了称王与受封的双重收获。为了感激明廷的封赐，万历十八年（1590年），努尔哈赤率领108人，装满载有人参、貂皮、东珠等地方贡物的车辆，去北京向明朝贡。这浩大的声势，不仅仅是为了证明他对明朝的臣属和忠顺，更欲借明朝的声威抬高自己。在万历二十三年（1595年），他又以"忠顺好学"、"看边效力"，被明廷加升为龙虎将军（位居散阶正二品），成为继哈达贝勒王台之后第二个得此称号的女真人。

二

当努尔哈赤统一建州女真以后，一次良好的时机，为他进军海西女真创造了一次极好的机会。万历二十年（1592年）到万历二十六年（1598年），日本政府发动了旨在进攻明朝的侵略朝鲜战争，明朝政府不得不调派大军进驻朝鲜，使得辽东地区守备空虚。这样便为努尔哈赤制造了一个良好的机会，为图帝业向前迈进了一步。

由于朝鲜与中国是邻邦，朝鲜受到威胁，明政府应该加以援助。再则，日本的进接进攻目标是明朝而非朝鲜，唇亡则齿寒的道理尽人皆知。所以，不仅仅是为了扬大明帝国的威风，也是为了保卫自己，明朝政府对此事自然不能视若无睹，袖手旁观，他们很快就派兵去朝鲜与日本交战。正因为明朝派兵援助朝鲜，无暇顾及辽东地区，给努尔哈赤释放了很多空间，让他在东北广阔地土地上任意驰骋。

在三部女真当中，建州女真与海西女真紧密相联。当努尔哈赤统一建州女真的时候，扈伦四部的酋长们都感到恐惧，害怕有一天强大的建州女真会把矛头指向自己。于是，他们就想尽办法和努尔哈赤交好。首先，他们想到要用与努尔哈赤联姻的办法来掣肘他的行动，于是，哈达部首先将虎儿罕的女儿嫁给努尔哈赤为妻；叶赫部也不甘落后，赶紧将那林布禄的妹妹送给了努尔哈赤。努尔哈赤一一地欣然接受了，但是，他却不会因此而大发慈悲，因为任何引诱都休想动摇他勇往直前的决心，减缓他的勇气。他的这一作法使对方恼羞成怒，于是，他们决定采用强硬的方法，由叶赫贝勒那林布禄派遣使者向努尔哈赤公开索要土地，企图以这一强硬的方式来削弱建州女真的势力。

虽然如此，但是这一强硬方式是吓不倒努尔哈赤的，他以理智的方式回绝了他们。

他们的目的未能达到，林布禄却贼心不死，他决定与哈达和辉发联合起来，采取一致行动向努尔哈赤施加压力。于是，他就召集叶赫、哈达、辉发三部酋长贝勒集会，会上大家一致同意各部同时派遣使臣到建州，发挥人多的优势以迫使努尔哈赤妥协让步。于是，叶赫部酋长那林布禄派尼哈里和兔儿德做使臣，哈达部酋长孟格布禄派代某布为使臣，辉发部酋长拜音达里派阿拉泯为使臣，他们一同前往建州去完成使命。努尔哈赤知道他们来的用意，于是和他们周旋了几个回合，最后他们激怒了努尔哈赤，目的没有得逞。

努尔哈赤的这一举动，显然是在向叶赫诸部表示自己无所畏惧，警告他们不要蛮横无理，对他施加压力，表现了他刚直不屈的外交之道。

当时建州女真的长白山三部当中的朱舍里部和讷殷部与叶赫联合出兵，将建州东部边界的洞寨劫掠而去。当手下人将这一消息报告给努尔哈赤时，他正坐在门楼上休息，他胸有成竹，以胜券在握的口气说："任伊劫夫，岂，有水能透山，火能逾河之理？朱舍里、讷殷是我同国，乃敢附异国之叶赫，劫掠我寨，盖水必下流，朱舍里、讷殷二部终为我有矣。"努尔哈赤的这番话绝不是自吹自擂，毫无依据，这是他通过对全局的整体把握之后才得出的结论，充分表现了他的大家气度和遇事不乱的沉稳性格。

万历二十一年（1593年）六月，叶赫部终于恼羞成怒发兵攻打努尔哈赤，卜寨与那林布禄纠合哈达部酋长孟格布禄、乌拉部酋长满泰、辉发部酋长拜音达里，集中了扈伦四部的强壮兵马，首先向建州部挑起战火，想要挫伤努尔哈赤的锐气。他们首先劫掠了建州部的户布恰寨，努尔哈赤听到战报以后立即率领将士骑马前去追赶来犯之敌。这时，哈达部的兵马已经回去了，努尔哈赤就带兵一直穷追不舍地来到哈达部。当天晚上，他命令步兵埋伏在道路两旁，自己则带领一股部队去袭击哈达部的富儿佳奇寨。哈达部得知努尔哈赤以牙还牙劫掠了自己的地盘，也赶紧出兵追到富儿佳奇，双方在此交战。

努尔哈赤很有心计，他想把追兵引诱到自己设好埋伏的地方，可又担心哈达兵追到半路返回，于是就让士兵先走一步，自己单独一人来诱使他们上钩，使对方看到只有一个敌人产生易于取胜的心理。哈达兵果然中了他的圈套，继续朝前追去。当他们追到近前的时候，前面有一人首先举刀猛扑过来，后面又有三个人并肩骑马前来助战。见此情景，他转过身来举起了弓箭朝对方马的肚子射去，马中箭疼痛得跳了起来。后面那三个人趁努尔哈赤射箭之机一起杀来，他的马因受惊大叫起来，差一点将努尔哈赤掀翻在地。这时，幸好安费扬古及时赶来将后面那三个人杀死，努尔哈赤也得以抽出手来再发一箭，正好射中了孟格布禄的马，那匹马疼得在地上大叫。努尔哈赤继续抖擞精神，率领 3 名骑兵，20 多名步兵与敌人交战，把对方打得大败，杀死了 12 个人，获 6 副战甲，18 匹马胜利而归。这一战的胜利充分显示了努尔哈赤的军事指挥才能，将他的勇猛和果断展现的淋漓尽致。

叶赫贝勒卜寨和那林布禄失败以后，还是不甘心，他们不相信竟然会败在一个后辈的手里，于是，他们又开始了另一个计谋。

万历二十一年（1593 年）九月，卜寨和那林布禄纠合哈达部贝勒孟格布禄，乌拉部贝勒满泰之弟布占泰、辉发部贝勒拜音达里、长白山三部中的朱舍里部贝勒裕冷革、讷殷部贝勒搜隐塞克什、蒙古科尔沁部贝勒翁阿岱、莽古、明安，还有锡伯部、卦勒寨部共九部兵马 3 万多人，分三路气势汹汹地奔向建州部的苏克索浒河的古勒山。古勒山位于苏克索浒河南岸，这里地形复杂多变，山势崎岖陡峭，属易守难攻之地，加之敌军初来乍到，地形生疏，这些都是对敌军不利的地方。他们在傍晚时到达浑河北岸，就地安营扎寨。

当努尔哈赤得到九部联军已经来到的消息之后镇定自如，没有一丝惊慌的神色。他首先派出兀理堪去刺探敌情。兀理堪来到浑河岸边，看到北岸的敌兵正举火煮饭，他们吃完饭后就会马上出发，翻过夏鸡岭。兀理堪飞快地返回营地，将敌情报告给努尔哈赤。努尔哈赤得知后依旧很冷静，因为他已经成竹在胸，对胜利充满自信，他轻松自如地与人调侃道叶赫部的兵将果然来了。然后他根据地形情况进行了周密的军事部署：在敌人来路的两旁设下精兵以为埋伏，在高阳崖岭上安放滚木礌石；在沿河峡路上设置横木障碍。并且决定晚上不出兵，第二天再出兵。布置完毕之后努尔哈赤就去睡觉了，而且睡得酣声大作，仿佛什么事情也没有发生。可见努尔哈赤对自己胜利很有把握，而且充满了信心。

第二天早上天刚亮，努尔哈赤已经吃完了早饭，他率领部下去堂子祭天神。堂子是女真人祭天的场所，祭天神是一种相当隆重的礼仪，在每年新年的第一天、打仗出征之前以及凯旋而归时都要举行这种仪式。祭完天神，他立即翻身上马，率军出征。当他来到拖索寨时，站在渡口处发表了战前动员："尔等可尽解劈手顿项留于此，若伤肱伤颜，唯命是从，不然，身受拘束，难以胜敌，我兵轻便必获全胜矣。"士兵们领命之后，都将"劈手顿项"解去。以此来激励大家作战要誓死对抗破釜沉舟。他充分利用了众人的求生欲望，使其战斗力发挥得更加淋漓尽至，打起仗来更加机智和勇敢，这是取得胜利的重要保证。

当大军行至加哈，加哈城守将奈虎、山坦前来报告说叶赫兵在辰时就已经到达，围加哈关，见势不能克，往攻黑机革城。敌众我寡，面对这种形势，士兵们都害怕起来，其中一个名叫狼塔里的人说，虽然我军人力不多，但个个骁勇善战，必能胜利。

努尔哈赤又派出一名探报前去打探敌情，过了一会儿，探报回来报告说，敌兵已经安营扎寨，现在正在搬运粮草。于是，努尔哈赤也决定全体将士就地安营。

当天夜里，努尔哈赤的探报兀理堪抓获了叶赫部的一名士兵，经过审训得知敌军共有士兵3万，其中叶赫出兵1万，哈达、乌拉、辉发共出兵1万，其余各部合兵1万。建州的士兵听了以后都害怕得不得了。在这种极其不利的情况下如果不能稳定军心，使他们增强必胜的信念，那么无论如何是不能取胜的。努尔哈赤马上向部队作了一番旨在稳定军心的思想动员，以此鼓舞士气，使他们充满信心。

努尔哈赤正确地分析了双方各自的特点，虽然兵力上敌军大大多于我军，但是他也指出了敌兵之短，我兵之长，得出了我方必胜的结论。他认为我军占领了有利地形，以逸待劳，这是优势之所在，而敌军乃一群无能之辈，指挥上一定有漏洞，这是敌方的劣势所在。所以，努尔哈赤告诉大家擒贼先擒贼首，这便可动摇其军心，造成敌兵败退的结局。

第二日，九部联军攻打黑机革城，没有取得成功，就在当天又发动了第二次进攻，这时，努尔哈赤已经率兵赶到，在古勒山的险要之处陈兵列阵，与黑机革城相对。九部联军来势汹汹地向古勒山包围过来，其势锐不可挡。努尔哈赤派额亦都率领精兵100人向敌人首先挑战，敌人马上包围过来，在这众寡如此悬殊的情况下，额亦都没有一点畏惧的神色，奋勇冲杀，杀死九个人，九部联军受挫后稍稍退去。

叶赫贝勒卜寨想到自己不应落在后面，便一马当先与那林布禄和科尔沁的翁阿岱、莽古、明安贝勒领兵冲上前来，合攻一处。卜寨可能是求胜心切，驱骑过猛，坐骑被木桩撞倒，将他重重地摔到在地。建州士兵武谈立即冲了过去将卜寨一刀杀死。那林布禄见其兄死去，就当场惊昏了过去。叶赫诸贝勒见到这种场面都失声痛哭，他们赶紧扶起昏死的那林布禄，抱起卜寨满是血污的尸体夺路而去。其他同时冲上来的贝勒们被吓得失魂落魄，纷纷丢下自己的部众，四处奔溃逃命。最为狼狈的就是明安贝勒，他骑的那匹战马陷到泥里拔不出来，于是，他只好丢下鞍马，赤身裸体骑上一匹骒马逃走了。努尔哈赤乘胜指挥士兵趁胜杀敌，只一会儿功夫，敌人的尸体便到处都是，鲜血汇流成河，其状惨不忍睹。努尔哈赤的兵马就在这片铺满了人马尸体的旷野上纵横驰骋，越战越勇，而敌军被打得到处乱逃，最后死伤者很多，而且还活捉了布占泰。

古勒山之战中努尔哈赤获得全胜，建州军队共斩杀九部联军 4000 人，获战马 3000 匹，铠甲 1000 副，杀死了卜寨，生擒了布占泰。九部联军是侵略的一方，而建州军则是被侵略的一方，这次战役努尔哈赤完全是出于自卫的举动，而是九部自不量力，自取灭亡。这次的胜利给努尔哈赤增加了不少的信心，为他下一个目标增添了动力。

经过与建州女真的几次交战后，海西女真已经认识到努尔哈赤还是不可低估的。叶赫在古勒山之战中损伤最大，死了一个卜寨贝勒，吓昏了那林布禄贝勒，但他们并不因此而一蹶不振，而是将分散的海西女真统一起来，组成一个力量更大，范围更广的海西女真，才有可能与建州女真相抗衡。

万历二十七年（1599 年），叶赫贝勒那林布禄抖掉几年前在古勒山下带来的耻辱，率领本部军队向扈伦四部中力量曾盛极一时的哈达部挑战。哈达部在其酋长王台死后陷入了子孙之间相互仇杀的内乱之中，他的六个儿子只剩下了温姐所生的孟格布禄与其侄子歹商，而他们叔侄二人不和，不能同心协力，哈达已经失去了往日的光彩。

哈达部与叶赫部历来就有恩怨，相互之间几次动武。

而现在哈达部又面临着一场新的灾难，叶赫却又兵戈相加，于是，孟格布禄将他的三个儿子送给努尔哈赤作人质，乞求建州出兵援救。努尔哈赤立即派出费英东和噶盖带领 2000 人前去援助哈达。叶赫贝勒那林布禄得知这个消息，心想如果哈达部倒向建州一边，叶赫是无能为力的，于是便使出一个计谋，通过明朝的开原通事给孟格布禄送去消息："汝执满洲来援之将，挟赎质子，尽杀其兵，如此，汝昔日所欲之女，吾即与之为妻，二国仍旧和好。"而孟格布禄果真中了那林布禄的离间之计，与叶赫相约在开原举行会议进行具体策划，并派出两个妻子前去商议此事。但是没有不透风的墙，这个消息被努尔哈赤从中截获，他感到自己的自尊心受到强烈地刺激，在愤怒之火的燃烧下，他决定要找孟格布禄报仇，攻取哈达部。

当年九月，努尔哈赤率领军队向哈达部发起进攻。他的同母弟弟舒尔哈齐主动请求做先锋，努尔哈赤答应了，并派出 1000 人的兵力交他指挥，军队直逼哈达城下，哈达部事先也知道努尔哈赤不会轻易地放过自己，他们早有防备，等待着与努尔哈赤交战。经过了六天六夜的激烈战斗，哈达部战败，孟格布禄被努尔哈赤的大臣扬古利活捉。

孟格布禄自以为老谋深算，但终于落得这样悲惨的下场被活捉。但努尔哈赤并没有将他处死，而是将孟格布禄供养起来，还将自己的貂帽和貂褂赠给了这个败军之将，并将他带到费阿拉住了下来，充分显示了他豁达与大度。

这之后，努尔哈赤对哈达部进行招服，从此，哈达部就不再存在了。

此后，叶赫贝勒那林布禄集结蒙古军队屡次侵扰哈达，努尔哈赤上书万历皇帝："吾已从命，令乌尔古岱还国矣，今叶赫国率兵屡次侵掠，何放以吾所获之国，受制于叶赫？"可万历皇帝却没有对他加以重视，原因是明朝政府想让叶赫得到哈达，这样就有了与努尔哈赤相抗衡的力量了。

当年，哈达部因天灾人祸发生大饥荒，向明朝请求援助没有得到，努尔哈赤就借机收取了哈达部。

努尔哈赤吞并哈达部以后，力量和势力更加强大了，而扈伦四部因为失去哈达部而大势已去，没有了往日的生机，接下来的形势对努尔哈赤非常有利。

当哈达部灭亡之后，位于建州女真、乌拉与哈达包围之中的辉发部，就完全被建州包围了，毫无疑问，这已是努尔哈赤的囊中之物了。

在辉发部，王机努死后，他的大儿子也相继随他而去，王机努的孙子拜音达里为了夺取辉发部的统治权，竟灭绝人性地将他的七个叔父统统杀死，自立为贝勒。拜音达里泯灭天良的暴虐行为激起了部众的强烈不满，可他竟不知错改错，还准备举起屠刀砍向他叔父的儿子们。为躲避他的追杀，那些失去父亲的堂兄、堂弟们便纷纷逃到叶赫贝勒那林布禄处避难，而其他部众也是人心惶惶，暗地里都在做着叛逃的准备。

拜音达里只好乞求得到努尔哈赤的支持和援助，为了表示他的诚意，将其所属七个大臣的儿子作为人质送给了努尔哈赤。在此之前，拜音达里曾跟随叶赫贝勒卜寨和那林布禄两次进犯建州女真，不过都被努尔哈赤打败，现在，他又来请求努尔哈赤，努尔哈赤答应了他，并派出上千人的部队赶去增援。本想叛逃到叶赫的辉发部众因被建州兵击败而未能如愿以偿，这都是努尔哈赤帮的忙。

这件事引起了叶赫的不满，于是，那林布禄设下计谋使辉发部与建州互相构怨，他欺骗拜音达里说要是讨回送给建州的人质就放还他的兄弟。于是，拜音达里就向努尔哈赤讨还所送人质。而那林布禄言而无信，原先答应归还给拜音达里的部众并未归还，拜音达里这才知道自己上当受骗了。可怜而愚蠢的拜音达里又一次跑到努尔哈赤那里诉苦忏悔，并表示今后永远跟随努尔哈赤。努尔哈赤并不会为拜音达里虔诚的表白所感动，他只是出于争取辉发、孤立叶赫的目的，就答应了拜音达里的请求，并退掉了已经许给常书的儿子的婚约，将女儿许给了拜音达里。但拜音达里又害怕因此得罪了叶赫，于是又反悔不要努尔哈赤的女儿了。努尔哈赤非常恼辱，他便责问拜音达里，拜音达里面对努尔哈赤的诘问理屈词穷，无言以对，于是，他又信誓旦旦地与努尔哈赤结下盟约："俟我在叶赫之子归来，即娶尔女，与尔同盟！"然后，他集中一切力量为自己部落修了三层城垣。等在叶赫作人质的儿子回来以后，努尔哈赤找到拜音达里说："尔在叶赫之子既归，今将何如？"拜音达里又一次失信，他看到三层城垣已经修筑完毕，他可以凭此来对抗来犯的敌军，所以，又宣布不娶努尔哈赤的女儿。努尔哈赤认为自己蒙上了极大的羞辱。

由于拜音里达的反复无常，一再失信，于是努尔哈赤决定出师兴讨他。这次兵临辉发城下，努尔哈赤拥有充足的理由和根据。在他亲自指挥和参与下，建州兵冲破了拜音达里自以为固若金汤的三层防御工事，拜音达里父子因兵败而双双被杀，其所属士兵被屠戮殆尽，其所属部民被迁到建州，辉发部从此就不复存在了。

辉发部的灭亡是不可避免的，努尔哈赤拥有打败九部联军的实力，更何况辉发部呢！在努尔哈赤与拜音达里交手的几个回合中，我们就可以看到这两个人物截然不同的性格和气质，除了实力上的原因之外，这便是决定他们各自命运的关键之所在了。

乌拉部居住在乌拉河流域，它的治所叫乌拉城，座落在乌拉河的东岸。在扈伦四部当中，乌拉部是离建州最远的一个。在 1593 年的时候，九部联军在古勒山下与努尔哈赤交战，结果乌拉部的首领布占泰成为了俘虏，请求努尔哈赤饶他一命，努尔哈赤答应了他的要求，保留了他一条命。

后来万历二十四年（1596 年）七月，努尔哈赤准备将布占泰放回乌拉部，派秃儿空黄占和拔儿孙非英占等两人护送他返回。就在他还未到家的时候，布占泰的哥哥满泰及其儿子因为奸淫了本村的两名妇女而被她们的丈夫杀死，这样乌拉部就处于群龙无首的状态之中。等布占泰到家的时候，叔叔兴泥牙看到即将到手的乌拉部主的位置就要丢掉，于是就动了杀死布占泰的念头。在这个时候，两位护送大臣保护了布占泰的人身安全，兴泥牙看到处境对自己不利，于是就逃到叶赫去了。布占泰由此得以顺利地继承兄位成为乌拉部的酋长。这次如果没有建州大臣的全力相助，布占泰可以说是生死难卜的，从这个意义上讲，建州对布占泰又有了一次救命之恩。

起初，布占泰对此也是念念不忘，分别在万历二十四年（1596 年）十二月、万历二十六年（1598 年）十二月、万历二十九年（1601 年）十一月，布占泰将其兄满泰的女儿阿巴亥送给努尔哈赤为妃，努尔哈赤也欣然接受了；万历三十一年（1603 年），与建州交好，并结亲，这时看来建州与乌拉的关系非同一般。但对于布占泰而言，他毕竟是输家，对努尔哈赤他只能一味地俯首听命，事事表现得恭顺有礼，这并不是作为乌拉一部之长所甘愿为之。所以，在其彬彬有礼、感激涕零的背后却隐藏了另外一副面孔，那就是咬牙切齿的仇恨，他不甘心，也不服气，想要东山再起，誓与努尔哈赤再比高低。

万历三十五年（1607 年）正月，东海女真瓦尔喀部蜚敖城主策穆德黑进见努尔哈赤："吾地与汗相距路遥，故顺乌拉国主布占泰贝勒，彼甚若虐吾辈，望往接吾等眷属，以便来归。"努尔哈赤答应了他的请求，就派弟弟舒尔哈齐与长子褚英、次子代善，还有大臣费英东、侍卫扈尔汉等共率 3000 兵士前往蜚敖城去接其部众来归。

布占泰知道这个消息以后，立即发兵 1 万在路上予以拦截，在这种情况下，扈尔汗将 500 户眷属在山岭上安顿下来，用百名士兵护卫，然后派人将此情况报告给领兵的舒尔哈齐、褚英与代善三贝勒，同时整兵 200，与布占泰展开阵势。一夜过去了，双方相安无事。第二天，乌拉兵首先开战，大将扬古利领兵奋力冲杀，打死七名乌拉兵，对方一见形势不妙，赶紧领兵退回原地，双方按兵不动。

当天中午过后，褚英与代善对布占泰的行为非常愤怒，并说："其性命从吾手中释出，岂天释之耶?"，众兵听了之后非常同意，并誓死效力。然后伴随着冲杀的呐喊声奋勇渡过河去。褚英与代善也各自领兵 500 分成两路登上山顶冲入敌营，舒尔哈齐领兵 500 留在山下。乌拉兵被如猛虎般的建州军队打得溃不成军，共主将博克多父子被斩杀，常柱贝勒父子及其弟胡里布贝勒三人被活捉，共斩杀敌兵 3000 人，缴获战马 5000 匹，铠甲 3000 副。

建州兵满载着战利品凯旋，努尔哈赤满心欢喜，尤其是他看到自己的爱子已经长大成人，可以替父出征而且作战勇猛，这使他感到格外地欣慰。高兴之余，努尔哈赤赐褚英为"阿尔哈图图门"，代善与兄并力厮杀，赐为"古英巴图鲁"，又赐其弟舒尔哈齐为"打喇汉巴图鲁"。

在此之后，为了继续削弱布占泰的势力，努尔哈赤对归附布占泰的瓦尔喀部的赫席赫、佛讷赫两路百姓发表训话："我等乃一国也，只因地方窎远，且为乌拉国所阻，故尔等附于乌拉国为生。今我一国之汗，已兴师击败乌拉兵，尔等应降我一国之汗矣。"但他们没有采纳努尔哈赤的建议。当年 5 月，努尔哈赤派幼弟卓礼克图贝勒、额亦都巴图鲁、费英东扎尔固齐、扈尔汉侍卫等率兵 1000 人前去征讨他们，最后大获全胜，携带 2000 部众来归。

布占泰已经明白了努尔哈赤是坚不可摧的，于是又一次故伎重演，向努尔哈赤忏悔，祈求他能再次放过自己，努尔哈赤就将女儿木库石公主嫁给了布占泰，以此来怀柔乌拉，但他并没有放弃对布占泰采用武力进攻。

万历三十六年（1608 年），正值努尔哈赤五十寿辰，当年三月，他派长子褚英和侄儿阿敏率 5000 兵士去攻打乌拉部的宜罕山城，此战大获全胜，斩杀千人，获甲 300 副，布占泰亲自出兵想要助战，可是对方的势力强大，迫于压力，他不得不服输了。于是，褚英在宜罕山城住了两夜才回来，布占泰彻底服输了。

万历四十年（1612 年）九月二十二日，努尔哈赤亲自率领 3 万军队攻打乌拉部，为了壮大声威，从气势上震慑乌拉部，努尔哈赤命令士兵吹着喇叭，敲锣打鼓，一路声势浩大地沿着乌拉河两岸前进，他们径直来到离布占泰居住地二里处安营扎寨，而布占泰也带兵赶到乌拉河东岸站定察看敌情，但是他没有胆量主动出击。乌拉兵白天来到河边对垒，晚上就回到营地睡觉，努尔哈赤的五儿子莽古尔泰和八儿子皇太极沉不住气了，请求带兵渡过河去攻击乌拉兵，努尔哈赤没有答应他们的要求。然后，努尔哈赤派人将获取的乌拉六城焚烧一空，又转过头来回到伏儿哈河安营。布占泰派兀巴海巴图鲁乘船来到乌拉河水中央大声喊道："父汗大驾至此，料为愤恨而来也。今父汗之怒想已平息，可留一言而归。"努尔哈赤始终不予理睬。布占泰只好亲自出马，率领六名部将乘船来到河中，在船上叩头谢罪不已："乌拉国即父汗尔之国也，乌拉之糗粮亦即尔之糗粮也，请勿焚粮。"努尔哈赤看到布占泰出来了，便亲自骑上大白马，率领诸位大将来到乌拉河水中，在水位至马胸部之处站了下来，他大声地训斥布占泰，努尔哈赤的声音宏亮而又铿锵有力，每句话都震得布占泰浑身发抖。布占泰并不承认努尔哈赤为他罗列的罪名，还为他自己辩解。

但努尔哈赤并不相信他的辩解，过几日之后，他在乌拉留了 1000 名兵士，自己回去了，再也没有理睬布占泰。万历四十一年（1613 年）正月，距上次出兵已有一年时间，努尔哈赤看到乌拉内部矛盾重重，布占泰已经众叛亲离，这正是出兵剿灭他的大好时机，于是，率 3 万大军再次亲征，建州兵首先包围了乌拉部的孔扎塔城，将此城攻下之后又接连拿下郭多和鄂谟二城。建州兵连下三城之后，布占泰再也坐不住了，他赶紧集结 3 万人组成军队也浩浩荡荡地开赴前线准备迎战。努尔哈赤的部下大臣诸将们纷纷请战，但都被他制止了。他想要采取循序渐进的方式来攻取乌拉部。

但是他的那些年轻力盛的儿子们沉不住气，要求马上出兵攻打，努尔哈赤没有办法，一怒之下发出命令："战即战，去，取甲来！"然后他披上战甲，乘上战马准备出击。手下的贝勒、大臣以及兵士们惟恐不战，正在翘首企盼之时，听到努尔哈赤的一声令下，他们立即喊声如雷，震天动地，一场厮杀马上就要开始了。

努尔哈赤看到两军交战时，所发弓箭如风吹雪落，声如蜂起，杀气冲天，心里十分着急，于是，他也亲自冲入战阵，带领诸王贝勒们一起与敌兵交战。这一举动大大鼓舞了士气，乌拉兵很快就败下阵来，十损之六七，其余都抛戈弃甲、四处逃命。建州兵乘胜追击，越过伏尔哈城，进夺乌拉城门，安费扬古率领攻城士兵架好云梯，用准备好的土袋抛进城里，使土袋堆积在一起与城墙齐平，攻城士兵登上城墙，乌拉城被攻陷了。最后，布占泰没有办法，只好逃到叶赫去了。

乌拉部被占领后，努尔哈赤在乌拉城居住十天，犒赏众将士，他现在的目标只有一个，即扈伦四部中最后的一部——叶赫部。

叶赫汉语的意思是盔顶。叶赫部名称的来源，可能是因其居住山城，城高似盔顶而得名。叶赫部地近北，向明朝贡，取道镇北关，所以明称之为北关。它东邻辉发，南接哈达，西南临开原，西界蒙古，北与乌拉相近。

万历四十一年（1613 年），乌拉部被占领后布占泰逃往叶赫，建州三次遣使告叶赫将布占泰献出来，但叶赫不答应。九月，努尔哈赤统兵四万再征叶赫。建州兵北入苏完境，迂回至北面攻入叶赫，收取张与吉当阿二路居民，继续包兀苏城。城中守将山谈、扈石木，看到建州军兵将众多，势力强盛，开门迎降。努尔哈赤对降将赐东珠、金佛帽和衣物，并以金杯赐酒。随后，建州军又连下呀哈城、黑儿苏城等大小十九城寨，因叶赫预知军期，而有所防备。

建州进攻叶赫，叶赫贝勒金台石和布扬古求向明朝诉说："哈达、辉发、兀喇已被尽取矣！今复侵吾地，欲削平诸部，然后侵汝大明，取辽阳为都城，开原、铁岭为牧地。"明朝派游击马时楠、周大岐率兵千人，携带火器，助叶赫戍守其东、西二城。同时，明朝遣使告诫努尔哈赤："自今以后，勿侵叶赫。若从吾言，是推吾之爱而罢兵也，若不从吾言而侵之，势将及我也！"明廷的强硬态度与公开干预，迫使努尔哈赤只得缓图攻取叶赫之机。建州想割断明朝与叶赫的联系，以免在进攻叶赫时腹背受敌。但由于它们的各自利益所在，这是难以办到的。努尔哈赤不仅向明申说其兵攻叶赫的理由，而且派其第七子阿巴泰率所属阿都等三十余人求质于明，以缓解关系，但遭部议拒绝。叶赫既得到明朝的公然支持，便将已许努尔哈赤之女改适蒙古巴哈达尔汉贝勒之长子莽古尔岱台吉。叶赫贝勒想依恃明朝，联姻蒙古，来与建州相抗衡。但是，这个年已三十三岁尚未出嫁的叶赫老女，串连着哈达、辉发、乌拉、叶赫、建州和蒙古的戏剧性关系。努尔哈赤以理制情，据理谕众，不以老女兵兴蒙古，也不以老女兵犯明朝。在扈伦四部中，以叶赫部最强，又受明朝的支持。努尔哈赤继对叶赫两次征讨之后，于万历四十七年即天命四年（1619年），再次发兵攻打叶赫。正月初二日，努尔哈赤命大贝勒代善率将 16 员、兵 5800，往守扎喀关，防止明军偷袭建州；亲率倾国之师起行，初七日深入叶赫界。建州兵自克亦特城、粘罕寨焚掠至叶赫城东十里，俘获大量人民、畜产、粮食和财物，尽焚叶赫城十里外之大小屯寨 20 余处。叶赫向明乞师，明开原总兵马林率合城兵驰救。建州军为避免两面受敌，班师而回。叶赫为报答明朝，派兵 2000 应援萨尔浒之战的明军。当时努尔哈赤谋使所属诈降叶赫金台石，金台石不应。于是，建州在取得萨尔浒大捷之后，乘机发兵再征叶赫。

经过建州与叶赫的多次较量，建州向叶赫发起总攻击的时机已经成熟：扈伦四部仅存之叶赫，既势力孤单，又力量削弱；辽东明军在萨尔浒之役中一败涂地，无力增援叶赫；建州势如张弦之弓，待扣之箭。于是，努尔哈赤决定亲率倾国之师，攻击叶赫，洗雪叶赫老女的耻辱，了结叶赫未结之局，解除进兵明朝后顾之忧，实现统一扈伦宿愿。

万历四十七年即天命四年（1619 年）八月，努尔哈赤召集诸王贝勒大臣会议，商讨攻取叶赫的作战计划；并誓言："此举如不克平叶赫，吾必不返国也！"当时叶赫贝勒金台石住东城，贝勒布扬古住西城，两城相距四里。诸王贝勒大臣会议决定：大贝勒代善、二贝勒阿敏（舒尔哈齐之子）、三贝勒莽古尔泰、四贝勒皇太极等率护军健骑，扬言征讨蒙古，绕路潜行，直投叶赫贝勒布扬古驻地西城；又命额亦都等领前锋军，"扮为蒙古兵"，驰投叶赫贝勒金台石驻地东城；努尔哈赤亲率八固山额真，直督大军，随后进围金台石城。大军于十九日出发，即断绝往来信息。

叶赫贝勒金合石驻地东城，依山修筑，坚固险要。它原为金台石之兄纳林布禄住地，二十二日，后金军进至叶赫城下。叶赫贝勒金台石、布扬古各统兵出城，鸣角操鼓，准备迎战。后金军盔甲鲜明，剑戟林立，钲鼓相闻，河谷震荡。两军混战多时，叶赫贝勒见势不能敌，令鸣角收兵，人城坚守。代善等四大贝勒督率护军围布扬古所住西城。努尔哈赤率额亦都等督军围金台石所住东城。金台石城被围后，后金军毁其栅城，堕其外城。后金军呼金台石投降，不听，答道："吾非明兵比，等丈夫也！肯束手归乎？与其降汝，宁战而死耳！"东城守军誓死拒战，坚守内城。努尔哈赤见敌军负险顽抗，激励将士道："今日仍不克，则罢兵归矣！"众军齐喊道："愿赴死战！"努尔哈赤命军士布楯列梯，冒矢登城。城上射矢镞，发巨石，推滚木，掷火器；后金军二三十人并排登城，但死伤惨重。努尔哈赤又命穴其城。费英东和军士们冒飞矢，迎礌石，奋力攻城，鼓勇面前。后金军进围禁城台楼。因金台石是皇太极的舅父，皇太极从西城驰骑至东城，向金台石劝降。金台石对皇太极道："听到你说收养的一句善言，舅父我就下来；如果说不收养，要杀我怎么能下去呢？死就死在家里。"皇太极给金台石以"生杀惟父皇命"的回答。金台石又请求让近臣阿尔塔石往见努尔哈赤，观察其脸色后作决定。阿尔塔石被允准带至努尔哈赤面前，努尔哈赤以鸣镝射之。阿尔塔石回去后，金台石仍不肯投降。皇太极再派金台石子德尔格勒至合楼下劝降。金台石终不从。皇太极要将德尔格勒缚而杀之，努尔哈赤说道："子招父降而不从，父之罪也；父当诛，勿杀其子。"金台石三次拒降，后金兵持斧毁台楼。金台石之妻携子沙浑下台楼降。金台石走投无路，对皇太极道："大丈夫岂肯受制于人乎？吾甥庶念汝母及诸舅氏骨肉至戚，弟全吾子孙足矣。吾誓不生也！"话说完，金台石开弓射杀守台军士，夺路直奔后室，举火自焚未死，后来被俘而缢杀。

东城被攻陷后，西城处于一片恐慌之中。布扬古孤城无援，军心涣散；四大贝勒督兵匝围，攻城益急。布扬古今其堂弟吴达哈（布斋之胞弟）领兵巡御四门，吴达哈见东城陷落，大势已去，遂"携妻孥开门出降"。四大贝勒兵由是得以长驱而入，径围布扬古居所。大贝勒代善劝布扬古降，布扬古因疑惧而不敢出来。代善向布扬古作了降后不杀的保证，自饮誓酒一半，送给布扬古饮另一半。布扬古命开居所门降。努尔哈赤因扈伦四部全亡，留着布扬古无用，便借跪拜礼节不恭为由，将他杀死了。后金对叶赫降民，"父子兄弟不分，亲戚不离，原封不动地带来了。不动女人穿着的衣襟，不夺男子带的弓箭，各家的财物，由各主收拾保存"。叶赫部民被迁徙至建州，入籍编旗，成为后金的臣民。

至此，努尔哈赤相继灭亡了哈达、辉发、乌拉和叶赫四部。《清史稿》中记载："太祖渐强盛，四部令攻之，兵败纵散，以次覆灭。太祖与四部皆有连，夺其地，歼其酋，显庸其族裔。"

海西女真扈伦四部——哈达、辉发、乌拉、叶赫，在古勒山之役以后，相继被建州灭亡。努尔哈赤之所以能够灭亡扈伦四部，有客观的有利条件，也有最主要的主观条件，那就是他能够熟练运用作战计谋，抓住敌人弱点进攻，并采取了先弱后强，由近及远，利用矛盾，联大灭小，集中兵力，各个击破的策略。努尔哈赤就是这样有策略地、有步骤地统一了海西女真。

努尔哈赤在统一海西女真以后，又以且战且抚，征抚并用，以抚为主的策略收取了"野人"女真的主要部分，其间也展现了努尔哈赤非凡的军事才华和过人的智谋，在这里就不一一叙述收服"野人"女真作战详情了。

第四章　建立后金

一

从万历十五年（公元 1587 年）到万历四十四年（公元 1616 年）的近三十年间，随着建州的日益强大，女真各部的逐渐统一，生产力提高，人民生活富裕，国家的各项制度也越变越完善起来。其中八旗制度是努尔哈赤在带领女真民族进行长期征战和生产过程中所形成的军事制度、政治制度和经济制度三位一体的政权组织形式，它是努尔哈赤一生中的几项重大创举之一。它的建立为女真民族从弱小到强大，从无序到有序的转变起到了举足轻重的作用。

八旗制度的产生，最早要追溯到牛录制，它是女真族人在打猎的时候长期使用的，女真人凡是出师打猎，不论多少人，都是按族寨分列排队，在打猎的时候，选出一个头目，并由他带领其他人，拿一支箭按照各自的指定方向前进，不能随意乱走。这个头目就被称为"牛录额真"，等到打猎结束之后，这个临时组织起来的小组便宣告解散，那么，这个"牛录额真"也只是临时受命的统领，而不是一种专门的官职。

后来，随着女真社会生产的不断发展，牛录组织也在不断扩大,其职能也由单一的狩猎生产组织,进面发展成为具有军事职能的进攻或防御的作战组织,牛录额真也不再是临时受命的统领而成为一种固定的统辖上百人的官名。但是,每个牛录的数量多少不相同,有时甚至相差十分悬殊。有的牛录仅有 18 户人家组成,而有的牛录则多达四五百户,无论是出征打仗,还是在家耕地种田,都无法按牛录进行分配。同时,随着努尔哈赤势力的日益发展壮大,他所统治的范围也在扩大,而且人数也越来越多,在这种情况下,就急需建立一个很严密的管理制度。否则,势必会造成各自为政、一盘散沙的混乱局面,不利于女真统一大业的进行。

万历二十九年(1601 年),努尔哈赤在原有军队的基础上正式建立"旗制",以黄、白、红、蓝四色为旗的标志,将每 300 人编为一牛录,每牛录设一名额真,后来改称为牛录章京,汉语的意思是"佐领";五牛录为一甲喇,首领为甲喇额真,汉语的意思是"参领";每五个甲喇为一固山,首领为固山额真,后称固山章京,汉译为"都统"。一固山就是一旗,各旗以上述不同的颜色作为标志。这次改革为以后八旗制度的确立奠定了基础。

万历四十三年(1615 年)十一月,随着努尔哈赤势力的逐渐增加,幅员更辽阔,部众更众多,于是,将原有四旗增加到八旗。后增加的四旗是将原有旗帜的周围镶上一条边来加以区别,在黄、白、蓝三色旗帜上镶上红边,红色旗帜上镶上白边,于是就有了八种不同颜色的旗帜。原有的不镶边的四面旗帜分别称为正黄旗、正白旗、正红旗、正蓝旗;后来镶边的四面旗帜分别称为镶黄旗、镶白旗、镶红旗、镶蓝旗,合起来称为八旗。八旗制度在这时就正式确立了。

最初定制时规定的编制是这样的:每旗有 7500 人,八个旗共计有 6 万人,以后每旗的总人数有增加,但牛录与固山的数目都不改变，只将甲喇的数目加以调整，可增加到八、九、十个为一旗。八旗的最高统帅是努尔哈赤，各旗自有旗主，各置官署，各有臣民，各旗之间不相上下，互相不归属于对方管。努尔哈赤亲自掌握两黄旗，二儿子代善掌握两红旗，五儿子莽古尔泰掌握正蓝旗，八儿子皇太极掌握镶白旗，长孙杜度掌握正白旗，侄儿阿敏掌握镶蓝旗。可见在八旗刚刚建立的时候，努尔哈赤及其子侄囊括了各旗旗主的职位而分领八旗成为八固山王，没有一个异姓军功贵族住居其中。八旗旗主作为每旗的最高统帅，同时也是八旗的所有者，而固山额真只是八固山王之下的各旗管理者。这样，原来分散的几百个牛录被整齐划一地编制起来了，有力地加强了对部民的指挥和领导，使一切都统一安排与部署了。

由于八旗制度是在努尔哈赤统一女真的战争过程中建立起来的，所以，它首先是一种军事制度。在出征打仗时，由八旗所属的各自民众组成八旗军，跟随自己的旗主冲锋陷阵，每个八旗士兵都有参战义务。另外，八旗军在兵种上分为三等，即长甲军、短甲军和巴牙喇，后来又演变成前锋、骁骑和护军。护军即是精兵，满语为"巴牙喇"，由各牛录中选拔出来的精练强壮的士兵组成，他们骑着骠悍勇猛的战马，手执坚甲利剑，在努尔哈赤左右，跟随他出战迎敌。

八旗军队是一支以骑射闻名的军队。首先，是由于女真人擅长养马，六畜之中只有养马业最为兴盛，一般做将领的富贵人家拥有马匹千百成群，而一般的平民百姓家也有不下数十匹。女真人进京"朝贡"时也多是以马进献给朝廷，由此可见，八旗军是一支以骑兵为主的军队也就不足为奇了。而且，女真人有一套独特的养马方法，他们能将马训练到野外作战之时，连续五六天不吃草料也能奔跑如故的程度。朝鲜人李民寏在随同朝鲜军队支援明朝军队同建州作战时被俘，回国之后，他给国王光海呈上一份报告，这份报告涉及的内容相当广泛，其中就讲到女真人如何养马一事，并与朝鲜国的养马方法相对比，由此可以看出努尔哈赤率领的八旗军队纵横无敌的原因所在了。他说，女真人养马极少用粮食喂养，马栏内无遮无拦，不避风雨寒暑，在野外放牧时一般是一个人看管10匹马，经常将马放开自由行动。可一旦开往战场作战时，它们又特别灵活机智，随意驱使，用起来十分得心应手；相比之下，朝鲜人就不太懂得如何驯养良马，女真人喂养马看上去不甚用心，其实正是用心很深。努尔哈赤十分关心马匹的生长喂养情况，他经常亲自查看战马是否精壮。马壮者，对养马人赐以酒；马弱者，则鞭责养马人。

其次，女真人的一个特点就是擅长射箭。他们从小就十分重视锻炼射艺，如果生了男孩，就要在他家的门口挂上一支箭，祝福他长大以后成为一名好射手。等他长大到六七岁时，就开始练习射箭了，这是女真人自古以来就具有的传统。三四千年以前的女真人的祖先就生活在白山黑水之间，过着落后艰辛的原始生活，身处深山林地，经常有野兽出没其中，为了自身的安全与生存，就要进行大规模的射猎，然后食其肉，衣其皮。而且，许多女真人就用兽皮来命名，努尔哈赤就是"野猪皮"的意思，舒尔哈齐就是"小野猪皮"，雅尔哈齐就是"豹皮"。在马还没有得到驯化和大量使用之前，这种射猎受到很大的限制，只局限于步射；只是到唐代以后，才开始骑在马上射猎。所以说清朝是"在马上以弓矢定天下"，这句话是有根据的。

不仅是战马能适应严酷的战争环境，女真人也在艰苦的生活环境和寒冷的气候条件下，锻炼出强健的体魄和惊人的毅力，他们能在艰苦的条件下生存，行军打仗时，仅用米粉加水调成面糊来充饥；无论下雨或是下雪，气候炎热或是寒冷，他们都是露天夜宿，而且妇女也不比男人差多少。他们不用专人押运粮饷器械，全是由士兵随身自带。不仅士兵披甲，马也披甲。骑兵作战时，分为"死兵"与"锐兵"两种，死兵在前，锐兵在后；死兵披重甲，骑双马，一匹马战死后，再骑另一匹马继续作战，不得后退半步，否则，锐兵就会从后面截杀退下阵来的死兵。可见，八旗骑兵作战时不怕死和勇敢顽强的精神是独一无二的。

每次出征打仗时，一牛录有时出 50 人，有时出 100 人，多时可出 150 人。就在出兵之时，他们也绝不畏缩不前，都显得非常欢欣，如果士兵家拥有四五个奴仆，他们也都争相随军前往，目的只有一个，那就是夺取胜利。胜利之后可以得到大量的财物。

八旗军队的军事训练相当严格，努尔哈赤对此也特别重视，在费阿拉有一块很大的操场，专门用于操练兵马，不仅练习射箭、骑马，还要练习刀、枪之法，优秀者受赏，怯劣者受罚。努尔哈赤之所以这样做，是因为他深知军队士兵素质的高低、弓马技艺的好坏是直接关系到战场上能否取胜的关键之所在。

另外，在战场上论功行赏，退缩者将受到严厉的惩罚，有功者则受到奖励，赏之以军民，或奴婢、牛马、财物。有罪则或杀、或囚、或夺其军民，或夺其妻妾、奴婢、家财，或贯耳，或射胁下。努尔哈赤正是依靠这样严明的赏罚制度来维持着这样一支英勇善战的军队，同时，又用掠夺财物来诱惑士兵勇于参战，这样的军队开往战场，当然就会奋勇杀敌，奋力向前。

八旗制度不仅具有军事职能，同时，还具有行政与生产职能，所以，它也是一种政治制度和经济制度。说它是政治制度，首先，因为它是努尔哈赤建立的后金政权的组织形式。努尔哈赤是后金国家的最高统治者，也是八旗的最高统帅，他所创立的八旗制度不仅是在出征打仗时按固山、甲喇和牛录三级组织机构进行指挥，而且在日常生产和生活中，也按这三级组织进行。八旗组织下的民众出则为兵，入则为民，兵民合一，如果没有战争，他们就要返回各自家中从事农业生产劳动，修整工具，耕田种地，放牧牛马。各固山额真、甲喇额真和牛录额真他们在战场上则是军事指挥官，回到住地以后没有战事之时，又变成了各级组织的行政长官，负责本单位的生产事宜，他们同时具有双重的属性。努尔哈赤就是通过他们来管理后金的日常行政事务，统率下属臣民百姓，直接对努尔哈赤为首的后金政权负责。

固山、甲喇、牛录既是后金的军事编制单位，也是户口编制单位，编入八旗的人员统称为旗人。牛录是八旗的最基层组织，牛录额真就是本牛录各项事务的直接负责人，他们负责将本牛录人丁登记造册，查点新来的人口，给他们分配田地、房屋、室内用品；而且还负责为无妻者匹配妻子，没有衣物的发放给衣物；巡查岗哨，到各屯查看有无天花发生，是否有逃人，如果有人逃跑，就要负责拘捕逃人；对新从战场上掳掠来的人口负责关押；建筑木栅，建造舟船，架设桥梁，养牛杀猪，饲养牲畜；迎来送往，收取赋税，摊派劳役，清理街道垃圾，管理公共厕所卫生，为死者祭扫，传递上级发布的指示，安排本牛录内为重大事情举办的筵席；如果要从事战争，要准备好打仗必备的武器，如盔甲、刀枪、弓箭、绵甲等，检查战马是否喂得肥壮，以随时待命出征。总之，事无巨细，都要由牛录额真负责处理。

虽然牛录经过努尔哈赤的一番重组，成为八旗制度下的基本军事单位和行政单位，但仍保留着原来家族聚居的痕迹，有的牛录往往就是一个大家族，牛录额真就是由该族的族长担任，他既是军事长官，还是行政长官，又是该族的族长，负责处理家族内部的各种事务。

总之，八旗制度是集军事制度、政治制度、经济制度等各方面职能为一体的后金国家政权组织的特殊形式，它在相当长的时期内，对女真社会的发展起到了极其重要的作用和积极的影响。它将分散的几十万人严密地组织起来，发挥本民族擅长骑射的独特优势，成为一支极具威力的强大军事力量，这为后来努尔哈赤接连取得一系列战争的胜利提供了可靠的保证。各部民众在八旗政权的组织和管理下，耕田种地，纺棉织布，放牧牛马，打猎采集，生产力获得迅速提高，逐渐摆脱了原来以渔猎为生的落后习俗，开始了耕地种田的安稳生活。而且，各旗旗人不论是女真人，还是汉人，都要统一受努尔哈赤的直接领导，使用自己本民族的语言文字，穿戴适于本民族骑射风格的服装，依照本民族的习俗剃发，妇女禁止缠足，文明程度也逐渐提高了。来自不同部落和地区的几十万人，在八旗制度的管理下，在共同的劳动和战斗中逐渐，形成了一个新的民族共同体——满族。

后来，随着后金征服战争的逐步升级和扩展，天聪九年（1635 年），皇太极又设蒙古旗，旗色与满洲八旗相同；崇德七年（1642 年），又设汉军八旗，旗色也与前两者相同。从此以后，后金国共有二十四旗，但习惯上仍统称八旗。

二

万历四十三年（1615 年）末，聪睿恭敬汗努尔哈赤进一步整顿国政，建全官制。设立听讼大臣五名，扎尔固齐十名。凡是有听讼的事，先经扎尔固齐审理，再上达五大臣复审，五大臣审后，上告众贝勒。如果事件属于小事，不是生杀予夺等重要案件，众贝勒均可结案。凡是重大案件必须上报给努尔哈赤。审理大案时，努尔哈赤坐在大殿上，令讼者跪在下边。——详问案中的详细情况，准许被审的人申辩。最后，根据事实来判断，分清是非，辨别曲直，将事情的表里剖析明白。

五大臣、十扎尔固齐以下，设立判官 40 员。荐举办事大臣 8 员，任务是专门守城和兼管乡间的事务。又委派 16 名大臣管理仓粮，并配给八名巴克什，协助记录谷物数量等情况。至此，军事、听讼、理财、行政等国家管理机构已经具备了相当的规模。各官设立后，聪睿恭敬汗努尔哈赤决定五日一朝，众贝勒、大臣，每五日终了的一天都要集合在汗的大衙门里，凡国家大事，是非曲直，由众贝勒、大臣共议，最后由汗决断。

聪睿恭敬汗努尔哈赤开创的奴隶制国家，要想发挥国家所具有的全部职能，对内进行阶级统治和对外征战，实施对国家的有效管理，需要众多德才兼备的人。聪睿恭敬汗努尔哈赤采取"任官使能"的政策。他认为，天下全才的人不多，都是有所长有所短。有的人善于统兵打仗，勇冠三军，而有的人善于管理乡间事务，因此要知人任事。假若委以不能胜任的工作，则会事倍功半。有的人居住乡间，善于礼遇宾客，而拙于战阵。用人时应该因人而异，各取所长，委派给适当的职务。为了有效地选拔人才，聪睿恭敬汗努尔哈赤命令众贝勒、大臣到各处去调查访问。凡是有知道善于治理国家的人，不要隐瞒，并指示说：当今国事繁杂，若有众多贤能的人，都能各委其事，则勇于战阵的人给予军职。有益于国家生计而又贤明的人，使他治理国政。通晓古今典籍的人，命他提供治理国家的良策，使诸事都能法于古而用于今。有人善于宴请等事，就命他去接待宾客。了解各种人的长处并合理任用。总之，凡是国内有一技之长的，都可以施展自己的才能。这种"任贤使能"的方针，是以聪睿恭敬汗努尔哈赤为代表的建州奴隶主阶级在国家初建时期，广集人才的重大措施。

这项政策对现代仍有宝贵的借鉴意义。

由于八旗制度的确立和设官理政，审判听讼，广集人才等，保障了社会和人民生活的基本稳定。凡事都各有规定，就是拾得一物，也规定物主取二分，拾者得一分。若拾物不见原主来认领，拾者不得私藏，必须将拾物送到衙门悬挂，等失物者自己来认领。这些措施都促进了建州社会生产的稳定与发展。聪睿恭敬汗努尔哈赤还责令各个牛录砍伐森林，填平洼地、削平山岭等开辟农田。还令每个牛录抽出 10 个壮丁，4 头牛，在旷野屯田，以积聚谷物，充实仓廪。同时还掘壕、架桥，便利交通。全境设立边关，置立哨台，分兵驻守。以建州原地为中心，凡所征服的地域都逐渐得到了良好的治理。

万历四十四年（1616 年，天命元年），女真国聪睿恭敬汗努尔哈赤，在征服女真大部分地区，对内进行整顿以后，在奴隶制国家体制初步完善的基础上，宣告后金国正式诞生。并且为满族奴隶制国家的诞生，举行了隆重的仪式。先是八旗各个贝勒、大臣举行会议，一致赞同为聪睿恭敬汗努尔哈赤上尊号，并作表书，请求聪睿恭敬汗努尔哈赤准许。正月初一日，举行了正式建国仪式。初一日甲申时分，八旗各个贝勒，率领众大臣集聚在大殿前边，排列整肃。待聪睿恭敬汗升殿就座后，众贝勒、大臣都跪在下边。八大臣出班跪在汗的座位前，呈上表章。接表的是汗的从弟、近身侍臣阿敦和大臣巴克什额尔德尼。接表以后，由巴克什额尔德尼宣读表章，表章歌颂了各国所仰慕、尊敬的汗及其恩德，称努尔哈赤为大英明汗，国号称"金"，史为"后金"，年号为"天命"，以万历四十四年为天命元年。

额尔德尼宣读完表章，大英明汗努尔哈赤离开座位，率领众贝勒、大臣走出大衙门，对天焚香，行三叩头大礼。拜天以后，回到大殿。汗就座以后，众贝勒大臣各率本旗官员叩见大英明汗，以贺正旦。这一年，努尔哈赤五十八岁。

三

后金成立以后，在社会结构方面是这样一种情况，统治者中主要有农奴主阶级和奴隶主阶级，被统治者中则主要有农奴阶级和奴隶阶级。后金社会的统治者集团，按其社会地位与财产多寡，又分为不同的等级。努尔哈赤统治后金社会，主要是依靠统治阶级中的一批新兴军事农奴主贵族。他们主要由以下几种人组成：

一是宗室贵族。这些人主要为爱新觉罗宗室，特别是努尔哈赤的子侄。努尔哈赤在世时，年满十六岁的儿子有12人：褚英、代善、阿拜、汤古代、莽古尔泰、塔拜、阿巴泰、皇太极、巴布泰、德格类、巴布海和阿济格。还有他的弟侄穆尔哈齐、舒尔哈齐、阿敏和济尔哈朗等。他们多辖有很多的牛录。如1621年（天启元年，天命六年）的《满文老档》记载，仅济尔哈朗、汤古代和阿巴泰三人，就占有101牛录，另有375甲。在努尔哈赤子侄中，逐渐形成四大贝勒，即大贝勒代善，二贝勒阿敏，三贝勒莽古尔泰，和四贝勒皇太极，四大贝勒又称四和硕贝勒。和硕，是东南、东北、西南、西北四方或四角的意思。稍后，又逐渐形成八和硕贝勒，或称八固山贝勒、八执政贝勒。但是，其中以四大贝勒权势最为显赫。努尔哈赤的子侄们，不仅手握兵权，而且占有大量的土地、奴仆、牲畜、金银和财物。如努尔哈赤对元妃佟佳氏所生的长子褚英和次子代善，各给与"部众五千户，牲畜八百群，银一万两，敕书八十道"。以后随着军事上的不断胜利，他们占有更多的财富，形成后金汗以下最大的军事农奴主贵族。

第二种人是军功贵族。这些人包括八旗的固山额真、梅勒额真、甲喇额真、牛录额真等。他们多早年归顺努尔哈赤。

费英东，苏完部长索尔果之次子，万历十六年（1588年），随其父率五百户归附，受到努尔哈赤的嘉奖。后授为一等大臣，并以长子褚英女作为妻子许配他。征瓦尔喀部，取噶嘉路、安褚拉库路，收降人、克屯寨。战乌拉、征叶赫，力战破敌，夺门堕城。费英东"自少从征诸国，三十余年，身先士卒，摧锋陷阵，战必胜，攻必克，屡奏肤功"。他"为人忠直，见国事稍有阙失，辄毅然强谏，毕智殚力，克输勇略，以佐成帝业"。皇太极赞谕费英东："见人不善，必先自斥责而后劾之；见人之善，必先自奖励而后举之。其所奏善恶，被劾者亦无怨言；被举者亦无骄色。"

何和里，祖克彻巴颜、父额勒吉、兄屯珠鲁巴颜，世为董鄂部长。董鄂部强盛，何和里代其兄为部长。万历十六年（1588年），何和里率部归附，努尔哈赤以长女许配给他为妻。征虎尔哈，攻灭乌拉，战萨尔浒，攻克沈阳，占领辽阳，何和里俱有战功。何和里"性宽和，识量宏远"，随努尔哈赤征战三十余年，是他的得力功臣。

扈尔汉，世居雅尔古，父扈喇虎于万历十六年（1588年）率所部归附。时扈尔汉十三岁，努尔哈赤收为养子。稍长后，任侍卫。他战乌拉，伐渥集，略虎尔哈路，攻萨哈连部，萨尔浒之役、合击毙刘綖，取沈阳、破辽阳都立下了显赫的战功。

安费扬古，世居瑚济寨，早年从其父事努尔哈赤。万历十一年（1583年），从努尔哈赤起兵，战尼堪外兰，攻克伦图城。后努尔哈赤几遇凶险，均赖安费扬古或出奇制敌、或突骑斩敌，而转危为安。古勒山之役，与破九部之师；萨哈连之征，率师渡江取胜。诸多重大战役，破敌击营，攻城夺门，身先士卒，屡立战功。史称其"自癸未来归，即从征伐。开国功臣惟安费扬古与额亦都二人，效力量在先，并以早岁行兵，迄于白首，战辄居前，还则殿后，屡受重伤，多树勋伐"。

额亦都，世居长白山，移居英峨峪。幼时父母为仇人所害。在他十三岁的时候，就杀死了他的仇人。其早期事功，前已述及。额亦都骁勇善战、挽十石弓，以少击众，所向克捷。努尔哈赤有所征讨，额亦都"皆在行间，未尝挫衄。每克敌受赐，辄散给将士之有功者，不以自私。太祖厚遇之，始妻以族妹"。后努尔哈赤以女妻之。

第三种人是蒙古贵族。这部分人主要是指归降努尔哈赤的蒙古贝勒台吉。如明安达礼，世居科尔沁，早年随父归努尔哈赤，授为牛录额真，后为正白旗蒙古固山额真，官至兵部尚书、议政大臣。布颜代，为蒙古几鲁特部贝勒，归附后金，"尚主为额驸"，后为镶红旗蒙古固山额真。明安、古尔布什、莽果尔代等前已述及。这些蒙古贝勒台吉等，投附努尔哈赤之后，不仅成为军事贵族，而且成为大农奴主。以恩格德尔为例。恩格德尔原是蒙古巴岳特部的小台吉，他率先归顺努尔哈赤后，不但称为额驸，还被赐与大量的土地与奴仆。在《满文老档》两次记载：天启二年即天命七年（1622年），努尔哈赤把"平虏堡民四百三十男丁，给蒙古恩格德尔额驸"；并命额驸和格格出门，要演吹喇叭、奏锁呐的礼仪。"格格"在这里是指舒尔哈齐第四女、恩格德尔妻子巴岳特格格。第二年，努尔哈赤又允诺在恩格德尔定居赫图阿拉时，赐与恩格德尔及其妻、弟、子"总计八千男丁，一年征收银五百二十两，粮八百八十斛，当差一百四十人，牛七十头，护卫兵丁一百四十人"。这些受努尔哈赤恩封为勋贵的蒙古贝勒台吉，后为蒙古八旗的各级额真，成为后金政权的重要支柱。

第四种人是汉军贵族。这些人主要是明朝投降后金的官将、生员、商人等，如李永芳、佟养真、佟养性、石廷柱、李思忠、金永和、王一屏、孙德功、张大猷、李国翰、范文程、宁完我、鲍承先等。由于汉人降服的越来越多，后来别置汉军，组成八旗鼎足之一的汉军八旗，从而逐渐形成汉军贵族。汉军贵族既是后金政权的重要组成部分，也是后金汗统治辽沈地区的社会基础。这类人如佟养真，辽东人，原系商人，早年与其从弟养性向后金"潜输款"，后携家眷及族属投归努尔哈赤。他因为征辽阳立下战功，被授为游击世职。不久在奉命驻守镇江时，以身殉后金。努尔哈赤命其子佟图赖袭世职，官至都统。其女为顺治帝福临妃，系康熙帝生母，后封为孝康皇后。佟图赖被赠为一等公，其长子佟国纲于"编审册内俱开为满洲"，曾与索额图同俄国订立《尼布楚条约》，后在出击葛尔丹的乌兰布通之役中阵亡；其次子佟国维，官至领侍卫内大臣、议政大臣。国维之女为康熙帝孝懿皇后；子隆科多宣谕传位世宗之遗命，雍正初为总理事务四大臣之一。努尔哈赤招降汉人而形成的汉军贵族，从佟氏一门看，对清朝初期的政治有着很大的影响。

又如李永芳，辽东铁岭人，为明抚顺所游击。曾于万历四十一年（1613年）在抚顺所教场，与努尔哈赤相见。后努尔哈赤率领军队攻打抚顺，李永芳出城投降。"太祖伐明取边城，自抚顺始；明边将降太祖，亦自永芳始"。努尔哈赤想以李永芳为诱饵，瓦解明朝边将，对他尽力厚待："仍依明制，设大小官属，令李永芳统辖；上复以子台吉阿巴泰之女妻永芳，授为总兵官。"李永芳后随努尔哈赤拔清河、克铁岭，下沈阳、占辽阳，以军功进三等总兵官，成为后金的汉军贵族。但是，尽管李永芳效忠于后金汗，仍不免受到歧视可以知道明朝降余将士的情况是怎么样了。

此外，还有依附和为后金军事农奴主阶级服务的文臣。他们撰制满文，通使往来，左右赞襄，参与筹划，对女真各部的统一，满族共同体的形成，后金政权的建设，满、蒙、汉的文化交流，都起了重要作用。如额尔德尼、噶盖、达海、库尔缠、尼堪和希福等，多兼通满、汉、蒙古文字，被赐号巴克什。后尼堪官至理藩院尚书，希福官至内弘文院大学士，都跻身显贵。

在后金的文臣中，也有汉族儒生。如文臣范文程。范文程，沈阳人，曾祖锪，官至明兵部尚书。他少时为县学生员，喜好读书，天资聪颖，长相甚佳。天命三年即万历四十六年（1618 年），八旗兵陷抚顺，范文程被努尔哈赤"得而育之"。努尔哈赤陷辽阳后，范文程险些丧生。据彭孙贻在《客舍偶闻》中记范文程所言："公曰：'太祖定辽阳，壮者配营中，杀老弱。已而渐及拥厚资者，虑有力为乱也。'从行一地曰：'此我就僇处也。'十七人皆缚就刑，太祖忽问曰：'若识字乎？'以生员对。上大喜，尽十七人录用。"范文程的原明诸生而幸存。后随军，历战阵。天聪三年即崇祯二年（1629 年）设立文馆，范文程以生员入馆。同年，皇太极率军入塞，兵攻京师。范文程攻克大安、占领遵化，皆立军功。皇太极在京师广渠门外兵败于袁崇焕军时，范文程秘进反间计："时明宁远总制某将重兵居前，公进秘谋，纵反间，总制获罪去。"第二年，范文程因为有功做了文馆的文臣，后升为游击。文馆改为内三院后，范文程被授为内秘书院大学士，"每议大政，必资以画。宣谕各国敕书，皆出文程手"。范文程颇受皇太极的赏识："时文程所领皆枢密事，每入对，必漏下数十刻始出，或未及食、息，复奉召入。"后来，进军山海、直取京师、传檄而定大江南北，废除三饷、编行保甲，招垦而行屯政兴农，重大治策，经纶筹划，多出自范文程或由其参与帷幄。除汉族儒臣外，还有蒙古族医士。

如蒙古族医士绰尔济，他具有民族特点与地方色彩的高超技艺，赢得了人们的尊敬，被誉为"神医华佗"。后来清代称创伤骨科医生为"蒙古医士"。

综上所述，由宗室贵族、军功贵族、蒙古贵族、汉军贵族以及依附他们的文臣干吏等，所组成的统治者集团，是努尔哈赤统治后金社会的政治主干与阶级基础。

在后金社会与统治者相对立的被统治者中，也有不同的阶级和等级，他们主要有以下几种人组成：第一种人是农奴。他们，或由奴隶转化，或从诸申分化，或系部民迁徙，或为辽沈农民。农奴是后金社会的一个基本阶级。八旗军进入辽沈地区后，农奴阶级的队伍空前扩大。如将官农庄多至有五十余所，"奴婢耕作，以输其主"。这里的奴婢即农奴，是后金汗统治"民"的主体部分。第二种人是牧民。后金的牧民包括建州和蒙古的。漠南蒙古地区，在元明时期进入封建制社会。后金辖区的蒙古牧民多为牧奴，而后金的牧民，也多为牧奴。第三种人是工匠。农奴、牧民、工匠是后金社会创造物质财富的主要劳动者。第四种人是阿哈。阿哈为满语 aha 的音译，他们的阶级地位就是奴隶。阿哈有时称包衣阿哈，为满语 booi aha 的对音，booi 意为家里的，包衣阿哈是家里的奴隶的意思。他们在后金社会中的地位如同牛马，是正在消亡的阶级。第五种人是部民。这主要是指"野人"女真中未被迁往建州而处于氏族制的居民，他们向后金汗纳贡称臣。

此外还有诸申。诸申为满语 jušen 的音译。它在建州女真奴隶制中，是"一任自意行止，亦且田猎资生"的平民。随着建州社会由奴隶制向封建制过渡，诸申逐渐地发生分化：有的上升为军事农奴主，有的降为阿哈，其中大部分转化为"既束行止，又纳所猎"的农奴。他们耕田纳赋，披甲从征，出差服役，生活比较贫苦。但总的说来，他们的生活状况还是比奴隶制下的自由民有所改善。

第五章　征抚蒙古

一

元末明初以后，元主自北平出塞，遁回蒙古草原。但是元朝遗留的势力仍然不下百万众。元主退回漠北地区，习称北元。北元蒙古贵族仍维持其原来旧有的统治，实行封建割据。他们不甘心于自己的失败，不时地侵扰内地，企图恢复元朝统治，重新入主中原。明朝为解除蒙古在北方的威胁，曾多次出兵朔漠，力图消灭北元势力。明初，徐达四次北伐，朱棣七次亲征，曾取开平，占应昌，败王保保，降纳哈出。明朝击败北元势力，他们逐步与明朝建立了臣属关系。

尽管如此，北方势力还尚有余存，没有完全被根除。这同明太祖对故元力的政策不无关系。当明太祖派右丞相徐达攻元大都时，徐达问道："元都克，而其主北走，将穷追之乎？"明太祖的意思则是没有必要对元穷追猛打，只要将其逐出塞外即可，明朝可加强国防。

蒙古贵族势力非但没有因其气运衰败而自我毁灭。相反，蒙古贵族势力在不断地骚扰北陲，破墙而入，内犯中原，困围京师。尤以正统之后，明代北患益甚。

严格说来，明中后期，蒙古衰微，满洲崛兴，故北境之扰，重在满洲，不在蒙古。但明朝前期，蒙古骑犯，甚为严重。

辽东地区蒙古势力，为患酷烈。洪武时，故元丞相纳哈出"拥二十万众据金山，数窥伺辽"，后被蓝玉招降。永乐时，阿鲁台被瓦剌击败，"乃率其属东走几良哈，驻牧辽塞"；朱棣以亲征阿鲁台，死于榆木川。成化时，蒙古鞑靼部长孛来，"诱兀良哈九万骑人辽河"，纵骑掳掠。至嘉、隆以后，此时正是努尔哈赤的青少年时期，辽东蒙古势力枝蘖纷繁，先后凌替，相互交错，举其大者，主要有土蛮部，土蛮为打来孙长子，其弟为委正，其长子为卜言台周，次子为介赛，侄为黄台吉，族弟为土墨台猪等。时土蛮（称小王子）最强，"控弦十余万"，屡蹦辽东，"大入小入，岁为边患"。速把亥部，速把亥为虎喇哈赤次子，其季弟为炒花，其妹夫为花大，速把亥在嘉靖时徙至辽阳北，连结土蛮等，累略辽塞："嘉、隆以来，虏患何岁亡之？甚至杀大将军如艾草菅。甚哉！速把亥之为祸首也。"黑石炭部，黑石炭为孛只第五子，与速把亥等联骑，剽掠辽左。瞿九思在《万历武功录·黑石炭列传》后评论曰：黑石炭"贻我辽左数十年大患，介胄至生虮虱"。董狐狸部，董狐狸即董忽力，为革兰台第五子，其弟为几鲁思罕、长秃，驻牧宁前外边，牧马辽河，屡犯蓟门。阿牙台皮部，阿牙台皮长子煖兔、次子拱兔，万历初年"两兔尤桀骜甚"，此外，有虎墩兔、青把都、哈卜慎、长昂等诸部。

当时在辽东地区，同明朝相对抗的政治势力主要有蒙古和女真，而对辽东地区侵扰最严重的则为蒙古诸部贵族的铁骑。在努尔哈赤起兵前十年，即从万历元年（1573年）至十年（1582年），蒙古土蛮、速把亥等部贵族对辽东地区的扰犯，可以说形势非常严重，但是，万历初年，张居正为相，"居正用李成梁镇辽，戚继光镇蓟门"。李成梁在任辽事二十二年间，率骑迎击蒙古兵，力战却敌，斩杀五千一百八十八级。蒙古骑兵受到严重地打击，土蛮、速把亥等又相继死去，其余各部人众分散比较多。明廷采取分其枝，纳其款，顺者市赏，犯边攻剿的策略，辽东蒙古势力有的受到重创，有的被瓦解分化，总之，它们的势力逐渐地衰落下来。

到十六世纪末，辽东地区明朝军队同蒙古骑兵之间的相互斗争，使得历史更向前迈了一步。虽然，蒙古贵族兴兵屡犯，严重地削弱明朝辽军的力量；同时，李成梁"前后大捷共计十次，斩首五六千级"，又沉重地打击了蒙古诸部等。但是，他们相互争斗的结果，尤其是李成梁的战功，恰为努尔哈赤做了一个重要的辅垫。因为土蛮等和李成梁厮杀的结局，不仅双方都退出了角斗场，而且为努尔哈赤登上历史舞台铺平了道路。

二

明代后期，蒙古渐渐分化成三个主要的部分：一是生活在蒙古草原西部直至准噶尔盆地一带的漠西厄鲁特蒙古，二是生活在贝加尔湖迤南、河套迤北的漠北喀尔喀蒙古，三是生活在蒙古草原东部、大漠以南的漠南蒙古。同明朝汉族聚居地带近邻的漠南蒙古，西北有游牧于黄河河套地区的鄂尔多斯，正北有住牧在山西偏关边外的归化城土默特，东北则有蓟辽边外的喀喇沁、察哈尔、内喀尔喀和科尔沁等部。漠南蒙古东西诸部，介于明朝与后金之间，其中有的部同后金接壤，因此后金最早同东部漠南蒙古诸部有政治上的往来。

漠南蒙古自明初以来，已经遭受二百余年的战争的磨难。明朝政府与故元势力之间，蒙古各部与各部之间，长期无休止的战争，破坏了漠南蒙古的社会经济，并且使部族人民生活在水深火热之中，苦不堪言。蒙古族部民要求结束战乱割据局面，渴望得到安定统一。但是，明朝后期极为腐败，无力重新统一蒙古地区；蒙古各部贵族长期内讧，也无法实现其内部统一。因此，努尔哈赤征抚漠南蒙古，既利用了蒙古人民渴求统一的愿望，又利用了蒙古领导者对明朝心怀不满的心理，也利用了蒙古王公分裂割据的条件。时蒙古封建王公在进行分裂争斗，从一己利益出发，忽而联合一些封建王公去反对另一些封建主；忽而翻云覆雨，昨天的盟友变成了今天的敌人，昨天的敌人又变成了今天的盟友。努尔哈赤利用漠南蒙古同明廷的结盟与矛盾、各部之间的分裂与内讧，对于各部封建王公，有的分化瓦解，有的武力征讨，或者征抚并用，先后逐一征服东部漠南蒙古。

后金兴起，努尔哈赤决定征抚漠南蒙古主要出于以下几种原因：首先，漠南蒙古同海西女真关系密切，如叶赫贝勒"金台什孙女为虎墩兔妇"，蒙古内喀尔喀介赛贝勒夺娶努尔哈赤"已聘叶赫锦泰希贝勒之女"，征抚漠南蒙古有助于女真内部的统一。其次，要想进入辽沈地区，只有征抚漠南蒙古，才无后顾之忧。再次，漠南蒙古的林丹汗等，与明朝缔结了共同抵御后金的盟约，"阑刀歃血，立有盟词"："愿助兵灭奴，并力恢复天朝疆土。若奴兵到，憨兵不到，断革旧赏，倘奴酋通路，背盟阴合，罹显罚。"只有拆散这个联盟，才能南犯明朝。其次，征服漠南蒙古，可以打通进入长城的走廊，最后的一个原因是，后金为夺取明统，深感兵力不足，需要征抚蒙古，扩充八旗的兵士力量。努尔哈赤曾说："蒙古与满洲，语言虽各异，而衣饰风习，无不相同，兄弟之国。"魏源又说："夫草昧之初，以一城一旅敌中原，必先树羽翼于同部。故得朝鲜人十，不若得蒙古人一"，说得就是这个道理。

努尔哈赤征服漠南蒙古。先从其科尔沁部开始。漠南蒙古的科尔沁部，驻牧于嫩江流域。它东邻乌拉，东南近叶赫，西南界扎鲁特，南接内喀尔喀，北临嫩江上游地区。

当时，插汉部即察哈尔部与科尔沁部不和，科尔沁部为了与插汉部争势力，就与势力较强的叶赫、乌拉结盟。万历二十一年（1593年），科尔沁部明安贝勒等率蒙古兵万骑，同叶赫、哈达、乌拉、辉发、锡伯、封尔察、朱舍里、讷殷共九部之师，直指建州。政赫济格不下，陈兵古勒山。九部兵大败，明安贝勒骑裸马尴尬地逃回。第二年，"北科尔沁部蒙古贝勒明安、喀尔喀五部贝勒老萨，始遣使通好"。科尔沁部初次遣使建州。此后，"蒙古各部长遣使往来不绝"。

科尔沁部虽然在古勒山之役遭到失败后，派遣使者与建州和好，但并没有向它低头。万历三十六年（1608年）三月，建州兵往攻乌拉部的宜罕阿麟城，"科尔沁蒙古翁阿岱贝勒与乌拉布占泰合兵"，科尔沁军遥望建州兵强马壮，心里明白敌不过建州的强兵，便撤兵请盟，联姻结好。努尔哈赤从总的斗争利益出发，不念科尔沁两次动兵的旧恶。他说："俗言：'一朝为恶而有余，终身为善而不足'。"建州同意与科尔沁弃旧怨，结姻盟。万历四十年（1612年），努尔哈赤闻科尔沁贝勒的女儿博尔济锦氏"颇有丰姿，遣使欲娶之。明安贝勒遂绝先许之婿，送其女来"。努尔哈赤以礼亲迎，大宴成婚。明安贝勒是蒙古封建王公中第一个与建州联姻者，对后世影响深远。其后，万历四十三年（1615年）正月，努尔哈赤又娶科尔沁孔果尔贝勒女博尔济锦氏为妻。

建州女真贵族同科尔沁蒙古王公联姻，在一定程度上扩充了自己的势力范围。努尔哈赤不仅娶科尔沁两贝勒的女儿为妻，他的儿子也相继纳蒙古王公的女儿做妻子。仅万历四十二年（1614年），努尔哈赤的四个儿子，即次子代善娶扎鲁特部钟嫩贝勒女为妻，第五子莽古尔泰娶扎鲁特部纳齐贝勒妹为妻，第八子皇太极娶科尔沁部莽古思贝勒女为妻，第十子德格类娶扎鲁特部额尔济格贝勒女为妻。之后，第十二子阿济格娶科尔沁部孔果尔女为妻，第十四子多尔衮娶桑阿尔寨台吉女为妻。努尔哈赤在位时，同科尔沁联姻十次，其中娶入九次、嫁出一次；其子皇太极继续实行上述联姻政策，皇太极在位时，同科尔沁联姻十八次，其中娶入十次、嫁出八次。蒙古科尔沁部通过与后金联姻来巩固同盟，加强自己的势力，来对抗察哈尔部。

察哈尔部林丹汗为统一漠南蒙古，行使大汗权力，防止后金扩张，先后讨伐与后金结盟的科尔沁等部。这种为渊驱鱼的作法，更加促使科尔沁与后金结成同盟。科尔沁部翁果岱子粤巴台吉，于天启五年即天命十年（1625 年）八月遣使送信至建州，报告察哈尔部在"草枯前将夹击科尔沁"，请求后金汗努尔哈赤出兵援助。不久，林丹汗派兵指向科尔沁，围攻粤巴台吉的驻地格勒珠尔根城。粤巴向后金告急，努尔哈赤派其子莽古尔泰率精骑五千前往援救。时林丹汗"围鄂巴城已数日，攻之不下。闻满洲援兵至，仓皇夜遁，遗驼马无算，围逆解"。后粤巴台吉亲自跪见努尔哈赤，努尔哈赤将舒尔哈齐第四子图伦之女嫁给粤巴做妻子。随后，努尔哈赤与粤巴刑白马黑牛，祭告天地，盟誓结好。从粤巴台吉的誓词中，可以看出蒙古贵族内部的纷争及粤巴台吉投附后金的原因。努尔哈赤的誓言则明确地表示，他同粤巴结盟，是为了对抗察哈尔部及与察哈尔订有盟约的明朝。

粤巴与努尔哈赤俱以"受害者"的身分，在浑河岸，对天焚香，贡献牺牲，行三跪九叩首礼，宣誓言，结盟好。

后金汗还以召见、赏赉、赐宴等形式，抚绥科尔沁封建王公，万历四十三年（1615 年）九月，科尔沁贝勒明安第四子桑噶尔斋台吉至建州，送马三十四，叩头谒见。努尔哈赤赐给甲十副，并厚赏缎、布。同年十月，明安贝勒长子伊格都齐台吉又至建州，送马四十匹，叩头谒见。努尔哈赤赐给甲十五副，并厚赏缎、布。次年十二月，明安贝勒次子哈坦巴图鲁台吉带马匹至建州叩谒；又次年，明安贝勒第五子巴特玛台吉带僚友五十人，送马五十匹，到建州叩谒。他们都受到努尔哈赤的赏赐。万历四十五年，即天命二年（1617 年）正月，科尔沁明安贝勒到建州"朝贡"，努尔哈赤对其岳翁，郊迎百里，行马上抱见礼，设野宴洗尘。人城后，"每日小宴，越一日大宴"，留住一月。当明安返回时，他又送行三十里，骑兵列队，夹道欢送，并厚赠礼物，非常隆重。明安后隶满洲正黄旗。其次子多尔济为额驸，后授内大臣，预议政；幼子朗索后官至领侍卫内大臣；孙鄂齐尔后管銮仪卫事，授领侍卫内大臣；长子昂洪，后授为领侍内大臣，封为三等男。科尔沁部的布额代贝勒，天命七年（1622 年）同明安率所属归后金，娶公主，为额驸，后隶满洲镶红旗，以军功晋任固山额真。布当亦随明安投后金，后授二等参将世职，隶满洲正蓝旗，晋三等男。

天启二年即天命七年（1622 年）二月，明安带领几尔宰图、锁诺木等十六贝勒及喀尔喀等部台吉，"各率所属军民，三千余户，并驱其畜产"，归附后金。从此别立"蒙古一旗"，奠定了以后蒙古八旗的基础。同时，由于蒙古科尔沁部归附后金最早，博尔济锦氏与爱新觉罗氏世为懿亲。清太祖、太宗、世祖和圣祖先后有四后、十三妃出自科尔沁等部。蒙古科尔沁部博尔济锦氏影响清初五朝四帝的政治，其中以皇太极孝庄文皇后博尔济锦氏尤为突出。

由清太祖努尔哈赤奠定的对蒙古科尔沁部的政策，是一个非常成功的政治策略，使得漠南蒙古科尔沁部成为后金的政治同盟和军事支柱，也成为清朝的联袂懿亲和军政屏藩。努尔哈赤采用分化抚绥与武力征讨的两手政策，在蒙古科尔沁部取得成功。

三

漠南蒙古内喀尔喀部，即五鄂拓克喀尔喀部，由于喀尔喀部为达延汗第五子阿尔楚博罗特之后，因其子虎喇哈赤有子五人，所以称为喀尔喀五部。这样喀尔喀分裂为五个鄂拓克，即五部。它主要驻牧在西喇木伦河和老哈河一带，东界海西女真叶赫部，西接察哈尔部，南近广宁，北为科尔沁部。由喀尔喀部，其外有明朝、察哈尔和后金，同他们既相互利用、又相互矛盾，或争或贡，亦盟亦分；在这五部内部之间，时而互相联合，时而彼此倾轧，战争掠夺不断，内部矛盾时时出现，因而大大削弱了自身。努尔哈赤利用其内外之困与彼此之间的矛盾，进行分化瓦解，逐部争取，以巩固加强自己的势力。

内喀尔喀巴岳特部达尔汉贝勒子恩格德尔，率先归附建州。万历二十二年（1594 年），内喀尔喀部贝勒老萨同科尔沁贝勒明安最早遣使通聘努尔哈赤，"甲午年，蒙古廓儿沁部明安贝勒、胯儿胯部捞扎贝勒，始遣使往来"。万历三十三年（1605 年），恩格德尔向努尔哈赤朝聘献马，"蒙古喀尔喀把岳忒部落达尔汉巴图鲁贝勒之子台吉恩格德尔来朝，献马二十匹"。万历三十四年十二月（1607 年 1 月），恩格德尔又引领喀尔喀五部之使，"进驼马来谒，尊太祖为昆都仑汗，从此蒙古相往不绝"。努尔哈赤为进一步笼络恩格德尔，万历四十五年即天命二年（1617 年），将舒尔哈齐第四女嫁给他做妻子，称巴岳特格格。恩格德尔成为后金的"额驸"，并且受到后金汗的特殊礼遇。

后金汗对恩格德尔台吉等，除联姻、赐券、盟誓和宴赏外，还赐给庄田和奴仆：赏给恩格德尔及其弟莽果尔代，"七男丁的诸申庄各二个，十男丁的尼堪庄各二个，在手下使唤的诸申（男女）各五对，担水砍柴的尼堪（男女）各五对"。又赐其子侄岱青等六个台吉四男丁的诸申庄四个，三男丁的诸申庄二个，十男丁的尼堪庄六个，共二十四个庄。都使他们成为后金的封建主。恩格德尔及其弟莽果尔代被授为总兵官，后隶满洲正黄旗。恩格德尔子额尔克戴青，初任侍卫，顺治时列议政大臣，管銮仪卫，擢领侍卫内大臣，爵至一等公。

但是，内喀尔喀诸部对后金的政治态度并不完全一致。努尔哈赤对蒙古喀尔喀五鄂拓克，既利用他们内部的矛盾，又利用他们同察哈尔及其同明朝的矛盾。矛盾不同，对待方法也不相同，逐一对其进行分化瓦解。后金瓦解内喀尔喀的一个重要办法是，对其逃人或归附者宴迎、赏赍、安置、封官、结亲。他们来到建州后，经济生活、政治权利和社会地位，均较前有着明显的提高。这就吸引更多的蒙古人逃归或投附后金。

对归附的内喀尔喀台吉更为礼遇。天命六年（1621年）十一月，内喀尔喀古尔布什和莽果尔台吉率所属六百户，驱赶牲畜投附后金。

但是，内喀尔喀部有的贝勒在明朝与后金之间，对明朝既挟赏又靠拢，对后金既恃强又仇视。内喀尔喀扎鲁特部贝勒介赛，不理睬后金对内喀尔喀诸部初奏效验的瓦解，继续与后金对抗。介赛为虎喇哈赤次子兀班之孙，驻牧于开原西北新安关外。在内喀尔喀五部中，介赛骑兵与牲畜众多，势力也比较强盛。

介赛自恃兵强马壮，曾与明朝"三次立誓"，曾夺取后金汗已给聘礼的叶赫金台石贝勒之女，又袭击建州村屯，囚系后金使臣。万历四十七年即天命四年（1619年）七月，后金汗在统兵夺取铁岭时，介赛、巴克等领兵万人，埋伏在城外高粱地里，配合明军同八旗军作战。努尔哈赤命众贝勒大臣，率兵奋击介赛军，介赛兵败，八族军追至辽河。在此次战争中，擒获介赛及其两个儿子、两个弟弟、三个女婿、诸贝勒、诸将二十余人，兵二百人。后金获取大胜。但努尔哈赤没有杀死介赛，而是把他囚在城楼内，将其中的人质来取得与内喀尔喀部结成盟约。两年后，喀尔喀部以牲畜万头赎介赛，并将他的二子一女送来作为人质。后金汗与介赛盟誓，设宴赐赏，命诸贝勒送介赛至十里以外，并将送来作为人质的女儿配给大贝勒代善为妻，结为姻盟。

经过后金对喀尔喀诸部的笼络、瓦解、战争、结姻等，终于使喀尔喀五部在政策上发生了重大变化：由联合明朝抗御后金，转变为联合后金对抗明朝。这集中地表现为后金与喀尔喀五部的会盟。天命四年（1619年）十一月，努尔哈赤命大臣额克星格、绰护尔、雅希禅、库尔缠和希福五人，携带誓词，与喀尔喀五部贝勒的使臣，会于冈干色得里黑孤树处，对天刑白马，对地宰黑牛，设酒一碗、肉一碗、土一碗、血一碗、骨一碗，对天地盟誓结为同盟。努尔哈赤的联盟策略是为抵抗明朝而准备的，而此时的漠南蒙古察哈尔都还没有归附后金，努尔哈赤就把注意力转向了察哈尔部。

四

漠南蒙古的察哈尔部，即插汉、察汉、擦汗儿、擦汉脑儿等。明嘉靖时达赉逊库登汗，受俺答汗的逼迫，徙牧于辽东边外，以地近边而得部名。先是，元太祖成吉思汗的第十五世孙巴图蒙克被推举为大元可汗，即达延汗。达延汗统一东部蒙古各部，迫使瓦剌西迁，以漠南、漠北地区为左右翼六万户分封子弟，并设帐于察哈尔部。此后察哈尔部领主世袭蒙古汗位，号称蒙古各部的共主。后来蒙古可汗实际上成了察哈尔部的汗。达延汗子图鲁博罗特，图鲁博罗特子博迪阿喇克，博迪阿喇克子达赉逊库登，达赉逊库登子图们，图们子布延，布延子莽和克，莽和克子林丹。林丹（1592—1634 年），名库图克图，明人称作虎墩兔。万历三十二年（1600 年），察哈尔部林丹汗立。他驻帐广宁以北，被其七世祖达延汗的幽灵所纠缠，力图继承大元可汗的事业，在蒙古称霸。

当时明朝、后金和察哈尔部，都有统一辽东地区的意愿。但后金势力的扩张威胁着察哈尔部，察哈尔部的强大又妨碍后金抚绥漠南蒙古；而在明朝看来，后金的威胁要比察哈尔部大一些。因此，在明朝、后金和察哈尔部的鼎足矛盾中，明廷与后金的矛盾是主要的。后金为了对抗明朝，必须先征抚察哈尔部；明朝为了对付后金，便利用林丹汗与努尔哈赤的矛盾，同察哈尔部联合起来一同抵御后金的进攻。明朝以增加对林丹汗的岁币为条件来联合林丹汗，共同抵御后金，并把原由明朝直接给予漠南东部蒙古诸部的岁币，转交给林丹汗控制。明廷每年给林丹汗银四千两，后增至四万两。

后金汗与林丹汗之间的关系也是变幻不定的，主要分为初、中、后三个时期。初期，努尔哈赤进入辽沈地区之前，忙于统一女真诸部，无暇顾及察哈尔部。当时的察哈尔部实力雄厚。他的势力范围也非常广范，"东起辽东，西至洮河，皆受此虏约束"，拥有八大部、二十四营，号称四十万蒙古。林丹汗"帐房千余"，牧地辽阔，牲畜孳盛，部众繁衍，兵强马壮，依恃明朝，对后金态度骄横。万历四十八年，即天命五年（1620 年）正月，后金汗遣使赍书报察哈尔部林丹汗。书的内容是这样的：

阅察哈尔汗来书，称四十万蒙古国主、巴图鲁成吉思汗，致书水滨三万满洲国主、神武英明皇帝云云。尔奈何以四十万蒙古之众，骄吾国耶？我闻明洪武时，取尔大都，尔蒙古以四十万众，败亡殆尽，逃窜得脱者，仅六万人，且此六万之众，又不足属于尔，属鄂尔多斯者万人，属十二土默特者万人，属阿索忒、雍谢布、喀喇沁者万人，此右三万之众，固各有所主也，于尔何与哉？即左三万之众，亦岂各为尔有？以不足三万人之国，乃远引陈言，骄语四十万，而轻吾国为三万人，天地岂不知之！

其书又曰：

吾固不若尔四十万之众也，不若尔之勇也，因吾国之少且弱也。遂仰蒙天地眷佑，以哈达、辉发、乌喇、叶赫暨明之抚顺、清河、开原、铁岭等八处，悉授予焉！

昔吾未征明之先，尔曾与明构兵，尽失其铠胄、驼马、器械，仅得脱去。其后再构兵，格根戴青贝勒之从臣，并十余人被杀，毫无所获而回。尔侵明者二，有何虏获，克何名城，败何劲旅乎？夫明岂真以此赏厚汝耶？以我征伐之故，兵威所震，男子亡于锋镝，妇女守其孤孪。明畏我，姑以利诱汝耳！且明与朝鲜，言语虽殊，服制相类，二国尚结为同心；尔与我，言语虽殊，服制亦类，尔果有知识，来书宜云："明、吾深仇也，皇兄往之，天地眷佑，俾堕其城，破其众，愿与天地眷佑之主合谋，以伐深仇之明。如是立言，岂不甚善与！"

这封笔锋犀利的赍书，努尔哈赤试图祭起元顺帝的亡灵，并且多次举出兵败的耻辱，以激发林丹汗的隐愤，拆散察哈尔部与明朝的联盟；并通过炫耀八旗军威，拉拢察哈尔部倒向后金一边，共同对抗明朝。但是，林丹汗与努尔哈赤在辽东地区现实利益的冲突，涂抹了孛儿只斤氏与朱姓贵族历史矛盾的旧账。林丹汗以囚械其来使，对努尔哈赤赍书作出回答。

中期的时候努尔哈赤进入辽沈地区，下沈阳、占辽阳、陷广宁。后金势力逐渐增强，而明朝的势力日见衰弱。明朝重要官员如蓟辽总督王在晋、总督王象乾、关外道袁崇焕等，都先后主张加紧对蒙古抚款，并与之结盟，以抗击后金。明廷面对东部后金与西部蒙古，其东西策略即东对后金、西对蒙古的策略，后来袁崇焕概括为："外战东夷，内抚西虏"。袁崇焕在给天启帝的上疏中，详细分析了明朝、后金、蒙古的三方关系，并提出明廷应采取之对策：

> 虎带甲可数十万，强与弱，奴非虎敌；然奴百战枭雄，虎无纪律，乱与整，虎又非奴敌。臣故亲出，厚遗其领赏之人，嘱其无与奴野战，脱有急，移于我之近边，彼此声势相倚。量虎必感皇上多年豢养之恩，且自图存，必不折而入奴。若哈喇慎之三十六家，最称狡猾。自督臣王象乾一抚之后，顺多逆少。今日之计，我方有事于东，不得不修好西虏，即未必可用，然不为我害，即以我用矣。岁费金钱数十万，其亦不虚掷手！西款不坏，我得一意防奴。

在此期间，总督王象乾曾令王喇嘛、游击张定，往致三十六家。天启二年即天命七年（1622年）四月，明与喀喇沁结盟。寻祖大寿致察哈尔首领之一拱兔，朱梅致敖汉部首领都令，不久与敖汉等部结盟。林丹汗"见各部内附，亦孤而求款"，同年八月，明朝与察哈尔部结盟。八月，王在晋令山海道阎鸣泰、关外道袁崇焕同抚夷官李增等出关，与林丹汗的使臣贵英哈盟誓，盟词曰："愿助兵灭奴，并力恢复天朝疆土。若奴兵到，憨兵不到，断革旧赏；倘奴酋通路，背盟阴合，罹显罚。"袁崇焕致书林丹汗，晓之以大义；吊唁汗母忧，通之以殷勤；贻书其喇嘛，用之以影响——"保得边疆无事，便是本性圆明"。这样就使得明朝与蒙古的联盟延续了。

然而，林丹汗在作茧自缚。他掠夺土地，抢劫牲畜，为所欲为，暴虐无道，"凫休悖慢，耳目不忍睹闻"。他自恃拥有强盛的兵马，横行漠南，破喀喇沁，灭土默特。但是，其内部已经分崩离析。史载察哈尔部属五路头目的妻子，被林丹汗重臣贵英哈强占，受害头目含愤投巴林部首领秒花，"秒花不能养，投奴酋。奴酋用之守广宁"。察哈尔的敖汉部、奈曼部国对林丹汗不满，其使者往来于后金；林丹汗之孙扎尔布台吉、色楞台吉逃往科尔沁，又从科尔沁至后金，向努尔哈赤叩首行礼。林丹汗为抵御努尔哈赤对其附近部落的瓦解，从天启六年即天命十一年（1626年）起，先后讨伐与后金结为姻盟的科尔沁部等。科尔沁等部在后金等援助下，打退了林丹汗的军事进攻。

后期，在后金时期的时候，孙承宗、王象乾、袁崇焕或去宦，或去世，明"抚西虏"之策未能继续。此间明朝、后金和蒙古之间的关系发生了变化。明朝与蒙古之间不稳固的同盟，被后金打开了缺口。林丹汗更加孤立。努尔哈赤便向蒙古进兵攻击了。天命十一年（1626年）四月，后金汗努尔哈赤督平大军，八路并进，攻击巴林部。后金军前锋渡西喇木伦河，"获畜产无算，驱之不尽，乃还"。是为后金军事进攻蒙古之始。不久，敖汉部首领都令、色令与奈曼部首领黄把都儿"折入于奴"。努尔哈赤殁后，其子皇太极继续征抚漠南蒙古。天启七年即天聪元年（1627年），喀喇沁部与后金会盟，双方"刑白马乌牛，誓告天地"。林丹汗已四面楚歌。于是，后金汗皇太极先后四征林丹汗。

在后金、明朝与蒙古关系史上，努尔哈赤之子皇太极对林丹汗的四次军事进攻，是一个非常重大的历史事件。崇祯元年即天聪二年（1628年）二月，皇太极率精骑进攻察哈尔部，先兵至敖木伦地方，击其所属多罗特部落，俘获一万一千二百余人。同年九月，皇太极再率精骑攻击察哈尔军，兵至兴安岭，十月返回沈阳。天聪六年（1632年），皇太极统领满洲八旗和投顺后金的科尔沁、内喀尔喀、敖汉、奈曼和喀喇沁等部蒙古骑兵，大举进攻察哈尔部。后金军过西喇木伦河，越兴安岭，次大儿湖之古里河，又进至都勒河。察哈尔林丹汗闻后金军来攻，"大惧，谕部众弃本土西奔，遣人赴归化城，驱富民及牲畜渡黄河，国人仓卒逃遁，尽委辎重而去"。林丹汗闻讯而溃，连夜逃走；皇太极回师东返，旋归沈阳。天聪八年（1633年），林丹汗战败以后，众离亲叛，走投无路，"杀人以食，自相屠戮"，后窜至青海大草滩，患痘症而死。次年，后金军继续追击察哈尔部余众，俘获林丹汗之子额哲，并获"制诰之宝"。后金先后四征察哈尔部，察哈尔部被后金吞并。随着林丹汗的走死，漠南蒙古西部的鄂尔多斯部、土默特部等也陆续归附了后金。

察哈尔部被后金征服，明朝失去北面屏障，边事频繁，战争不断。

在征抚漠南蒙古过程中，努尔哈赤的一个大手段是：不仅利用蒙古诸部封建主之间的矛盾，而且利用该部各个封建王公之间的内部矛盾，采取不同策略，加以区别对待，从而逐步地对其加以降服。漠南蒙古降顺后金，进"九白之贡"，表示臣服。后金征服漠南蒙古，逐渐组成蒙古八旗，打通从西北进入中原的道路，后金与明朝的力量对比，占领更为广阔的地域，拥有更为雄厚的兵员，在战场上取得较为优势的地位。

随着努尔哈赤逐步征抚漠南蒙古事业，与蒙古联合，扩充自己的势力共同抵抗明朝，努尔哈赤的这一策略无疑是一个非常明智的策略，事实也证明了，这为以后的统一事业开辟了道路。

第六章　抗击明军

一

在万历四十六年（公元 1618 年，天命三年），后金国与明朝廷的关系到了破裂的地步。大英明汗努尔哈赤决定攻伐明朝，出兵进攻抚顺城。四月十三日，大英明汗努尔哈赤统率两万大军，将要出发攻占抚顺城。出师以前，努尔哈赤书写"七大恨"告于天下。"七大恨"的内容大致是这样的：我的父亲和祖父没有折取皇帝（系指明帝）边境上的一草一木，没有侵占过明朝的一寸土地，而明国无故生事于边外，杀了我的父祖，这是"一大恨"。虽然有杀我父祖的仇，我仍然愿意和睦相处，曾经与边官划定疆界，立石为碑，共盟誓言：无论明人还是女真人，若是有越过边境的，看见了就应该杀，若见而不杀，则罪及不肯杀的人。明朝没有履行誓言，命令兵卒出边，保卫叶赫部，这是"二大恨"。自清河城以南，江岸以北，明国人每年偷过边境，侵夺女真地方。我以盟言为据，杀了出境的人，理所应当，而明国不顾盟誓，责备我杀人。逮捕了我派往广宁的大臣刚古里、方吉纳，以铁锁加身，迫使我送去十个人，杀于边境，这是"三大恨"。明廷派兵出边，捍卫叶赫，使我已经聘定的女子转给蒙古，这是"四大恨"。把我数世耕种的柴河（今辽宁省开原县东南柴河堡）、三岔儿（今辽宁省抚顺城东北铁岭县三岔村）、抚安（今辽宁省铁岭东南抚安堡）三路，迫使女真人不准收获耕种的谷物，并且派兵驱赶，这是"五大恨"。明国偏听叶赫部的话，以种种恶言诬害我，这是"六大恨"。哈达部两次帮助叶赫侵犯我，我发兵征讨，得了哈达部，明帝必令我返还。后来，叶赫部又数次侵犯哈达部。天下各国，相互征战，哪有死于刀下的人，又能使其起死回生，已经得到手的人、畜又返归的道理？大国的君主，应当作天下共主，怎么偏偏与我构怨。先前扈伦四部会兵九路攻我，我始反击得胜。明国皇帝却帮助叶赫部，不辩别是与非，妄加剖断，这是"七大恨"。

"七大恨"是大英明汗努尔哈赤对明廷与女真的历史关系的总结，是双方新关系的开端，也是后金对明廷的宣战书和对女真人的号召书。

大英明汗努尔哈赤出师以前，宣布"七大恨"，实际是后金起兵的政治宣言书，即欲报杀父祖的仇；申辩划定疆界的是非；以哈达、叶赫两部的问题为中心，争后金统一女真各部的正当性。以"七大恨"作为对明宣战的理由，是后金对明朝政府的直接宣战，宣告从此后金将以国家姿态对明廷割据一方，分庭抗礼，由原先的臣属关系转变为互相独立的国家对国家的关系。

"七大恨"的宣布，所以是明朝与女真族关系的一个历史性的总结，是因为它是两百年来明朝政府对边区少数民族——明代女真族政策的一个发展的必然结果，也是压迫与反抗，屠杀与争生存长期斗争的必然归宿。成化三年（公元 1467 年）明廷在杀害建州首领董山的同时，联合朝鲜王国官兵清剿建州卫，对女真人民采取剿杀战；万历三年（公元 1575 年），讨伐建州女真，追捕王杲，枭首于京城西市。万历十一年（公元 1583 年）再次剿杀建州，杀了阿台、阿海、觉常刚、塔克世等，使建州女真有名的首领扫地以尽。这不能不使女真人对明朝政府心怀仇恨。因此，王杲入京伏法的时候，努尔哈赤就怀恨颇深，早有复仇的想法。所以，"七大恨"首先申明为父祖报仇，这不是一个偶然的现象。

后金国英明汗努尔哈赤在统一女真各部，并吞哈达、辉发、乌拉等部后，除北关叶赫部以外，女真各部几乎都归附了。当建州还是明廷边区一个卫的时候，女真人与汉区之间的逾境采参、伐木是边民的正常经济生活，即使发生了纠纷，也是明朝廷的内部纷争。当建州作为一个政权出现时，边境上的一切纠纷，都具有国家纠纷的政治色彩了。"七大恨"中的第二、四、六、七恨，都指责明廷干涉后金的统一事业，妨碍了建州奴隶主们的兼并战争。努尔哈赤俨然以对等的后金国汗王的身份，与明帝分庭抗礼，这是双方政治上的最大变化。"七大恨"中的第三、五恨为明与后金争端中的又一个焦点。以明朝边民越界进入女真地区采矿、采参、捕貂，夺取资源与后金保护本区资源；以后金扩大农耕面积与明廷反对后金扩大为经济上的最大分歧，这是关系到后金生死存亡的两大问题。

英明汗努尔哈赤无论在统一战争问题上，还是在资源问题、土地问题上，与明廷早有矛盾。但在自己力不从心的时候，为了保持贡赏、市赏和领取年例赏银等经济收入，只好对明廷采取时顺时逆的政策，即当明边备松弛的时候，就渐渐地扩大地盘，集中人口，增加自己的势力范围。当推进弄到明廷出兵、罢市，危害到自身利益的时候，就妥协、退让，以缓和一时的矛盾和冲突。

建州原来居住在朝鲜王国的东北边境，连接朝鲜北部三甲地区，由南至北，地多高寒，农作物多以大麦为主，产量不高，人民衣食艰难。迁至王国六镇接界的地区以后，良田有限，多是大山长谷，连绵千里，所以，建州产粮面积原来不大，产的粮食不能满足需求。后来进入婆猪江以后，因为各种原因，直到努尔哈赤时期，粮食仍无较多的积蓄，不得不籴市于清河、抚顺，而貂、参、松、榛等物产却比较丰富。这些土特产品，经历明代二百多年中，成为女真地区与明代汉区交易，换取米、盐、布、酒的重要物资。建州等女真人与明代汉区交易的中心，主要有抚顺、开原、清河、瑷阳、宽甸等市场，这里的交易构成明代东北边区社会经济的重要组成部分，属于明代汉区与女真地区区域性的贸易。明朝中叶以后，朝廷政治腐败，贪官污吏横行霸道，使边区的朝贡、互市不能正常进行。努尔哈赤起兵以后，先控制了建州三卫、毛怜等鸭绿江以西至辽边的广大地区，将抚顺、清河等互市货源掌握在自己的手中。不久，他又以远交近攻手段，争取乌拉布占泰，以求控制黑龙江地区的貂、参资源。因为布占泰靠近北关叶赫部，不能满足努尔哈赤的希望，于是建州便切断了黑龙江地区，以至东海女真各部土产输入北关叶赫的通道，迫使乌拉以北货物经过抚顺市，再转入辽阳。万历四十一年（公元 1613 年），努尔哈赤对乌拉布占泰的决战，以及对东海各部的战争，使黑龙江与东海三部的貂、参来源，都控制在努尔哈赤的手中。努尔哈赤的远见卓识就在于他代表了新兴的建州奴隶主阶级，将女真社会分散的宝贵财富较高度的集中起来，为女真的社会文明发展提供了丰厚的物质基础。

努尔哈赤早就注意到建州奴隶主集团致富的源泉了。从万历十五年（公元 1587 年），努尔哈赤就以女真国恭敬汗的身份与明朝政府争夺利益。万历三十六年（公元 1608年），与明边关副将订立守边盟誓，约为共守皇帝边境，立石建碑的实质也是保护本区资源，保护建州奴隶主阶级的利益。万历四十二年（公元 1614 年）七月，在明廷的武力威胁下，努尔哈赤对明廷为了表示恭敬和遵守誓约的决心，把盗窃瑗阳马匹的女真人斩于界碑之下，也是据理而行，是忍小痛而求大利。在保护女真地区资源的问题上，努尔哈赤面临着复杂的斗争，既要反对明朝边吏的欺诈，以劣等货物充赏等不法行为，又不损于臣子的地位和大节，以保持取得明朝的贡、市两赏和领取年例赏银。万历四十三年闰八月，明廷派五十个人到建州的近地瑗阳堡铸铁，努尔哈赤得到消息以后，立即派大臣达尔汉去巡边，进行追杀。明廷得知铁工被杀，决定关闭瑗阳市场。努尔哈赤深知罢市意味着割断了建州的一条经济命脉，只好采用了妥协的政策，送回四十多名女真人到明边关求和，明廷才允许开市。万历四十四年（公元 1616 年，天命元年）二月，清河城驻守游击官冯有功，驻于后金近地，以金石台为两区界限，双方属地人民各守碑界，不得超越碑界。冯有功为了采运木材，私自纵令军士出界采伐。努尔哈赤认为汉区军民每年过境掘银、采参、伐木、采集松子、蘑菇、木耳等，是对后金的侵扰。为禁此事，根据原来约定，于是，命令达尔汉侍卫再次巡守边界，邀杀越界的明边兵卒五十多人。辽东督抚，广宁新督堂派人送文诘责努尔哈赤，并将后金使臣刚古里、方吉纳和另外九个人拘捕在广宁。同时，又送书文给努尔哈赤说：我军民出界，你们可以送回来，为什么不经我们同意就将其杀害。努尔哈赤答书说：两家曾经立碑为界，碑上明文载道：知道出皇帝边境的人不杀，罪及不杀之人，为什么你们不履行约定，而且还强词夺理，阵阵有词。明辽东督、抚不答应，提出以砍达尔汉侍卫的头为条件，否则，将不放刚古里、方吉纳等人。努尔哈赤在明边廷官将的压力下，被迫悔罪认罚，献出十个人在境上斩首，刚古里、方吉纳才得释而回。

关市贸易是涉及女真民族存亡与兴衰的大事。努尔哈赤由纳贡的臣子，转变为敌国的君王，其中重要的原因之一，就是明廷的经济统治，尤其边吏的压迫，使关系日趋激烈。万历三十七年（公元 1609 年），御史熊廷弼为了控制西部蒙古，分离乌拉等部与蒙古的相互联属关系，突然决定停止女真贡、市两年，致使以努尔哈赤为代表的建州奴隶主集团和各部女真人民所采集的人参烂掉三十多万斤，造成重大经济损失。为了扭转明廷官吏在人参价格上的刁难，努尔哈赤发明了人参煮晒法，使大量的人参可以长期保存，这样就做到了存售自由，倍得常价，有力地保护了建州奴隶主阶级的利益。可见，后金作为与明廷相对立的国家出现在辽东，也是经济上积怨颇深的结果。

努尔哈赤为维持与明廷的经济关系，有时不得不忍辱负重。依照旧例，建州每年向明朝政府进贡蜂蜜。万历三十六年（公元 1608 年）以后，努尔哈赤计划进兵辽东地区，注意积攒粮食准备作战，以蜜充粮，贮谷实仓，决定暂时不向明廷贡蜜。明边关抚臣听说了这件事，很是疑惑。万历四十二年（公元 1614 年），决定派人探明虚实。于是选中了辽阳材官肖子玉办这件事。肖子玉是个无赖之徒，很不正派。他嫌出使建州自己的官职过低，竟佯装都督，乘八抬大桥到建州质问停贡事。努尔哈赤熟知辽阳情况，并知道肖子玉的根底，就没有把肖子玉伪称都督，虚张声势的举止放在眼里。肖子玉见建州大都督不肯出城前来迎接"天使"，大发雷霆，威胁说：天使光临，大都督不出来亲自迎接，有侮天朝，将要问罪等等。努尔哈赤认为派来使臣事关朝廷，不单是肖子玉一个人所为，便改变态度，按礼迎接朝廷使臣，亲迎肖子玉入宫，并对他礼遇非常。肖子玉以为努尔哈赤盛情有礼，欣喜若狂。宴席上，他询问努尔哈赤说，近年以来，建州为什么不贡蜂蜜？努尔哈赤应付说：本部蜂蜜如天朝的五谷一样，天不由人，时令各异，丰欠不常。近五年以来，花疏蜂死，无蜜可贡。待花满枝头，丰年有蜜的时候，将按例朝贡。并说：此等小事，"何须圣虑"。努尔哈赤从容不迫，随机应变，使不了解建州实情的肖子玉无言可对。宴后，努尔哈赤又赠给肖子玉丰厚的礼物，肖子玉大喜。归去时，努尔哈赤远路相送，与子玉并辔而行。分别时，努尔哈赤拍子玉的肩头说：你是辽阳无赖肖子玉，竟敢伪称都督，身临我境。不是我不能杀你，也不是我不能上奏皇上。今天待你以厚礼，是以不轻侮天朝的缘故。你回去代我禀告抚台大人，深致敬意，并转告他以后不要弄虚作假。肖子玉听后，面红耳赤，急忙狼狈西逃了。

涉及柴河、三岔儿和抚安三地事件的第五恨，也是由来以久的。万历二十七年（公元 1599 年），女真国聪睿恭敬汗努尔哈赤计杀猛骨孛罗以后，南关哈达敕书、屯寨、土地、人、畜，都为建州独占了。明廷虽然曾经派人诘责过努尔哈赤，但仍无法阻止努尔哈赤占有南关。这是因为努尔哈赤深知边官多不尽职，睁一眼闭一眼，都不肯深究。万历四十一年（公元 1613 年）三月，努尔哈赤指派部民垦种南关土地，集结西部宰赛、卜儿亥、瓜儿兔等蒙古二十四营人马，驰至清河城一带。明边吏深感情况紧急，便调兵遣将，禁止建州市籴。迫使努尔哈赤向御史张涛说明抚安等地，建州已经耕牧日久，只愿将新垦土地一概罢耕。但第二年，明廷边备稍微松弛，努尔哈赤又派部众垦种已经罢耕的土地，并增派部众至汎河口（今辽宁省铁岭县南"范河"）、孤山（今本溪县东南"新城子"）及其近地刘家、仙人洞等地扩耕。明廷边臣将此事急奏朝廷。万历帝旨令广宁总兵张承荫巡边。张承荫到边后，指派通事董国荫出使建州。他对努尔哈赤说：界碑要重新确立，柴河、抚安、三岔儿三处所种的田，不准你收获。努尔哈赤争辩说：三处是我祖祖辈辈耕种的田地，若是令我退耕，不许收获，这是在欺凌我。

在退地罢耕相持不下的时候，新巡抚都御史郭光复走马上任，大张声势，蓟门（系指山海关内及其以西的河北驻防兵）边兵调防，道路相望。同时，又调动辽阳兵赴边虚张声势。努尔哈赤怀疑朝廷将要发兵讨伐，感到非常惊恐。明廷备御肖伯芝又持书来警告。努尔哈赤在这样强大的威胁下，被迫带领妻子等数十人，来到抚顺关请示，申诉说抚安、三岔儿二堡边外，是万历二十七年（公元1599年）牧种。如今，天朝一定要怀疑我，而欲加兵，我先将妻子送来就是了。巡抚辽东都御史张涛等派通事谕告说，朝廷没有发兵，只是查地而已。努尔哈赤当即提出愿意将自己的儿子作为人质送入，不仅免除了叶赫的诽谤，也消除边官对我作乱的怀疑。可以将质子送到广宁或留居北京，听朝廷裁定。努尔哈赤用申明自己没有作乱的意思和请求质子表示诚心等办法，摸清了边将的底细，随后便率领妻子等人返回建州。

明廷对于努尔哈赤一面强占土地，扩大耕界，一面又主动表示退耕，愿意质子，取信于边官等作法捉摸不透，因此，一时不知道该如何是好。在努尔哈赤归寨不久，边臣与御史张涛等议决，派遣督理三营大旗委官籍大成到建州去选取质子，派兵丁马成功等十多人伴行。辽阳守道官白养粹也派差官赵一鹤代替抚顺备御王崇古，另有通事董国荫等佐助籍大成同去建州。朝廷使臣将要到来的消息传入建州后，努尔哈赤派侍卫大臣达尔汉远迎于百里以外。他也离城二十里相迎，并热诚地敬请籍大成等一行进城，设酒款待，厚赠礼物，奉送貂衣挂七件，貂皮三张，红狐皮十九张，马鞍子一副。每宴必杀牛宰羊，大宴三天。努尔哈赤在席间详细说明自己多年以来，看边恭顺，并愿将亲生儿子巴布海作为人质送入朝廷。这一年，巴布海十七岁，由将领阿都、刚古里等三十多人送入抚顺关。可见努尔哈赤力求不退耕，付出了许多努力，以保住建州粮食的收入。

努尔哈赤虽然用自己的儿子作为人质，但明廷内部对此事的看法仍不一致。兵部认为质子真伪难辨，留着反而会被欺诈，不如送回去为好。惟有都御史张涛认为建州送质子一事，是"旷达盛事"，并以此为据，颂扬努尔哈赤忠顺之心，不必怀疑。同年八月，明廷派遣官员命令努尔哈赤撤耕。努尔哈赤心里很惊异，反问使臣说：我已经以儿子作为人质，允许我秋收，你们的马法（即对明官的尊称）怎么说话不算数，反复无常。在明廷的压力下，努尔哈赤由于力不从心，不能不忍耐，只好答应撤耕。但田中的谷物由谁来收，边吏含糊其辞，不肯说明。努尔哈赤又到了边关，面见都御史，追问庄稼怎么处置？他说，现在庄稼籽粒已经成熟，是否朝廷想收？都御史张涛说，朝廷怎么能收这些谷物呢？努尔哈赤见边官不明确地答复，深为不满，便直追问一句说，是由北关叶赫来收吗？张涛听他话中有怨气，便反问道：你这个人怎么这样狡诈呢？哪有东种北收的道理。这里的谷物，待秋成以后，仍然由你们收获，明年不许再种。努尔哈赤只好同意撤耕、定界。

都御史张涛等人相信努尔哈赤质子、退地等行为是忠顺的表现，因此，放松了对边界的防守。努尔哈赤看准了时机，急发大兵围烧北关叶赫部十九个村寨，掠走了大批的人、畜。明廷边官这才如梦方醒，增派官兵防守叶赫城寨。努尔哈赤利用明廷边关将吏不尽心尽职，搪塞应付，事事不察实情的弱点，采取能屈能伸，时进时退的方法，欺哄边吏，谋求发展。连辽东有名的经略熊廷弼也承认，努尔哈赤是一个不好对付的人。可见努尔哈赤质子、退地是欺哄张涛等人，使他边备松弛，放松防守，以便乘机图取北关叶赫部。

以事实而论，柴河、三岔儿、抚安三地，都是过去南关哈达部王台的旧地。猛骨李罗在世的时候，哈达部据有三岔儿、抚安、柴河、靖安（今辽宁省开原县东尚阳堡）

四堡近地。努尔哈赤所说的世代祖居耕种的土地，系指三岔儿、抚安两地。愿意退耕的土地系指柴河、靖安两地。按理说，这些土地都是海西都督王台的旧地，不是建州祖居地。努尔哈赤必然想要占据耕，并且与明朝边界官吏争斗，结为深仇，其原因就在于努尔哈赤在统一战争中，管辖的居民人口日益庞大，粮食问题已经成了一大难题，而建州原有的土地旱涝薄收，扩耕南关地界，势所必然。况且哈达部原有的部落都隶属于努尔哈赤了，人归地随，自然争执的症结不在土地属于谁，即使明廷决定应当给还哈达部，而实质上也是归努尔哈赤管辖。关键的问题是努尔哈赤统一女真各部对不对，他应不应该独立地向外发展？建州不断地扩大耕地面积，以至向汉区发展，初期是为了谋生存，厚积蓄。明边臣也深知此中的利害关系，所以坚决拒绝他向外扩耕。明朝官员认为不许努尔哈赤扩大耕地面积有五大好处：一是阻止努尔哈赤扩大耕地面积，使他不能进入内地，有助于边防的安全，二是阻止努尔哈赤向西扩耕，防止努尔哈赤势力接近北关叶赫部，使他不得随意侵扰叶赫边境；三是阻止努尔哈赤扩耕，减扩他的粮料，断绝他侵犯边境的念头；四是努尔哈赤粮料不足，一遇到荒年必然到边关来叩头乞粮，请求到清河、抚顺籴粮，这样，朝廷抓住他这根小辫子就可以随时彰扬朝廷生养之德；五是至于在清河、抚顺市场上允许他市籴多少，以他的顺逆为转移，顺从就多籴，不顺从就少籴。朝廷想用此亲掌控努尔哈赤。这五点的实质是使努尔哈赤的建州国，不得独立生存，切断其向外发展的道路，使其乖乖地依附于明廷。因此，以努尔哈赤为代表的建州奴隶主集团与明边官在争执耕地问题上结仇怀恨，便是自然的了。

总的说来，"七大恨"所涉及的问题，都是明廷与女真族积怨很深的问题，作为边区的少数民族，不能不由这些世代所积存起来的争执而勾起民族的情绪和义愤。所以

"七大恨"的提出起到了号召女真人民的作用，成为后金奴隶主阶级打着民族旗号，对明王朝宣战的政治宣言书。明朝京官也都清楚这一点，指出"七大恨"是一种挑战的言辞。它是两百年来未曾有过的后金奴隶主政权对明廷的公开抗争。它正式揭开了明廷与女真关系史上新的篇章。

努尔哈赤由明朝的守边臣子到起来造反不是偶然的。二十年来，努尔哈赤对明廷的态度逐渐地发生着微妙的变化，他虽然口称共守皇帝边境，然而与明廷的矛盾却越来越深化，随时都可能暴发。万历二十四年（公元1596年），明官余希元出使建州的时候，努尔哈赤发誓说，我管事十三年，保守天朝边境九百五十里，不曾有二心，并对余希元口称"天朝老爷"，这是历史事实。然而，二十年后情况变化了，努尔哈赤兼并了哈达部，占据了辽东险山（今辽宁省凤城东北石头城附近）、宽甸、大甸（今辽宁省宽甸县永甸公社）、新甸（宽甸县青椅山公社赫甸）、永甸（今宽甸县永甸）、长甸（今宽甸县长甸）等六堡等地，势力渐大，对明廷的态度也相应变得强硬，竟将朝廷的一个卫与明廷并列起来，称作你我两个国家。这时，即万历三十四年（公元1606年），余希元再次出使建州，规劝努尔哈赤与朝鲜王朝和解，努尔哈赤对余希元的态度已经不似从前了，不是当作十年前的余相公或"天朝老爷"了，而是在言辞举动方面多有不恭之处。后来，建州部灭了辉发部，于乌碣岩大败乌拉兵，势力又有所增长，便对明经停贡，从万历三十六年（公元1608年）起，长达三年之久。还声称要抢明朝辽东关市，派遣使臣进入北京，大肆索赏，甚至冲御道，投书抗议边民入境不返等，与明廷的矛盾越来越严重。明廷已经洞察到努尔哈赤"反形已著"，"变态已彰"了。万历四十一年（公元1613年）努尔哈赤一举消灭了乌拉部，接着火烧北关十九城，建立后金国，其势可以与明辽东官军抗衡，时刻窥视辽左，并决意公开与明分庭抗礼，待"七大恨"公布于世的时候，已经与明"两家"相称了。

二

努尔哈赤率领大军征战明朝是他战略上的重大转变。为了做好征明的准备，他除发布"七大恨"进行号召动员外，还严修军纪、整顿军队、颁布《兵法之书》，进行军事上的训练。他说：

> 凡安居太平，贵于守正。用兵则以不劳己、不顿兵，智巧谋略为贵焉。若我众敌寡，我兵潜伏幽邃之地，毋令敌见，少遣兵诱之：诱之而来，是中吾计也；诱而不来，即详察其城堡远近，远则尽力追击，近则直薄其城，使壅集于门而掩击之。倘敌众我寡，勿遽近前，宜预退以待大军。俟大军既集，然后求敌所在，审机宜、决进退。此遇敌野战之法也。至于城郭，当视其地之可拔，则进攻之，否则勿攻。倘攻之不免而退，反损名矣！夫不劳兵力而克敌者，乃足称为智巧谋略之良将也。若劳兵力，虽胜何益？盖制敌行师之道，自居于不可胜，以待敌之可胜，斯善之善者也。

上面努尔哈赤所说的计谋、诱敌、野战、攻城、设败等军事思想和作战原则，丰富而精萃；并在夺取抚顺之役中，再次加以运用。对努尔哈赤军事思想的全面分析留待后文，这里特别强调其军事思想的精华——用兵之道，贵在计谋。计袭抚顺，便是努尔哈赤这种军事指挥艺术的一个实战事例。

在计袭抚顺之前，又申明军纪："阵中所得之人，勿剥其衣，勿淫其妇，勿离其夫妻；拒敌者杀之，不拒敌者勿妄杀。"同时，又诡密地进行作战准备。如命军丁伐木缮治云梯、楯车，却扬言砍伐木材，修整马厩。木材运回赫图阿拉之后，又恐修缮器械泄露机密，竟将所砍伐的木材，用来修建马厩。

后金汗努尔哈赤将一切准备就绪之后，于四月十四日，命将出师。努尔哈赤命军分两路：令左四旗兵攻取东州、马根单；亲率右四旗兵及八旗巴牙喇直奔抚顺。

抚顺城濒临浑河，是建州女真与明朝互市的重要场所。努尔哈赤青年时经常到抚顺贸易，他对抚顺的山川、道里、形胜、城垣非常熟悉。时抚顺游击李永芳率兵驻守，此人早在六年之前，曾同努尔哈赤在抚顺所教场并马交谈。努尔哈赤这时对抚顺主要采用智取，以武力来作辅助。他先一日派人至抚顺，声言有三千女真人于明日来赴市。到十五日寅时，假冒商人的后金先遣队果然来到抚顺扣市，将抚顺商人和军民诱出城外贸易；并由输款于努尔哈赤的佟养性导军先入，后面接踵而来的后金军主力，遂乘机突入城内，里应外合，夹击夺城。据《明神宗实录》四月十五日记载：

> 先一日，奴于抚顺市口言：明日有三千达子来做大市。至日，寅时，果来叩市。诱哄商人、军民出城贸易，随乘隙突入。

王在晋在《三朝辽事实录》中，也作了类似的记载：

> 四月十五日，奴儿哈赤计袭抚顺，佯令部夷赴市，潜以精兵踵后，突执游击李永芳，城遂陷。

朝鲜《光海君日记》据明游击丘坦票文记载："奴酋向来与抚顺互市交易，忽于前面四月十〔五〕日，假称人市，遂袭破抚顺"。但是，《满文老档》和《满洲实录》等书却力言努尔哈赤的武功：八旗军布兵百里，旌旗蔽空，驰趋抚顺，兵到围城；旋派被捕汉人入城，送书与守将李永芳：以禄位相诱，以屠城相胁。"李永芳览毕，衣冠立南城上，言纳降事，又令城上备守具"。努尔哈赤命八旗军竖梯登城，不久，兵士攀梯上城。抚顺城中军千总王命印等力战而死。"游击李永芳勉强投降，穿官服乘马出城，镶黄旗固山额真阿敦引与汗见，不让下马，互相拱手示礼"。但《清太祖武皇帝实录》作"永芳下马跪见，帝于马上拱手答礼"；《清太祖高皇帝实录》作"永芳下马匍匐谒上，上于马上以礼答之"，都是赞美的文辞，不能了解到真实情况。

努尔哈赤设计，佯称互市，潜以精兵，外攻内应，诱陷抚顺，守将李永芳剃发降。同日，后金军友四旗兵攻占东州、马根丹。抚顺失陷败报驰至，明江东巡抚李维翰急檄总兵官张承胤仓猝出战。"承胤请集兵后行，维翰不听，促之愈急。承胤悲愤以所部进"。张承胤急率副将颇廷相、参将蒲世芳、游击梁汝贵等领兵万余人尾追努尔哈赤。他据山险，分军三，立营浚濠，布列火器。努尔哈赤命大贝勒代善、四贝勒皇太极统军三面环攻明军，并且借助风沙的有利时机，猛攻明军。明军"大溃，承廕、世芳皆战死。廷相汝贵已溃围出，见失主将，亦陷阵死。将士死者万人，生还者十无一二"。明军"主将兵马，一时俱没"。八旗军获马九千匹，甲七千副，兵仗器械，不可数计。

抚顺之役，经过了一周的时间，八旗军不仅夺占抚顺、东州、马根单，而且骑兵横排百里，梳掠小堡、庄屯五百余处，掳获人畜三十余万，编为千户，毁抚顺城，还赫图阿拉。努尔哈赤命将俘获编为千户，若每户以六口计，则共六千人。看来所谓掳获人畜三十余万，多为牲畜。后金汗率军在短短几天内，掳掠数以十万计的牲畜以及粮食、财物，按军功大小进行分配，缓和了因灾荒缺粮而加剧的社会矛盾。

明朝辽左失陷抚顺，陨将丧师，损辱国威。从此，举国上下人心惶惶，如刑科给事中姚若水奏请，"罢内市，慎启闭，清占役，禁穿朝"，并给官监各发木牌，出入凭牌查验，以防努尔哈赤的奸细混入明朝廷。

此时的后金却恰恰相反。进攻抚顺是努尔哈赤起兵三十五年以来，第一次同明军正面交锋，但初战告捷。先是，努尔哈赤对明朝表面上顺从，实际上另有谋虑，等待时机大举出动，甚至于他在发兵进攻抚顺之前，仍告诫统兵贝勒、诸臣，要"自居于不可胜，以待敌之可胜"——尚有此举胜负未卜之意。但是，他袭破抚顺，碰了一下明朝这个庞然大物，竟然俘获人畜三十万，这是自兴兵以来从未有过的大掳掠。从而刺激了努尔哈赤更大的贪欲：统兵攻占辽东地区。如五月，攻取抚顺、铁岭之间的抚安堡、花豹冲、三岔儿等大小十一堡，并沿屯搜掘粮窖，"迁其积粟"。七月，入鸦鹘关，进攻清河。

三

抚顺之役中明军失陷以后，"烽火彻山海、蓟门，朝廷大震"。明廷命辽东巡抚李维翰移驻辽阳，来加强对辽左的防守。又起升杨镐为辽东经略，重新谋画东事战守。寻调失陷抚顺之辽东巡抚李维翰回籍听勘，后将其革职为民。明廷又派陈王庭巡抚辽东兼监军事，并由经略杨镐兼任巡抚。杨镐派官员及通事往后金议和，以刺探其内情，暂扼其西进，筹画兵事，图复失地。

明朝与后金，疆场争战，兵马交锋，后金重骑兵，明前则重车营。戚继光总结同蒙古骑兵作战历史经验道："往事敌人铁骑数万冲突，势锐难当。我军阵伍未定，辄为冲破，乘势蹂躏，至无孑遗。且敌欲战，我军不得战；敌不欲战，我惟目视而已。势每在彼，故常变客为主。我军畏弱，心夺气靡，势不能御。"抚顺之役，张承

中华藏书 大清十二帝·最新整理珍藏版

胤立营浚濠，布列车阵，图阻敌骑，全军覆没，即是明军车营战法同后金军作战失败的第一例。然而，明军将帅并未由此吸取教训，仍以车阻骑，以静制动，以短击长，以主为客，在清河之役中又一次因失算而败北。

先是，抚顺之役，明朝军近万人，列营而战，"则陷伏中，无一人生还"；后金军数万人，驱骑驰突，旗开得胜，俘获人畜而归。一胜一败，其因固多，战法不同，结果则异。兵书云："夫大战之法有三：有算定战，有舍命战，有糊涂战。何谓算定战？得算多、得算少是也。何谓舍命战？但方战而破一腔热血报朝廷，贼来只是向前便了却等项，平日不知整饬是也。何谓糊涂战？不知彼、不知己是也"。在清河之役中，努尔哈赤打得是算定战、舍命战、明白战；明守将邹储贤却恰恰相反，以失算而痛陷清河。

清河城，位于赫图阿拉"城西南一百六十里，周围四里零一百八十步，东、南、西、北四门"。

清河城地势险隘，为辽、沈屏障。它城周三里，四拥高山，左近沈阳，右邻瑷阳，南枕辽阳，北控宽奠，通往抚顺只有一条小路。努尔哈赤亲统八旗军，进鸦鹘关，围清河城。守城副将邹储贤、参将张斾率兵一万，婴城固守。城上施放火器，八旗兵死伤千余人。努尔哈赤命军士头顶木板，从城下挖墙而入，城陷，邹储贤、张斾及"兵民共约万人皆陷殁"。明失清河，全辽震动。是役，《三朝辽事实录》记载：

> 二十二日，奴从鸦骨关入围清河。参将邹储贤扼守，以火器杀贼千余，贼退而复合。援辽游击张斾战死。贼冒板挖墙城东北角，堕叠尸上城。储贤见李永芳招降，大骂，尽焚衙宇及妻孥，领兵战于城上，力屈死之。

此役，朝鲜《光海君日记》载述较明书更为详尽，引录如下：

> 虏兵进薄清河，使李永芳招降城主。城主披
> 甲登城，谓曰："你既投彼，则无朋友之义，可
> 速去，不然且放箭。"乃严兵固守，矢石如雨。
> 虏兵八进八退，死伤极多。朝而战、见星未已者
> 累日。及至城陷，城主力战而死，士卒亦无投
> 降者。

清河之役，朝鲜陈奏使尹晖驰启战事经过云：

> 奴酋本月二十一日，围清河城，四更攻城。
> 二十二日，未时城陷。游击中军及添兵游击俱被
> 害，军兵及居民五万余人或被虏、或被杀。辽东
> 总兵及都司率兵登城防备，辽、广骚扰，五六十
> 里人烟不通。

但是，后金通过智取和力攻将清河夺下。据史载，努
尔哈赤破清河，先令"驱貂、参车数十乘人城，貂、参穷
而军容见。因人据城门，延人诸骑。故清河之破，视抚顺
尤速。副将贺世贤率兵往援，见城已陷，遂斩女真屯寨中
妇幼一百五十一人而还。

努尔哈赤破抚顺、拔清河，胆愈壮、气愈粗，遂将一
名被掳汉人割去双耳，令其鲜血淋漓地送信与明。这封词
令强硬的信说：

> 若以我为非理，可约定战期出边，或十日，
> 或半月，攻战决战；若以我为合理，可纳金帛，
> 以图息事！

在上述信里，努尔哈赤将自己的愿望展露无遗。但
是，这正如恩格斯所说："任何一个人的愿望都会受到任
何另一个人的妨碍，而最后出现的结果就是谁都没有希望
过的事物"。果然，努尔哈赤在信中表示的愿望，受到万
历帝的妨碍。万历帝对努尔哈赤的回答是：调兵遣将，犁
庭扫穴。于是，努尔哈赤与万历帝双方相互交错愿望所产

生的历史事变，即萨尔浒大战。战争的后果，又出现了他们谁也没有料想到的一系列历史事变。

四

明朝方面，抚顺、清河等城和 500 多个堡寨失陷的消息传到京城后，举朝震惊。万历帝朱翊钧说："辽左覆军陨将，虏势益张，边事十分危急"，他要求督抚"便宜调度，务期殄灭，以奠封疆"。朝廷内外十分惊愕，议论纷纷。山海关主事邹之易等相继奏流，力主出兵讨伐。万历帝接受群臣建策，谕令启用旧将，挑选精兵，筹集兵饷，准备大举。他任命兵部左侍郎杨镐为进攻后金的最高统帅辽东经略，周永春为辽东巡抚，起用原山海关总兵杜松为出关总兵官，征调还乡老将、原四川总兵官刘铤速赴辽东前线。至萨尔浒之战前夕，辽东各路兵马达 8.8 万余人，另有朝鲜援兵 1.3 万余人，总计 10 余万人。为增加军需，朱翊钧下令借大工及马价各 50 万作为军饷，并加派田赋，全国共增加 200 余万两，万历四十七年时达 520 万两，称为"辽饷"。又从山西、陕西借调大型火炮 300 位，送往辽东前线。

明朝经过紧张准备，集合了各部人马，但没有充备的粮饷犒赏，士卒逃亡很多，将帅又互相掣肘。朱翊钧"恐师老财匮"，一再催促杨镐进兵。天命四年（明万历四十七年，1619 年）二月十一日，辽东经略杨镐、蓟辽总督汪可受、辽东巡抚周永春、辽东巡按陈玉庭聚集辽阳演武场，誓师征讨努尔哈赤。议定的作战方针是：分兵四路，约期会师，直捣赫图阿拉，一举消灭后金。兵力部署是：总兵马林为主将，开原兵备道金事潘宗颜为监军，率兵自开原出靖安堡，进入浑河上游地区，从北面进攻；总兵杜松为主将，兵备副使张铨为监军，率兵由沈阳出抚顺关，人苏子河谷，从西面进攻；总兵李如柏为主将，兵备参议阎鸣泰为监军，率兵自清河出鸦鹘关，从西南面进攻；总兵刘綎为主将，兵备副使康应乾为监军，率明兵及朝鲜兵自宽甸经富察（今辽宁宽甸东北）北上，从东南面进攻。另以一部兵力驻扎辽阳为预备队；以一部驻守广宁（今辽宁北镇），防蒙古贵族骑兵袭扰，保障后方交通。杨镐为诸路总指挥，坐镇沈阳。

明军各路官兵部署就绪后，原定二月二十一日出兵，由于十六日大雪突降，只好延迟出兵。但朝廷大学士方从哲、兵部尚书黄嘉善等却一再催杨镐进兵。明军尚未出发，师期早已泄露，作战企图、进军路线、兵力部署等也被后金侦知，陷于被动的局面。

后金方面，努尔哈赤收买汉人为探，详细掌握了明军的行动步骤。特别是他正确地分析了形势，针对杨镐分进合击的作战指导，制订了"凭尔几路来，我只一路去"的作战方针。努尔哈赤又分析说："我国南路驻防之兵有五百人，其南路兵来，即以此拒之。明使我先见南路有兵者，诱我兵而南也；其由抚顺所西来者，必大兵也，急宜拒战。破此则他路兵不足患矣。"这就是说，于南路只派500兵士防守，而全部兵力集中在赫图阿拉迎战，从而确定了集中兵力、各个击破的作战方针。在作战方向的选择上，明确指出抚顺一路明军为其主力，要集中全力痛歼，这样，其他三路则不难各个击破。后金还连夜打造盔甲、器械，充实军力。在牛毛岭（今辽宁桓仁县西牛毛大山）一带，砍伐树木，设路障，扼守险隘。在吉林崖（即界凡，今辽宁抚顺市东）筑城屯兵，作为牧马歇兵的前进基地。

这次作战，大致可分为三个阶段：

第一阶段：萨尔浒山之战。二月二十九日，拟从西面进攻赫图阿拉的明杜松军大部分渡过浑河，三月初一日即到达萨尔浒地区，而龚念遂则率领未能渡河的明兵退驻斡珲鄂谟（今辽宁抚顺大伙房水库中）。杜松以主力留驻萨尔浒山，自率一部向界凡进军。但当日辰时（7—9时），努尔哈赤已率军离开赫图阿拉，并令大贝勒代善为前锋过扎喀关，按兵等候努尔哈赤。代善等皇太极到达后继续前进，下午进抵与杜松军对垒的前沿阵地。努尔哈赤率主力到达后，见杜松军兵力分散，且进攻界凡受挫，遂决定以两旗兵力增援界凡，自率六旗主力进攻萨尔浒。努尔哈赤认为，"此兵破，则界凡之众自丧胆矣"。于是聚集兵力4.5万人，向萨尔浒山出发。萨尔浒明军约1.5万人，紧急挖堑立栅，布列火器，准备接战。三月初二日，努尔哈赤下令发起进攻，万箭齐射，铁骑奋力猛冲，越堑破栅，一举攻占萨尔浒山。明兵死伤枕藉，四散溃逃。进攻界凡的明兵得知萨尔浒山之战失败的消息后，军心动摇，不敢再攻。八旗士卒猛冲下来，皇太极所率右二旗亦渡河前来，将杜松军团团围住。杜松"率官兵奋战数十余降，欲图聚占山头，以高临下，不意树林复起伏兵，对垒鏖战，天时昏暮，彼此混杀"。八旗兵奋勇冲杀，大败明兵。杜松面中一矢，落马而死，少数明兵溃逃20多里，皆被后金兵追杀。

第二阶段：尚间崖、斐芬山之战。马林率明军离开开原后，缓慢地向会师地点行进。按师期规定，三月初二日应进抵二道关与杜松军会师，可是到初二日中午仍驻三岔口（今辽宁铁岭境内）外的稗子谷，畏葸不前。当他得知杜松军已提前一天到达浑河，才整军向二道关方向前进，但这时杜松军已被全歼。当日夜，马林统兵至王岭关附近。初三日晨，听说努尔哈赤已转兵向北进攻，急忙率兵万人向尚间崖（今辽宁抚顺县哈达附近）集结。马林自率主力于尚间崖，依山结成方阵，环营挖三层壕，壕外排列骑兵，骑兵外布枪炮，火器外设骑兵，壕内布列精兵，形成"牛头阵"。

歼灭杜松军后，努尔哈赤即转向进攻马林军。他仍采取集中兵力、各个击破战法，先以骑兵进攻斡珲鄂漠，歼灭龚念遂部。鉴于尚间崖明军防守严密，努尔哈赤命八旗兵"先据山巅，向下冲去"。代善、阿敏、莽古尔泰各自率兵鼓勇急进，与马林军肉搏，夺占了尚间崖。马林率数骑逃奔，副将以下皆战殁，"死者遍山谷间，血流尚间崖下，河水为之尽赤"。

努尔哈赤攻下尚间崖后，又率兵驰往斐芬山，向潘京颜营进攻。潘宗颜据山为营，楯车为垒，环列火器。努尔哈赤令重甲兵持刀在前，轻甲兵操弓矢在后，另有轻骑兵在远处待机。三月初三日早晨开始，后金军发起攻击，明军居高临下，施放火器。两军对攻，矢如雨下，战斗十分激烈。潘宗颜率军越战越勇，重创八旗兵速战速决的计划。努尔哈赤迅速厚集兵力，将斐芬山重重包围起来。明军拼命厮杀，但无外援，战至中午，潘宗颜精疲力竭，背中一箭而死。时叶赫贝勒金台石、布扬古所率援兵进至开原，闻明兵已败，遂仓皇而逃。至此，明北路马林军亦全军溃败。

第三阶段：阿布达里冈、富察之战。努尔哈赤击败杜松、马林军后，又立即转兵南下，以待刘綎军。总兵刘綎所率宽甸路万余明军，和朝鲜李朝所派都元帅姜宏立、副帅金景瑞率领的万余朝鲜兵，于二月二十五日会师后立即启程，挺进赫图阿拉，因道路艰险，军粮不继，日行仅十五里，直至三月初四日，才到达宽甸东北的富察一带。此时，刘綎尚不知杜松、马林已败，所以继续北进。

当天，努尔哈赤留四千兵力在赫图阿拉驻守，派皇太极等率右翼四旗兵，隐伏在阿布达里冈（今辽宁新宾南）山上的丛林里；阿敏率兵潜伏在冈南谷地，待放过刘綎军一半之后，击其尾部；代善等率左翼四旗兵，在冈隘口前旷野准备正面驰突。

为了诱使刘铤军中伏，努尔哈赤派降人冒充杜松军的"材官"，前往刘铤军告急，催其速进。刘铤误以为杜松军已迫近赫图阿拉。他惟恐杜松抢得头功，急命火速进军。当他觉察到自己中计时，部队已进入八旗军设伏的阿布达里冈。后金军三万余骑从密林中杀出。明军企图抢占阿布达里冈结阵，但立即受到代善和皇太极的夹攻。两军激战至酉时（17—19时），未分胜负。皇太极又佯退至瓦尔喀什南谷，纵兵出击。刘铤紧追300余里，结果反使自己身陷重围，无法自拔。此役明军被歼万余人，刘铤中矢身亡，其子刘招孙再战，亦力竭而死，明军顷刻大溃。

同日，代善所率八旗兵又移师富察，全力向姜宏立三营兵冲击。朝鲜左右营兵火炮初放，后金铁骑已突入营中。姜宏立急令中军将士死战求生。然而，士卒眼见两营惨败，不敢再战。都元帅姜宏立、副帅金景瑞于三月初五日晨向后金投降。

三月初一日，李如柏军出鸦鹘关后，至初三日仍停滞不前，逗留观望，至虎栏关（鸦鹘关东）即按兵不动。经略杨镐得知杜松、马林两路败后，才慌忙下令李如柏、刘铤二军回撤。可是刘铤部在接到命令前即已全军覆没。后金牛录额真武理堪发现李如柏军退兵，令哨骑20名进击。李如柏惊慌万状，明军自相践踏，溃败而逃。

在不到五天的时间内，后金与明军决战于萨尔浒，结果后金胜利，明军惨败。这次战役，明军损失重大：总兵刘铤、杜松以下文武将吏亡310余人，士卒亡45870人，失马、骡2.9万余匹。后金军仅损失2000余人。

萨尔浒之战，是明与后金争夺辽东的战略性决战，对双方产生了深远影响。明军的失败，使其在战略上陷入被动，辽东面临着更加危急的形势，而后金则夺取了辽东战场的主动权。自此以后，努尔哈赤走上了与朱明王朝争夺全辽和全国政权的征程。后来乾隆皇帝在《太祖皇帝大破明师于萨尔浒山之战事碑文》中说：经此一役，"明之国势益削，我之武烈益扬，遂乃克辽东，取沈阳，王基开，帝业定。"

第七章　夺取辽东

一

萨尔浒之战是明与后金兴亡史上的一个转折点。明朝经过长期的备战，动用了空前多的兵力和财力，结果却取得相反的事实，不但自己损兵折将，在辽东的军事力量大大削弱，危及到它在辽东的统治，而且全国上下惊恐不安，人心不稳，士气低落。而后金政权不仅没有被摧毁，反而得到了巩固和加强，八旗兵军兵数量增加，器械充足，战马成群，士气高涨，军威远扬。在辽东地区，不论是军事实力，还是人心士气，后金都占有明显的优势，在战略上取得了主动权。从此之后，明朝从战略进攻转为战略防御，后金则由战略防御转为战略进攻。

天命四年（1619年）三月初七日，八旗大军凯旋，后金举国欢庆，努尔哈赤论功行赏，诸贝勒、大臣以及八旗兵丁都按军功大小得到的战利品也数量不等。当然，努尔哈赤并没有陶醉在大战胜利后的喜悦之中，他已经确定了下一个战略目标：夺取辽沈，占领辽东。在庆功宴会上，他告诫诸贝勒、大臣说："前日之捷，天也。你们不要因为屡打胜仗就自以为了不得，可以有所依恃了。只有夺占辽东，后金才能够生存。你们每个人都应该有战死于辽东城下的决心！"

努尔哈赤虽然明确了攻占辽东的目标，却没有立即行动。一方面大战之后要休养士卒，牧放马匹，缮治器械，做好战前准备，另一方面也要观察一下明朝的动态。萨尔浒惨败以后，明朝君臣商民无不惊骇，京城九门晨开午闭，部院官员轮流值守，稽查出入行人，防止后金谍工潜入。但对于如何对付后金，扭转辽东的被动局面这样的大事，满朝文武却拿不出任何有效的对策。努尔哈赤见明朝并没有什么动作，也就放心大胆地开始实施占领辽东的计划。

开原是努尔哈赤第一个攻击目标。开原东临建州，西接蒙古，北界叶赫，处于辽东边墙的北端，是明朝防御蒙古和女真人侵扰的边防重镇。守将总兵官马林本是无能之辈，不久前刚从尚间崖战败逃回，虽然知道后金要攻开原，却自恃与蒙古部订有盟约而不设防。摄开原道事的推官郑之范，贪得无厌，只知克扣粮饷，不管官兵死活。守军兵无粮饷，马无草料，以至于马倒人逃，毫无斗志，这时不得不到离城百里的地方放牧军马。努尔哈赤早就派遣间谍潜入城内，对情况早已了如直掌，趁明军无备，亲率4万八旗大军，于六月初十日向开原进军。他采取声东击西的策略，途中派出一支百人的小部队抢掠沈阳，吸引明军的注意力，主力乘虚急进，包围开原。马林等来不及布防，只派少数兵力人城，主力留在城外，仓促应战。努尔哈赤指挥八旗兵布战车竖云梯猛烈攻城，又有潜入城内的后金间谍开门做内应，八旗兵突入城中，据城攻击，城外马林军为城壕所阻，包括总兵马林、副将于化龙在内的明军全部被歼。

后金军夺占开原后，纵兵杀掠三日，城内数万居民屠戮几尽，金银财宝、布匹粮食、牛马牲畜等，车载马驮，悉数运回后金。然后捣毁城墙，焚烧官会民房，撤离开原。

努尔哈赤在胜利夺取开原后兴奋不已，心中正在筹划新的进攻。他说服诸贝勒、大臣不回都城赫图阿拉，而在界凡屯驻下来。七月二十五日，努尔哈赤探知铁岭城守空虚，不待预定的八月之期，即率兵五六万人，出三岔儿堡，陈兵铁岭城下。铁岭也是辽东北军事重镇，但这时城中百姓大都逃走，只有明军万余守城。努尔哈赤坐在城东南的一座小山上，指挥八旗兵竖梯攻城。正当明军施放枪炮、射箭掷石，顽强抵抗时，早被后金收买的参将丁碧打开了城门，八旗军蜂拥人城，全歼守城明军士卒和游击喻成名、史凤鸣、李克泰等人。第二天，努尔哈赤指挥八旗兵击败已进至铁岭城外援明的蒙古喀尔喀部万余骑兵，俘贝勒宰赛等 150 余人。

开原、铁岭两战的胜利，为进军辽东铺平了道路，正当后金准备夺占沈阳、辽阳的时候，从明朝传来一个重要情报，令踌躇满志的努尔哈赤不得不重新决策。

辽东战场频频告急，明廷在万般无奈之下、任命熊廷弼接替杨镐为辽东经略。熊廷弼（1569—1625 年），字飞白，号芝冈，湖北江夏（今武汉）人。他有胆识，懂军事，曾巡按辽东，熟悉边情。受命之后，熊廷弼兼程出关，但到达辽阳任所时，铁岭已失。此时的辽东，只有残兵败将，军兵无粮，兵械朽钝，士气不振，人心惶惶，岌岌可危。面对如此残破衰败的现实，熊廷弼清醒地认识到，明在辽东的军事实力远远不如后金，因此在战略上不能再取攻势，而应改取守势，实行重点守备。他针对时弊，大力整顿军务，严肃军纪，修造兵械，加强训练，激励士气，招集流亡，安定民心，缮治城堡，筹措粮饷，迅速扭转了辽东残破衰败的局面。他还奏请，调兵 18 万，马 9 万匹，在瑷阳、清河（今抚顺东南）、抚顺、柴河（今铁岭东）、三岔儿、镇江（今丹东东北九连城）等险要地带，设置重兵，画地而守，分合奇正，无誓就地操练，小敌自为堵御，大敌互相应援。更挑选精悍兵卒组成小股游击分队，乘间捉哨探，捕零骑，扰耕牧，迭出袭扰，使其疲于奔命，然后相机进剿。在熊廷弼的筹划和组织下，大大加强了江东的防务。

熊廷弼经略辽东，在后金领导集团内部引起不小的震动。努尔哈赤曾就今后的用兵方向一事，召集各贝勒、大臣进行讨论，意见没有达成一致，有的主张先攻辽阳，倾其根本；有的说应先取沈阳，破其藩篱；有的说熊廷弼已到，明已有备，应先攻北关叶赫。努尔哈赤知道熊廷弼是个很难对付的对手，所以同意先攻叶赫的意见，说："先攻灭叶赫，免除了进军辽东的后顾之忧，将来就可以用全力去进攻辽沈。"当年八月，努尔哈赤率八旗兵一举攻灭叶赫，最终统一了海西女真。此后，他除了偶尔派少量兵力袭扰辽边外，并没有大规模地向辽东进攻。这是因为，一可以将后金迫切需要的粮食抢夺到手，二可以试探辽东明军的虚实，以决定后金今后的行动。努尔哈赤对熊廷弼心存疑惧，警惕地关注着他的一举一动，随时准备对付明军的进犯。天命四年底，他得到消息说，明朝发兵48万，合朝鲜兵6万，将于次年三月间，分路进攻后金的新都城。努尔哈赤极为重视，大力加强战备。天命五年二月末，他调集军队，阅兵三日。在明军可能入犯的通道上，设置木栅路障，派兵防守。在佛阿拉、新栋鄂、呼兰、界凡等重点地区，派驻重兵。在明朝旧边境的尚间崖、温得狠、德里沃赫、扎克丹和抚顺，据险筑城五座，屯驻兵马，且耕且守。同时，又作出将要出兵虎皮驿，以窥视辽沈的姿态。在持续了40多天的临战状态，努尔哈赤在确信没有危险之后，才下令军兵各归其家，但仍要养好战马，筹备军粮，整修兵械，以备随时出动。

努尔哈赤见明辽东防务日渐巩固，用兵辽东难以取胜，决定暂停对辽东的进攻，把战略重点转变为对内巩固内部，壮大实力，对外与明朝争夺朝鲜和蒙古。

在明与后金的对立中，朝鲜一直站在明朝一边，对后金侧后的安全构成了威胁。努尔哈赤文武并用，先是利用在萨尔浒之战中投降的朝鲜将领和数千名官兵这一有利条件，多次遣使朝鲜，表示愿与朝鲜议和，其后，又以武力相威胁，企图迫使朝鲜归顺。

努尔哈赤一心想把蒙古各部分化，通过赏赐、联姻等手段，漠南科尔沁部已归顺了后金。铁岭之战后，又先后把被俘的贝勒宰赛属人150余名全部释放，赢得了内喀尔喀五部的好感。天命四年十一月，喀尔喀五部主动与后金会盟，愿意与后金联合一致，对抗明朝。这就在很大程度上解除了进攻辽东的后顾之忧。

此外，为了创造进攻辽东的条件，努尔哈赤还改变了屠戮汉人的政策，收买、招降辽东官吏和汉人，对主动归顺和有一技之长的人更给予特别优待，他教育臣下说："把汉人杀了，我们能得到什么？什么也得不到。不杀他们，他们能够生产出我们需要的各种东西，还可以用来进行贸易，这才是永久的好处。"

虽然暂时无法夺取辽东，但努尔哈赤一直没有放弃努力，他知道只是个时间问题，所以一直在耐心地等待着。

终于等到了进攻辽东的机会。

天命五年（明万历四十八年，1620年）七月，明万历皇帝朱翊钧病死，泰昌帝朱常洛即位仅一个月又死，其子朱由校于九月即帝位，是为天启帝。明朝政治本已腐败到极点，统治集团内部党争异常激烈。皇位的频繁更迭，使党争愈演愈烈。熊廷弼性情刚直，不徇私受贿，不曲意逢迎，得罪了专权的阉党。天启帝听信谗言，下旨将熊廷弼解职，以袁应泰为辽东经略。袁应泰为官精敏强毅，有志于辽事，但对军事却不知一二。他到任后，一改熊廷弼行之有效的治辽之策，变更原来的防御部署，指导思想上由积极防御变为战略进攻，企图伺机与后金决战，收复抚顺。

努尔哈赤见明经略易人，新经略不谙兵法，忽视防御，部署粗疏，有机可乘，便决定大举进攻沈阳、辽阳。

天命六年（明天启元年，1621 年）二月十一日，努尔哈赤率数万大军，兵分八路，进攻奉集堡，揭开沈、辽之战的序幕。

奉集堡是沈、辽的门户，西北距沈阳 40 里，东北距抚顺、西南距辽阳各 90 里，是后金进攻辽阳、沈阳、抚顺等城的必经之地。奉集西南 30 里有虎皮驿，沈阳、奉集堡、虎皮驿三足鼎立，互为犄角。由于奉集堡具有十分重要的战略地位，明将重兵驻守在此。明总兵李秉诚率兵 3000 出城迎战，交战不久即败退回城。副将朱万良见后金军势盛，不战而逃，死亡数百人。努尔哈赤此行，主要是为了试探明军虚实，并没有强攻堡城。数日后，又率兵攻扰虎皮驿、王大人屯等地，摸清了明军设防情况和地理形势，对进攻沈阳已心中有数，便收兵返回后金。

三月初十日，努尔哈赤亲率八旗大军出征，沿浑河而下，水陆并进。十二日辰时，到达沈阳城下，于城东 7 里浑河北岸造木城屯扎。

沈阳为辽东重镇，辽阳的藩蔽，经熊廷弼、贺世贤等人的筹划部署，已拥有十分坚固的城防工事。城外挖深堑 10 道，堑底插尖木桩，覆土为陷阱；堑内一箭远的地方挖壕一道，壕内侧以大木为栅；栅内又挖宽 5 丈、深 2 丈的大壕 2 道，壕底也插尖木桩；沿内壕每隔 1 丈置楯车 1 辆，每车置大炮 2 门、小炮 4 门，两车间筑拦马墙，墙间留有炮眼，排列枪炮。明守城兵力 7 万余人。由于头天夜间已得到后金来攻的消息，总兵贺世贤、尤世功已率兵登城严守。

努尔哈赤心里清楚：八旗兵的优势在于野战，短于攻坚，在敌人预有准备的情况下，对沈阳这样的坚城一味强攻，是不明智的。如果把明军调出城来，使其失去城防工事和火器的优势，就好打了。于是，决定采取诱敌出城野战与强攻相结合的战法。

十二日这一天，努尔哈赤派少数骑兵隔壕游动，佯作侦察。明总兵尤世功见后金军兵少，率家丁冲出，杀死 4 人。十三日，努尔哈赤先令降将李永芳派人送信给守将贺世贤，劝他投降献城。行伍出身的贺世贤以勇猛敢战著称，但有勇无谋，想不到中了努尔哈赤的激将之计，所以接信后大怒，杀了来使。正在这时，部下报告说后金兵数十骑兵又在隔壕侦察，他骄傲轻敌，贪图战功，便率家丁千人出城挑战，宣称要"尽敌而返"。后金兵遵照努尔哈赤的指示，佯装不堪一击，边战边退。贺世贤乘锐轻进，离城越来越远。努尔哈赤一声令下，精锐骑兵突出，将明军四面合围起来。贺世贤这才知道中计，可惜为时已晚，尽管奋勇抵御，但他面对的是勇敢善战的八旗兵，且寡不敌众，只得且战且却，退至西门时，已身中四箭。他进不了城，又不肯逃往辽阳，只能挥舞铁鞭垂死挣扎，又身中数箭，坠马而死。总兵尤世功引兵出西门，欲救贺世贤，但士卒皆闻风丧胆，纷纷溃散，尤世功力战被杀。

在后金军一部与贺世贤、尤世功城外交战的同时，努尔哈赤指挥八旗兵主力向沈阳城进攻，兵卒以毡裹身，推楯车，抬云梯，从东北角挖土填壕，向城下进逼。明军从城上发炮轰击，因发炮过多，炮身湿度过高，装药即喷。八旗兵乘机蜂拥过壕，竖云梯，布战车，急攻东门。正在奋力守城的明军，得知城外明军战败，总兵贺世贤、尤世功被杀，士气低落，纷纷溃逃。守东门的明兵中有一部分是袁应泰把降的蒙古人，这时砍断桥索，放下吊桥，八旗兵拥人城内，迅速将沈阳城占领。

明巡东经略袁应泰知道沈阳被围之后，即命辽阳、奉集堡等地明军前往增援。总兵董仲揆、陈策率领川、浙兵由辽阳北上，进至浑河桥南时，因沈阳已经陷落，便兵分两部，游击周敦吉与秦邦屏率川兵营于桥北，童仲揆率浙兵营于桥南。

努尔哈赤得到探报，感到情况严重，便亲率右翼四旗兵急速前往迎战。后金军出城7里，赶到浑河桥时，明军尚未部署就绪，努尔哈赤就下令白旗兵进攻桥北的川兵。这支川兵是一支特别能战斗的队伍，当陈策听说沈阳失守下令还师时，周敦吉、秦邦屏一再请战，终使陈策等改变成命，留了下来。川军官兵虽然经过长途行军，人困马乏，又立营未稳，但斗志昂扬，马上给予坚决还击。后金军仍一如既往地顽强战斗，白旗兵败下阵来，黄旗兵又冲了上去，如此三进三退，战死者二三千人。努尔哈赤见两军仍然呈胶着状态，即命降将李永芳收买在沈阳被俘的明军炮手，用缴获的大炮猛轰川兵，同时令后续部队红旗兵等部投入作战。战斗持续了良久，川兵终因饥疲无后援，难以支持，除少数人冲出重围逃往河南岸浙兵营外，全军覆没，周敦吉、秦邦屏等皆战死。

歼灭了北岸川兵后，努尔哈赤迅速转移兵力，包围了河南5里外的浙兵营。明总兵童仲揆、陈策等已部署完毕，掘壕安营，用秫秸涂泥为障，排列楯车枪炮，严阵以待。正当后金军向明军发起攻击时，有一支自奉集堡、武靖营来援的明军，约3万余人，已进至附近的白塔铺。这支明军的出现，威胁着后金军处在腹背的安全，所以努尔哈赤当即决定，右翼兵继续围攻浙兵营，他立即亲赴四贝勒皇太极处，命其急率左翼四旗兵迎战奉集堡、武靖营明军。原以为又是一场恶战，没想到明将李秉诚、朱万良、姜弼三总兵全是胆小如鼠的怕死鬼，与川浙兵同时受命援沈，却敌意落后，一至白塔铺，即采取观望，不再前进。

皇太极率兵疾驰，迎战明军千余哨探兵，追至白塔铺，正在布阵的李秉诚、朱万良、姜弼惊魂未定，竟不战而逃。皇太极与随后赶来的代善、岳托等率兵追杀40里，斩首级3000有余。

击溃奉集堡部援敌后，努尔哈赤令左右两翼合军，全力围攻浙兵营。浙兵固守阵地，不断发射枪炮，极大地重创了后金军队。八旗兵英勇顽强，凭借兵力上数倍于敌的优势，前仆后继，一次又一次地向敌营冲击。后来，浙兵营内火药用尽，八旗兵乘机猛冲，杀入敌营，两军短兵相接，激烈厮杀。努尔哈赤不断派后续部队增援，浙兵孤军奋战，势难抵敌，包括总兵陈策、董仲揆和副将戚金、参将张名世在内的将士，全部阵亡。

至此，后金军攻克沈阳，全歼明川、浙援兵，击溃奉集堡、武靖营援兵，取得了沈阳之战的彻底胜利。夺占辽阳是努尔哈赤的下一个目标。

沈阳之战，明军虽然失败，但部分官兵表现出了前所未有的敢打敢拼的顽强战斗作风。明朝统治者说："自奴酋发难，我兵望风先逃，未闻有婴其锋者。独此战，以万余人当虏数万，杀数千人。虽力屈而死，至今凛凛有生气。"后金虽然取得了巨大胜利，但也付出了沉重的代价，有数千人战死。这些情况，对八旗兵将士产生了一定的负面影响，在一部分人中出现了畏敌惧战情绪。为了稳定军心，鼓舞士气，努尔哈赤在沈阳屯兵五天，赏功罚罪，将所获人畜财物按战功大小分给八旗将士，先行押回后金；将遇敌先退的将领雅松定罪削职，并以隆重庄严的仪式祭奠阵亡将士，以慰亡魂。

三月十八日，努尔哈赤将八旗诸贝勒、大臣召集在一起议事，他说："沈阳已拔，明军大败，我们可率大军乘胜前进，夺取辽阳。"诸贝勒、大臣一致拥护这一重大决策。会后，努尔哈赤亲统八旗大军，向辽阳挺进。

辽阳作为明代辽东都指挥使司（简称辽东都司）的治所，辖辽东二十五卫，是辽东乃至全东北地区的政治、军事、经济、文化中心，人口众多，街衢繁华，城防坚固。熊廷弼和袁应泰经略辽东，都是坐镇辽阳，以辽阳为根本，而以其周围城镇为藩蔽。在熊廷弼策划组织下，辽阳城经修缮加固，城高墙厚，城外挖壕三道，每道宽3丈，深2丈，城上环列枪炮，易守难攻。沈阳失守后，袁应泰采取收缩兵力的方针，急檄奉集堡、威宁营等地守军回撤，集中13万大军兵力固守。为阻止后金攻城，又引太子河水入辽阳城壕。这样，辽阳固然拥有雄厚的兵力，但失去了外围城镇的屏蔽，辽阳城孤立无援，失败是必然的。

沈阳至辽阳仅120里，十九日中午，后金军进至辽阳城东南。袁应泰已令姜弼、侯世禄、朱万良等将领率兵出城，东阻太子河为阵，企图阻止后金军渡河。

努尔哈赤非常清楚，辽阳城坚兵众，直接攻城，必然会造成众多的伤亡，最好的办法仍然是引诱明军出城，在野战中歼敌。虽然已经探明有部分明军已经出城，但城东不是理想的战场，一是城东逼近太子河，地域狭窄，不便于部队展开，更不便于骑兵冲击；二是明军已预有准备，列阵以待，不好打。所以，他率后金军避开明军，在东南方向渡过太子河以后，没有攻城，而是沿千山山路奔山海关大路而去，扬言进军山海关，直犯京师，以便调动明军，寻机将敌人一举歼灭。

袁应泰本来的部署被后金打乱了，更怕因后金军进关被朝廷治罪，一时心慌意乱，没了主意，急调一部兵力尾追后金军，同时令李秉诚、梁仲善、侯世禄、姜弼、朱万良五总兵分率所部共5万人，在城西5里结阵。

得知袁应泰已经中计，努尔哈赤立即调转兵锋，从西南方向直奔辽阳城。八旗兵见辽阳城池险固，兵众械良，有人表现出畏敌惧战的心理。努尔哈赤懂得，要战胜强敌，首要的是使全军将士树立敢打必胜的信念，所以他异常坚定地谕告将士们说："你等若是后退一步，便是致我于死地矣。不如先杀我，然后退去。"说完，即匹马独进。八旗将士深感愧疚，战斗激情顿时被激发起来。趁敌立营未稳，后金军向明军发起猛攻。明军发炮远击，但三四发后炮即无力，射不远。皇太极率所部精锐护军并扈从努尔哈赤的两黄旗护军乘机策马急冲，杀入敌营，随后左翼四旗兵赶到，两相夹攻，明军受惊大乱，纷纷溃逃。皇太极率军追杀至60里外的鞍山，胜利返回。当后金与明军在城外交战时，袁应泰派一支明军出西门增援，努尔哈赤立即命刚赶到的两红旗迎击，明军惧战，争相入城，人马自相践踏，伤亡无数。因天时已晚，努尔哈赤命大军在城南7里处安营扎寨。后金军诱敌出城，将城外明军全部歼灭，首战告捷，为攻城作战奠定了基础。

第二天，后金军发起攻城作战。天还没亮，努尔哈赤即向诸贝勒、大臣布置任务，说："壕宽水深，必须从东面堵住入水口，在西面挖闸放水，才能渡壕攻城。"他命左翼四旗兵掘闸门，自己亲率右翼四旗兵布战车于城边警戒，并命士兵抬土运石堵塞水口。袁应泰派步骑3万，出城在东门外安营，排列火器三层，放枪炮不止。右翼兵冒着明军激烈的炮火，将水口堵塞，努尔哈赤见壕水将涸，就指挥前队绵甲军推楯车进战。进至壕边，将士们出车外，涉水渡过外壕，呐喊着向前冲。明军奋力还击，两军相持不下。努尔哈赤先后将精锐的红旗护军、白旗护军和白旗兵投入战斗，明军支持不住，骑兵先退，步兵随后也败退，后金军乘势追杀至东门外。

与此同时，左翼也将西门桥攻下。最初，左翼按既定部署掘西闸口，因困难较大，经请示后改夺西门桥。尽管城上不断地放枪炮，掷火箭、火罐，但左翼将士们奋力冲突，竖梯登城。傍晚时分，混入城内的后金谍工在小西门放火，弹药库起火，城上明军守城器具、窝铺、草场等全被烧毁，守城明军乱成一团。后金军乘机登城，与敌人肉搏。努尔哈赤接到报告时，右翼正在向东门和北门进攻，他果断地决定，立即将攻北门的右翼兵调往西门，加强左翼。八旗兵占领西关后，与明军通宵夜战。明监军道牛维曜、高出、邢慎言、胡嘉栋及督饷户部郎中傅国等乘乱缒城而逃。

二十一日晨，努尔哈赤下令发起总攻。袁应泰固守东城顽强抵抗，但难以改变失败的结局。后金军右翼兵奋勇登城，与昨晚入城的左翼兵会合，沿城追杀明军。袁应泰见大势已去，在城东北的镇远楼上自缢而死，其仆纵火焚楼。监军道崔儒秀自缢，辽东巡按御史张铨被俘后拒降也自缢死。总兵朱万良、梁仲善等战死。其余官民皆降，后金军占领辽阳。中午，努尔哈赤带领八旗贝勒、大臣，在鼓乐声中进入城内，在原辽东经略衙门驻守。

在努尔哈赤的正确决策和指挥下，八旗兵三月十日出征，十三日占沈阳，二十一日攻下辽阳，后金取得了沈辽之战的胜利。而明军在沈辽惨败之后，辽河以东的官吏如惊弓之鸟四散逃亡，明军不战自溃，海州（今海城）、耀州（今大石桥）、盖州、熊岳、复州、金州、镇江、宽奠、叆阳等大小 70 余城官民，俱剃发投降。

二

明军沈、辽惨败，丧失了辽河以东的大片土地，河西危急，军民无所依恃，大量逃亡。河西重镇广宁（今辽宁北镇）存城兵不满千人，无粮无饷，军民官绅惊恐万状。如果努尔哈赤攻下辽阳之后立即挥师西进，攻取广宁当是很容易的事情。但是，努尔哈赤没有这样做。这时他首先考虑的是如何在辽东站稳脚跟。

自天命三年（明万历四十六年，1618年）发布"七大恨"起兵攻明以来，后金军曾攻破明辽东不少城镇，但由于实力有限，均弃而不守。3年之后，后金已拥有相当强大的国力，不但能够攻克沈阳、辽阳这样的重镇，而且有足够的力量牢牢地占领它。更重要的是，为了继续向明朝发动进攻，就必须占领辽东，以此为前进基地。因此，在攻取辽阳之后，努尔哈赤首先想到的是将都城迁到辽阳这件大事。天命六年三月二十一日，即占领辽阳的当天，努尔哈赤就召集诸贝勒、大臣开会，提出将都城迁至辽阳的问题，说："上天既然眷佑于我，授以辽阳，现在我们是移居此城呢，还是仍回后金故地呢？"诸贝勒、大臣没有努尔哈赤那样的远见卓识，都说愿意回去。努尔哈赤坚持迁都辽阳，解释说："我军若还师，辽阳必然又被明兵占领固守，辽阳周围的百姓也就不再为我所有了。舍弃已经获得的疆土，以后还要再用兵征讨，是很不划算的。况且这里是大明、朝鲜、蒙古接壤要害之地，上天既给了我后金，就应该在这里居住下来。"诸贝勒、大臣认为努尔哈赤的话有道理，一致同意迁都辽阳。

五月末至六月初，努尔哈赤曾亲自视察了与明朝对峙的一段边境，在鞍山（今鞍山市南东鞍山）、海州、穆家堡、黄泥洼堡等地，他观察形势，部署防务，进一步确定了暂不西进、着力整顿安定内部的方针。一惯用兵谨慎的努尔哈赤，决不贸然从事，他要稳安可靠地采取每一个军事行动。

后金进驻辽沈地区后，汉人的反抗活动接连不断，向水井里投毒，袭击满族官员，局势极不稳定。为了巩固新占领的辽东地区，努尔哈赤不得不暂停向河西的进攻。当年七月，明都司毛文龙率兵220余人袭取镇江，生擒后金守将佟养真等60余人，辽南金、复、海、盖四卫群情振奋。努尔哈赤急忙从辽河一线调兵，命皇太极、阿敏等率领，往镇江和辽南，镇压人民群众的反抗。为了弥补兵力的不足，努尔哈赤在汉人中大规模征集兵员，规定汉人男丁 20 人中抽调 1 人当兵，紧急时 10 人中抽调 1 人。汉军户全家要迁入汗城居住。兵丁有事出征参战，无事驻守城池。

为了摸清明朝方面的情况，选择最佳进兵时机，努尔哈赤秘密派遣大量间谍深入明朝各地，窃取情报。有一个叫黄衣的广宁人，原任辽阳通判，暗中投降了后金，助后金破辽阳后，又受命潜入广宁。在北京，刘保父子被后金谍工收买，每月向后金提供明廷内部的邸报。他们虽然都被明朝发现了，但没有暴露的后金谍工还有很多。后金间谍几乎无孔不入，使明朝防不胜防，以至兵部惊呼："广宁奸细无处不有，内地奸细无处不有！"

沈阳、辽阳接连失陷，明廷震惊，京师戒严。统治者一时束手无策，在万般无奈之下，又决定重新起用听勘回籍的熊廷弼。六月，天启帝任命熊廷弼为兵部尚书兼都察院右都部御史，经略辽东等处军务。

熊廷弼对边情了如直掌，针对明与后金的实际情况，力主调集大军，广储粮饷，备足器械，持久作战，固守辽东。受命之初，他就提出了恢复辽左的"三方布置"策：陆上集重兵于广宁，坚城固守，并沿三岔河筑垒，置游兵轮番出入，以迷惑后金军；海上以天津为一方，登州（今山东蓬莱）、莱州为一方，各置舟师，不断袭扰辽东半岛沿海地区，从南部攻击后金侧背；经略驻山海关，居中节制广宁、天津、登莱三方，统一事权。待后金军疲惫，或因遭水师袭扰而回师内顾时，乘机反攻，收复辽沈失地。就当时情况来看，后金虽连战皆捷，士气高涨，但火器不多，长于野战，短于攻坚，又因辽东人民的猛烈反抗，消耗了大量的财力、物力和兵力，以致后方不稳，兵力不足；而明在辽东屡遭重创，官将畏敌，士气低落，民无固志，一时难有大作为，熊廷弼的"三方布置"策，把基点放在积极防御上，可以抑敌之长，制敌之短，是一个比较切合实际的正确方针。

但是，熊廷弼的正确主张却遭到辽东巡抚王化贞的反对。王化贞，山东诸成人，由户部主事历右参政，任宁前道，分守广宁，辽阳失陷后，升为右佥都御史，巡抚广宁。他不懂兵法，对于辽西设防，提出"画地分守"的方针，即沿三岔河设6营，营置参将、守备，画地分守，另在西平、镇武、柳河、盘山诸要害，分兵屯戍。这样部署，分散了兵力，既不能阻止后金军渡河，也容易被敌人各个击破，实在是一个"自弱之计"。这个根本不懂军事的庸才，却又刚愎自用，骄傲轻敌，好说大话，极力主战，说只要有兵6万，就可一举荡平后金，迅速收复辽东失地。他不做实际工作，对兵马钱粮器械等军务问题一概不闻不问，把收复辽东的希望寄托在利用察哈尔蒙古林丹汗兵和辽东人的"内应"上，甚至提出以降金的李永芳为内应，妄想借此以不战取全胜。

熊廷弼主守，王化贞主战；熊廷弼主持久，王化贞主速决，在辽东防务指导思想上，经抚二人严重对立，以至势同水火，一方赞成的事，另一方必反对。天启元年（后金天命六年，1621年）七月，毛文龙袭取镇江，是王化贞一手策划的，他也"自谓发踪奇功"。熊廷弼则认为在明军尚未部署就绪的情况下，过早地发起镇江之战，乱三方并进之谋，误属国联络之计，不是"奇功"，而是"奇祸"。

经抚不和，战略指导思想相左，使辽东前线战守无定策，各级将领无所适从；而王化贞的得宠，其错误的战略方针得以实行，这就使得明军在即将开始的战争中不可避免地遭致失败。

　　努尔哈赤通过潜入明朝的谍工侦知辽东经抚不和的消息，在安顿内部的同时，加紧备战，伺机进攻广宁。

　　天命七年（明天启二年，1622 年）正月十八日，努尔哈赤亲率八旗劲旅，由辽阳出发，经鞍山、牛庄西进，二十日渡过辽河。明防河兵不战而逃，后金军前锋追击 20 余里，直至西平堡（今辽宁盘山古城子）。随后，八旗兵大队人马赶到，努尔哈赤下令包围西平堡。

　　此前不久，明辽东经略熊廷弼与巡抚王化贞议定，熊廷弼驻右屯（在今辽宁凌海东南），王化贞驻广宁，令总兵官刘渠率兵 2 万驻守镇武，总兵官祁秉忠率兵 1 万驻守闾阳，副总兵罗一贵率兵 3000 驻守西平，采取以重兵固守广宁根本，以镇武、闾阳、西平诸外围城堡为防护的作战方针。熊廷弼规定，严禁溃逃，各城堡要坚壁固守，勿弃战，情况危急时要相互应援，违者杀无赦。努尔哈赤通过派出的谍工早已将上述情报掌握，他鉴于广宁有重兵驻守和八旗兵攻坚能力不足等原因，决定不直接进攻广宁，而是首先攻击驻军最少的西平，引诱广宁等处明军来援，争取在野战中将其歼灭，为最后能以最小的代价攻占广宁创造条件。

　　当后金军进围西平堡时，守军参将黑云鹤不听主将罗一贵的劝阻，率兵出城迎战。黑云鹤少得可怜的兵力实在不堪一击，很快败没。努尔哈赤从起兵征明以来，无往不胜，这次西平堡又初战告捷，自是欣喜异常，竟然一改以往诸战皆用计诱敌出战的惯用战法，指挥八旗兵军大举攻城。明军凭城固守，矢石齐发，并用大炮猛轰，后金军屡攻不下。努尔哈赤见攻城受挫，命李永芳派人举旗到城下招降。罗一贵拒不投降，站在城楼上大骂李永芳为"逆贼"。努尔哈赤因招降失败，再次下令布战车竖云梯猛攻。八旗兵作战虽勇猛顽强，但因火器不足，三次攻至城下，三次被打退，每次都留下大量尸体。明军与后金军相持两昼夜，火药用尽，援兵不至，因寡不敌众，城被攻陷。罗一贵为流矢射中眼睛，自刭而死。后金军最终虽然攻占了西平堡，但损失极为惨重，据记载城下积尸几与城平，死伤六七千人，比明军兵力的两倍还多。

西平危急，王化贞龟缩广宁，不敢出援，后在经略熊廷弼的催促下，只好派出部分广宁兵，以游击孙得功为先锋，会合刘渠、祁秉忠部镇武、闾阳守军，共计3万余人，前往西平解围。孙得功早已暗中向后金投降，他自恃是王化贞的心腹，不听刘渠等人的指挥，擅自将部队分为左右翼，让刘渠、祁秉忠部先出战，他则退到阵后。努尔哈赤得到广宁明军出援的消息后，立即率八旗兵前往迎敌，在平阳桥与明军相遇，来不及布阵，就下令冲杀。刘渠、祁秉忠等率兵奋勇抗击，双方正在激战，孙得功在阵后突然大喊："兵败了！"与此同时，他率领所部急急向后逃走。刘渠、祁秉忠部不明真相，顿时大乱，纷纷溃逃。努尔哈赤乘势挥军追杀，歼敌3万余人。明援兵全军覆没，总兵官刘渠、祁秉忠等战死，只有孙得功等逃回广宁。

后金军在平阳桥大获全胜之后，努尔哈赤并没有乘胜攻取广宁，而是回师西平堡，派人哨探广宁虚实，以视情而动。

孙得功等人逃回广宁后，即让其同党在城中大造金军正向广宁进军的舆论，劝大家宜早剃发归顺。还在后金军渡过辽河西进之初，广宁城中人心动摇，已有部分居民出城，避难于山中。这时在孙得功及其同党的煽惑下，人们更加惊恐慌乱，不但普通百姓纷纷出逃，连守城的兵卒也争相缒城逃命。孙得功一伙还夺据城门，封闭府库，把守火药库，欲生擒巡抚王化贞，迎接后金军入城。

后金军队很快攻下广宁城，而巡抚王化贞对城中的慌乱情形和危险前景却一无所知。二十二日晨，他仍然一如平日，静坐卧室，批阅文书。参将江朝栋突然闯了进来，王化贞大怒，厉声斥责。江朝栋急忙上前，边拉着王化贞往外走，边说："情况危急，快走！快走！"王化贞开始竟然不相信，待他登楼观察，见城头上已没有一个守兵，而炮声接连不断，喊杀声不止，这才大吃一惊，顿时吓得双腿发抖，不知所措。王化贞狼狈出逃，在江朝栋的陪护下，冲出被叛兵把守的城门。二十三日，在闾阳驿与率兵驰援的熊廷弼相遇。熊廷弼见王化贞已弃守广宁，知大势已去，败局已定，便将自己统率的 5000 兵马交给王化贞，命其殿后，护卫军民退入山海关内。

辽东巡按方震儒得知王化贞出逃的消息后，也慌忙外逃，孙得功一伙控制了广宁城。孙得功派 7 人前往西平，向努尔哈赤请降。不费一兵一卒就可轻取广宁，努尔哈赤备感高兴，当即赏给来人银两和信牌。二十三日，努尔哈赤率八旗兵起行。二十四日，行至广宁城东三里的望城岗，孙得功等率领官民，执旗帜，撑伞盖，抬龙亭，奏鼓乐，夹道跪迎。努尔哈赤惟恐其中有诈，先令八旗诸贝勒、大臣与李永芳入城，彻底搜索一遍，然后才骑马进城，驻于巡抚衙门。

后金占领广宁后，盘山、闾阳、十三山驿、大凌河（今辽宁锦县）、锦州、松山、杏山等 40 余城相继归降。努尔哈赤对已有的胜利战果并不满足，为进一步扩大战果，息兵 10 日之后，他即率军向山海关进发。熊廷弼在向山海关撤退时，把沿路屯堡房屋和官府仓储物资尽数焚毁，后金军所到之处，人烟断绝，几无所得，困难重重，所以到中左所（今辽宁锦西东北塔山）后，努尔哈赤决定返回锦州。此时，义州（今辽宁义县）尚为明军占据。努尔哈赤认为，这种情况不但不利于巩固广宁，而且待以后进军山海关时还会严重威胁着后金军的侧后。所以，他先派大贝勒代善、四贝勒皇太极率军攻占义州，又授孙得功为游击，隶镶白旗，统辖归降明兵，移驻该地。

广宁之战，明军辽河防线被后金突破，广宁及其周围广大地区被后金占领，他们获取大量人口、牲畜、粮食、金银、布匹等，以补充辽东地区因战乱、逃亡而极度短缺的人力资源和物质财富，从而为巩固辽河以东和进一步夺取辽河以西，以至于打开关门，进攻明朝腹地，创造了极为有利的条件。所以，努尔哈赤抑制不住内心的喜悦，回到广宁后，就派人赴辽阳接后妃和诸贝勒大臣的妻妾来广宁，举行盛大宴会，共同欢庆胜利。二月十七日，努尔哈赤命诸贝勒统兵守广宁，他则在福晋们的陪伴下返回辽阳。

三

天启二年（后金天命七年，1622 年）正月，广宁失陷，门户洞开，山海关直接暴露在后金铁骑的面前，明廷大为震惊，上下一片混乱。局势紧急，为守住山海关，明廷紧急从全国各地征调兵马，并以宣府巡抚解经邦为辽东经略。解经邦畏敌丧胆，拒不从命，明廷只得改任王在晋为兵部尚书兼都察院右副都御史，经略辽东。

王在晋与解经邦一样，视辽东经略为畏途，不愿受命，请求辞职，未获批准，不得已赴前敌就职。他畏敌如虎，意志消沉，极言守关之难，说各隘口边墙未葺，器械未整，兵马未足，钱粮未议，官兵懒惰；山海关的地理形势，南为海，后金军乘舟瞬息可达，北为角山，但峰峦高于边墙、关城，如敌人先据山岭，凭高下击，实难守御。因此，他主张在关外八里铺再筑一关城，派兵 4 万驻守，使外关成为内关的屏障。王在晋的主张，名为守关，实质是放弃关外，龟缩关内，时刻准备逃跑，是彻头彻尾的失败主义。

　　监军关外时任宁前兵备佥事的袁崇焕对王在晋筑重关的主张极力反对，力主守关外宁远（今辽宁兴城）。对于王在晋与袁崇焕二人的分歧，首辅叶向高认为不可臆断。兵部尚书兼东阁大学士孙承宗自请巡边，他认真听取了各方面的意见，并出关实地考察之后，明确支持袁崇焕和监军阎鸣泰守宁远、觉华岛（今辽宁菊花岛）的意见。王在晋对军事一窍不通，却刚愎自用，异常固执，孙承宗推心置腹地与他交谈七昼夜，他仍不听劝。孙承宗回京后，面奏皇上王在晋不足用，明廷将王在晋调任南京兵部尚书，于八里铺筑重关之议随即作罢。

　　当年八月，孙承宗自请督师，天启帝命其以原官督山海关及蓟、辽、天津、登、莱诸处军务。孙承宗到任之后，即积极部署防务。当时辽东巡抚张凤翼仍主张守关内，官将多附和他的意见，孙承宗力排众议，采纳袁崇焕坚守关外、屏蔽关内、营筑宁远、徐图大举的方针。在孙承宗的支持下，袁崇焕亲自规制，按照以台护铳、以铳护城、以城护民的原则，督责修筑宁远城，于天启四年（后金天命九年，1624 年）九月竣工，荒凉凋蔽的旧宁远，一变而成为城坚墙厚、楼台炮台齐全，足可抵御后金进犯的关外重镇。孙承宗命令袁崇焕率兵驻守宁远，参将金冠率兵驻守觉华岛，以便水陆配合，屏障山海关。次年夏，孙承宗又与袁崇焕筹划，在锦州、松山、杏山、右屯、大凌河、小凌河等地，修缮城郭，派兵戍守，作为宁远重镇的外围要点。这样，在河西走廊上，层层设防，形成了以宁远为中心的宁锦防线，山海关成为真正的内关，可以确保安全。为了加强辽东防务，孙承宗根据"以辽人守辽土，以辽土养辽人"的战略思想，招抚辽东土著居民，屯田守边；在军队内部，则定军制，建营垒，备火器，治军储，缮甲杖，筑炮台，建骑兵，练水军。在孙承宗任辽东经略的短短 3 年多时间里，他与袁崇焕同心协力，修复大小城堡 54 个；练兵 11 万人，设立车营 12 个、水营 5 个、火营 2 个、前锋后劲营 8 个；制造战船 1500 艘、战车 6 万辆，以及甲胄、弓矢、炮石等武器装备数百万件；屯田 5000 顷，年收入达 15 万银两；拓地 400 里，把防线推进到锦州一线，辽东防务渐趋巩固。

正当孙承宗锐意恢复之际，明朝统治集团内部的党争却越来越激烈，朝政以魏忠贤为首的阉党势力把持，东林党人被迫害、打击，首辅叶向高等被罢，杨涟、左光斗等被迫害致死。魏忠贤本想把孙承宗拉到自己一边来，但秉性正直的孙承宗对阉党非常鄙视，引起魏忠贤的忌恨。天启五年（后金天命十年，1625 年）八月，山海关总兵马世龙背着孙承宗派兵袭击耀州，兵败柳河，阉党势力借机小题大作，参劾孙承宗。十月，明廷以阉党分子高第为辽东经略，孙承宗成为明廷党争的牺牲品，被排挤去职。

高第既不知兵，又畏敌如虎，认为关外必不可守，刚一到任，就下令放弃关外 400 里土地，从锦州、右屯、大凌河等要点撤回守兵，退守山海关。袁崇焕坚决反对高第逃跑主义的错误做法，但高第一意孤行，不但不听劝告，反而又下令撤宁远、前屯二城。袁崇焕拒不从命，大义凛然地说："我是宁前道，在此当官，就要和宁远、前屯共存亡，我誓死不撤！"这样，高第把关外诸城守兵全部撤退，只留下袁崇焕坚守的宁远孤城。

努尔哈赤获悉辽东经略易人、新任经略高第撤防的消息，抑制不住心头的喜悦，这时他已镇压了辽民的反抗，基本稳定了辽东的社会秩序，于是决定抓住这天赐良机，向明朝发动新的进攻。

天命十一年（明天启六年，1626 年）正月十四日，努尔哈赤亲率 6 万大军，号称 20 万，从沈阳出发，踏上征程。十七日，八旗大军渡过辽河，浩浩荡荡，向宁远挺进。由于右屯、大凌河、锦州等地明军大部队早已撤走，只有少量守军，没等八旗军到达，守将即率领军民仓皇逃遁，所以后金军如入无人之境，取得了异常顺利的进展。二十三日，兵临宁远城下。努尔哈赤下令越城5里安营，以截断通往山海关的大路。

金兵来犯，袁崇焕得知消息后，立即与总兵满桂、副将左辅、参将祖大寿等将领会议，决定集中兵力，凭城固守。为此，采取了以下临战准备和部署：将中左所、右屯及宁远城周围小城堡的官兵集中于宁远城内，总兵力不满2万，又将11门西洋大炮和其他火器也移入城内；令城外居民携守城工具迁入城内，将房屋和不能带走的财物付之一炬，实行坚壁清野；袁崇焕刺血为书，激以忠义，并向将士们下拜，全城军民大受感动，皆愿效死守城；划定防区，满桂、左辅、祖大寿等官将各负其责，袁崇焕总管全局，稽查奸细以及编民夫、供应饮食、备办物料等事物也有人专管；严肃军纪，下令"有一人乱行动者，即杀"，"城上人下城者，即杀"，并檄告前屯卫和山海关守将，凡有溃卒逃至，立即以贼论死，如放过一个溃卒，拿守将问罪。二十二日，一切部署完毕。

努尔哈赤一如既往，攻城之前先派俘获的汉人入城招降，说："吾以二十万兵攻此城，破之必矣。尔众官若降，即封以高爵。"他满以为，这么一打一拉，孤立无援的袁崇焕，定会畏其强大兵力，贪其高官厚禄，俯首称臣。不想袁崇焕不但拒不投降，而且令家丁罗立向城北后金军大营燃放西洋大炮，炸死炸伤数十人。努尔哈赤虽然怒不可遏，但害怕再遭炮击，只得先把大营移往城西。

二十四日天还没亮，努尔哈赤就下令攻城，将城西南角作为攻击的重点。身披二重铁铠号为"铁头子"的八旗兵推着双轮战车攻在前面，战车用厚槐木、榆木板做成，形如轿子，上覆生牛皮以遮避敌锋，保护躲在里边准备凿城的士兵。骑兵和步兵在车后施放弓箭，掩护车兵前进。

箭矢如雨点般射向城上，但明军凭着坚城工事保护，从容不迫地施放铳炮还击。西洋大炮威力巨大，只要击中，就死伤一片，连坚固的战车也立时被炸得粉碎。后金兵踏着同伴的尸体拼命向前，还是将战车推到了城墙下，在大炮不能直射的死角，车内士兵用斧镬凿城不止，凿出三四处高约2丈的大洞。袁崇焕见情况危急，亲自指挥守兵投掷火球、火把，并把柴草浇上油脂掺上火药，系在铁索上，点火后垂放城下，焚烧战车。后金兵遭受重大伤亡，战至二更时分，努尔哈赤不得不下令停止攻城。

二十五日，努尔哈赤下令继续进攻。由于头一天伤亡太多，八旗兵卒都不敢往前冲，虽然八旗将领挥刀在后面督战，但一到城下就退了回来。因为要把尸体抢回来，运到西门外砖窑火化，能够参战的越来越少。战斗一直持续到晚上，不但损失了大量士兵，连攻城器具也几乎损失殆尽，努尔哈赤只得收兵，退到西南方向离城5里的龙宫寺扎营。

连攻两天，毫无所获，努尔哈赤见宁远城久攻不下，想退兵，但又不甘心。二十六日，在继续围城的同时，命武纳格率蒙古骑兵转攻觉华岛。该岛是关外明军粮草的屯集地。后金兵踏冰入岛，突袭明军，烧毁船2000余只、粮草1000余堆，全歼守军7000人，连岛上的商民也全部杀死。觉华岛的胜利总算结努尔哈赤出了口恶气，争回了一些势气。二十七日，努尔哈赤从宁远撤围，于二月初九日回到沈阳。

第八章　治理辽沈

一

后金占领辽阳和广宁之后，控制了汉人聚居的辽河东西广大地域。女真族正式成为这里的统治民族。摆在后金统治者面前的新课题是，对辽东汉人采取什么政策，才能巩固其统治。努尔哈赤曾为反抗明朝统治者实行民族压迫政策而起兵反明；在夺取辽东统治权以后，又对辽东汉人实行民族压迫政策。民族压迫政策是剥削制度的产物。各民族的统治阶级都施行民族压迫政策。因为只要民族内部的阶级对立不消除，民族对民族的压迫就会存在。后金汗努尔哈赤自然不能例外。他为着加强对辽东汉人的统治，一面谕令收养汉人、勿妄杀掠，一面又经常滥施淫威、举措失当，制定了一些错误的政策。

第一，强令"剃发"。汉族和女真族既是中华民族大家庭中的成员，又在风俗习惯、语言文字、心理素质和服装发式等方面有所不同。努尔哈赤每攻占一个汉人聚居的地方，就下令"剃发"。后金汗袭破抚顺，李永芳剃发投降。努尔哈赤以"剃发"作为汉人降顺后金的标志。但强令"剃发"，改变汉人民族习俗，侮辱汉人民族尊严，引起汉族人民不满。如镇江汉人不"剃发"、拒降顺，努尔哈赤派武尔古岱额驸、李永芳副将率兵前往镇压。他们先宣布"汗谕"，对拒绝"剃发"投降的汉人进行威胁利诱；随后驱骑挥刀，将拒不"剃发"归降的男人惨杀，并俘获其妻子一千余人。努尔哈赤命将这些俘获人口，分赏给官兵为奴。强迫汉人"剃发"，引起激烈反抗。这一点，清太祖努尔哈赤却不如金太祖阿骨打。

努尔哈赤对辽东汉人不放心，令女真人与汉人在村屯同住，粮食同吃，牲口草料同喂，以加强对汉人的监视和控制。致使许多汉人田宅被强占，粮食被掠夺，人身受凌辱，妻女遭奸污，造成民族隔阂。他为防范汉人，又下令禁止汉人制造、买卖、携带和收藏弓箭、撒袋、腰刀等武器。他甚至连死心踏地降顺后金的李永芳也不相信，怀疑李私通汉人。李永芳遭到后金汗的呵斥，其诸子也被大贝勒代善捆绑看禁。先是，一些辽东汉人为挣脱明朝的黑暗统治，相率逃入建州；自后金施行民族压迫政策，许多汉人宁肯自缢而死，也不愿"剃发"降顺。据朝鲜史书记载："开元城中最多节义之人，兵才及城，人争缢死，屋无虚梁，木无空枝，至有一家全节，五、六岁儿亦有缢死者。"

第二，大量迁民。努尔哈赤为对辽东汉民加强控制，防止叛逃，曾多次下令大量迁徙辽民。如天启元年即天命六年（1621年）十一月十八日，努尔哈赤派阿敏贝勒带兵五千，前往镇江，强令镇江、宽奠、暧河、汤山、镇东、镇西、新城等地居民，在寒冬时节，携妻抱子迁往萨尔浒等地，并将孤山堡以南凤凰地区房舍全部纵火烧毁。又如翌年正月二十四日后金占领广宁，二月初四日努尔哈赤即强迫广宁等九卫居民渡过辽河，迁往辽东。锦州二卫的人口迁往辽阳，右屯卫迁往金州、复州，义州二卫迁往盖州、威宁营，广宁四卫迁往沈阳、蒲河和奉集堡。除这二次大规模地迁徙人口外，零星迁移，经常不断。如天启四年即天命九年（1624年），命将辽西大黑山堡人民搬移至虎皮驿。

被迁地区的汉人，头一天得到迁移汗令，第二天就被驱赶上路。西起大凌河东迄鸭绿江，南自金州北至蒲河，河西居民迁往河东，城镇居民移往村屯，扶老携幼，扫地出门，城郭空虚，田地抛荒，哭声震野，背井离乡。稍有恋居者，即惨遭屠杀。仅大贝勒代善在义州一次就杀死三千人。被驱赶的移民，男子受鞭笞，妻女遭凌辱，老弱填沟壑，童婴弃路旁；白天忍饥赶路，寒夜露宿荒郊。他们被迁往陌生的村屯，无亲无友，无房无粮。命大户同大家合，小户同小家合，"房合住，粮合吃，田合耕"。这既扰乱了辽民的安定生活，又破坏了正常的社会秩序。被迁居的汉人，或为"计丁授田"的民户，或为"按下编庄"的壮丁。无论是前者或后者，都被降作后金的农奴。

辽民被迁之后，生活困苦不堪。辽西被迫迁移的汉人，如锦州城一万三千七百八十四口，其中男六千一百五十人；右屯卫一万七千七百二十八口，其中男九千零七十四人。共计三万一千五百一十二口，其中男一万五千二百二十四人。他们后被强迫安插在岫岩、青苔峪和复州、金州等地。以每丁给田六日计，上述男丁共应授田近十万日。努尔哈赤没有田地授与，命他们同当地居民合耕，这种政策的结果是，既剥夺了被迁徙辽民的田地，又掠占了当地居民的土地。实际上，大量迁居的汉人，耕无田，住无房，寒无衣，食无粮。他们"连年苦累不堪"，生活悲苦到了极点。

第三，清查粮食。后金本来粮食就不足，大量迁民后出现粮荒。努尔哈赤为筹措粮食，除派夫役搬运缴获明仓粮谷外，还派人清查辽民的粮食。他下令汉人要如实申报所有粮谷的数量，然后按人口定量。他不许汉人私卖粮食，要低价卖给汗的官衙。汉人缺粮食，向官仓购买，每升银一两。粮食极为短缺，如杀耀州乔姓，得粮十三石一升，分给驻居当地的蒙古男丁，每人只得半升。辽民因缺粮食，饿死的人很多。粮食不足始终是努尔哈赤最头痛的问题之一。为解决粮食问题，天启四年即天命九年（1624年）正月，努尔哈赤再命普遍清查粮食。对汉人的粮食，逐村逐户清查，全部进行登记，委派诸申看守。规定：凡每口有粮五升，或每口虽有粮三、四升但有牲畜的人，算作"有粮人"；每口有粮三、四升而并无牲畜的人，算作"无粮人"。努尔哈赤命将"无粮人"收为阿哈。不久，下令将各地查送的"无粮人"全部杀死。屠杀"无粮人"可能是因为没有余粮养活这批人，或借以警告隐匿余粮不报的人。然而，不管出于什么原因，这都是对社会生产力的破坏。

第四，征发差役。后金向辽民征发繁苛的差役，筑城、修堡、煮盐、刈获、夫役、运输，不一而足。以金、复、海、盖四州为例。后金占领辽东不久，盖州出牛车运送贡赋盐一万斤到辽阳。天启二年即天命七年（1622年）春，金州、复州每十名男丁中，出二人修城。又命金、复、海、盖等州卫，派夫役、出牛车运粮。先是，明朝存粮在"右屯八十余万"石。后金军打败王化贞，夺得右屯粮仓。努尔哈赤下令征派牛一万头、车一万辆，每十名男丁中出一人，前往右屯卫运粮。被征的牛，命烙上印记，将牛的颜色、大小及牛主姓名填写交上备查。但许多牛或死于路，或被夺占，或以羸弱顶替肥壮，牛主既耽误农作，又损失重大。一年后仍命要饲养公差牛一万头。征发差役不仅碍误春耕，也影响秋收。盖州要在收成季节出男丁三千一百七十七人，牛一千零三十二头，修筑盖州城。但工程未竣，又派这些男丁和牛车到复州去收割庄稼。辽民的劳力、耕牛、车辆在春耕和秋收时被大量征发，妨碍生产，引起不满。

第五，强占田地。后金军进入辽沈地区，满洲贵族、八旗官兵等，分占田地，建立田庄。努尔哈赤汗谕"计丁授田"，将许多所谓"无主之田"，按丁均分，每丁接粮田五日、棉田一日。大量汉人田地，被分而占。努尔哈赤汗谕设立田庄。每男丁十三人、牛七头，编为一庄。备御以上，给庄田一所。而官将实占田庄，"多至五十余所"。努尔哈赤汗谕辽西汉民移至辽东，同辽东汉民"同耕"，汉人占汉人之田。后金强占土地的政策，使得满洲贵族与八旗官兵，占有大量辽河流域的沃土。这对后来清军入关，圈占畿辅田地，以及八旗驻防占田，都有直接的影响。

第六，诛戮诸生。后金进入辽沈地区后，由于占地、移民、剃发、苛役等，引起辽东汉人不满，起而反抗，遭到屠杀。至于攻陷城池之后，陷开原"城中士卒尽被杀"，下铁岭"士卒尽杀之"，事属战仇怨结，屠戮为快，过杀失当，另作它论。但努尔哈赤重满抑汉之策，实属偏激。其子皇太极对"昔太祖诛戮汉人，抚养满洲"，亦觉不当，略作前鉴。其时，据史载："闻十三站等处，杀辽人之不顺者，又执少壮、夺妻子，是以啸聚林莽山谷间。"被执、被夺者，设法出逃。努尔哈赤始定严惩逃人法："谕凡逃人已经离家，被执者处死；其未行者，虽首告勿论。"而未逃幸存之文士生员，多被收在后金汗、八大贝勒包衣下，或在满洲各级额真下为奴。《清太宗实录》载述：

> 先是，乙丑年十月，太祖令察出明绅衿，尽行处死。谓种种可恶，皆在此辈，遂悉诛之。其时诸生隐匿得脱者，约三百人。至是考试，分别优劣，得二百人。凡在皇上包衣下，八贝勒等包衣下，及满洲、蒙古家为奴者，尽皆拔出。

上述可见，其时屠儒之酷烈。

上举努尔哈赤进入辽沈地区后，强令"剃发"、大量迁民、清查粮食、征发差役强占田地和诛戮诸生等六例弊政，搅得辽民倾家荡产，颠沛流离，衣食无著，愤不欲生。女真各级额真及军卒杂居汉人村屯，又逞威福，占田宅，索粮谷，侮妻女。广大辽东汉人不堪忍受女真贵族的威逼、驱掠，焚劫、杀戮，纷纷起来通过各种形式，反抗后金汗努尔哈赤的残暴统治。

二

辽东汉人以逃亡、投毒、暴动等多种形式，抵制后金的错误政策，反抗后金的暴戾统治。

首先是逃亡。辽民难以忍受后金贵族的盘剥和奴役，为图生存，成户、成村、成地区地逃亡。如连山关汉民男四十人、女二十人，驱赶马十八匹、牛五头、骡四头和驴二头，集体逃亡。夹山河村二十户居民，男女共八十人，仅耕田七日，无法生活，把喂养的猪、鸡、狗宰杀后放在筐子里，密议逃亡，但被告密捕捉定罪。红草岛附近五村汉人，用秫秸秆编成筏子渡河逃亡。李永芳哀叹道：沿海一带汉民想杀女真人，逃往明朝。据《满文老档》记载，有的辽民诱请后金驻守合堡官兵到家里饮酒，或酖杀，或乘其醺醉杀死，然后弃家逃亡。到天启五年即天命十年（1625年），因闹粮荒，社会秩序混乱，逃亡的人更多。努尔哈赤命在城门设锣，逃人出城要敲锣传报，以派兵追捕。尽管如此，"逃去之人，络绎接踵"。

其次是投毒。投放毒药暗杀后金统治者，是比逃亡更为积极的反抗斗争形式。后金占领辽阳刚两个月，就发现汉人向努尔哈赤驻城的各井投下毒药。不久，在水、盐和猪肉里都发现有毒药。努尔哈赤指令诸申和兵士，不吃当天杀猪的肉，饮水和食盐要警惕中毒，甚至对蔬菜和鸡鸭也要注意，并命将文书下达至村领催。为避免中毒，命店主将姓名刻在石、木上，立在店前；购买食物的诸申，需把住店主的姓名，以便中毒后追查。投毒的斗争遍及各地，努尔哈赤谕示诸贝勒：各处都给诸申投毒。甚至努尔哈赤到海州巡视，在衙门宴会时，有八名汉人向井中投放毒药，可能是设计毒害后金汗努尔哈赤的。但他们在投毒时被八旗兵士捉获，惨遭杀害。

再次是袭杀。袭击和杀伤后金官兵，比投毒更直接地打击了女真军事贵族。在古河、马家寨、镇江、长山岛、双山、岫岩、平顶山等地的汉民，手执棍棒，聚众抵抗，袭击后金兵士，杀死后金官吏。努尔哈赤在文书中称：

> 古河的人，杀我派去的官员而叛。马家寨的
> 人，杀我派去的官员而叛。镇江的人，逮捕我任
> 命的佟游击，送与明国而叛。长嶋的人，逮捕我
> 派遣的官员，送往广宁。双山的人，约期带来那
> 边的兵，杀了我的人。岫岩的人叛亡，被魏秀才
> 告发。复州的人叛变，约期带来明国的船。平顶
> 山的人，杀我四十人而叛。

这份文书说明，辽民反抗后金统治的斗争此伏彼起，连绵不断。为防止后金官兵被个别地袭杀，努尔哈赤命令官兵不许单独行动，必须十人结队而行，否则要受到惩罚。但这并不能阻遏辽民一浪高似一浪地反抗后金统治者的斗争。

复次是暴动。辽民的暴动给予后金统治者以最沉重的打击。辽民暴动自后金军占领辽阳始。后金军夺占辽阳，派一将领坐在西门，见状貌可疑的汉人，即点视军卒加以杀戮。然而，辽民不能忍受这种残酷暴行，勇敢者奋起反抗。《明史纪事本末》"补遗"记载：

> 有诸生父子六人，知必死，持刀突而出，毙
> 其帅，诸子持挺共击杀二十余人。仓卒出不意，
> 百姓乘乱走出，五六百人结队南行，建州不
> 之追。

继辽阳之后，反抗后金的暴动如火如荼。在托兰山，百余人举行暴动；在长山岛，莽古尔泰率兵二千前往镇压；在岫岩，暴动失败后被虏者达六千七百人；在镇江，仅镇压后被俘虏者即达一万二千人。

在辽河以东，复州城的抗暴斗争声势浩大。天启三年即天命八年（1623年）六月，复州城民无法容忍后金剃发、占房、查粮、差役等虐政，一万余男人举城暴动。努尔哈赤派次子代善、第十子德格类等率兵二万人前往，将复州城人民的暴动残酷地镇压下去。复州城男子当中，除病弱者和儿童外，全部被杀，并将妇女和儿童掳走，分给各牛录为奴。复州城房舍驻兵，粮充军食。

在辽河以西，除"辽民、难民入关至百余万"和大量迁徙河东之外，所余人民在大小凌河、锦州、义州和广宁等地掀起反抗后金的暴动。其中以十三山军民的反抗斗争最为壮烈。数以万计的辽民据十三山以自保，绝不"剃发"降顺。努尔哈赤派兵围攻数次不克；李永芳再率军仰攻，被"山顶飞石打下"。这些反抗者久被围困，誓死不降后金，"有七百人黑夜潜偷下山至海边，渡上觉华岛。婴孩都害死。问其何以害死，曰'恐儿啼贼来追赶也'！"宁肯扼杀婴儿，也不投降后金。这是努尔哈赤对辽民政策失败的血泪见证。

努尔哈赤对辽民的错误政策，激起辽东的农民、矿工、生员、市民，从辽阳到金州，自广宁至镇江，在城镇，在树屯，以逃亡、投毒、袭杀和暴动等形式，进行反对后金统治者的斗争。这场斗争的主体是汉族劳动人民，也包括女真的奴隶和农奴。辽东汉民反抗斗争的一个结果是，既削弱了后金的国力，又教育了宁远的军民——为免遭八旗贵族铁蹄的蹂躏，只有拼死抵御后金军的南犯。

三

后金从建州故地进入辽沈地区，社会情况发生了巨大的变化：前者以满族为主，尚处于奴隶制社会，经济、文化比较落后；后者以汉人为主，早已实行封建制，经济、文化相当发达。后金统治集团最初仍然沿用建州地区旧的一套统治辽沈地区，结果遭到辽民的强烈反抗。为了在辽沈地区站稳脚跟，巩固统治，努尔哈赤总结经验教训，根据新的情况，实行了许多新政策。

（一）各守旧业

起初，努尔哈赤因为"身在此山"的缘故，所以怎么也无法理解辽东汉民的心情。现在，他渐渐地开始醒悟过来，不得不承认这样一个事实，那就是在封建制高度发达的辽东地区，人们已经无法接受历史车轮的倒退，不能忍受来自野蛮夷族的野蛮奴役，不甘遭受奴隶制下的非人待遇，让自由之身重新戴起沉重的锁链回到牢笼里去，他们会义无反顾地情愿用生命作代价去冲破这一黑暗，而这绝不是努尔哈赤的淫威所能征服得了的。所以，为了后金政权的巩固与发展，努尔哈赤也不得不进行让步，一再地宣布让辽东汉民"各守旧业"，即承认并沿袭其原有的封建制度，保持其原有的社会秩序，以此来减少因战争引起的社会动荡和不安。

天命六年（1621 年）四月初一日，努尔哈赤发布谕旨，正式提出此项政策："攻辽东城时，我士兵亦多有死亡。如斯死战而得之辽东城人，竟待以不死，悉加豢养，使之安居如故。尔海州、复州、金州人，遭遇非若辽东，尔等勿惧，杀则一日，食则一时也！即加诛戮，而所得无几，顷刻即尽矣。若赦而养之，诸物咸出尔手，用之互市，更以佳物美果来献，则受益无穷也！倘能如此，我将厚遇尔等。非若尔明国听事不公，徇情受贿，有财者虽非亦是，无财者虽是亦非。是则是，非则非，秉公而断。人命重案，不可独断之，当以公众论断。寻常小事，诉于地方官，该管官公断则已，倘有不公，可来诉于辽东城。官员公断后如有不从，则由官员来诉。明帝贪赃枉法，遂被天谴。我听事廉明，拒收贿赂，仰蒙天佑。今我若贪尔之财，咨加虐待，众必避难逃亡，焉能阻止耶？何去何从，听尔等自便。"

同年五月初五日，努尔哈赤听说镇江汉民拒不剃发归降，还胆大包天地将后金使臣杀死，他就命令女婿乌尔古岱和孙女婿李永芳率千人前往，并带上谕令一封，上面这样写道："镇江地方之人，尔等因杀我使者，故惧而不降也。尔等原乃明帝之民，天既以辽东地方畀我，今即为我民矣。攻取辽东城时，杀戮明军20万，我军岂有不死耶？如此血战所得之辽东城民，却待之不死，悉加豢养。岂以尔明官遣一二人杀我一人之故，而杀尔众民，弃尔土地及口粮耶？且河东所有辽东地方人，皆已剃发降服，明帝及其国人岂不知耶？既已闻之，倘仅以尔等拒不剃发归顺之故，而发兵剿杀，则明帝及其国人岂不笑我嗜杀乎？前日，炼银地方之人拒不剃发，杀我所遣执旗之人，闻此讯，即命都堂一人，副将二人率兵往杀其为首之数人。彼等闻此兵前来，未及停留，登山逃走。军士追至，杀其少数。为此，我亦因我属民减少而深以为憾。遂将其余众，悉加豢养，皆令剃发，各归其家，各操田业。军士乃班师。尔今若知惧，可将首恶之四五人，执送前来，尔等亦剃发归降之。如此则已，若仍不从，明集十三省兵来战，尚不能胜，为我所杀，况尔等岂能胜耶？"

以后，努尔哈赤还多次发表告示，都表明了同一个思想和主张，那就是让辽东汉民安定下来，不要作再次逃亡的打算，明朝统治者如此昏愦，而我英明汗又是如此地公正廉明，与其逃回明朝又岂如留在英明汗这里享受一下后金国的新鲜空气？而且更重要的是英明汗允许辽东汉民各就其原位，各事其原业，不改变其原有的社会秩序。

这种表白和承诺的确有相当大的诱惑。那些被努尔哈赤的屠杀吓破了胆的人们起先也不敢轻易相信，可是禁不住他的一再宣传，反复强调，渐渐地，人们开始安定下来了。的确，正如努尔哈赤所说的那样，明朝统治又有什么可以值得留恋的呢？于是，汉民们纷纷回归旧业。可见，努尔哈赤的这一措施是深得人心的，同时，也使他自己减少了后顾之忧，增强了后金国的经济实力。从此，他不仅拥有新征服的大片领土，还有具备较高技术和丰富经验的汉人为之经营和管理，后金国也可以从中收取租赋，征调夫役。

但这项举措同时也使许多的贫苦农民受到极大损失。因为在兵荒马乱之际，很多大户地主弃家逃亡，顾不得那些不动祖业——土地，很多贫苦的农民因此而得到了他们梦寐以求的土地。而如今，"各守旧业"的政策就意味着他们要交出这些刚刚到手的"宝贝"，还给那些原来土地的主人，因为这些人也同样要"各守旧业"。而事实上，许多地主已经逃亡不再回来，甚至已经死亡了，这些土地自然而然地落入了八旗贵族手中，成了他们的战利品和囊中物。那些逃走之后又重新回来的汉民地主，他们可以向努尔哈赤领回自己的住宅、田产和粮食等物，其条件是必须要归顺新汗的统治和管理。这样，努尔哈赤就拿着原本属于汉民地主的土地，又"恩赐"给汉民地主，自己从中大赚人情，以此来拉拢汉民地主跟自己走，让他们拥护和支持后金政权，这对于巩固已得到的辽东地区，继续拓展新的领土疆域是大有裨益的。

另外，为了安置那些没有田地的汉民、努尔哈赤还拿出一部分失去了主人的土地分给他们耕种，使他们对自己感恩戴德，从而安居乐业，不再生出"逃跑"、"起义"之邪念。天命七年（1622 年）二月，努尔哈赤对那些重新分到土地的汉民发表训话："若谓劳苦，仅此迁徒之年，岂有年年劳苦之理耶？若谓安置新户地方之人拨给房屋粮食田亩，不堪其苦，则迁来之户，弃其住房、耕田、食粮，其苦尤甚也。拨给房屋、田亩、粮食之人，勿谓我之不善，乃因尔明万历帝不善也。尔明国若获我国之人，能如此养育乎？必杀之也。我之不加诛戮予以收养安置者，此也！"在这里，努尔哈赤将自己打扮成救世主的角色，济世济民的观音菩萨形象，而将一切一切的责任都推给了明朝皇帝朱翊钧。

总之，不管怎样说，"各守旧业"政策是努尔哈赤根据当时辽东地区的实际情况作出的顺应历史潮流的正确选择，它表明后金国愿意保持汉民原有的社会秩序，继承明朝在辽东地区实行的封建制统治，恢复起被战火所中断了的那种比后金奴隶制度更先进、更文明的历史进程。它既可以使辽东汉民中的一般百姓得以重建家园，修整土地，安分守己地过平安日子，并向努尔哈赤俯首称臣，也可以使那些一度曾失去了土地的富豪大户们因重新领回了自己的家业而对后金汗感激涕零。使得原先满汉之间彼此对立的情绪和矛盾有所缓和与改善，使他们轻易地不会构成努尔哈赤的腹背之患，同时，也使辽东地区的生产力破坏程度有所减轻，辽东汉民在战火过后的损失与痛苦有所减少。这是一项一举多得的措施和政策，也是努尔哈赤的一个明智之举。

（二）计丁授田

面对着日益增多的广大土地和众多的满汉人口，后金国如何加强对这一切的管理和控制，的确是一项刻不容缓的当务之急。如果处理不当或失于控制，这些经过冲锋陷阵、浴血奋战得来的战果也会轻易地丧失。努尔哈赤及时地意识到这一点并积极采取措施予以调整，除了多次颁布命令让辽东汉民"各守旧业"之外，还很快地推出了一项新的举措，即"计丁授田"令。它与以往中国历朝开国之初的"招民垦荒"、"授民以田"等政策有着类似的目的和意图，同时，又由于后金国所处的特殊的历史条件和地理环境所限，努尔哈赤的"计丁授田"令还有着它自己的特点。

天命六年（1621 年）七月十四日，努尔哈赤为推行"计丁授田"令向各村庄发布告示说："海州地方拨田 10 万垧，辽东地方拨田 20 万垧，共征田 30 万垧，分给我驻扎此地之兵马。至于我众百姓之田，仍在我地方耕种，尔辽东地方诸贝勒大臣及富家之田，荒芜者甚多也！该荒芜之田，亦列入我所征之 30 万垧田数内。如不敷用，可取自松山堡以内至铁岭、懿路、蒲河、范河、珲托河、沈阳、抚顺、东州、马根丹、清河、孤山等地之田耕种。若仍不足，可至边外耕种。往者，尔明国富人占地甚广大，其田雇人耕作，所获粮米，食之不尽，而耀之。贫民无田无粮，买粮而食，一旦财尽，沦为乞丐。富人与其屯积粮财，以致朽烂，徒行贮藏，不如赡养乞丐贫民。如此，则鸿名相传之，造福于后世也！本年所种之粮，准其各自收获。我今计田每丁给种粮田五垧，种棉地一垧矣。尔等不得隐匿男丁。隐则不得其田矣！嗣后，以不使花子求乞，乞丐僧人，皆给以田，勤加耕作。每三丁，各种官田一垧。每 20 丁，以一人充兵，一人应役。"

同年十月初一日，努尔哈赤为了进一步推行贯彻"计丁授田"令再次下谕："明年征收军人食粮，饲马草料及无主之田地。辽东五卫之民，可耕种无主田 20 万垧，又从该无主田内拨出 10 万垧，给海州、盖州、复州、金州四卫之民耕种。"

这两则上谕的发布、标志着努尔哈赤"计丁授田"令的正式发布并付诸实行。他拿出辽东五卫和海州、盖州、复州、金州等地无主之荒芜田地共计30万垧分给满汉兵丁，重新调整了这一地区的土地占有形式，即由后全国家政权来承领这部分土地，成为土地的最高所有者，分配到土地的那些土地的直接所有者们则成为向国家交纳租赋的臣民。"计丁授田"令还规定，平均每丁分得土地6垧，其中5垧用来种粮，一垧用来植棉，这6垧土地的收获物归土地的直接耕种者所有；另外，分到土地的人还必须同时向国家承担劳役地租，即每三丁要耕种一垧官田，其收获物归国家所有；除劳役地租之外，他们还要承担兵役和摇役，即每20丁出一丁当兵，一丁服官役。为防止百姓游离于土地之外自行出入，躲避赋役、兵役和徭役，努尔哈赤在谕令中还特别申明不得隐瞒实情，谎报丁数，否则就分不到田地。

"计丁授田"令的推行，标志着这一地区的土地所有制和产品分配形式都已纳入了封建制的轨道和范畴，这是满洲社会从奴隶制向封建制转变的一个重大步骤，是后金国进入辽沈地区以后受汉族文明影响并被迫接受这一先进文明的结果，也是努尔哈赤顺应历史潮流和时代发展趋势而作出的明智选择。它使后金国从落后野蛮的奴隶制一跃而上升为封建制，为今后进一步向关内进军乃至征服整个明国，成为几千年文明古国的统治者奠定了坚实的基础。

"计丁授田"令的推行，使辽东富民地主阶层获利非浅，所得实惠甚大。因为用来授与的田地都是在战乱中逃亡或已死亡的汉民地主不来认领的土地，并不是从现存地主手中没收田地拿来重新分配。因此，他们的原有产业并未受到丝毫地损失。相反，由于辽东地区富家地主人丁众多，不仅有自家的老爷、少爷，还有手下的雇工、阿哈和佃户。如果他们的庄田少于每丁六垧的数目，便可根据"计丁授田"令予以补齐拨给；如果他们每丁平均占有土地的数目已经超过了每丁六垧，那就依照"各守旧业"的政策予以保留，不用将多余部分交出，这对于那些汉民地主来说是一件"拍手称快"的大好事。努尔哈赤点燃的战火并未使他们的根本利益受到损害，反倒使某些人趁机成了暴发户和大地主，他们自然在无形之中改变了原先对努尔哈赤的那种敌对情绪和反抗意识，渐渐地向后金政权靠拢并产生认同感，甚至会对努尔哈赤这位新主子感恩戴德，俯首听命，甘愿为他效劳，从而结成满、汉地主阶级的联合阵线，朝着一个共同的目标而奋进。努尔哈赤的谋略不可谓不深远。

"计丁授田"令使得一些无田之民分到了一份土地，可以自行耕种，原先有很少一部分土地的人也可以按照规定给与增加。由于意外地获得了一定的生产条件和生存条件，视土地为命根子的农民自然会感到满意和有所补偿，并因此而减轻了对这个少数民族政权的天然仇视心理和疏远感，由此，可以起到稳固辽东地区统治的作用。

但是，并不是所有的贫苦农民都能从"计丁授田"令中得到好处。因为阿哈（奴隶）、雇工和佃农他们都不是具有独立身份的"丁"，其人头数都包括在自己的家主、雇主和田主的份额之内，真正从中受益的是那些家主、雇主和田主这些富有阶层的人们，而阿哈、雇工和佃户则无法从中获得一点属于自己名分下的土地。

"计丁授田"令除了具有稳固统治的作用之外，还同时起到了另外一个重要作用，那就是得到田地的人应向后金政权承担赋役、兵役和徭役，这就保证了后金国家机器的正常运转，为努尔哈赤发动的战争提供了源源不断的人力与物力供应。首先，土地的所有者通过服劳役地租的方式无偿地提供自己的劳力。按照每丁 6 垧土地的标准，30

万垧土地可分授给 5 万名丁，再按每 3 丁合耕一垧官田的标准，5 万丁可耕田 1.7 万响土地，折合 10 万亩，这 10 万亩土地所产的粮食可以满足八旗兵丁所需要的绝大部分兵粮。另外，土地的所有者还承担 20 抽一的徭役，这就保证了后金政权有了可靠的兵力资源和劳力资源。

同年十一月十九日，努尔哈赤还对"计丁授田"令所作出的有关徭役制度的规定进行了新的补充和说明："遇有急事，则十人出一人服役。非急事，则百人出一人服役。百人以下十人以上者，视事之缓急而摊派之。"

其实，20 丁出一丁当兵这本身已经是很重的负担了。因为给努尔哈赤出兵役要自备服装、兵器和战马，其费用由 20 名丁口共同摊派并承担，而且对所骑战马又有非常明确的规定，那就是要乘价值 10 两白银的马匹，平均每个丁口要负担半两白银，此外还有服装和兵器。对于那些地方长官，如果努尔哈赤所征的兵有一个不到或迟到一日，则要被治以重罪。

对于这样沉重的兵役和徭役负担，努尔哈赤又是怎样看待的呢？他在给辽东汉人发布的告示中说："我自来辽东察得，凡派官差，皆不按男丁计数，而按门计数。若以按门计数，或一门有四五十男丁，或一门有百余男丁，或一门有一二男丁。如此按门计数，富者行贿可以豁免，贫人无财而常充公。我不行尔等之制。初我颁行之制，不准诸贝勒大臣取财于下人，无论贫富，皆以男丁计数，每 20 男丁抽一人从军。……政法清明，蒙天眷佑。凡人君之祸，不自外来，皆由己出。昔桀帝、纣王、秦二世、隋炀帝、金帝完颜亮，皆嗜酒贪财好色，不为国劳，不修国政，故所创基业因其无道而败也！尔明帝政法不明，纵容太监敛取民财，众官亦效法其帝，皆搜刮民财。奸诈之富人行贿可以豁免，正直之贫民因无财而陷于苦难。内政不修，反妄干界外他国之事，倒置是非，妄加剖断。天遂遣之，以明帝河东之地界我。明帝所扰者，乃此也。天既眷我，授以土地，倘我不以天意治理之恐受天责，所谓治者，乃此也。汗所擢用之官员，凡汗赏赐平常所得之物，当明取之，不得吃取于下人。"

努尔哈赤的这番由"计丁授田"令而引出的一段议论，显然又是在贬责明帝而褒扬自己，斥责明帝昏庸无道，表扬自己治政开明，认为这是他的一大德政，比明朝统治者要公平合理得多。

（三）按丁偏庄

努尔哈赤先后实行了两项"德政"，它们主要都是针对汉人而制定的。他认为这便可以使双人安心地居住下来不再产生其他"邪念"。可事实上，还有很多汉人不愿意接受后金政权的统治和束缚，继续不断地以各种方式逃亡，努尔哈赤对此极其愤慨和恼怒。

天命十年（1625年）十月初三日，努尔哈赤下令对汉民进行甄别之后进行严厉处置，这表明他要举起屠刀大肆屠杀反抗后金的辽东汉民了。努尔哈赤在给群臣的谕文中说："我等常豢养汉人，而汉人却置办棍棒不止。著总兵官以下，备御以上，各往其屯。去后，分别屯中之汉人。常言道：豹子好辨，人心难测。为恐尔等听信奸巧之言，当以中正之心察辨之。凡以彼方所遣奸细之言，煽惑本地乡民者，皆属非我保举之官、或原为明官，今已革职之书生、大臣等人。此等之人皆另行甄别正法。为我建城池，出官差之人则建庄屯养之。无妻孥独身之人及应加豢养之人则养之，赐以妻、衣、牛、驴、粮等，命建庄屯。而不该豢养之独身者及不从命者，亦加正法，由八贝勒庄屯之汉人起，凡人诸申家之人，皆执之，照例甄别之。诸申中之荒诞不宵者，若以家中无有或不知而隐匿不举，则罪之。明时非千总，今经我委以千总之人，向来居地沈阳其父母户口皆投来者，则免之。家虽住沈阳，但未携父母，未携妻室，只以外妾假充居住之名者，不准居住。向未居住，因九月以来，耀州、海州之消息使其惊恐而来沈阳之人，不准居住，照例甄别之。为恐于甄别时如以前一样，贿银而免之，故对沈阳、抚顺、开原、铁岭所属之人，亦按抚顺、沈阳之人从宽甄别之。"

在大肆屠杀汉人的同时，努尔哈赤还专门出示汉人倡乱行恶的布告，历数辽东汉民不思汗恩的种种罪过："我取辽东之后，未杀尔等，亦未动房舍耕地，未侵家室什物，皆豢养之。如此恩养，竟成不是。古河之人，执我遣之人而叛。马前寨之人，杀我使者而叛。镇江之人，执我委任之佟游去送明而叛。长嶋之人，执我所遣之人送广宁。双山之人，暗通敌兵，杀我之人。……不思我养育之恩，仍向明朝，敌杀此有罪地方之人。无罪地方之人居住日久，难免不乱，故迁至北方，给以房舍田地食粮豢养之。虽如此养育，然窝藏奸细，接受札付，叛逃而去者仍然不绝。……我等驻扎之时，尔等尚如此杀我诸申而去以及备置棍棒。我等往猎或出兵之后，尔等岂能安然处之？窝藏明遣之奸细，接受劄付、备置棍棒等种种恶行，皆在外书生、官员之亲戚及前大臣尔等之所为也。至于在沈阳之官员及筑城、充役之人知之何妨？无非为尔等之恶牵连而被杀耳。总之，尔等既不思养育之恩，心仍向明，敌杀尔等外乡之头人者，即为是也。小人修城，奸细难容，即使逃去，亦仅其只身而已，故养小人者，即为是也。若置养育之人于中间之地，则受诸申之侵害。"

鉴于此，大批后金国中的汉人被杀头，许多贤良之书生也被杀害，大批的辽东汉民在努尔哈赤的屠刀下丧生，其余幸存的人就被编入农庄。按照努尔哈赤的指示："一庄编设男丁 13 人，牛七头。庄头兄弟计人 13 男丁之数内。将庄头带来沈阳，陪住牛录额真之家，二庄头之家住于一处。有事，则二庄头轮番值班前往催办，诸申勿管之。庄头之名，庄内 12 男丁之名及牛、驴毛色皆缮清单，交该屯章京，然后由前往之大臣造册带来。"另外，还规定，每庄给田百垧，20 垧为官田，80 垧供尔等食用。

努尔哈赤的旨令一下，一大批具有统一规模的农庄纷纷建立起来，各地汉民都被强迫加入农庄之中，这就意味着他已经放弃了过去的"各守旧业"和"计丁授田"两项政策，所有土地都被没收，全部纳入后金政权重新进行调整和分配。汉民们是因为受到努尔哈赤的惩罚才被编入庄园的，所以，他们现在的身份和地位比过去有所下降，失去了平民的自由权力，沦为以努尔哈赤为首的后金各级大小封建庄主的农奴。从此，封建奴隶制庄园便在后金国中星罗棋布地形成了，遍及全国各地，封建农奴制成为后金国中占据统治地位的生产关系。

生活在庄园中的农奴们所受的封建剥削比过去也加重了。按"计丁授田"令的规定，每三丁耕种官地一垧，平均每一丁耕种官地 0.33 垧；而编入农庄的农奴们，每 13 丁耕种官地 20 垧，平均每丁耕种官地 1.538 垧。由此可见，后者比前者要多 4 倍多。另外，按照"计丁授田"令，每丁领有自耕地 6 垧，耕官地 0.33 垧，其比例是 18 ∶1；而编入农庄的农奴们每 13 丁领有自耕地 80 垧，耕官地 20 垧，自耕地与官地之比是 4∶1，其负担轻重便可一目了然。这是努尔哈赤报复汉民的结果，也是他在辽东地区取得重大军事胜利之后，渐渐暴露出其民族高压政策真面目的开始。

努尔哈赤的"按丁编庄"令，虽然对汉人来说，是一种倒退和反动，但对于建州社会原有的奴隶制庄园来说，则是一种进步和文明。因为努尔哈赤最初起兵之时，女真社会仍然处于奴隶制田庄阶段，后来，在奴隶们不断的反抗斗争冲击下逐渐瓦解。后来，当八旗军队占领辽沈地区以后，大批被俘汉人沦为奴隶，奴隶制田庄又有所恢复并在相当大的范围内得以存在，这种落后的奴隶制生产关系严重地束缚和阻碍了生产力的快速提高和发展，奴隶们不断地以各种方式进行反抗。努尔哈赤这次颁布的"按丁编庄"令，虽然是专门为对付汉人而制定的，但为了统一规划，统一管理，也将原来这部分奴隶制庄园改变为封建制庄园，使那些没有人身自由、任人摆布和奴役的奴隶们其身份和地位得以上升和提高，成为具有一定权力和自由的农奴，这无疑是一种历史的进步。

每一种政策的实行都有受益者和受害者，判定它的正确与否就在于它是否推动了历史的前进。努尔哈赤的这一举措到底是推动了历史车轮的前进还是将历史车轮拉向倒退？应该说是二者兼而有之，对于封建经济高度发达的汉族地区而言则是一种倒退，而对于满洲社会来说则是一次巨大的历史进步。总而言之，还是受害者多，受益者少，努尔哈赤不应该将此事如此简单划一地处理，而采取分别对待的办法才是最明智的选择。

（四）八和硕贝勒共治国政

天命七年（明天启二年，1622年）三月初三日，努尔哈赤做出了一个重大决策。宣布在他百年之后，不再沿袭国主独尊的旧制，而实行八和硕贝勒共治国政的制度。

这一重大决策的出台，与努尔哈赤在选定继承人一事上屡遭挫折有直接关系。

努尔哈赤的长子褚英足智多谋，勇武超群。万历四十年（1612年），努尔哈赤立褚英为嗣子，命其执掌国政。但褚英心胸褊狭，为了与他的四个弟弟和五大臣争权，极力挑拨他们之间的关系，对他们多方限制，百般刁难，并且封锁消息，不准四个弟弟向父汗报告他的一切言行，企图架空父汗，抢班夺权。被告发后，遭到努尔哈赤的严斥。但褚英不但仍我行我素。而且怀恨在心，竟在努尔哈赤率兵出征乌拉时，暗中焚表，诅咒父汗、诸弟和五大臣，甚至希望父汗作战失败，准备不让父汗与诸弟回城。努尔哈赤得知此情后对褚英大失所望，于万历四十一年（1613 年）将其幽禁于高墙之中。两年之后，又下令将褚英处死。努尔哈赤首次立嗣就这样失败了。

褚英被囚杀后，围绕着立嗣问题，后金统治集团内部展开了激烈的斗争，特别是大贝勒代善和四贝勒皇太极二人，更是明争暗斗。代善为努尔哈赤第一个大福晋佟佳氏所生，英勇善战，战功卓著，赐号"古英巴图鲁"，封和硕贝勒，位居四大贝勒之首，称为"大贝勒"，拥有正红、镶红二旗，权势极大，颇受汗父的器重。努尔哈赤选定代善主管后金军国大政，并明确宣布立他为"太子"，并交代说，待自己百年之后，爱妃大福晋阿巴亥和诸幼子将托付给代善照应。太子的确立，并没有使代善与皇太极之间的争斗止息，反而有越演越烈之势。天命五年三月，努尔哈赤的小福晋泰音察告发代善与继母大福晋富察氏关系暧昧，大贝勒莫名其妙地被卷入一场政治阴谋之中。努尔哈赤对此事非常恼火，将大福晋休弃，虽然没有处分代善，但与代善的关系不可避免地蒙上了一层阴影。不久，又有两件事情，一是后金从界凡迁居萨尔浒时，代善气量狭小，与汗父争房地；二是代善听信继妻纳喇氏的谗言，虐待前妻之子硕托，甚至诬陷硕托与庶母通奸，一心要杀掉硕托，努尔哈赤因此对代善极为不满，于当年九月废掉太子。

废掉太子之后，努尔哈赤有意让四贝勒皇太极继承汗位。皇太极为努尔哈赤爱妃叶赫纳喇氏（亦作叶赫那拉氏）所生，聪明伶俐，有勇有谋，屡立战功，倍受努尔哈赤宠爱。他又极有心计，在那场富察氏与代善关系的风波当中，躲在幕后，不露声色，既使大贝勒名誉扫地，又获得了父汗的好感。但努尔哈赤很快就发现，皇太极自恃父汗的宠爱，高傲无礼，拉帮结伙，引起诸贝勒的不满，如选为嗣子，难以服众。而二贝勒阿敏为侄儿，三贝勒莽古尔泰生母被休，均不能人选。因此，对于立嗣一事，努尔哈赤感到左右为难。

当时八旗旗主贝勒都是努尔哈赤的子、侄等亲属，拥有很大的权利。各旗主贝勒为了扩大自己的权益，相互间明争暗斗，矛盾重重。在两次立嗣失败而新嗣子一时又难以确定的情况下，天命六年二月，努尔哈赤采取了一个折衷的办法，下令代善、阿敏、莽古尔泰、皇太极四大贝勒按月轮流执政，国内的一切政务，都由值月贝勒处理。按月分值虽然暂时避免了矛盾，毕竟不是长远之计。努尔哈赤为了调整旗主贝勒之间的关系，缓和矛盾，防止在他去世之后发生争权篡位的事情，才于天命七年发布汗谕，正式确定实行八和硕贝勒共治国政的制度。

和硕，是满语"方"、"角"的意思。和硕贝勒，直译是一方之贝勒。由于八旗都有固定的方位，这里的一方，也就是一旗。所以，和硕贝勒就是旗主贝勒，又称固山贝勒。八和硕贝勒共治国政，就是由八旗的八个旗主，共同执掌后金国的军政要务。八和硕贝勒拥有相当大的权利，具体说来，有以下几个方面。

第一，推选或废黜新汗。继任的新汗，既不是由努尔哈赤指定的，也不是自封的，而是由八和硕贝勒共议后推选的。新汗不能是强横的人，要选择不拒绝八和硕贝勒意见的人为汗。如果新汗不听八和硕贝勒的意见，不行善政，八和硕贝勒就可以罢免他，另行推选新汗。

第二，共同议处军国大政。努尔哈赤指出，一个人的知识终归有限，所以凡是军国大政必须由八和硕贝勒共议后集体裁处，不能由汗一人说了算。

第三，审断案件。汗谕规定，满、蒙、汉八旗，各置大臣八人、理事官八人。一切案件，先由理事官初审，复由八大臣拟定处理意见，最后由八和硕贝勒裁决。八旗之间的纠纷以及对和硕贝勒的惩处，也须由八和硕贝勒共同审理裁处，而新汗不再拥有最后裁决权。

第四，任免官将。汗谕规定，八和硕贝勒须贬斥奸诡的人，进举忠直的人。对于自己既无才能，又不能积极支持、发挥其他和硕贝勒正确意见的个别和硕贝勒，经八和硕贝勒集议后予以撤职，另从其属下的子弟中选任新的和硕贝勒。如有行为悖逆的和硕贝勒，八和硕贝勒对其进行惩治，包括罚其财物，没收所辖诸申（自由民），甚至将其关押狱中。这样，八和硕贝勒完全掌握了从一般官将全和硕贝勒的任免、奖惩等人事大权，新汗没有独自任免的权利，从而避免了新汗任用亲信，与八和硕贝勒争权的可能性。

第五，按"八分"分配。汗谕规定，一切社会财富，如掠获的金银财帛和人畜等，新汗不能独占，必须归八和硕贝勒共有，按"八分"即由八旗平均分配，不许隐匿贪取。

第六，与新汗并肩共坐。新汗在升殿或祭堂时，要先向叔兄叩首，然后登上宝座，与八和硕贝勒并肩共坐，同受国人叩拜。这就从礼仪上取消了新汗南面独尊的权力，使八和硕贝勒处于与新汗平等的地位。

汗谕在赋予八和硕贝勒诸多权利的同时，对其行动也有所限制，规定和硕贝勒不许在家中私议国政，也不许单独或几个人与汗密议，军国大政必须在庙堂共议。

努尔哈赤实行八和硕贝勒共治国政的汗谕，是在选择不到合适的接班人的情况下提出的，一是企图阻止诸子势同水火的储位之争，二是通过提高八和硕贝勒的地位和权利，限制新汗的权利，防止新汗权利过大而任意改变其既定的方针政策。努尔哈赤创建了后金国，他把政治、经济、军事等大权，完全控制在自己手中，实行的是君主集权制。自天命七年三月发布汗谕以后，他逐渐把部分权利移交给八和硕贝勒，为施行八和硕贝勒共治国政的制度作准备。天命十一年八月，努尔哈赤去世后，他的兄弟子侄等遵从八和硕贝勒集议立汗的训谕，由大贝勒代善倡议，其他诸贝勒一致赞同，四贝勒皇太极被推举为新汗。事实证明，八和硕贝勒共治国政的制度保证了权利的平稳交接，防止了一场因争夺汗位而可能出现的大动乱。但是，八和硕贝勒共治国政的制度带有很大的历史局限性，不可能彻底实行。进入辽东以后，后金国正从奴隶制向封建制过渡，君主集权是历史的必然，是不可阻挡的大趋势。八和硕贝勒共治国政的制度，分散了君主的权利，不利于君主集权，不适应后金国的社会现实。所以，皇太极上台之后，极力强化汗权，很快就"南面独坐"，八和硕贝勒共治国政的体制就被废除了。

四

努尔哈赤随着统一女真和对明征战的不断胜利，人口日众，疆土日广，骑兵日强，国力日盛，其军政中心相应地进行转移：最早为佛阿拉，后迁至赫图阿拉，又移至界凡，再搬往萨尔浒山城，复徙至辽阳，最后迁都沈阳。

佛阿拉是努尔哈赤的第一个根据地。佛阿拉东依鸡鸣山，南靠喀尔萨山，西偎烟筒山（虎拦哈达），北濒苏克素浒河，位置在苏克素浒河支流加哈河与首里口河之间三角形河谷平原的台地上。1587 年（万历十五年），努尔哈赤在佛阿拉筑城三层，兴建衙门，启筑楼台，设堂祭天。《清太祖武皇帝实录》记载：

> 丁亥年，太祖于首里口、虎拦哈达下，东南
>
> 二道——名夹哈，一名首里，夹河中一平山，筑

城三层，启建楼台。

这时努尔哈赤二十九岁，已起兵五年，尼堪外兰授首，建州本部统一。努尔哈赤在这里"定国政"，佛阿拉成为建州第一个政治中心。他在佛阿拉居住十六年，统一建州，吞并哈达，创建军队，制定满文，后迁至赫图阿拉。

赫图阿拉是继佛阿拉之后努尔哈赤的第一个都城。它位置于佛阿拉北面，在苏克素浒河与加哈河之间。万历三十一年（1603 年），努尔哈赤从佛阿拉迁往赫图阿拉。《清太祖高皇帝实录》记载：

> 上自虎拦哈达南冈，移于祖居苏克苏特河、加哈河之间赫图阿喇地，筑城居之。

后金汗努尔哈赤在赫图阿拉居住十六年，灭辉发，并乌拉，创八旗，兴屯田，征抚东海女真，降服萨哈连部，发布"七大恨"誓师，获取萨尔浒大捷。努尔哈赤在赫图阿拉建立后金，强化汗权，奠下了他政治大业的基础。但是，努尔哈赤不循旧苟安，他为着锐意进取，又放弃赫图阿拉，徙驻界凡。

界凡城是努尔哈赤向明发动大规模进攻的前哨阵地。万历四十七年即天命四年（1619）二月，努尔哈赤派夫役一万五千人往界凡运石筑城。他在三月获得萨尔浒之捷后，决意将后金政治重心西移，在界凡建衙门，修行宫，屯田牧马，待机攻明。六月，界凡城修竣。界凡又称者片，在赫图阿拉西一百二十里，位置于苏克素浒河与浑河之间："者片城在两水间，极险阻，城内绝无井泉，以木石杂筑，高可数丈，大小胡家皆在城外水边。"界凡城初步竣工后，努尔哈赤的迁驻立议，受到诸贝勒大臣的阻挠，但他力排众议，决计迁居界凡。史载：

> 上谕贝勒诸臣曰："吾等勿回都城，筑城界凡，治屋庐以居，牧马边境，勿渡浑河，何如？"

贝勒诸臣议曰："不如还都，近水草，息马浓阴
之下，浴之、饲之，马乃速壮；且使士卒归家，
缮治兵仗便。"上曰："此非尔所知也。今六月盛
夏，行兵已二十日矣。若还都二、三日乃至，军
士由都至各路屯寨，又须三、四日，炎蒸之时，
复经远涉，马何由壮耶？吾居界凡，牧马于此，
至八月又可兴师吴。"遂驻跸界凡，令军士尽牧
马于边。

诸王贝勒不理解后金汗的政治抱负与军事意图，力请
解缰释弓，燕居家园。努尔哈赤说服诸贝勒大臣后，接亲
眷，摆大宴，迁驻"四面皆险截"的山城界凡。据《盛京
通志·城池志》载：

界蕃城，〔兴京〕城西北一百二十里，在铁
背山上。天命三年，我太祖取抚顺，自兴京迁至
此。依山筑城，周围一里，东一万；又一小城，
周围一百八十步，西一门。

努尔哈赤迁居界凡后不久，即率师出征，两月之间，
擒介赛，陷铁岭，灭叶赫。努尔哈赤在界凡栖驻一年零三
个月后，又移居萨尔浒山城。

萨尔浒山城在界凡西十里许。努尔哈赤为向辽沈地区
进军，迁至萨尔浒山城。据《盛京通志·城池志》载：

萨尔虎城，〔兴京〕城西一百二十里。天命
五年，我太祖自界蕃迁此。内城周围三里，东南
二门，西南、西北二门。外城周围七里，东、
西、南、北各一门。

不久，即连陷沈、辽。他在萨尔浒山城未及半年，便
迁都辽阳。

辽阳原为明辽东首府。天启元年即天命六年（1621
年）三月，后金占领辽阳后，努尔哈赤立即拟议迁都辽
阳，诸贝勒大臣因循旧习，不愿迁都。努尔哈赤说服他

们，遂定迁都辽阳之大计。《清太祖高皇帝实录》记载：

上集贝勒诸臣议曰："天既眷我，授以辽阳，今将移居此城耶，抑仍还我国耶？"贝勒诸臣俱以还国对。上曰："国之所重，在土地、人民，今还师，则辽阳一城，敌且复至，据而固守。周遭百姓，必将逃匿山谷，不复为我有矣。舍已得之疆土而还，后必复烦征讨，非计之得也。且此地，乃明及朝鲜、蒙古接壤要害之区，天既与我，即宜居之。"贝勒诸臣皆曰："善。"遂定议迁都。

后金迁都辽阳议定，诸福晋在众贝勒等的迎接下来到辽阳。她们踏着芦苇席上铺设的红地毯，进入后金汗的衙门里。翌年三月，努尔哈赤议另筑辽阳新城。他召集诸贝勒大臣曰："天眷佑，遂有辽东之地。但今辽阳城大，年久倾圮。东南有朝鲜，北有蒙古，二国俱未弭帖。若舍此征明，恐贻内顾忧，必更筑坚城，分兵守御，庶得固我根本。"诸贝勒大臣以兴建城郭，辽民劳苦为谏。努尔哈赤执意建筑新城，他说：

今既与明构兵，岂能即图安逸？汝等所惜者，一时小劳苦耳！朕所虑者大也。苟惜一时之劳，何以成将来远大之业耶？朕欲令降附之民筑城，而庐舍各自营建。如此虽暂劳，亦永逸已。

众贝勒大臣同意努尔哈赤另筑新城之议，后金汗即命在辽阳城东太子河畔，兴筑辽阳京城宫殿、城池、坛庙、衙署，是为东京。据乾隆《盛京通志》记载：

东京城在太子河东，离辽阳州城八里，天命六年建。周围六里零十步，高三丈五尺，东西广二百八十丈，南北袤二百六十二丈五尺。城门八：东向者左曰迎阳！右曰韶阳，南向者左曰龙源、右曰大顺，西向者左曰大辽、右曰显德，北向者左曰怀远、右曰安远。

营建东京，大兴徭役，征发降民，夫役繁苦，引起辽沈汉民的不满与反抗。

然而，后金迁都辽阳，是努尔哈赤的重要决策，也是女真发展史上意义深远的重大事件。这反映了他的远见卓识和英明果断。从此，努尔哈赤将明朝统治东北的政治中心，变为后金的都城；将明朝对抗后金的前线，变成后金进攻明朝的基地。努尔哈赤在东京统治达四年之久，最后迁都沈阳。

沈阳城当时仅有辽阳城一半大。如熊廷弼所说："况辽城之大，两倍于沈阳有奇"。但是，后金汗努尔哈赤最早看出沈阳比辽阳更有发展前途，于是提议迁都沈阳。天启五年即天命十年（1625 年）三月，后金汗与诸贝勒大臣就迁都沈阳一事，发生了一场激烈的争论：

> 帝聚诸王巨议欲迁都沈阳。诸王臣谏曰："东京城新筑宫廨方成，民之居室未备，今欲迁移，恐食用不足，力役繁兴，民不堪苦矣。"帝不允，曰："沈阳四通八达之处，西征大明，从都儿鼻渡辽河，路直且近；北征蒙古，
> 二、三日可至；南征朝鲜，自清河路可进；沈阳浑河通苏苏河（苏克素浒河），于苏苏河（苏克素浒河）源头处，伐木顺流而下，材木不可胜用；出游打猎，山近兽多，且河中之利亦可兼收矣。吾筹虑已定，故欲迁都，汝等何故不从！"乃于初三日出东京，宿虎皮驿，初四日至沈阳。

后金汗努尔哈赤分析了沈阳在地理、政治、经济、军事和交通上的重要地位之后，认为它是"形胜之地"，便于控制整个东北地区，决定后金政治中心由辽阳迁至沈阳。从此，沈阳发展成为我国东北地区政治、经济、文化

和交通的中心。

努尔哈赤迁都沈阳，后称沈阳为盛京。盛京，满文音译为穆克屯和屯，简称穆克屯。其满文体为 Mukden ho-ton，Mukden 意为兴盛，hoton 意为城郭，合意译为盛京。后金迁都沈阳后，开始改建沈阳城，兴修沈阳宫殿。先是，努尔哈赤凡遇大事或宴赏，则张天幕八座，为八旗诸王大臣分列处坐之所。他迁都沈阳后，住居在一座二进式宫院里，其前有宫门三楹，门内为一进院，院内正中突起高台，上有川堂。尔后，为二进院，中为正殿三楹，东西各有配殿三楹，均为悬山夹脊前后廊式建筑。但是，努尔哈赤为着典礼与议政之需，命将昔时设置天幕营帐之制，兴建为大政殿前之十王亭。这也是辽、金以来"帐殿"之遗意。大政殿和十王亭是沈阳宫殿的主体建筑，也是后金汗努尔哈赤进行统治的权力中心。大政殿坐北朝南，宏伟壮丽，金碧辉煌。基台周围用雕刻构件垒砌，文饰生动，造型优美。台基上矗立朱红圆柱，正面有金色双龙盘绕，玲珑剔透秀丽，象征威严吉祥。它为亭子式八角重檐建筑，殿顶满铺黄琉璃瓦，绿镶绿色剪边，上列十六道五彩琉璃脊。这种重檐庑殿、木架结构、丹漆彩绘和五采琉璃，是汉族传统的建筑形式。大殿内的梵文天花，又具有少数民族的建筑特点。大政殿八脊顶端聚成尖状，上面安设相轮宝珠与八个力士的宝顶，具有喇嘛教色彩。大政殿左右列署为十王亭，即右翼王亭、正黄旗亭、正红旗亭、正白旗亭、正蓝旗亭，左翼王亭、镶黄旗亭、镶红旗亭、镶白旗亭、镶蓝旗亭。大政殿与十王亭合成一组完整的建筑群。它既是后金汗与八和硕贝勒等议政的殿事，又是八旗制度在宫殿建筑上的反映。

总之，努尔哈赤从费阿拉到沈阳，为加强和发展其统治权力而走过了漫长的历程。他进入辽沈地区后的许多重大军政，都是在辽阳或沈阳决策与实施的。

第九章　垂暮之年

一

　　努尔哈赤为加强汗权，同其胞弟舒尔哈齐发生了权力与财富之争。

　　早在努尔哈赤起兵之初，舒尔哈齐处于其副手的地位。在明官书中，往往努尔哈赤与舒尔哈齐并称。舒尔哈齐曾以建州卫都督等身份，多次进京"朝贡"，如：

　　万历二十三年（1595年）八月，"建州等卫女直夷火速儿哈赤等赴京朝贡，命如例宴赏"。

　　万历二十五年（1597年）七月，"建州等卫夷人都督都指挥速儿哈赤等一百员名、纳木章等一百员名，俱赴京〔朝〕贡，赐赏如例"。

　　万历三十四年（1606年）十二月，"建州卫都督都指挥速儿哈赤等人贯"。

　　万历三十六年（1608年）十二月，"颁给建州右等卫女直夷人速儿哈赤等一百四十名，贡赏如例"。

　　舒尔哈齐多次进京"朝贡"，这在他兄弟五人中，除其长兄努尔哈赤外是仅见的。

　　另从朝鲜史籍中，也能反映出舒尔哈齐的显贵地位。如申忠一到佛阿拉所绘建州首领住家图录仅二幅，即《木栅内奴酋家图》和《外城内小酋家图》。他所见舒尔哈齐"体胖壮大，面白而方，耳穿银环，服色与其兄一样"。比申忠一先一月到阿拉的朝鲜通事河世国，分别受到努尔哈赤和舒尔哈齐的接见与宴赏：

> 老乙可赤常时所住之家，麾下四千余名，佩剑卫立，而设坐交椅。唐官家丁先为请入拜辞而罢，然后世国亦为请入，揖礼而出。小乙可赤处一样行礼矣。老乙可赤屠牛设宴，小乙可赤屠猪设宴，各有赏给。

朝鲜和明朝的史籍记载，都说明努尔哈赤与舒尔哈齐曾是主副配合、相辅相成的。

但是，努尔哈赤与舒尔哈齐之间的矛盾，在万历二十三年（1595 年）已见端倪。申忠一见舒尔哈齐家里的"凡百器具，不及其兄远矣"；舒尔哈齐也向申忠一力言："日后你金使若有送礼，则不可高下于我兄弟"。这表露出舒尔哈齐对已获权位与财货的不满。尔后，万历二十七年（1599 年）建州兵征哈达时，努尔哈赤在哈达城下当众怒斥舒尔哈齐，他们之间的裂痕加深。万历三十五年（1607年），努尔哈赤以舒尔哈齐在乌碣岩之役作战不力，命将其二将常书、纳奇布论死，后依舒尔哈齐恳请，二将免死，罚常书银百两，夺纳奇布所属牛录。自此，努尔哈赤"不遣舒尔哈齐将兵"，削夺其兵权。万历三十七年（1609年）三月，舒尔哈齐被夺去兵权后，郁闷不乐，常出怨言，认为活着还不如死了好，遂移居黑扯木。努尔哈赤命收回其弟舒尔哈齐贝勒的财产和阿哈，杀了他的儿子阿布什，又将他的部将武尔坤吊在树上，以火烧死。同年，明辽东巡按熊廷弼行"闲速酋以断其手足"之策。万历三十九年（1611 年）八月十九日，舒尔哈齐贝勒死。据明人黄石斋《建夷考》载：

> 酋疑弟二心，佯营壮第一区，落成置酒，招

弟钦会，入于寝室，锕铛之，注铁键其户，仅容

二穴，通饮食，出便溺。弟有二名裨，以勇闻，

酋恨其佐弟，假弟令召入宅，腰斩之。

另如《三朝辽事实录》也载："奴酋忌其弟速儿哈赤

兵强，计杀之"。

据明人诸书所载，舒尔哈齐被其兄努尔哈赤加害，但
清朝史书讳言。努尔哈赤为人威暴严厉，据《栅中日
录》记：

奴酋为人猜厉威暴，虽其妻子及素亲爱者，

少有所忤，即加杀害，是以人莫不畏惧。

据努尔哈赤的威暴性格及明代史书的有关记载，努尔
哈赤为了强化汗权，幽杀其胞弟舒尔哈齐贝勒是很有可能
的。孟森先生断言舒尔哈齐之死，"实乃杀之"。

舒尔哈齐死后，汗位之争的焦点移向努尔哈赤的长子
褚英。

褚英，母佟佳氏，万历八年（1580年）生。他于万历
二十六年（1598年）率兵征安楚拉库路，被赐号洪巴图
鲁；万历三十五年（1607年）在乌碣岩之战中立功，被赐
号阿尔哈图土门；翌年，又偕贝勒阿敏等攻乌拉，克宜罕
山城。旅因居长，屡有军功，被努尔哈赤授命执掌国政。
褚英柄政后，因年纪轻，资历浅，心胸偏狭，操切过急，
受到"四贝勒"、"五大臣"内外两方面的反对。"四贝勒"
即努尔哈赤"爱如心肝"的代善、阿敏、莽古尔泰、皇太
极。他们各为旗主贝勒，握军队、拥权势，厚财帛、领部
民，建州又无立嫡以长的历史传统，不满于褚英当嗣子、
主国政的地位。他们上告长兄褚英，似有争嗣之嫌，于是
争取同"五大臣"联合，倾轧褚英。"五大臣"即努尔哈
赤所"信用恩养、同甘共苦"的费英东、额亦都、扈尔
汉、何和里、安费扬古。他们早年追随努尔哈赤，威望
高、权势重，厉战阵、建殊勋，当克图伦时褚英尚在襁褓

之中，自然也不满于褚英专军机、裁政事的地位。他们首告嗣储褚英，似有贰心之嫌，于是也力求同"四贝勒"结合。

努尔哈赤嗣子褚英对这些建州的"柱石"和"元勋"缺乏谦恭之态，想趁父汗在世时逐渐削夺他们的财富和权力，以便巩固储位。这促使"四贝勒"与"五大臣"采取内外夹击的策略，共同对付褚英。褚英陷于孤立。"四贝勒"和"五大臣"经过密议之后，联合向努尔哈赤告发褚英。努尔哈赤让他们每人写一份文书呈送。他们各写文书、联合控告褚英的"罪状"是：第一，使"四贝勒"、"五大臣"彼此不睦；第二，声称要索取诸弟的财物、马匹；第三，曾言："我即位后，将诛杀与我为恶的诸弟、诸大臣"。努尔哈赤在权衡长子褚英与"四贝勒"、"五大臣"两方力量对比之后，断然寝疏褚英。尔后两次耀兵乌拉，努尔哈赤没有派褚英出征，让他留居在家中。"褚英意不自得，焚表告天自诉，乃坐咀呢"之罪，1613年（万历四十一年）三月二十六日，被幽禁在高墙之中。万历四十三年（1615年）八月二十二日，努尔哈赤下令将长子褚英处死，当时褚英年仅三十六岁。

后金汗努尔哈赤为加强汗权而幽弟杀子，心怀惭德，久不平静。他年事渐高，不愿子孙们骨肉相残，要不咎既往，惟鉴将来，子孙环护，长治久安。天启元年即天命六年（1621年）正月十二日，后金汗召集诸子侄及长孙代善、阿敏、莽古尔泰、皇太极、德格类、济尔哈朗、阿济格、岳托等，对天地神祇，焚香设誓：

> 蒙天父地母垂祐，吾与强敌争衡，将辉发、几喇、哈达、夜黑，同一音语者，俱为我有。征仇国大明，得其抚顺、清河、开原、铁岭等城，又破其四路大兵，昏天地之默助也。今祷上下神祇：吾子孙中纵有不善者，天可灭之，匆令刑

伤，以开杀戮之端。如有残忍之人，不待天诛，
遽兴操戈之念，天地岂不知之？若此者，亦当夺
其算。昆弟中若有作乱者，明知之而不加害，俱
坏〔怀〕礼义之心，以化导其愚顽。似此者，天
地祐之，俾子孙百世延长。所祷者此也。自此之
后，伏愿神祇，不咎既往，惟鉴将来。

后金统治集团内部残酷的政治斗争，不会因努尔哈赤
率领众子侄等对神祇设誓而自行消失。同样，"怀礼义之
心"的诸王贝勒，对于觊觎汗位者，必不能"化导其愚
顽"。在后金统治集团中，有汗位，就有激烈的争夺；有
争夺，就有酷虐的斗争。这种为争夺皇位而骨肉相残的宫
廷斗争史，后来一再重演。

褚英被囚死后，后金汗努尔哈赤的"建储"之争更为
剧烈。这主要在四大贝勒中的代善和皇太极之间进行明争
与暗斗。"天命年间四大贝勒各拥重兵，觊觎大位。顾阿
敏为太祖侄，莽古尔泰之母则得罪太祖，故以代善与太宗
最为有望。当开国之初，削平诸部，夺取辽、沈，二王功
最高"。代善与皇太极，以序齿言，褚英已死，代善居长，
皇太极为弟行；以武力言，代善独拥二旗，为皇太极掌一
旗所不及；以才德言，代善宽厚得众心，皇太极则威厉为
人畏惮。努尔哈赤自然决定让代善继褚英执掌国政。代善
因被赐号古英巴图鲁，朝鲜史籍称他贵盈哥。《建州闻见
录》记载，努尔哈赤死后，"则贵盈哥必代其父"。努尔哈
赤说过："俟我百年之后，我的诸幼子和大福晋交给大阿
哥收养"。大阿哥即大贝勒代善，大福晋是努尔哈赤的大
妃乌拉纳喇氏阿巴亥。努尔哈赤将爱妃大福晋和诸心肝幼
子托付给代善，即预定他日后袭受汗位。代善性宽柔、学
众望，军功多、权势大，自协助父汗主持国政后，凡努尔
哈赤不在时，一些重大军机便先报告给他。然而，代善也
有其弱点。随着代善的权位日重，他同其父汗及其弟皇太

极的矛盾便趋向激化。

代善同努尔哈赤、皇太极之间的矛盾，以德因泽的告讦而爆发。《满文老档》记载，万历四十八年即天命五年（1620年）三月，小福晋德因泽向后金汗告发道："大福晋两次备佳肴送给大贝勒，大贝勒受而食之。一次备佳肴送给四贝勒，四贝勒受而未食。大福晋一天二、三次派人去大贝勒家，大约商议要事。大福晋有二、三次在深夜出宫院"。努尔哈赤派扈尔汉、额尔德尼、雅逊和莽阿图四大臣去调查，后查明告发属实。而诸贝勒大臣在汗的家里宴会、集议国事时，大福晋饰金佩珠、锦缎妆扮，倾视大贝勒。诸贝勒大臣虽内心不满，却因惧怕大贝勒和大福晋而不敢向汗报告。努尔哈赤对大贝勒同大福晋的暧昧关系极为愤慨，但他既不愿加罪于儿子，又不愿家丑外扬，便借口大福晋窃藏金帛，勒令离弃，小福晋德因泽因告讦有功，被升为与努尔哈赤同桌共食。或言德因泽告讦之谋出自皇太极。皇太极借大贝勒与大福晋的阴私，施一箭双雕之计，既使大福晋被废，又使大贝勒声名狼藉，并离间了努尔哈赤与代善的父子之情，为他后来夺取汗位准备了重要条件。

时后金汗努尔哈赤年事已高，选立嗣君的计划一次又一次地破产。这促使他试图废除立储旧制，改革后金政体，实行八大贝勒共治国政的制度。

二

后金汗努尔哈赤子天命十一年（1626年）正月宁远兵败，遭受起兵以来最重大的挫折。他自称"朕心倦惰"，心情沮丧，悒悒不自得，怿怿思往事。《清太祖武皇帝实录》三月三日，记载他的引咎之言：

吾思虑之事甚多，意者朕心倦情而不留心于

治道欤？国势安危民情甘苦而不省察欤？功勋正
直之人有所颠倒欤？再虑君子嗣中果有效吾尽心
为国者否？大臣等果俱勤谨于政事否？

他在昼夜殚思，稽省治策的失措，后金的困难，诸申
的烦苦，忠奸的倒衡，臣史的怠绌，子嗣的继任等问题。
努尔哈赤既在思索宁远之败的教训，又在筹虑身后军国的
大计。但百思不得其解，陷于闷苦之中。

努尔哈赤为掩饰宁远兵败的渐闷，重振士气，把将士
的不满引向蒙古。明辽东巡抚袁崇焕对此疏报言：

臣见奴儿哈赤，自宁远败后，平昔之力压势
制者，保不生携二之心？其含愤蓄怨，思患预
防，而急于一逞者，其心也。然攻其焚弃。丧失
殆尽，非一傃可成，而锦、右一带烧残，无可掠
之野，其不能遽举者势也。故心急而力不足赴，
且阳为渡河西向，以懈岁花。岁花果堕其彀中不
备，奴得尽驱其众。彼又借攻岁之威，以安其部
落之心，且劫黄毛达子哈儿慎为之用。

所以，努尔哈赤以其背弃"若征明与之同征，和则与
之同和"的盟约，兴师问罪。四月初四日，他率领诸贝勒
大臣统兵西渡辽河。前锋军射死蒙古喀尔喀巴林部叶赫巴
国鲁幼子囊努克。努尔哈赤派大贝勒代善、二贝勒阿敏、
三贝勒莽古尔泰、四贝勒皇太极以及济尔哈朗、阿济格、
岳托等统兵往西拉木伦河，获胜而归。五月二十一日，蒙
古科尔沁奥巴贝勒来沈阳，他出城十里升帐迎接。但后金
汗努尔哈赤这两次重大军政活动，《满文老档》阙载。看
来，这时努尔哈赤或伤创未愈，或患病在身，亦或兼而
有之。

劳师远袭和奥巴归服，这都不能排解努尔哈赤因宁远
兵败而潜郁在心灵深处的悲苦。久经疆场、攻无不克的后
金汗，竟然会输给一名初历战阵、婴城孤守的袁崇焕？努

尔哈赤思索、惭赧、痛苦、焦躁，食不甘味，寝不安眠，肝郁不舒，积愤成疾。努尔哈赤创伤未愈，痈疽突发。他于七月二十三日往清河汤泉沐养，八月初一日，派二贝勒阿敏杀牛烧纸，祈祷神佑，但毫无效果，病势危重，寻乘船顺太子河回沈阳。

天启六年即天命十一年（1626 年）八月十一日，后金汗努尔哈赤在由清河返回途中，至离沈阳东四十里的瑷鸡堡死去。

《清太祖高皇帝实录》记载：

> （七月）癸巳（二十三日），上不豫，幸清河坐汤。八月庚子朔，丙午（初七日），上大渐，欲还京，乘舟顺太子河而下。使人召大妃来迎，入浑河。大妃至，沂流至瑷鸡堡，距沈阳城四十里。庚戌（十一日），未刻，上崩。在位凡十一年，年六十有八。

此事，东江疏报：

> （耿仲明）八月初二日，急归报臣：老奴背生恶疮，带兵三千，见在咸宁堡狗儿岭汤泉洗疮……

明辽东督师王之臣、辽东巡抚袁崇焕疏报：

> 奴酋死于沈阳，四子与长子争继未定。

王之臣、袁崇焕又疏报后金汗努尔哈赤之死亡原因与死亡日期：

> 奴酋耻宁远之败，遂蓄愠患疽，死于八月初十日〔应作十一日〕。

大妃纳喇氏见努尔哈赤死去，悲痛欲绝，泣不成声。群臣抬着努尔哈赤灵柩至沈阳宫中。努尔哈赤的尸骨未寒，就发生汗位继嗣之争。

时四大贝勒为代善、阿敏、莽古尔泰、皇太极，四小贝勒为阿济格、多尔衮、多铎、济尔哈朗。阿敏和济尔哈朗为舒尔哈齐子，属于旁支，不能争位。莽古尔泰性鲁钝，或言曾弑其母继妃富察氏，也不能争位。承嗣汗位鼎争者主要是皇太极、代善和纳喇氏所出的多尔衮。大福晋纳喇氏是努尔哈赤晚年的宠妃，为阿济格、多尔衮和多铎的生母。努尔哈赤死时，多尔衮十五岁，多铎十三岁，因受父汗偏爱，两人领有正白、镶白二旗，又有其三十七岁正当盛年的生母纳喇氏控制于上，势力强大。这自为皇太极等所难容。诸王以"遗言"为由，迫令纳喇氏殉死：

> 后饶丰姿，然心怀嫉妒。每致帝不悦，虽有机变；终为帝之明所制。留之恐后为国乱，预遗言于诸王曰："俟吾终，必令殉之。"诸王以帝遗言告后，后支吾不从。诸王曰："先帝有命，虽欲不从，不可得也。"后遂服礼衣，尽以珠宝饰之，哀谓诸王曰："吾自十二岁事先帝，丰衣美食，已二十六年。吾不忍离，故相从于地下。吾二幼子多尔哄、多躲，当恩养之。"诸王泣而对曰："二幼弟，吾等若不恩养，是忘父也。岂有不恩养之理！"于是，后于十二日，辛亥，辰时，自尽。寿三十七。乃与帝同柩。

就这样，大福晋纳喇氏成为后金汗位争夺的牺牲品。同时殉葬的还有二庶妃阿济根和德因泽。

纳喇氏死后，多尔衮与多铎年少，失去依恃，无力争夺汗位。汗位的争继主要在皇太极与代善二人之间角逐。代善虽为大贝勒，但性情"宽柔"，先已失宠（见本章第二节），并被削夺一旗，无力与皇太极抗争。他在努尔哈赤生前，因恐皇太极图己，曾跪在其父面前泣诉。这说明代善在与皇太极争夺嗣位时已居下风。四贝勒皇太极兼领镶黄、正黄二旗，"奢得众心"，将卒精锐，"智勇俱全"，战功独多，又得到其兄正红旗旗主贝勒代善的退让，遂得继嗣父汗以登大位。但是，汗权的执行形式是四大贝勒共同听政。他们并坐议政，实行贵族共治，暂未形成君主专制。

努尔哈赤死后，梓宫暂安于沈阳城内。皇太极即位后，命诸贝勒大臣选择墓地，营建山陵：

> 初，上命诸贝勒大臣，敬卜吉壤，建造山陵，奉迁高皇帝梓宫安葬。至是定议，卜吉于沈阳城东二十里，浑河北石嘴头山，遣官诣东京，奉迁孝慈高皇后梓宫，与太祖高皇帝合葬。大贝勒莽古尔泰母妃富察氏柩，亦同迁焉。

上载史事为崇祯二年即天聪三年（1629年）二月初十日。十三日，清明节，努尔哈赤梓宫安葬：

> 己亥，清明节，丑刻，以奉安太祖高皇帝梓宫，上率诸贝勒大臣，诣太祖梓宫前，行告祭礼，奠酒，举哀。焚楮币，读祝。祝词曰："皇考升遐，于时三载，向以未获吉壤，敬奉梓宫，暂安沈阳城内。宏规钜制，有待经营。今谨卜地于浑河北石嘴头山，川萦山拱，佳气郁葱，敬建宝城。用诹吉日，奉迁皇考梓宫，莫兹佳域，伏愿亿万斯年，神灵永安，庆流奕世，申锡无疆。谨告。"逆焚祝文，上与诸贝勒，亲奉太祖梓宫出殿，诸大臣奉安灵举，列卤簿，奏乐。八旗诸臣，以次恭舁龙辒，至山陵。随奉孝慈高皇后梓宫，与太祖高皇帝合葬。大贝勒莽古尔泰母妃富察氏灵榇，亦祔葬于傍。葬毕，焚楮币以祭。于是，命官敬谨守护，陵东西两旁，立下马坊。禁乘车马行走，过必下。诸贝勒大臣以下，小民以上，违者治罪。

努尔哈赤的梓宫，葬于沈阳东石嘴头山，后改名为天柱山，是为福陵，又称东陵。

福陵，山曰天柱，在奉天府城东北二十里。殿曰隆恩，奉太祖高皇帝、高皇后神位，太妃在陵之右。

努尔哈赤死后，其谥号数变：崇祯九年即崇德元年（1636年）四月，初谥为：

"承天广运圣德神功肇纪立极仁孝武皇帝，庙号太祖"。

康熙元年（1662年）四月，加谥为：

"承天广运圣德神功肇纪立极仁孝睿武弘文定业高皇帝"。

雍正元年（1723年）八月，再加谥为：

"承天广运圣德神功肇纪立极仁孝睿武端毅弘文定业高皇帝"。

乾隆元年（1736年）三月，复加谥为：

"承天广运圣德神功肇纪立权仁孝睿武端教钦安弘文定业高皇帝"。

三

大妃阿巴亥自幼入努尔哈赤之宫，可谓一直是真心诚意地在侍奉着大汗。当时实际上真正的情窦尚未开，等她到了十八妙龄之后，已是深锁于内宫的福晋、大福晋。一切行为都有极严格的礼仪规定钳束着。努尔哈赤虽始终钟爱于她，而一，努尔哈赤毕竟已步入老年，尽管他体壮如牛，但年龄不饶人，总有老态显露出来；二，努尔哈赤始终突出政治，狠抓军事，自己的生活总被放在一个极不重要的位置上，反正只要在宫，每夜总有妃子侍候着，尽管对大妃阿巴亥情有独钟，而出于政治考虑，亦并非每夜必宿她宫中；再说，努尔哈赤一生中，有多半生是活动在马背上，征战在沙场上，但凡出征，还总是不带女眷的。

现在努尔哈赤既然临终前别的福晋不想，只想一见大福晋阿巴亥，可见尽管曾因案而废之，但感情这东西是说不清道不白的，更何况不久又早已恢复了阿巴亥大福晋之位，足见努尔哈赤第一离不开的唯有阿巴亥。这正好给想要加害于她的贝勒大臣们送上了最好的借口。

当时八大贝勒亲王中，还尚有四大四小之分。代善、阿敏、莽古尔泰、皇太极是四大贝勒，阿济格、多尔衮、多铎、济尔哈朗是四小贝勒。四大贝勒中，阿敏是舒尔哈齐的大儿子，莽古尔泰又向来因生性鲁莽，而悟性又迟钝，自己不成才而向不为人所重。还有过谣传，说是他杀了自己的生身母亲、努尔哈赤的继妃富察衮代，所以在争大位的问题上是谁也不会去支持他的。四小贝勒中，年最长的自然也比皇太极还小，而且还不是小一点，皇太极行八，阿济格已是行十二，中间还隔着行九的巴布泰，行十的德格类，与行十一的巴布海。阿济格往下排，行十三的赖慕布也不足虑，他是庶妃西林觉罗氏所出。倒是行十四的多尔衮，与行十五的多铎也还必须认真对待，因为多尔衮、多铎与阿济格，均系大妃阿巴亥所出。后来阿济格被封为英亲王；多尔衮也有写作多儿哄的，后被封为睿亲王；多铎，也有写作多躲的，后被封为豫亲王。而济尔哈朗也是舒尔哈齐的儿子，也无权来争大位。

所以在当时，皇太极要夺得大汗之位，对手主要是代善与阿巴亥所生的三兄弟，即四小贝勒中的前三名。阿巴亥的三个儿子中，长兄阿济格虽亦多次随父汗征战，也立有不少战功，但努尔哈赤一向更宠爱他的两个弟弟多尔衮与多铎。所以集中目标来看，皇太极的对手只有两个，一个是他的兄长代善，一个是他的弟弟多尔衮。

先说代善，他虽身为大贝勒，而且在褚英被处死后，他曾一度处于王储之位，按说他得大汗之位比较顺理成章，但他宽厚仁慈，秉性柔弱；再说他就在接褚英居嗣位期间，已遭讦诬，说他与大妃有眉来眼去之事，所以可说也早被皇太极等辈搞臭，在争大汗之位的斗争中倒也不算是皇太极的劲敌。

再说多尔衮，他虽比他的亲长兄阿济格还小几岁，可从小就深得父汗的爱怜，在才能方面早已显露出来，既继承了父汗的雄才大略，还蕴含着他母亲细微大方的秉性，真可谓刚柔相济，粗中有细，还真是块从政的好钢。努尔哈赤驾崩之时，多尔衮只有十五岁，多铎才十三岁，可他俩都已统领着正白、镶白二旗，这以母亲阿巴亥为首的这一家子，实在是皇太极更不可轻忽的政治上的敌手。

如何集中力量来对付多尔衮，如果直接从正面去与多尔衮争夺，还真不好办。皇太极自己虽是皇后孟古姐姐所生，但他是独苗，上无哥哥姐姐，下无弟弟妹妹，所以与多尔衮一旦正面冲突，其他哥哥弟弟不一定都会站到他的一边，而阿济格与多铎倒是确定无疑地会站到多尔衮的一边。

于是皇太极利用他在汗父健在时已布下的网，顺着代善曾与阿巴亥有私的老"污点"，再来个顺水推舟，说是汗父身前曾有遗言，说等我殡天之后，一定让大妃陪我殉葬，以慰我在天之灵！

皇太极这一"亲得自"大行汗父的"遗诏"先在三兄弟之外的诸贝勒中一传，有的信以为真，还有的更坚信这确是先汗父的遗志，要不为什么临终不召别人，而偏偏只召大妃一人赶去见他呢?! 于是都支持皇太极，并希望他立即按遗愿执行之。

在搞掉大妃阿巴亥这一点上，皇太极与代善可谓一拍即合。

这时的天又是这样的闷热，如若不及时入殓，尸体很快便会更胖（pāng），眼看着它在逐渐膨胀，汗毛孔中都在往外渗汗水。

皇太极办事一向雷厉风行，一不做二不休，就在大汗驾崩的第二天，当即拉上大贝勒代善，又去叫来了三贝勒、正蓝旗旗主皇五子莽古尔泰，一同来到阿巴亥的宫中，让莽古尔泰出面来宣布大行汗父的"遗命"，声称是努尔哈赤早就对皇太极说过的："等朕一驾崩，你们必须命她为朕殉葬！"

这对大妃阿巴亥来说，可真好比是晴天霹雳，脑子当即轰然作响，本来已相当麻木的脑子，一时更显得不好使了。没想到逼她上吊这么快便降临了。

阿巴亥毕竟是个聪明而正直的人，在死到临头的刹那，突然一下子恢复了清醒。先是对三位贝勒说：

"老皇驾崩之时，我是一直守在跟前的，老皇并没说过要我殉葬的话！"

"这可是汗父早就对我说了的。当时汗父还嘱咐我，一定要向大福晋保密，就怕大福晋不从遗命啊！"皇太极还理直气壮地立即加以补充。

此时阿巴亥算是彻底看穿了四贝勒不可告人的鬼计，指出：

"你们为了夺取汗位，竟然什么都做得出来，假传汗谕，真阴险毒辣啊！你们还有没有一点良心，汗父尸骨未寒，就来要我的命，真是天理不容啊！"

她的话虽词严义正，但已到了这个分儿上，再说什么也已白搭了。皇太极虽还没正大位，但有代善为了明哲保身而倒向了他一边，加上还有这位鲁莽的莽古尔泰，吹胡子瞪眼的，阿巴亥深知今无这三尺白绫悬梁自尽的下场是绝对逃不脱了。此时此刻的阿巴亥，脑子顿时更加麻木了，却集中在一点上显得异常清醒：为了保住自己的儿子们，不要一并遭害，还必须显出镇静自若的样子来。这时，一幅与努尔哈赤在天国里携手连袂，相依相若的图景，飘飘欲仙似地出现在她脑际。古人多相信天堂，相信地狱，相信来世。时年才三十有七的美貌典雅的阿巴亥，已被天堂美梦所笼罩，所以只想让她的儿子们还能在人世间活下去，最后还为他们创造些自己力所能创的条件。

等阿巴亥进宫去换衣装饰打扮之时，皇太极早已派手下人把带来的那条白绫挂到了梁上，结好了扣，下面又端来了一条板凳。

阿巴亥细细地、慢慢地一点点打扮起来，外面的三个贝勒，尤其那位莽古尔泰，早已等得不耐烦了。

当婢女一撩门帘，大妃阿巴亥稳步度出内室时，一团珠光宝气，直向三位贝勒与众侍从扑来，弄得大家眼花缭乱，连杀气腾腾的皇太极一见，顿时也有些动心了。

阿巴亥缓步走到大家面前，大家鸦雀无声，都瞪大了眼睛连眨都不敢眨，为她的从容就义深深打动。她当着三个贝勒与众人之面，对皇太极说，因为她深知，她自己是看不到皇太极即位了，而大位已稳操在他手中：

"四贝勒！我从十二岁即归汗王，二十六年来汗王对我关爱备至。我与汗王同桌共饮，同枕共寝，总是丰衣美食的，我还有什么可不满足的呢?！现在我深愿在天国继续侍奉汗王，我还不老，脸上还没有皱纹，我坚信在天国还能博得汗王的欢心。只是有一条，我的两个小儿子多尔衮与多铎尚年幼，我实在放心不下，在此最后一次专诚拜托诸位大贝勒，念在都是汗王骨肉的分上，在我随汗王宾天之后，好好地多加照应吧！"

皇太极虽也为此不无感动，但此时想得更多的仍是快快让她自尽，免生什么枝节，所以话虽是指名对他说的，他却一言不答。

代善这会儿实在忍不住了。虽然还必须站在皇太极的立场上，用代为回答的口气对阿巴亥说：

"大妃请放心上路吧！只要大妃能尽节，我们现在当大妃面对天起誓，一定保护好大妃的儿子！大妃放心吧!!!"

此时三位大贝勒又一同向大妃频频点头，敦促大妃上路。大妃懿容平和，稳步来到板凳前，一步跨到高凳上，自己用双手将脖子套进了白绫圈，然后又将手从从容容地垂下……

第十章　生前逸事

一

叶赫部首领纳林布录两次派使臣赴建州进行讹作，叫努尔哈赤献地就范均被顶了回来，而毫元顺从之意的努尔哈赤致叶赫首领书中无情的话语更着实刺痛了纳林布录之心。他们不甘心眼睁睁地看着努尔哈赤努力的迅速发展。于是决定向其动武。万历二十一年（1593年）叶赫首颁布案，纳林布录纠合了哈达部首领猛格布录、乌拉部首领满太、辉发部首领拜音达理，实际四部联合出动兵马，向建州采取军事行动。其实，努尔哈赤对此早有准备。

但联军行动实在无大作为。这年六月仅仅劫掠了建州靠近哈达部的户布恰案之后，便匆匆撤兵。努尔哈赤得报随即追击。一直追到哈达部。一方喇，又要用兵于叶赫。明廷特警告他要遵守朝廷规矩不许再侵犯叶赫时，他立即亲自到抚顺所送信给明边击李永芳，表示顺从。为表示顺从明朝，他从万历十八年至三十九年间（1590—1611年）曾八次赴京朝贡表示他的诚心。

努尔哈赤就是在忠于大明的口号下，进行着与明廷要求完全相背的事情而发展壮大自己势力的。他一直含而不露一直在韬晦中，终于达到了自己的目的，而明朝一旦发现他的真实面目准备采取行动的时候，正是他实力已强，无所畏惧地揭起叛明大旗的时刻了。

二

明朝规定：建州、海西女真因世世代代接受朝廷安辑持驭，特许由各部首领率员每年进京朝贡一次，努尔哈赤在戎马倥偬之际，竟八次率员进入北京。表现了他的雄心胆略与大智大勇。

朝贡是边疆少数民族尊天朝体制对朝廷忠顺的表示，同时也表示朝廷对少数民族的安抚与优礼。朝廷对每次朝贡都相当重视，凡来往入贡人员沿途都有接送，安排食宿备足人畜供应。入京进驻四驿馆招待。每次都由以朝廷名义赐宴，同时颁以丰厚的赏赐。朝贡者在京朝间还可以将携带物品在市上交易，形成大规模的商品交易活动，更可以到处观览，交接各方人士。因此不仅朝廷重视朝贡，少数民族更以贡献为获得赏赐进行商品交易的好机会，是件大开眼界极为荣耀体面的大事情。而别有企图者更可以窥探消息，交接要员了解机密，进而招降纳叛，借此图谋颠覆。努尔哈赤进京可谓两者兼而有之。而表面上给朝廷最直接的印象是他对朝廷的忠顺。

努尔哈赤第一次进京，是万历十八年（1590 年）这是他顺从明朝的旗号下消灭仇人尼堪外兰之后进行的，这是他统一了建州六部，于费阿拉成建立国政，俨然成为一方之君主，却又获得明朝封为都督佥事之后的一次重要政治活动。这次他共率领 108 人进京，照例获得朝廷的赏赐与国宴，当然这些对努尔哈赤来说并不重要。他最大的收获是亲自步入了紫禁城，亲身与朝廷大臣有了接触，了解了泱泱大国的政治内幕，这对他日后如何更好地利用忠于明朝的招牌进行兼并扩张，发展势力，乃至运筹建国不无重要的意义。世有传说，说他曾受到处于深宫终年很少接见大臣的万历皇帝的破格接见；还有传说万历皇帝接见他时，在皇帝一侧的宠妃，对年轻英武不凡的努尔哈赤十分青睐，并奏请皇帝加恩于他。这些尽管史书无证。但朝廷后来对他更加重视了，这说明努尔哈赤的首次亲自进京朝贡，取得了重大的成功。

二年之后的八月份努尔哈赤又率领朝贡进入了北京。这次朝贡他还上奏了表文，向朝廷明确提出请求赐与他金顶大幅、朝服和边疆少数民族中所能得到的最高官职：龙虎将军的职衔。这与什么要求也没提出的第一次进京恰成鲜明对比。大概是他首次进京学得了经验的缘故。第二年即万历二十一年（1593年）的闰十一月努尔哈赤第三次率员进京朝贡。此次朝贡对努尔哈赤说来，非同一般，因为在这一年他接连取得了三个重大胜利，一是将长白山三部女真纳入自己的版图，统一建州女真全部的目的至此胜利实现。另两个是先后击败叶赫等四部与九部联军的侵犯，而从此威名大威。他是带着胜利的喜悦，踏上了朝贡的道路。为掩人耳目表示对明朝的忠诚，这期间他又一次将被女真人掳掠的汉人归还送到抚顺所，这是一般女真首领难做到的忠顺之举。因而讨得了边将边官的欢心。当年辽东总兵李成梁特为此上奏朝廷为其请赏。努尔哈赤正是踌躇满志地走进北京城的。当然他还有一个目的，就是上次他上奏请示赐封龙虎将军之事还没有结果，特别希望这次再走二关市，请求朝廷颁敕。他是尽到了自己能尽的努力。但不巧地是，这一年李成梁于辽东总兵官任上退职，朝廷一时还未派员。尽管如此，他如往常一样满载赏赐乘驿车而归。

他的第四次进京朝贡是万历二十五年（1597年）五月这是他如愿以偿获封龙虎将军的第二年。他的第五次进京朝贡是万历二十六年（1598年）十月。第六次为万历二十九年（1601年）十二月。这年努尔哈赤的重大军事胜利是吞并了哈达部，从此，他军事进展迅速，大败乌喇部，紧接着又灭掉辉发，志满气骄，未免与朝廷关系不谐和。因而停顿了数年未贡。但努尔哈赤仍不愿与朝廷持续紧张的关系，他知道还应向朝廷表示忠顺的重要意义。于是从万历三十六年（1608年）起又开始率员进京朝贡，这年十二月是他第七次朝贡，万历三十九年（1611年）十月是他的第八次进京朝贡。这次朝贡时他还把前几年停贡之贡品做了补贡。表示忠顺，因而获得了朝廷的"双赏"，"加劳金币"。这时努尔哈赤的实力已相当强大。是威权至重的首领。乌喇部在他的打击下已奄奄垂毙，女真各部中只剩下叶赫一部还支撑着不景气的门面在同他作对。但早已力不从心，只因明朝为维持分而治之的政策，出兵守护叶赫，才使它免强维持，努尔哈赤也未再进攻，使它苟延残喘。当此之时的努尔哈赤竟能第八次赴京朝贡。这时离他称汗建元，成立大金国而脱明只剩五年时光，更显出他的深谋远虑，韬光隐晦之志和大智大勇。

三

努尔哈赤起兵之初，即坐镇佛阿拉城时期，曾有一位汉人谋士为其指教参谋，他对此人十分器重，建州上上下下都尊之为师傅，最后又弃之无闻，致使后人对其几乎一无所知，此人即是龚正陆（六）。

龚正陆是浙江人，商人出身，粗通文墨。但为人精明干练，博闻强记，知识领域很宽，世间士农工商三教九流人情世故说起来头头是道，他尤其熟谙掌故，对历朝历代的成败得失了如指掌。他经常往来于浙江、辽东之间，出入于辽东马市，以经营贩卖布疋丝绸和人参貂皮为业，因而多有蓄积，是个常年同女真人打交道而经商的富商。大概在明朝嘉靖末年，即努尔哈赤出生不久，他便被建州女真人扣下不返，定居辽东。从此他再也未返故乡。当时的建州女真正是王杲父子及王兀堂争雄之时，他的被扣留显系王杲等人令他为其服务。在当时女真人同明边官，同汉人矛盾不断加剧，民族矛盾与斗争极为复杂之时，他这个汉人却以自己的才智，安全地生活于女真人聚居之区，不能不说是个奇迹。

大概在万历十六年（1589 年）前后，龚正陆来到了建州城（佛阿拉城），成为努尔哈赤的谋士。这对双方来说都是需要。努尔哈赤起兵六年报父祖之仇的目标已经实现，并凭此兼并诸部扩展势力，拥有上万人的军队，建立了政权的刍型，在建州女真中打开了局面，占据了领袖地位，但要继续大发展必需文武兼备。可这里却无文化人，不仅没有管理人才和智谋之上，就连一般的往来文书也无人能懂，这时的努尔哈赤真可谓求索文才若渴。龚正陆则资财雄厚，妻妾众多，子侄成群，成为被女真人欢迎的特殊身份的汉人大富户。但为了保护国家的太平，以安度晚年，他也需要一个安全的环境，寻找投依一雄强有势力的主子。投依志向不凡的努尔哈赤当然很合他的心愿。

努尔哈赤在求才若渴之际得到了龚正陆当然喜出望外，于是便尊为建州的谋士。长时期内生活在女真地区的龚正陆不仅精通女真语，更能熟练地讲一口蒙古语与朝鲜语。他见过大世面，能坦然自如地与各种人交谈共处。投奔努尔哈赤之后二人谈话十分投机。努尔哈赤对他更是十分信任，从此有关军事、政治、民事等军国行政的大事小情都要向他请教，请他提出意见。他成了努尔哈赤营垒中惟一识字、懂得文墨的人。因此建州女真此时所有与外界交往的文书的起草、翻译乃至交涉谈判均由龚正陆独掌。现存于朝鲜李朝实录中的女真来文有些就是龚正陆的手笔，如万历二十四年正月初五的行文云：

女直国建州卫管束夷之人主佟奴儿哈赤禀：为夷情事。蒙尔朝鲜国，我女直国二国往来行走营好，我们二国无有助兵之礼。我屡次营好，保守天朝九百五十于里边疆。有辽东边官只要害我，途功升赏。有你朝鲜国的人一十七名，我用价转买送去，蒙国王禀赏。我得知我们二国若不保心，有你临城堡对只地方，着我的达子住着看守你的边疆。若有你的高丽地方生畜不见了，我达子说知，亦寻送去。我的达子到你地方，你送还与我。两家为律，在无歹情。后日天朝官害我，你替我方便。一言呈与天朝通知，我有酬报。星夜力等天朝二国明文。及日回报须至票者。

这里语句不通，错别字连篇，可见龚正陆的文化程度较低，但就是这样的人在建州来说也是十分难得的大有文化之人了。

龚正陵对努尔哈赤的贡献还表现在，他为努尔哈赤培养了人才。他除了日常充当努尔哈赤的顾问、谋士外，还奉命教授努尔哈赤的诸子侄，如诸英、代善、汤古代、阿拜、莽古尔泰、阿巴泰、塔拜、皇太极以及阿尔通阿、阿敏等，他们拜龚正陆为师傅，象努尔哈赤那样，对他极为尊敬。这对建州女真人才的培养为日后治国兴邦大有裨益。

在日常生活中，一有闲暇努尔哈赤便与其弟舒尔哈齐一起总是招龚正陆前来叙谈。中国历史故事，成败兴亡的历史经验教训让他讲个遍。而《三国志演义》、《水浒传》龚正陆更是背个滚瓜烂熟，讲起来绘声绘色，精采动人。凡讲这两部书时，不仅努尔哈赤兄弟二人，褚英、代善等众子侄们乃至努尔哈赤的近臣都来顷耳静听，他们完全被故事吸引了，也完全被放事中的英雄豪杰们所从事的事业所鼓舞和感动。龚正陆虽然文化不高，甚至文理不通，但传统的文化典籍也能说出一二。特别是有关儒家学说的四书五经，他虽然不精通，却也能道出究竟。"子曰"、"诗云"的话也能说出一些道道来，比如"忠君亲上"、"孝悌友爱"之类的观点，结合他丰富的生活阅历也讲得形象感人。可以说，龚正陆真正成为了努尔哈赤、舒尔哈齐以及其子弟们的启蒙教师，开导了他们的思想，开阔了他们的思路。人们翻阅清朝诸如实录、档案一类的官书就会发现，本未受过系统教育，文化水平很低，甚至可以说没有学历的努尔哈赤以及皇太极，竟说出了那么多带有理性的议论，讲了那么多成败兴亡的历史教训。他们是无师自通的天人吗？非也，原来他们的知识与这时龚正陆的启蒙及不断教导是分不开的。

龚正陆在建州的日子里，正是努尔哈赤事业大发展之际。努尔哈赤努力在迅速地发展着，他对明朝的态度是明顺暗违，即表现遵从天朝的指挥，服从号令，"忠顺学好，看边效力"，做不侵不叛之臣，暗地里又不断兼并诸部。但总的说来还是服从明朝号令，这与龚正陆的影响也不无关系。

年轻时期便被掳入胡中久居边塞的龚正陆对家乡、对内地不是没有深情的，可是身不由己。越到晚年，他的故乡之思，甚至"天朝故国"之恋也愈加强烈。而且他还有一个儿子尚在浙江老家，三十多年来未尝不思念。他曾对前往建州城的朝鲜使者说过此事，请求其帮忙，如能把离散多年的儿子带来，愿以重金酬谢。朝鲜使者趁机提出条件说："你如果能把"贼"（对努尔哈赤建州女真的蔑称）中的机密都告诉我，我就去寻找你的儿子。"朝鲜史书还有记载说，龚正陆曾说，有关机密之事，因女真人就在身边，不便述说，待不久我将奉命赴满浦（朝鲜地名）时，再详说。但却无下文。龚正陆为努尔哈赤所用，对明朝来说也并坏事。明朝当时就有人议论说，奴素二酋，即努尔哈赤，舒尔哈齐二个建州女真首领，占据着富饶之地，到处兼并，阳服朝廷，阴蓄逆谋，老天有限，幸亏他们用我华人龚正陆为谋主。龚这个人不忘故国，未提暴乱叛逆之见，所以他们还算安分。最令人担心地是，万一龚正陆老死之后，二酋的祸患就难以预测了。

龚正陆在建州对努尔哈赤说来是太重要了。努尔哈赤对他的思想与为人也是再清楚不过。由于充分信任并委以重任，龚正陆对努尔哈赤的一切行动、一切机密都了如指掌，可以说龚正陵越到后来越成为掌握建州机密的特殊人物，为了建州的事来发展，睿智精明的努尔哈赤对其活动，甚至思想动向，不能不格外留心，而不能有任何疏忽。而凡是有一切不利于建州统治的他都将采取断然的措施。人们发现万历二十九年（1601 年）再也没有龚正陆的消息了。

龚正陆于万历二十九年左右在建州政治舞台上的消失，也反映了他本人已在人世上的消失。从几方面情况看，他并非老死。这时他大概虽已六十开外，是个垂暮老人，会有老死的可能。但他子侄妻妾众多，按努尔哈赤的方针，凡对建州开创事建有功勋者，都将得到奖赏。如本人亡故，则将泽及子孙，赏赐封赠极为优厚，此种事例不胜枚举。而对龚正陆却毫无赏赐的任何迹象。不论是他本人还是子孙。而且不仅他在后来戒书的所有清官书上没有留名，其众多的子侄后代也没有留下任何记载。这些事实只能反映一个问题；龚正陆因重大政治问题即所谓叛逆之事被努尔哈赤断然杀掉了。极重要人物因叛逆被诛者，清惯例官书实录甚至宗谱将除名不载，如阿敦虾，李延庚等清史便无其传。本是爱新觉罗氏的阿敦在爱新觉罗氏之玉牒、宗谱上竟找不到其人，便是被努尔哈赤极为尊崇而为满族，勃兴建过大功的龚正陆最后又被努尔哈赤所诛杀，而株连所至家财被籍没，家属沦为奴隶，万劫不复了。历史的发展竟如此向人们开着啼笑皆非的玩笑。

四

"老女"是指努尔哈赤曾订亲已纳聘礼准备迎娶为妻的叶赫部女子,但事有不谐,牵延二十年也未娶到。因此引起了许许喜乐哀悲、恩恩怨怨。努尔哈赤把这场婚姻纠葛,实际变成了许多政治事件的导火线,而成为他一生中最引人注目的问题之一。当他以七大恨兴师叛明时,老女问题便是七大恨之一,可见问题之严重。

努尔哈赤早在青年时期就与叶赫部有往来,当时该部两首领之一的仰迦奴就曾将小女许配给努尔哈赤,不久仰迦奴为明朝所杀,万历十六年(1588年)其子纳林市录履行父亲生前的许诺亲自将妹妹孟古姐姐送至建州与努尔哈赤完婚。努尔哈赤的这位妻子不仅是位丰姿资艳丽的美人,更可贵的是器度宽洪,很有修养,与努尔哈赤感情甚深。四年后他生一子,名叫皇太极,这是努尔哈赤的第八个儿子。这又使爱新觉罗氏家族充满喜庆。但联姻并未能融洽建州与叶赫两大部女真的关系。就在皇太极出生的第二年,即万历二十一年(1593年)便发生了叶赫联合的四部与九部联军进攻建州的事件,这是两部关系恶化的总爆发。当努尔哈赤于九月在率军击溃九部联军时,其部下一卒曾当阵击杀了九部联军统帅叶赫部两首领之一,纳林布录的堂兄布寨。败归的叶赫部忍痛向建州讨要布寨尸体,努尔哈赤下令将尸体剖开,只送还一半,以刺痛和羞辱叶赫。建州与叶赫的关系恶化到了极点。

政治风云变幻莫测,古勒山战役结束仅四年,叶赫等海西四部便与建州部重归于好,对天宣誓结盟,仇敌变成了盟友。为表示友好,叶赫首领布扬古决定将妹妹,即已故布寨之女许配结努尔哈赤为妻,纳林布录弟弟金台什之女许配给努尔哈赤次子代善为妻。于是努尔哈赤备办了鞍马盔甲等丰厚物品送至叶赫做为聘礼，这门亲事定了下来，只待选铎吉日进行迎娶。可是盟誓后没过几天，叶赫与建州又突然交恶。两部再起干戈。纳林布录将已许配代善的金台什之女转嫁给蒙古喀尔喀部。许配努尔哈赤的女子当然也不能完婚，而耽搁下来。以后叶赫与建州矛盾不断加剧，彼此都以对方为自己称霸诸部的障碍，甚至都想制服乃至并吞对方，矛盾没有调和的余地。彼此政治关系的恶劣，联姻结好之事当然也就无从谈起。

这时努尔哈赤对明朝的方针是明顺暗违，在兼并完建州本部之后，开始向海西扈伦四部用兵，受到建州威胁的哈达、辉发、乌喇三部便自然地倒向并求救于叶赫部。而叶赫部这时对待明朝的方针是，遵守号令，做不叛不侵之臣。对此，明廷上下给予肯定和赞许，而当叶赫遭到建州兵锋所指紧急求援之时，朝廷便理所当然地出兵进驻，对这部边外的臣属施加保护。当然建州在恨透了叶赫的同时，也移恨于明廷。因为明廷是其对付叶赫的障碍。在这种复杂情况下，努尔哈赤已聘的女子，自然也就无法娶到家了。

也许是叶赫女子的兄长布扬古，叔父纳林布录在同努尔哈赤交恶时，还存着重归于好的一线希望，以便到那时圆满解决这门亲事，而令女子耐心地等待，可是这一天却始终未降临。迁延既久，一晃就是十几年。少女已成老女，以后于是有叶赫老女之称。女大当嫁，叶赫女子既已不能再送至建州与努尔哈赤完婚，叶赫首领当然也就不能永远让其空守闺房，为其另寻佳婿，自然是合情合理之事。但这门亲事也确实不太好找。一般身份的人可能也没胆量和本事敢来聘娶。直到万历四十年（1612年）乌喇部与建州部矛盾加剧，乌喇首领布占泰扬言要娶努尔哈赤所聘过的这位叶赫布寨之女为妻，此时这位待嫁的女子已经三十岁，是名副其实的老女了。

努尔哈赤听到布占泰欲叶赫老女的消息后勃然大怒，于是在这年九月兴兵讨征乌喇部，直抵乌喇城附近。在阵前对话时，努尔哈赤厉声责骂布占泰背恩忘义及用箭射他嫁给布占泰为妻的女儿、欲强娶叶赫老女之罪。布占泰则矢口否认，说绝无此事。并发誓说，有青天在上，现在我正乘舟在江水之上，龙神也会验证我的话。这是坏人的谣言绝不可信。努尔哈赤说"如果你真的未射我女，娶我婚，那么你就把你的儿子连同你部大臣的儿子通通送到我这里来当为人质，我就相信你。"这种讹诈，布占泰当然不会接受。努尔哈赤撤军后，过了四个月，又听说布占泰为与叶赫部结盟准备把自己的两个儿子及十七位大臣之子送往叶赫为质，又要正式娶这位叶赫老女，又要囚禁努尔哈赤嫁过去的两个女儿。于是在万历四十一年（1613年）正月，再交发兵讨伐，终于攻下乌喇城，布占泰只身逃往叶赫，乌喇部被努尔哈赤吞并灭亡。

乌喇部灭亡之后，由于明朝及时派兵进驻保护叶赫，使努尔哈赤未能乘胜进击，他服从了明朝所下的不许进犯叶赫的命令，又致书明朝，为自己灭乌喇、攻叶赫的行为辩解，并声言叶赫毁盟将已许配之女却悔亲不嫁使他气愤。老女之事对努尔哈赤来说仍然未了。

万历四十三年（1615年）六月，叶赫首领布扬古决定将原来许配给努尔哈赤并已收聘礼的三十三岁的妹妹再转嫁给蒙古喀尔喀部蟒古儿太台吉。叶赫老女之事总算有了头绪。消息传至赫图阿拉后，诸贝勒大臣群情激愤，于最各自招集所部的兵马，整队待发。他们纷纷来到努尔哈赤的议事大堂，提出建议说："没有比这更气愤的事情了。现在叶赫只是向蒙古许婚，在其未送女出嫁之前可赶快发兵，攻下叶赫城将女子夺来。况且这位女子是汗已经聘过的，这是其他无法比的最重要的婚姻大事。我们既然听说了这件事，就绝不能坐在这里眼睁睁地看她嫁给别人。"

八旗将领们坚决要求努尔哈赤下令出兵征讨叶赫。努尔哈赤此刻头脑还算清醒，他说："如果有什么其他借口我们倒可兴兵攻打叶赫，只因叶赫撕毁婚约之事兴兵讨伐说不出口，也名义不正。现在看来老天让此女生在叶赫是有意安排，不正是因为她我们才同哈达、辉发、乌喇各部不和而频动干戈吗？现在大明国出兵帮助叶赫，让叶赫不把此女嫁我而转嫁蒙古，这是明朝故意在毁坏叶赫，以这件事来激怒我，让我去发兵进攻，挑动我们开战，这是明朝包藏的祸心。不可上当。当然如果我们尽力出征，此女子也不难得到，但这个生来尽惹是生非，造成祸端的女子，也是不祥之物，她也活不多久。死期不会太远。我们不能出征。"但八旗将领心中仍是不平，反复劝说努尔哈赤下令出兵。努尔哈赤说："如果我因一时之怒，不冷静地兴师出征，你们还应该劝阻我。何况我聘的女子为他人所娶我岂有不忿愤之理，对此，我还能克制愤怒，置身局外，不因此兴师，这是正确的决定。你们反而苦苦要求找出兵，让我引起仇恨，因而出兵，听你们的话不行，不要再说了。"他说完后下令让八旗将领把已调集的起来的兵马撤回原地。

努尔哈赤虽然阻止了诸贝勒大臣因叶赫老女事准备进攻叶赫的行动。但诸贝勒大臣仍不甘心，几天后他们又齐集在努尔哈赤的大堂上，他们对努尔哈赤说，叶赫老女受聘已经二十年，这些年里叶赫虽然不将此女嫁给我们，却也不敢再往外嫁。现在由于大明国出兵防卫叶赫，它有恃无恐，才把她转嫁给蒙古，这完全是明朝搞的鬼，我们应该出兵进攻大明。努尔哈赤不允许。他说："大明国是天下的共同的主宰，如果它偏心于叶赫，老天爷会看得明明白白的，合乎天意天必保佑它，违背天意的老天必惩罚它，大明派兵保卫叶赫对不对老天会作证的，我们不必急忙去进攻它。再说我们向来储备不多，粮草缺乏，如果兴兵的话，人畜该以啥为生。还未到出兵的时候。"所以老女事还得暂时放下不提。

所谓叶赫老女之事，本来问题不大，也不应该成为问题，它只不过是建州与叶赫政治、军事斗争中的一个插曲，彼此间交好之时以联姻为纽带增进友谊。即彼此交好之时，也往往有婚姻不谐之事发生，出现毁婚现象。不论已聘未聘，婚姻既毁彼此也无须再纠缠。因为这是正常的情理。努尔哈赤就曾娶过别人已聘之女子，别人也并未同他纠缠，何况交恶之后，毁盟、毁婚更是彼此间之常事，无足为怪。所以，当年努尔哈赤已聘之女，布扬古旋即毁婚，小事一段，当时已算了结。人家已不愿嫁，这边硬要强娶，大有要无赖的劲头，已非体面之事。再为此张扬，实属晾丑无聊，所以努尔哈赤也说，为此事兴兵说不出口。这是他说的明白话。但他却一直抓住不放，并为此大作文章，实是别有企图。当时局外人都已看得清清楚楚，明朝一位辽东巡按御史曾议论说，以努尔哈赤的身份地位娶什么样的好女子娶不到？女真的习俗嫁娶问题，更是相当随便，绝无伦理贞节之说，他却一直斤斤计较这个已三十开外的老女，有什么体面的呢？他不过是故意留下一个不了之局，抓住一个话把，动不动就作文章，作为兴兵问罪的借口，来实现他的野心罢了。说的可谓入木三分。正是这样，所以公开叛明的七大恨上老女问题，便是堂而皇之的一大恨事了。努尔哈赤为实现自己的政治大目标，真可以说是无所不用极。叶赫老女之事便是他得心应手之一极。

五

李永芳原是明军驻抚顺的游击官，自天命3年4月降金以后，一直竭尽全力为努尔哈赤效劳，对后金政权忠心耿耿。他投降后金后，南征北战，出生人死，征赋运谷，迁民查丁，平叛止逃，为金国的强盛和巩固立下汗马功劳。军功政绩都十分显赫，而且他还屡担明廷招诱，擒拿明朝派来的间谍，并上奏给汗王要求处治。他文武双全，深得努尔哈赤赏识，不仅擢升为总兵官，而且成为努尔哈赤的女婿，曾参与过后金政权的一些重大决策。

老汗王后来为什么会翻脸不认人，这与当时的形势有关。努尔哈赤自从招降李永芳开始，制定了大量的任用汉官的政策，网罗了一大批汉官，为汗、贝勒政权效劳。但是，由于辽民抗金活动的频繁，汗、贝勒脑羞成怒，遣军屠杀，残酷镇压，严厉控制，极大地激怒了广大辽民，他们拚死斗争，反金浪潮日益高涨，后金统治出现了严重的危机。也就在此时，明廷多次遣派"奸细"进入辽东，与汉民汉官联络，劝诱降金汉官反正。在这种形势下，一此汉官开始动摇，三心二意，窥测形势。另一些汉官，则私下与明国边臣往来书信，秘密策划，待机里应外合。他们私通书信有的被后金截获，少数汉官带领兵民潜逃未成也被逮捕，这下震动和惹恼了汗、贝勒。努尔哈赤不是冷静地分析形势，寻找原因，想出妥善办法，反而在少数人的怂恿下，感情冲动，仗势凌人，放弃了原来执行的依靠汉官、重用汉官的政策，转而采取了怀疑，歧视、压制、疏远汉官的错误态度，并大骂李永芳等人。

天命8年5月，听说复州人要叛逃，努尔哈赤和诸贝勒都想发兵征讨，李永芳立即劝阻。他说："所谓复州人叛逃的事，并不是实，恐怕是有人诬陷。若信其言而发兵，那里的人听到了，一定讥笑我们！"他的谏阻，理由充分、建议正确。

但是，被人民斗争气昏了头脑的努尔哈赤，听到谏言以后，他竟对一向忠心耿耿为金国效劳的"抚顺额附"李永芳大发雷霆，严厉训责，痛斥他忘恩负义，不识天命。

他下达长谕，厉数李永芳的罪过说："李永芳！念你在抚顺的时候，是一个深明事理的人，才把我们金女的身子许配给你，上天保佑我有了叶赫部、哈达部、乌拉那、辉发部，打败了明朝的四路大军，得了抚顺、清河、开原、铁岭、沈阳、辽阳等地。李永芳！你不相信吗？你每每念记明帝可以长久存在，认为我只是暂时的。辽东汉人叛乱的事，来书举发不绝，我都收查在案。你的乱言耽误我的大事。汉人投入明境的时候，你高兴，被我发觉后杀了，不顺你的心意。你若是诚心不苦累我兵，不劳苦我国人民，就要管好你任内的事，平定叛乱。……你轻视我，然而，我听说你们汉人的刘邦曾经作过淮下吏，老天保佑他做了皇帝。宋太祖是个市井无赖之徒，也做了皇帝，传国数世。朱元璋没有父母，孤独乞食，投在郭元帅（郭子兴）帐下干事，也做了皇帝，传了十三、四世。你虽然思念明朝，……可是，天示异兆，明国将亡，你能阻止吗？你目中没有我这个养父，但你是我家的女婿，这件事，蒙古人、明人、朝鲜人都知道。今天考虑若是判你的罪，他国人会嘲笑我，也会嘲笑你，所以不判你的罪，默默地了结此事。我这些话，都是发自胸中的愤恨啊！"

努尔哈赤实在是气昏了，糊涂了，分不清真伪虚实，硬给李永芳扣上"心向明国"的帽子，并且还不顾自己宣布的"不罪你"的汗谕而对李永芳进行惩治。李永芳的几个儿子以及他的副将刘兴祚的族人都被拘押捆绑，李永芳本人于天命8年7月初4日被革职，虽然后来又复职，但从此以后，汗、贝勒对李永芳就不放心了，也不如过去那样重用和信赖他了。

努尔哈赤对李永芳的训斥和惩处，是严重的失策，犯了一个重大的错误。汗谕所说李永芳谏阻用兵复州，是"心向明国"；是"欲助"明朝的结论，完全是无中生有，信口开河，没有事实根据。这样一个冤案、错案，在降金汉官中必然会引起很大波动。像李永芳这样归诚最先，背叛故主，效忠新君，为巩固、扩大金国统治而出生人死并与汗有特殊关系的可靠降臣，都因忠言直谏而遭到斥责和惩治，那么将来对待其他汉官又如何呢？汗和贝勒这样喜怒无常，翻脸不认人，实在叫降金汉官寒心。从此，降金汉官心灰意冷，有的无所适从，有的人心思动，他们不愿去管理汉民，督促生产，农业生产遭到严重破坏，汉民反抗后金统治的浪潮更加汹涌。

中華藏書

大清十二帝·最新整理珍藏版

中国书店

附　录

政治生涯

　　努尔哈赤制定了厚待功臣的重要国策。对于早年来投、率军征战、尽忠效劳的"开国元勋"，如费英东、额亦都、何和里、扈尔汉、安费扬古等"五大臣"及杨古利、冷格里等人，给予特别礼遇和优待，赐给大量人畜财帛，任为高官，封授爵职，联姻婚娶，荣辱与共。当这些功臣出了差错时，他着重指出"贫时得铁，犹胜于金"，常以其功而从轻处治。努尔哈赤招徕了许多有才之人，他们献计献策，多次进入大明烧杀掠夺使女真部逐渐"民殷国富"，为建立和壮大后金国，奠定了牢固的基础。

　　在军事与外务上，努尔哈赤制定了具体的方针、政策和策略。采取了"恩威并行，顺者以德服，逆者以兵临"，即以抚为主，以剿相辅的方针。其具体内容有三，一为抗拒者杀，俘获者为奴。因纳殷部七村诸申降后复叛，据城死守，"得后皆杀之"。额赫库伦部女真拒不降服，努尔哈赤遣兵攻克，斩杀守兵，"获俘一万"，灭其国，"地成废墟"。二是降者编户，分别编在各个牛录内，不贬为奴，不夺其财物。原是部长、寨主、贝勒、台吉，大都封授官职，编其旧属人员为牛录，归其辖领。三为来归者奖。对于主动远道来归之人，努尔哈赤特别从厚奖赐。当他听说东海虎尔哈部纳喀达部长率领一百户女真来投时，专遣二百人往迎，到后，"设大宴"，厚赐财物，"为首之八大臣，每人各赐役使阿哈十对、乘马十四、耕牛十头"，以及大量皮裘、貂帽、衣、布、釜盆等物。对其他随从人员，亦"俱齐备厚赐之"。这样就缩小了打击面，争取到许多部长、路长带领属人前来归顺。仅据《八旗满洲氏族通谱》

的记载，黑龙江、吉林、辽宁女真酋长统众来归的，就有二三百起之多，因而加速了女真统一的进程，减少了不必要的伤亡和损失。还采取了正确的用兵策略，一般是由近及远，先弱后强，逐步扩大。他积极争取与蒙古联盟，尽力避免过早地遭到明朝的打击，直到万历四十六年（1618）以七大恨发动叛乱以前，没有受到明军的征剿，这极大地有利于统一女真事业的顺利进行。充分发挥了军事指挥才干。他长于用计，重视保密，多谋善断，议即定，定即行，出兵犹如暴风骤雨，迅不可挡，经常以少胜多，变被动为主动。

生活逸事

"七大恨"

15 世纪初，明政府特地加封建州女真的李满住为建州卫司令官（都指挥使），作为藩属。不久，女真人南侵，建州女真受到压迫，沿着图们江逆江而上，向西南迁移。明政府就先后把他们分割为三个卫，总称"建州三卫"。

十六世纪七十年代，建州右卫司令官（都指挥使）王杲最为强悍，屡次沿边劫掠。中国边防军军官裴承祖到他的辖区寻找逃犯，王杲竟把裴承祖剖开肚子惨杀。中国边防军把王杲击斩，但他的儿子阿台继续跟明政府对抗。

1583 年，辽东兵团司令官（辽东总兵）李成梁，再发动一次攻击，由建州卫所属的两位将领尼堪外兰（苏克素护河部落）、觉昌安（觉罗部落）分别担任向导，包围建州右卫所在的古勒城（辽宁抚顺古楼村）。觉昌安奉命到城中劝说投降一被阿台拘留囚禁。城陷落时，觉昌安的儿子塔克世首先冲进去抢救父亲，觉昌安却在大火中烧死，塔克世也在混乱中被明政府军误杀。塔克世 28 岁的儿子努尔哈赤，表示对明政府的忠心。再加上他祖父、父亲同时为明朝牺牲，努尔哈赤遂被明政府正式任命为建州卫代理司令官（都督企事）。

1616 年，努尔哈赤正式称可汗，建立后金国。

1618 年，努尔哈赤以"七大恨"祭告天地，宣布不承认与明朝的附属关系，起兵反明。

据《清太祖高皇帝实录》一六一八年（万历四十六年，天命三年）四月十三日，后金汗努尔哈赤以"七大恨"告天，原文如下：

大金国主臣努尔哈赤诏告于皇天后土曰：我之祖父，未尝损明边一草寸土，明无端起衅边陲，害我祖父，此恨一也；明虽起衅，我尚修好，设碑立誓，凡满汉人等，无越疆土，敢有越者，见即诛之，见而顾纵，殃及纵者，诓明复渝誓言，逞兵越界，卫助叶赫，此恨二也；明人于清河以南，江岸以北，每岁窃逾疆场，肆其攘夺，我遵誓行诛，明负前盟，责我擅杀，拘我广宁使臣纲古里方吉纳，胁取十人，杀之边境，此恨三也；明越境以兵助叶赫，俾我已聘之女，改适蒙古，此恨四也；柴河三岔抚安三路，我累世分守，疆土之众，耕田艺谷，明不容留获，遣兵驱逐，此恨五也；边外叶赫，获罪于天，明乃偏信其言，特遣使遗书诟言，肆行凌辱，此恨六也；昔哈达助叶赫二次来侵，我自报之，天既授我哈达之人矣，明又挡之，胁我还其国，己以哈达之人，数被叶赫侵掠，夫列国之相征伐也，顺天心者胜而存，逆天意者败而亡，岂能使死于兵者更生，得其人者更还乎？天建大国之君，即为天下共主，何独构怨于我国也？今助天谴之叶赫，抗天意，倒置是非，妄为剖断，此恨七也！欺凌实甚，情所难堪，因此七恨之故，是以征之。翻译为白话文如下：

七大恨：

（1）明朝无故杀害努尔哈赤父、祖；

（2）明朝偏袒叶赫、哈达，欺压建州；

（3）明朝违反双方划定的范围，强令努尔哈赤抵偿所杀越境人命；

（4）明朝派兵保卫叶赫，抗拒建州；

（5）叶赫由于得明朝的支持，背弃盟誓，将其"老女"转嫁蒙古；

（6）明当局逼迫努尔哈赤退出已垦种之柴河、三岔、抚安之地，不许收获庄稼；

（7）明朝辽东当局派遣守备尚伯芝赴建州，作威作福。

第 二 卷

文武双全，创业天下

——天聪汗爱新觉罗·皇太极

皇太极一生大事记

明万历二十年（1592）十月二十五日，皇太极出生，其母为叶赫那拉氏，成为清朝开创者努尔哈赤的第八个儿子。

天命十一年（1626）八月，努尔哈赤死后的第二天，皇太极被诸贝勒、大臣推举为后金大汗，第二年改年号为"天聪"。皇太极即位后，继承努尔哈赤的遗志，用不到十年的时间，统一了整个东北，继承了明朝在这一地区的全部版图，并南下朝鲜，西征蒙古，将其降服。

天聪三年（1629年）十月，皇太极以蒙古军为响导，亲率大军，从龙井关、大安口绕到河北，直扑明朝京城北京。使明京师震惊。明督师袁崇焕闻讯，急率锦州总兵祖大寿等自山海关疾驰入援。皇太极认为袁崇焕在职，关外诸城难攻，便巧施反间计陷害袁崇焕。时皇太极屯兵南海子，先是俘获明朝太监二人，后又命人故作耳语，让两太监听真，说皇太极与袁崇焕有密约，然后暗纵两太监归去。太监回报崇祯帝，生性多疑的崇祯帝将袁崇焕下狱，最终自毁长城，处死了袁崇焕。此次皇太极统兵入塞，先后攻克遵化、永平、滦州、迁安四城，次年自率大军退还盛京，而留阿敏等驻守关内四城。不久，关内四城被明军收复，阿敏率残兵败将逃归。

后金天聪七、八年间（1633—1634），明朝叛将孔有德、耿仲明、尚可喜等先后航海来降，大为增强了后金的实力。

天聪九年（1635），皇太极将女真族名改为满州。第二年四月，皇太极在盛京称帝，改国号为"清"，年号为"崇德"。建立起统一关东的大清帝国。在此期间，皇太极继续向明进攻，曾四次绕过山海关，深入明朝内地，大肆抢掠骚扰，削弱和消耗明朝的实力。

崇德元年（1636），皇太极又命阿济格等入长城，破昌平，焚天寿山德陵（明熹宗陵），然后绕过北京，直插保定以南，凡克城十二座，俘获人口牲畜十八万。明朝督师张凤翼等皆按兵不敢战，听任清兵从容退去。

崇德三年（1638），皇太极又命多尔衮、岳託等越过长城，大举深入。明朝以卢象昇为督师，宦官高起潜为监军。负责督军迎敌。而高起潜与兵部尚书杨嗣昌皆不欲战，结果卢象昇孤军奋斗，在矩鹿贾庄血战而死。这年冬，清兵大踩畿辅，连下四十三城。

崇德四年（1639），清兵南下入山东，攻破济南，俘明德王朱由枢。然后清兵由山东回师出塞，明军皆尾随不敢击，这次出塞，清兵俘汉人四十六万余，获白金百余万，满载而归。

崇德六年（1641），皇太极发兵围攻锦州。明蓟辽总督洪承畴率吴三桂等八总兵领兵十三万来援，进师松山。皇太极闻知，亲率大军陈师于松山、杏山之间，切断明军粮道。明军大乱。清军趁势掩杀，前堵后追。明兵十数万土崩瓦解，先后被斩杀者五万三千多人，自相践踏死者及赴海死者更是无计其数。最后，总督洪承畴等被围于松山，于次年被俘，归降于清朝。锦州守将闻之祖大寿率众出降。塔山、杏山也相继落入清军之手，使明朝完全丧失再战的能力。山海关外，仅存宁远一座孤城。

崇德七年（1642）十月，皇太极又命阿巴泰等作皇太极生前最后一次入关攻明，兵分两路入长城，共会于蓟州，直抵山东兖州而还，攻破三府十八州六十七县，杀明宗室鲁王，俘获人民三十六万余口、牲畜五十万头。

崇德八年（1643）四月，阿巴泰等始率军经通州徐徐凯旋。清兵南北往返，明朝诸军皆尾随其后，始终未敢一战。

由于精神长期处于紧张状态，严重地损害了皇太极的健康，从崇德五年（1640）起，病况频频发生。崇德六年（1641）九月，皇太极宠爱的宸妃病亡，他极为哀痛，一直朝思暮想，致使情志不舒，痰火上升，头晕目眩。崇德八年（1643）八月九日，皇太极在沈阳皇宫东暖阁寝宫猝然中风而亡，未能实现夺取全国政权的夙愿。

家庭成员

父母

父亲：清太祖爱新觉罗·努尔哈赤

生母：孝慈高皇后叶赫那拉氏

后妃

满族早期实行一夫多妻多妾制，不同于汉族的一夫一妻多妾制。大福晋和侧福晋都是妻，都有正式的名分，都称为福晋，侧福晋只比大福晋的地位略低；小福晋和格格、媵妾、婢妾等都是妾，都是没有名分的，庶福晋仅是对她们的尊称而已，地位远低于大福晋和侧福晋。大福晋和侧福晋这些妻所生子女都属嫡出，地位高；小福晋和格格、媵妾、婢妾等妾所生子女属庶出，地位较低，远低于大福晋和侧福晋的子女。

大妃（大福晋）和皇后

元妃（1593—1612），钮祜禄氏。巴图鲁赠宏毅公额亦都之女。万历二十一年生。万历三十五年来归，为元配嫡福晋，是第一任大福晋。万历四十年卒，年二十。有一个儿子，皇三子洛博会。

继妃，乌拉那拉氏。乌拉贝勒博克铎之女。太祖大妃阿巴亥之从姑。万历三十六年来归，初为侧福晋。万历四十年，元妃钮祜禄氏去世后，成为继室大福晋，是第二任大福晋。天命八年五月前，因违背太祖不许乘轿旨意而被废弃，失去大福晋的身份。当遣归母家，生卒年不详。有两个儿子，皇长子豪格；皇次子洛格。一个女儿，皇长女，封固伦公主，嫁敖汉部旺第，称敖汉公主。

孝端文皇后（1600—1649），科尔沁博尔济吉特氏，名哲哲。科尔沁贝勒、后赠福亲王莽古思之女。万历二十八年四月十九日生。万历四十二年四月来归，初为侧福晋。天命八年五月前，继妃乌拉那拉氏被废黜后，成为第三任大福晋。天聪初，封为大妃，也称中宫大福晋。崇德元年七月册封为中宫即清宁宫皇后，也称清宁宫正宫大福晋，为国君福晋。八年八月二十六日福临即位，尊为（母后）皇太后。顺治元年九月，迎至燕京。顺治六年四月十七日崩，年五十。随葬昭陵，升祔太庙。谥曰孝端文皇后，雍正、乾隆累加谥，曰孝端正敬仁懿哲顺慈僖庄敏辅天协圣文皇后。有三个女儿，皇次女固伦温庄长公主，嫁额哲；皇三女固伦端靖长公主，嫁奇塔特；皇八女固伦永安长公主，嫁巴雅思祜朗。

孝庄文皇后（1613—1687），科尔沁博尔济吉特氏，名布木布泰。科尔沁贝勒宰桑之女、台吉、后封和硕卓礼克图亲王吴克善之妹。孝端文皇后之侄女。万历四十一年二月初八日生。天命十年二月来归，为侧福晋。天聪年间，曾为西宫福晋。崇德元年七月封为西次宫即永福宫庄妃，也称西永福宫福晋，为西侧福晋。八年八月二十六日其子福临即位。顺治元年九月，迎至燕京。尊为圣母皇太后。顺治八年二月，世祖亲政，上徽号曰昭圣慈寿皇太后，简称昭圣皇太后；屡上徽号曰昭圣慈寿恭简安懿章庆皇太后。顺治十八年世祖崩，皇三子玄烨即位为康熙帝，尊为太皇太后，称昭圣太皇太后；屡上徽号，曰昭圣慈寿恭简安懿章庆敦惠温庄康和仁宣弘靖太皇太后。康熙二十六年十二月二十五日崩，年七十五。葬孝陵之南，曰昭西陵。谥曰孝庄文皇后；雍正、乾隆累加谥，曰孝庄仁宣诚宪恭懿至德纯徽翊天启圣文皇后。有一个儿子，皇九子福临，即顺治帝。三个女儿，皇四女，名雅图，封固伦雍穆长公主，嫁弼尔塔哈尔；皇五女，名阿图，封固伦淑慧长公主，先嫁索尔哈，复嫁色布腾；皇七女，封固伦淑哲长公主，嫁喇玛思。

侧妃（侧福晋）

侧妃与大妃和皇后的地位相比，略低一筹，但也是妻，也有正式的名分，也被称为福晋。侧妃所生子女也属嫡出，地位较高。皇太极有两位侧妃，侧妃叶赫那拉氏和侧妃扎鲁特博尔济吉特氏，被皇太极改嫁给他人。故而她俩所生子女的地位低于其他侧妃，但是高于庶妃。

侧妃叶赫那拉氏，叶赫贝勒阿纳布之女。初嫁正黄旗包衣喀尔喀马，喀尔喀马贝勒为乌拉那拉氏，与布占泰同宗，后逃至叶赫部，为金台石贝勒所抚养，生了两个儿子，第二子为乌努春。天命四年，征叶赫部，喀尔喀马贝勒被皇太极处死，叶赫那拉氏投归皇太极。天聪二年十二月，生皇五子硕塞。其后，被赐予曾任内大臣的占土谢图为妻，日期不详。占土谢图行围时被虎伤身亡。再嫁达尔琥，达尔琥为哈达部孟格布禄贝勒之族人，曾任镶黄旗轻车都尉，叶赫那拉氏后薨于达尔琥家，薨年不详。

侧妃扎鲁特博尔济吉特氏，巴雅尔戴青之女。天聪六年二月来归，为侧福晋，称为东宫福晋。九年十月初七日，以不遂汗意，将其改嫁给叶赫部德勒格尔台吉之子南褚，卒年不详。有两个女儿，皇六女，封固伦公主，嫁夸扎；皇九女，嫁哈尚。

敏惠恭和元妃，科尔沁博尔济吉特氏，名海兰珠，是皇太极最宠爱的妃子。科尔沁贝勒宰桑之女、台吉、后封和硕卓礼克图亲王吴克善之妹。孝庄文皇后之姊，孝端文皇后的侄女。万历三十七年生，早嫁夫亡，仍归科尔沁部。天聪八年十月，其兄台吉吴克善送之来归，时年已二十六，封为侧福晋。崇德元年七月封东宫即关睢宫宸妃，也称东关睢宫福晋，为东大福晋。崇德四年，改封宸妃为贤妃。六年九月十八日薨，年三十三。追封元妃，谥曰敏惠恭和。葬昭陵贵妃园寝。仅生一个儿子，皇八子，二岁殇。

懿靖大贵妃，阿霸垓博尔济吉特氏，名娜木钟。后封郡王阿霸垓额齐克诺颜之女。初嫁蒙古察哈尔林丹汗，号囊囊福晋，史称"囊囊太后"。天聪六年，林丹汗卒。天聪九年七月来归皇太极，为侧福晋。崇德元年七月封西宫即麟趾宫贵妃，也称西麟趾宫福晋，为西大福晋。顺治元年九月，迎至燕京。顺治九年十月尊皇考懿靖大贵妃。康熙十三年十一月二十日薨。葬昭陵贵妃园寝。有一个儿子，皇十一子博穆博果尔；一个女儿，皇十一女，封固伦端顺公主，嫁噶尔玛索诺木；还抚养一蒙古女，名淑济，嫁济旺之子德参济王子噶尔玛德参。

康惠淑妃，阿霸垓博尔济吉特氏，名巴特玛·璪。阿霸垓塔布囊博第塞楚祜尔之女。初嫁察哈尔林丹汗，号窦土门福晋。天聪六年，林丹汗卒。天聪八年八月来归皇太极，为侧福晋。崇德元年封为东次宫即衍庆宫淑妃，也称东衍庆宫福晋，为东侧福晋。顺治元年九月，迎至燕京。顺治九年十月尊皇考康惠淑妃。康熙六年卒，葬昭陵贵妃园寝。抚养一蒙古女，嫁多尔衮。

庶妃（庶福晋）

庶妃，包括小福晋、格格、媵妾、婢妾等，都是没有名分的妾，庶福晋仅是对她们的尊称而已。其中生育子女者才能成为小福晋，所生子女属庶出。

庶妃颜扎氏，称小福晋。布颜之女。天命十一年来归。有一个儿子，皇四子叶布舒。

庶妃那拉氏，称小福晋。英格布之女。天聪八年来归。有一个儿子，皇六子高塞。两个女儿，皇十女，封县君，嫁辉塞；皇十三女，嫁拉哈。

庶妃伊尔根觉罗氏，称小福晋。安塔锡之女，崇德元年来归。有一个儿子，皇七子常舒。

庶妃克伊克勒氏，称小福晋。拜祜之女，崇德三年来归。有一个儿子，皇十子韬塞。

庶妃赛音诺颜氏，称小福晋。崇德元年来归。有一个女儿，皇十二女，封乡君，嫁班第。

庶妃察哈尔奇垒氏，称小福晋。察哈尔部谔勒济图固英塞桑之女，崇德五年来归。有一个女儿，皇十四女，封和硕恪纯公主，嫁吴应熊。顺治二年卒。

皇子（11人，成年8人）

皇长子爱新觉罗·豪格（1609—1647）。生母为继妃乌拉那拉氏。万历三十七年三月十三日子时生。顺治五年三月卒，封肃武亲王。

皇次子爱新觉罗·洛格（1611—1621），幼殇。生母为继妃乌拉那拉氏。万历三十九年生，四十九年殇。

皇三子爱新觉罗·洛博会（1611—1617），幼殇。生母为元妃钮祜禄氏。万历三十九年生，四十五年殇。

皇四子爱新觉罗·叶布舒（1627—1690），生母为庶妃颜扎氏。天聪元年十月十八日子时生。康熙二十九年卒，曾封辅国公。

皇五子爱新觉罗·硕塞（1629—1654），生母为侧妃叶赫那拉氏。天聪二年十二月二十四日亥时生，顺治十一年十二月卒，封承泽裕亲王。

皇六子爱新觉罗·高塞（1637—1670），生母为庶妃那拉氏。崇德二年二月十六日子时生，康熙九年卒，封镇国悫厚公。

皇七子爱新觉罗·常舒（1637—1699），生母为庶妃伊尔根觉罗氏。崇德二年四月十九日寅时生，康熙三十八年卒，封辅国公。

皇八子（1637—1638），未命名，幼殇。生母为敏惠恭和元妃博尔济吉特氏。崇德二年七月初八日亥时生，崇德四年正月殇。

皇九子爱新觉罗·福临（1638—1661）。生母为孝庄文皇后博尔济吉特氏。崇德三年正月三十日戌时生于盛京盛京皇宫的永福宫，顺治十八年正月初七崩于北京紫禁城的养心殿。

皇十子爱新觉罗·韬塞（1639—1695），生母为庶妃克伊克勒氏。崇德四年二月初八日戌时生，康熙三十四年二月初九日卯刻卒，封辅国公。

皇十一子爱新觉罗·博穆博果尔（1641—1655），生母为懿靖大贵妃博尔济吉特氏。崇德六年十二月二十日申时生，顺治十三年七月初三卒，封襄昭亲王。

公主（亲生女 14 人；养女 1 人）

皇长女（1621—1654），封固伦公主。生母为继妃乌拉那拉氏，生于天命六年三月十二日。天聪七年（1633）嫁蒙古敖汉部博尔济吉特氏台吉班第，称敖汉公主，封固伦端敏公主。顺治十一年（1654）卒。班第于崇德元年（1636）封敖汉郡王，顺治十三年（1656）卒。

皇次女，名马喀塔（1625—1663），封固伦温庄公主。生母为孝端文皇后，天命十年生，初封固伦公主。天聪九年（1635）许配给蒙古察哈尔部林丹汗之子博尔济吉特氏额尔孔果洛额哲，清崇德元年（1636）出嫁。是年，额哲封察哈尔亲王，六年（1641）额哲卒。顺治二年（1645）复嫁额哲之弟阿布鼐。顺治十四年（1657）尊固伦长公主，十六年封固伦永宁长公主，后改封固伦温庄长公主。阿布鼐在顺治五年袭其兄额哲遗爵封察哈尔亲王，后因"负恩失礼"被削爵并处死。公主于康熙二年（1663）卒。

皇三女，封固伦靖端长公主（1628—1686）。生母为孝端文皇后，天聪二年七月初三日生，初封固伦公主。崇德三年（1638）十二月许配给蒙古科尔沁部博尔济吉特氏奇塔特，即其生母孝端文皇后之侄，四年出嫁。奇塔特于崇德八年（1643）赐封固伦额驸，顺治六年（1649）封科尔沁郡王，八年闰二月卒。十三年（1656）公主回到京师，十四年尊固伦长公主，十六年十二月封固伦延庆长公主，后改封固伦端靖长公主，康熙二十五年（1686）五月卒。

皇四女，名雅图（1629—1678），封固伦雍穆公主。生母为孝庄文皇后，天聪三年正月初八日生，初封固伦公主。七年许配给蒙古科尔沁部博尔济吉特氏弼尔塔哈尔，即其生母孝庄文皇后之兄卓礼克图亲王吴克善之第三子，崇德六年（1641）出嫁。弼尔塔哈尔于崇德八年（1643）赐封固伦额驸，康熙五年（1666）袭其父爵受封为卓礼克图亲王，六年卒。顺治十三年（1656）公主回到京师，十四年尊固伦长公主，十六年十二月封固伦兴平长公主，后改封固伦雍穆长公主，康熙十七年闰二月卒。

皇五女，名阿图（1632—1700），封固伦淑慧公主。生母为孝庄文皇后，天聪六年二月十二日生，初封固伦公主。崇德六年（1641）正月许配给蒙古喀尔喀部额驹恩格德里之子博尔济吉特氏索尔哈，八年出嫁。索尔哈在崇德元年（1636）袭其兄额尔克代青之三等甲喇章京，即三等轻车都尉世职，顺治初年卒。顺治五年（1648）复嫁蒙古巴林部辅国公博尔济吉持氏色布腾，称巴林公主。色布腾为元太祖21世孙，顺治五年封辅国公，七年晋巴林郡王，康熙七年（1668）二月卒。公主于顺治十四年（1657）尊固伦长公主，十六年二月封固伦和顺长公主，后改封固伦淑慧长公主。阿图为其母孝庄文皇后所钟爱。色布腾卒后，康熙十二年（1673）太皇太后病，康熙帝派人将公主接到京师，以后又多次到京师。三十九年（1700）正月初十日卒于京师。

皇六女（1633—1649），封固伦公主。生母为侧妃扎鲁特博尔济吉特氏。天聪七年十一月十五日生，初封固伦公主。崇德六年（1641）许配给伊尔根觉罗氏都统阿山之子夸札，顺治元年（1644）出嫁。公主于顺治六年（1649）三月卒。夸札在顺治五年（1648）因罪被罚锾，六年（1649）在公主去世一个月后也去世。

皇七女，封固伦淑哲公主，谥固伦端献公主（1633—1648）。生母为孝庄文皇后，天聪七年十一月十六日生，初号淑哲公主。崇德六年（1641）许配给蒙古扎鲁特部内大臣俄尔齐桑之子博尔济吉特氏铿吉尔格，顺治二年（1645）出嫁。顺治五年公主卒，赐谥曰固伦端献长公主。

皇八女（1634—1692），封固伦永安公主，谥固伦端贞公主。生母为孝端文皇后，天聪八年闰八月十六日生，初封固伦公主。崇德六年（1641）许配给蒙古科尔沁部土谢图亲王额驸巴达礼之长子博尔济吉特氏巴雅斯护朗，顺治二年（1645）时出嫁。十四年（1657）二月封固伦长公主，十六年封固伦昌乐长公主，后改封固伦永安长公主。巴雅斯护朗在康熙十一年（1672）五月袭其父爵土谢图亲王，是年八月卒。康熙二十一年（1692）正月公主卒，赐谥曰固伦端贞长公主。

皇九女（1635—1652），未受封。生母侧妃扎鲁特博尔济吉特氏，天聪九年九月二十六日生。顺治五年（1648）嫁蒙古博尔济吉持氏哈尚。八年哈尚卒，九年公主卒。

皇十女（1635—1561），封县君品级。生母为庶妃那拉氏，天聪九年生。封县君，即固山格格。顺治八年（1651）八月嫁一等公瓜尔佳氏辉塞。婚后不到三个月，辉塞卒，公主未再嫁，十八年（1661）公主卒。

皇十一女（1636—1650），封固伦公主，谥固伦端顺公主。生母为懿靖大贵妃，崇德元年三月二十五日生，初封固伦公主。顺治四年（1647）嫁蒙古阿霸垓部博尔济吉特氏噶尔玛索诺木，七年卒，十三年（1656）六月赐谥固伦端顺长公主。噶尔玛索诺木与公主婚后授与一等精奇尼哈番（子）。公主去世后，皇太极之兄礼亲王代善之女复嫁给他，加少保兼太子太保，康熙三年（1664）卒。

皇十二女（1637—1678），封乡君品级。生母为庶妃赛音诺颜氏，崇德二年三月十五日生。封乡君，称格格。顺治八年（1651）嫁蒙古博尔济吉特氏头等侍卫班第。康熙十七年（1678）卒。班第在康熙十年（1671）任理藩院侍郎，三十年（1691）任理藩院尚书，三十九年（1700）卒。

皇十三女（1638—1657），未受封。生母为庶妃那拉氏，崇德三年七月初七日生。顺治九年（1652）嫁副都统瓜尔佳氏拉哈，十四年（1657）四月卒。

皇十四女（1641—1703），封和硕恪纯公主。生母庶妃察哈尔奇垒氏，崇德五年六年生，初封和硕公主。顺治十年（1653）嫁平西王吴三桂之子吴应熊，十四年尊和硕长公主，十六年（1659）十二月封和硕建宁长公主，后改封和硕恪纯长公主。吴应熊与公主婚后，顺治十年（1654）授三等子爵，十四年加少保兼太子太保，康熙七年（1668）晋少傅兼太子太傅。十四年因其父吴三佳反叛清廷，同其子吴世霖皆被处死。吴应熊死后，康熙皇帝经常下诏慰藉公主，谓其"为叛寇所累"。四十三年（1703）公主卒。

养女（1615—1637），封和硕公主。皇太极的从兄克勤郡王岳托之长女，生母为嫡福晋哈达那拉氏，皇太极将她抚为己女。天聪二年（1628）嫁蒙古科尔沁部台吉博尔济吉特氏曼珠习礼。崇德二年（1637）封和硕公主，是年七月十九日卒。曼珠习礼与公主婚后，赐号达尔汉巴图鲁，崇德元年（1636）封达尔汉郡王，顺治十六年（1659）晋达尔汉亲王，康熙四年（1665）卒。

重要辅臣

范文程

介绍名片

范文程（1597—1666），字宪斗，号辉岳，辽东沈阳卫（今辽宁沈阳）人。清朝初年大臣，是北宋名相范仲淹第十七世孙。明万历四十六年（1618）开始为后金政权效力，此后侍奉清太祖（努尔哈赤）、太宗（皇太极）、世祖（顺治帝）、圣祖（康熙帝）四代皇帝。隶属满洲镶黄旗。

一生简历

范文程出身于名门仕宦家庭。他年轻时喜好读书，平素有远大的志向。随着岁月的流逝和年龄的增长，逐渐养成一种沉着、刚毅、聪颖、机敏的性格。年轻的范文程，耳闻目睹了满族的兴起与努尔哈赤后金政权的建立与发展，他以封建官僚知识分子的眼光，清楚地看到明朝已是"气数"将终，而女真人的后金政权正在方兴未艾。当努尔哈赤率军攻下抚顺时，范文程与其兄一起，便毅然决然地亲赴汗营，"仗剑谒军门"，投奔了努尔哈赤。

范文程少好读书，颖敏沉毅。投奔努尔哈赤后，对清廷一片忠心，无论换了哪个皇帝，他都有自知之明，所以在他经历的整个清初的三朝四代历史上留下了丰功伟绩。努尔哈赤得知范文程是明朝兵部尚书范镱的曾孙时，就对身边的各位亲王贝勒们说："这个人是名臣之后，一定要好好地重用他。"言下之意在于希望范文程也能成为他的名臣。由于范文程熟悉当时明朝以及辽东的政治、军事形势，被努尔哈赤选为亲随。他先后参加了后金与明朝的一系列的战斗，并且"所在行营，必参帷幄"，发挥了重要作用。

努尔哈赤病死后，第八子皇太极继承了汗位。范文程总结努尔哈赤时期的经验教训，提出了治理好国家首先要安定黎民百姓，并且要调整满族与汉族之间的关系，缓和民族矛盾的看法，得到了皇太极的重视。随着形势的发展，以及统治地域的扩大和人口的增加，皇太极制定了对后金政权进行改革的方针，参照明朝中央集权的统治机构，建立了文馆，范文程受到破格的重用，成了文馆的骨干。文馆的建立，标志着后金政权向着中央集权的封建政权前进了一大步，这其间范文程以其特殊的地位与才能，发挥了很大的作用，自然地成为皇太极的主要亲信谋臣。

皇太极很是倚重范文程，参与军政大事，每逢议事，常说："范章京知否？"不称文程而称章京，抬高了范文程的地位。每当议事决定不下来的时候，就说："何不与范章京商议一下？"众臣下说："范文程已经同意。"皇太极才最后批准。君臣关系至为亲密。皇太极经常要范文程陪着吃饭。范文程有一次入侍，面对美味佳肴，想到父亲还没有尝到，迟迟未能下筷，皇太极明白他的心意，立即把这桌美味佳肴送给了他的父亲。无论是朝中大事，还是日常生活上，都可以看出皇太极把范文程看成是贴身的近臣，而范文程也对皇太极忠心不二。

范文程既了解女真族的社会发展，也知道它的军事组织八旗制度的作用。同时他也了解明朝的社会弊端、宫廷的腐败。在清初开国史上能知己知彼，熟知中国历史与明朝现状者，范文程是难得的第一人。他知道只有顺应历史发展，对后金的政治机构进行改革，才能完成推翻明朝的历史任务。在导演以清代明这个历史序幕时，他有其独特的历史功绩。到了崇德末年，清王朝已经模仿明王朝建立了一套制度，并有所增加与发展，至此清王朝完成了封建化的过程，加强了中央集权，成为一个政治上、军事上、文化上、经济上都能与明朝一比高低的劲敌了。

天聪三年（1629）十月，皇太极（时称"天聪汗"）统率满蒙大军五万余人伐明，从喜峰口突入塞内，入蓟门，克遵化。范文程时在汗之文馆，被称为"书房官"、"文臣"或生员、秀才，没有正式官衔。他虽系儒生，但相貌堂堂，体格魁伟，倒很像是一员虎将，且临阵不惧，随军出征时，奋勇冲杀，又长于用计，能言善辩，因而立下功劳，"招抚潘家口、马栏峪、山屯营、马栏关、大安口五城"。明军围攻大安口城，他又"披甲逼阵"，"率枪炮手，杀敌甚众"。十一月十一日，皇太极统军进攻北京，留参将英俄尔岱、游击李思忠及文程与八员备御，领兵八百名，驻守遵化。明军来攻，"清军前锋被围，文程突围力战，援之以出"。因战功显著，范文程被授予游击世职。

天聪五年八月，皇太极再次进攻明朝，统军七八万围攻大凌河城。初十日，范文程奉汗命，往城之西山一台劝降。明兵"据险死守"，他"单骑至台，晓譬详切"，守兵听后下台投降，其中有生员一人、男丁七十二名、妇女十七人，还有马二匹、牛二十四头、驴二十一头，汗"即付文程养之"。

天聪六年四月，皇太极领兵征察哈尔，林丹汗闻悉，率部民逃走。皇太极欲用兵于明宣府太同，范文程与文馆同事宁完我、马国柱上疏，认为入宣府，不如攻山海关。五月下旬，皇太极驻归化城，遣兵劫掠黄河一带蒙汉人家，并命文馆官员商议下一步行动计划。六月初五日，范文程与宁完我、马国柱一起上奏，这是天聪九年以前《清实录》全文载录范文程的第一份奏疏，是了解此时范文程之见识、才干、文采的极好材料。

现将范文程顺治时撰修的《清太宗实录》所记的疏文，摘录如下：

汗昨命臣等思想目前事宜，臣等虽愚鲁，敢不具管见以闻。沙河堡官员查发逃奔人，是头紧顾头之意，以向年之插汉儿，彼尚不敢少抗，岂敢抗汗今日之兵耶。……臣等环观今日军情，无大无小，皆以汉人为奇货，是势之必欲深入也。即欲深入，汗当先为筹算，决志无移，切不可草草，以致临期踌躇。臣等想，汗提兵到此，各相警戒，我兵一入，若得与汉人遇而大创之，是为厚幸，若退守各城，近边村屯，地薄民穷，凡我兵马，无益有损。夫既无所获，势必从原路出境，是与蒙古无异，而名利两失矣。果欲内入，当直抵北京，讯其和否，蚤为决断，由山海拆毁水门而归，以壮军威，以示无敌于天下。若计所入之关，无如雁门为便，既无沮滞，又居民富庶，可资饱腾。汗如必欲深入，又恐无隙可乘，徒败声名耳，臣等于不得已之中，有两计焉，一计近于正大光明，一计近于吹毛求疵。所为正大光明之计者，当谕经过城池，明言插汉儿汗远遁，百姓尽为我有，因途遥徒步难行，特来与尔主讲和，并借尔地方牲畜……。所谓吹毛求疵之计者，当写书与近边官员，令彼转为讲和，勒限日期……（明官必耽延），彼时乘隙而入，惟我所欲为矣。入则利在深入，不入则就此回兵，庶为上策，勿徒劳兵卒也。

从这份奏疏，可以看出范文程在两个方面的弱点。其一，此时范的文学修养欠佳，表述水平不太高明。这份奏疏是宁完我、范文程、马国柱三人合奏，宁完我是辽阳人，天命年间被俘为奴，天聪三年以"通文史"被皇太极召入文馆办事，授为参将。马国柱原系明朝生员，进入文馆后于天聪八年考中举人。此疏虽未注明由谁执笔撰写，但既系三人"公疏"同奏，把它作为反映文程之水平的材料，还是合适的。

此疏的文字相当粗糙，毫无文采，有的句子使人难解其意，把它与乾隆初撰修的《清太宗实录》所记的这一奏疏相比，便可不言而喻了。比如，原疏一开始称："汗昨命臣等思想目前事宜，臣等虽愚鲁，敢不具管见以闻。"

"思想"两字，恐非当时高人雅士习用之词，既愚又鲁，还加"管见"两字，也太累赘罗嗦。乾隆修之实录将其润色为："皇上昨命臣等筹度目前事宜，臣等虽愚，敢不竭所知以闻。"两相比较，乾隆修实录的史官，将原疏之"思想"改为"筹度"，去一鲁字，再把"具管见"变为"竭所知"，虽仅小小变动，显然使其比较文雅略有文采了。再举一例，原疏有"沙河堡官员查发逃奔人，是头紧顾头之意"。什么叫"查发逃奔人"？表述太不通顺了。乾隆版改为"查发逃去人民，以还我者"，一下子就使人们明了其意，知道是明朝官员将从后金逃去的人丁查出送还。至于所谓"头紧顾头"，显系地方性的通俗口语，不易为他省人知晓，乾隆版改为"是不过暂救目前之急"，使其文字表达水平大为提高。全文类似之弊，俯拾即是，不再赘引。

其二，此时范文程在军政大事上还相当幼稚，见识不高，议不精辟，对后金与明之形势，了解不透，既不知己，又不知彼，所上之计实为下策。范文程、宁完我与大多数降金汉官一样，竭力主张对明用兵，大举深入，直捣京师。揆诸当时形势，此议未免太偏太急太险，如若照此行事，后果难以设想。先就后金本身条件而论，此则，女真男丁不过六万左右，加上汉军一旗、蒙古一旗，共十旗，丁数不会超过八万，而且贝勒、大臣之中，有的已开始享乐腐化，士气较前有所削弱。辽东汉民因受先汗努尔哈赤晚年的虐待，被屠杀、迁徙、抄没为奴，满腔怨愤，纷欲弃金投明。经济危机也相当严重，四年以前，"国中大饥"，斗米价银八两，牛一头卖银一百两，良马一匹值银三百两，布一匹价九两，出现了"人有相食者"的悲惨景象。至于周边形势，同样不妙。南面朝鲜，既怀天聪元年被迫订立城下之盟屈服于金之新恨，又念念不忘二百余年忠于大明的长远历史，一心要摆脱后金压抑与明联合抗金。东北方面，蒙古察哈尔部林丹汗虽星夜逃走，但并未覆灭，随时都可能卷土重来。西边的明国，尽管曾数败于金，但幅员辽阔，臣民众多，人口超过后金几百倍，明军也数十倍于八旗军，并于天聪四年收复永平、遵化四府州县，迫使勇猛善战的二大贝勒阿敏狼狈逃回沈阳。后金处于四面被围的困难境地。在后方不稳、腹背受敌、敌众己寡的条件下，不做好充分准备，就要远征千里以外的大国京都，谈何容易，弄不好，被截断后路，想退回故里尚且不能，焉能进据紫禁城入主中原。所以，聪明的皇太极并不急于飞袭燕京，稍后一些时候，还斥责汉官之此见为谬论。何况，这次出征，原为攻击林丹汗，不料彼先期远逃，八旗军追逐四十余日，连蒙古大汗的影子都未见到，鞍马劳累，缺水少粮，得不偿失，贝勒、大臣之中，不少人己有怨言，如果还要快马加鞭远征明国，仅有十日之粮的疲师，怎能获胜！因此，范文程三人之计，实为下策，与天聪汗皇太极的方针，是背道而驰的。

当然，宁完我、范文程、马国柱三人并非无能之辈，在当时的后金确实也算是才谋出众的智士，宁、范后皆为大学士，马任至加兵部尚书衔的管辖江南、江西、河南三省的总督。他们的奏疏不会一无所取，至少有两点是讲得很好的，一是他们环观军情后，认识到后金国中上下人员"皆以汉人为奇货"，必欲深入；二是他们力主尽速决策，"入则利在深入，不入则就此回兵"，不能半途而返。因此，皇太极虽不听从三人深入之议，但仍对其予以赞扬，《实录》记为"嘉纳之"。

范文程益自磨砺，尽心国事，才干日强，识见愈高，迅速博得皇太极宠信。天聪七年三月二十七日，以孔有德、耿仲明欲来降，范文程奉汗命，偕吴赖、白格、塞古德，赍汗谕往探及劝降。五月，孔有德率众来归，范文程遵谕将其部安插于东京，并陪孔有德等人至沈阳拜见天聪汗。虽然文馆至天聪十年三月才改为内三院正式设立大学士，但在此之前，范文程实际上已被皇太极当作类似此职之亲信内臣来使用，经常被召入宫，与汗密议军国要事。史称"文程所领，皆枢密事，每入对，必漏下数十刻始出。或未及食息，复奉召入，率以为常"。因此，当初编汉军旗时，"廷议首推文程"任固山额真，而汗却不愿让其离开文馆，曾下谕："范章京才堪胜此，但固山职一军耳。朕方资为心膂，其别议之。"天聪九年二月初七日，皇太极因近来汉官及诸生动以立即兴师伐明陈奏，认为此议不妥，系"不达时势之见"，"乃小人之浅见"，下谕给刑部承政高鸿中及文馆宁完我、范文程等人，对这种意见予以批评，指出此时"人心未及安辑"、"城郭未及修缮"，不能盲目动兵。将来时机到了之后，大军伐明，那时明帝如弃京而走，或遣使求和，是追击逃帝，还是围攻京城，是允和还是拒和，对其人民如何安置，对八旗贝勒等人之贪得之心，如何禁止，等等重大问题，令范文程等"酌议疏奏"。

皇太极一心要成为"中原有德之主"，当然必须借鉴明朝的典章制度，加快封建化的速度，迅速进行统治机构的改革。天聪十年三月初六日，皇太极对文馆进行改革，成立了内三院（内国史院、内秘书院、内弘文院）。范文程被任为内秘书院的大学士，得以参与最高层的机密。虽然范文程当上了内秘书院的大学士，但他的实际权力并不限于内秘书院，他所起的作用也远非大学士所限。他是职掌是撰写与外国往来书札、掌录各衙门奏疏、辩冤词状、皇上敕谕、文武各官敕书并告祭文庙谕、祭文武官员祭文。他积极帮助和支持皇太极加强中央集权，削弱八旗诸贝勒的王权。天聪十年（1636）春，皇太极在范文程的建议下，接受群臣的提议，上尊号为皇帝，改元崇德，定国号为清，清朝建立。

范文程感恩图报，殚心竭力，操劳国事，先后疏言废除连坐法，奏准更定部院官制，六部各设满洲承政一员，下置左右参政、理事官、副理事官、额者章，荐举邓长春、张尚、苏弘祖等人为吏部参政、户部启心郎。

崇德六年（1641）三月，皇太极知悉，睿亲王多尔衮等王公统军围攻锦州时，离城远驻，又私遣部分官员兵丁返家，守兵得以出城运粮入内，勃然大怒，遣内大臣昂邦章京图尔格、固山额真英俄尔岱和内院大学士范文程、希福、刚林等，讯问多尔衮如此办理的原因，并下谕严厉斥责主帅多尔衮和同在军营的肃亲王豪格、饶余贝勒阿巴泰、安平贝勒杜度、公硕讬等人。图尔格、范文程等传达帝谕后，多尔衮等引罪。图尔格、范文程等人向帝奏报其情，皇太极更为恼怒，命他们谕令多尔衮等自议其罪。多尔衮自议死罪，豪格亦言应死，杜度、阿巴泰削爵为民，尽没户口奴仆，从征将领三十余人分别议死、革职、籍没。三月二十二日，图尔格、范文程等将此情奏报，皇太极予以宽减，降多尔衮、豪格为郡王，分别罚银一万两、八千两并剥夺二牛录、一牛录，余皆罚银。第二日，多尔衮等俱至议政衙门，皇太极命大学士希福、范文程等将他们逐出议政衙门。

皇太极十分生气，多尔衮等人虽然引咎自责，但并不心悦诚服，君、王、将之间的关系非常紧张。多尔衮身为正白旗旗主、和硕睿亲王，"统摄"吏部，其亲弟为镶白旗旗主、和硕豫亲王多铎，其同母之兄阿济格是英郡王，三兄弟拥有二旗，皆骁勇善战，军功卓著。安平贝勒杜度、公硕讬，是礼亲王代善所辖正红、镶红二旗系统中的实力人物，代善遭皇帝压抑，心怀不满。固山额真阿山、谭泰等二十余名官员，皆是开国有功之战将。统治集团中这样多的人员与皇帝长期不和，将会带来严重恶果。

范文程此时已是久经锻炼智谋高超蒙帝宠信之大学

士，为了改变这种状况，他于四月初五日偕大学士刚林、学士额色黑奏称："国中诸王贝勒大臣，半皆获罪'，不许入署，不准晋谒皇上，他们回家日久，又将去锦州更替郑亲王，对明作战，"各部事务，及攻战器械，一切机宜俱误"，望皇上息怒，令其入署办事。皇太极允准，诸王贝勒大臣"遂各赴署办事'。范文程为协调皇帝与诸王之间的紧张关系，立下一功。

崇德八年（1643）八月初九日，皇太极去世。十四日，诸王贝勒大臣议定，立皇太极之第九子福临继位，以郑亲王济尔哈朗、睿亲王多尔衮"辅理国政"。二十六日，举行新皇帝登极大典，颁诏大赦，改次年为顺治元年。

福临被推为新君，是八旗贵族内部各派激烈争斗的暂时妥协。福临继位以后，这一斗争仍在进行。八月十六日，郡王阿达礼、贝子硕讬向郑亲王济尔哈朗、礼亲王代善、睿亲王多尔衮游说，谋立多尔衮为君，代善、多尔衮告诸王贝勒，遂以扰政乱国的叛逆罪，将阿达礼、硕讬处死，籍没其家。范文程原是红旗硕讬的属下人员，此时被拨入镶黄旗。

1644年，李自成起义军攻陷北京，皇帝自杀，明朝灭亡。明辽东总兵吴三桂立刻致书清廷，请兵进关共同对李自成作战。双方一拍即合。这正是范文程为多尔衮所制定的夺取全国政权的战略结果。范文程不失时机，为清军草拟宣谕布告天下："我们是仁义之师，为了给你们报君父之仇而来，不杀百姓，现在我们所诛杀者只有闯王贼而已。有官吏来归的，恢复其职位；百姓来归的，许其从事旧业。我们大军行动有纪律，决不伤害你们。"这在进关之时，是宣言书，也是瓦解农民起义的号召，更是向所有被起义军打倒的官僚、地主、豪绅宣传清军的政治主张。把清朝与明朝的民族矛盾，掩饰过去，转而把地主阶级与农民阶级的矛盾突出了出来。因此，清军所向无敌，起义军败走，各地迎降不绝。范文程有力地把握了历史转折的时机，提出适宜的策略，为清朝夺取全国政权立了大功。范文程能利用阶级矛盾，转移民族矛盾，争取明朝各级官僚和地主阶级的支持，这是他在错综复杂的斗争中，为清朝制定的正确的战略方针。

范文程在进京伊始，亲主政务，日理万机，为崇祯发丧，安抚孑遗，举用废官，搜求隐逸山林之士，考订文献，更改明朝法律命令，广开言路，招集各级官吏，收求各种档案册籍，安定了人心。又实行轻徭薄赋，给人民以生息的条件。这些都为清朝的巩固，奠定了政策的基础。

为了进一步争取广大知识分子对清朝的支持，范文程上疏说："治天下在得民心，士为商民之首。士心得，则民心得矣。请再行乡、会试，广其登进。"他建议"首请开课取士，以收入才"。得到批准后，清廷派他主持考试，考中的有一千多人，这样做就为清朝争取了追求仕途的汉族知识分子的支持。范文程刚刚避免了因主硕讦乱国而险遭不测之祸，不久又遇到了新的麻烦。摄政王多尔衮之亲弟豫郡王多铎欺之为满人之走狗，竟然要抢夺范文程之妻，经过一番周折，才得到解决，诸王贝勒审实后，决定罚多铎银一千两，剥夺其十五个牛录。范文程虽然化险为夷，没有遭受妻室被霸之灾祸，但仍不免忧心忡忡。多铎乃一旗之主，贵为亲王、郡王，又系摄政王多尔衮之同母亲弟，日后会舍此不究吗？万一追念前怨，范文程恐难免灭门之灾了。

尽管身遭故主被戮、爱妻险被欺凌之双重危难，范文程仍为了个人前程，在清朝入主中原这一紧急关头，献计献策，立下了殊勋。崇德九年（1644）四月初四日，范文程上书摄政王，奏请立即出兵伐明，夺取天下。此文关系到清帝能否君临天下，至为重要，摘录如下：乃者有明，流寇距于西土，水陆诸寇环于南服，兵民煽乱于北陲，我师燮伐其东鄙，四面受敌，其君若臣安能相保耶。……此正欲摄政诸王建功立业之会也。窃惟成丕业以垂休万禩者此时，失机会而贻悔将来者亦此时。何以言之，中原百姓蹇罹丧乱，荼苦已极，黔首无依，思择令主，以图乐业……是则明之受病种种，已不可治，河北一带定属他人。其土地人民，不患不得，患得而不为我有也。盖明之劲敌，惟在我国，而流寇复蹂躏中原，正如秦失其鹿，楚汉逐之，我国虽与明争天下，实与流寇角也。为今日计，我当任贤以抚众，使近悦远来……申严纪律，秋毫无犯，复宣谕以昔日不守内地之由，及今进取中原之意，而官仍其职，民复其业，录其贤能，恤其无告，将见密迩者绥辑，遐听者风声，自翕然而向顺矣。夫如是，则大河以北，可传檄而定也。……惟摄政诸王察之。

范文程此书，讲清了四个问题。

其一，明国必亡。尽管此时清国君臣尚不知晓李自成农民军已打进北京，灭了明皇朝，崇祯帝自尽，但范文程已经看准，曾拥有雄兵百万、辖地万里、臣民上亿的大明国，必将迅速灭亡。他非常透彻地剖析了明朝的内忧外患，四面受敌，人心尽失，业已病入膏肓，无可救药。认清这一基本形势，对久怀入主中原雄心的八旗王公的决策，无疑有着重大的影响。

其二，与"流寇"争天下。如果说在此之前已有人议论明国将亡，范文程不过是阐述得更清楚、更全面、更深刻的话，那么，与明末农民军争夺明皇朝的天下的论点，则是范文程最先提出来的。此时，清朝将领和谋士对大顺、大西农民军所知甚少，仅把其当作活动于西北一隅的"流寇"。顺治元年正月二十六日，蒙古鄂尔多斯部之人向多尔衮报告李自成取陕西、攻三边的消息时，多尔衮还于当日给农民军写信，欲图与其建立联系，协同攻明。信中明确讲到："兹者致书，欲与诸公协谋同力，并取中原，倘混一区宇，富贵共之矣。"范文程高瞻远瞩，敏锐地察觉到农民军才是清帝主入中原的大敌，强调指出："正如秦失其鹿，楚汉逐之，我国虽与明争天下，实与流寇角矣。"这一论断十分精辟，至关紧要，为清军入关及其与大顺军决战，奠定了思想基础。

其三，良机难得，稍纵即逝。范文程剖析了明朝必亡、"流寇"势强之后，着重点明，中原土地人民，不患不得，患得而不为我有，恐将落入农民军之手。如果处理不当，不争取人心，则有可能以己之力驱逐人民投往"流寇"，那时大势就无可挽回了。因此他大声疾呼："成丕业以垂休万禩者此时，失机会而贻悔将来者亦此时"。机不可失，时不再来，成败与否，在此一举。范文程此论，确系高见，此时李自成已入据北京半月有余，河北、山东传檄而定，设若清军晚个一年半载才出兵，大顺农民政权有可能统一黄河、长江流域，全部接管除辽东以外的明朝旧有辖地，那时大局已定，清军要想问鼎中原，就难上加难了。

其四，变方针，创"大业"，禁杀掠，收人心。早年努尔哈赤大杀辽民，二大贝勒阿敏贝勒弃遵化屠永平，清军四次深入，抢掠而返，使明国臣民以为清朝并无大志，不过是抢掠子女玉帛而已，"纵来归附"于清，亦"未必抚恤"，因此他们疑惑不定。范文程剖析了汉民"因怀携贰"的缘故，提出应当宣布此次"进取中原之意"，申严纪律，"秋毫无犯"，并纲要性地提出四条原则："官仍其职，民复其业，录其贤能，恤其无告"。这样一来，汉民必然纷纷归顺，"大河以北，可传檄而定"。

范文程的建议，对清夺取中原的基本方针、政策的制定，对促使清军出发，起了巨大的作用。四月初九日，即范文程启奏摄政王之后的第五日，摄政王多尔衮带领郡王多铎、阿济格等八旗王公大臣，统领满蒙汉官兵十余万，祭师出发。多尔衮并明告三军："曩者三次往征明朝，俱俘虏而行。今者大举，不似先番，蒙天眷佑，要当定国安民，以希大业。"

四月十四日，大军抵达翁后，明平西伯吴三桂自山海关遣使前来求兵，言及李自成已破明都，多尔衮立即派人往召在盖州汤泉养病的范文程来商大计。范文程抱病力趋，建议说：自闯寇猖狂，中原涂炭，近且倾覆京师，伐厥君后，天怒矣；刑辱缙绅，拷掠财货，士忿矣；掠民资，淫人妇，火人庐舍，民恨矣。备此三败，行之以骄，可一战破也。我国家上下同心，兵甲选练，……何功不成……自古未有嗜杀而得天下者。国家止欲帝关东，当攻掠兼思。倘思统一区夏，非义安百姓不可。

多尔衮收到吴三桂的乞兵书，本来相当犹豫，是前进，还是中止。清军之行，是为了夺北京取中原，现在既然农民军已先据都城，直捣山海，清军还有无必要继续前进。而且过去清兵三逼明都，皆未能得手，现农民军能袭破其城，其军战斗力谅必很强，如与清兵交战，胜负难卜。多尔衮对阿济格、多铎说："吾尝三围彼都，不能遽克，自成一举破之，其智勇必有过人者。今统大众亲至，得毋乘战胜精甲，有窥辽之意乎？不如分兵固守四境，以观动静。"三人"咸有惧色，遂顿兵不进"。正是在这犹豫不决的紧急关头，范文程讲明了清军必能打败李自成农民军，获取大胜，并再次强调禁杀掠收人心，从而坚定了多尔衮进军的信心和决心，决定收降吴三桂，迎战农民军。四月二十二日，两军大战于山海关石河西，李自成败走，清军大胜，并乘势追击。

此时，沿途官民畏惧杀掠，"民多逃匿"。范文程扶病随征，草檄宣谕："义兵之来，为尔等复君父仇，非杀百姓也，今所诛者惟闯贼。官来归者复其官，民来归者复其业。师律素严，必不汝害。"其檄皆署范文程的官阶姓氏。

这一宣谕相当有效，"民心遂安"。清军迅速前进，五月初二日，摄政王多尔衮入居紫禁城内的武英殿，实现了多年以来入主中原的宏愿。顺治元年（1644）五月初二日，清军进据北京。此时，百务废弛，社会混乱，人心波动。范文程昼夜操劳，佐理国政。尽管当时头绪纷繁，"畿内甫平，军兴四出，腾布文告，应给军需，事无巨细，皆决于文程"，使他"昼夜立阙下"，"应机立办"，非常劳累。但与此同时，他始终紧紧抓住根本问题，为革除明季弊政，与民谋利，争取人心，开国定制而艰苦奋斗。他首先致力于稳定都城局势，于入京后第二日，五月初三日，向摄政王奏称：燕京一些人，"假托搜捕贼孽，首告纷纷，恐致互相仇害，转滋惶扰，应行严禁"。多尔衮赞同，下令禁止，并设防守燕京内外城门官兵，"严禁士卒抢夺"。紧接着，他又奏请为明崇祯帝发丧。崇祯帝朱由检于三月十九日自缢于煤山海棠树，二十一日大顺军发现其尸，发钱二贯，买柳木棺置放，四月初四日安葬于昌平州，"草草掩于田贵妃坟内"。范文程建议为崇祯帝发丧，多尔衮同意，于五月初四日下谕：李自成原系故明百姓，乃敢弑主暴尸，"诚天人共愤，法不容诛者"，今令官民"为崇祯帝服丧三日，以展舆情"，著礼部、太常寺"备帝礼具葬"。此事深受故明官绅拥戴，《清实录》载称："谕下，官民大悦，皆颂我朝仁义声施万代云。"

尤其重要的是，范文程制定了清朝的税收政策。在连年战争中，农民军将明末的官府饷册通通烧毁，只剩下万历年间的旧册。范文程入京之后，即招集各部胥吏，征求册籍。有人建议于地方搜寻明季新册，范文程拒绝其议，说："即此为额，尤恐病民，岂可更求。"遂以万历旧册为依据，照此征收田赋。多尔衮听从范文程之言，于顺治元年七月十七日谕告全国官吏军民，宣布废除三饷："前朝弊政，厉民为甚者，莫如加派辽饷，以致民穷盗起，而复加剿饷，再为各边抽练，而复加练饷。惟此三饷，数倍正供，苦累小民，剔脂刮髓，远者二十余年，近者十余年，天下嗷嗷，朝不及夕。……兹哀尔百姓困穷，夙害未除……为尔下民请命，自顺治元年为始，凡正额之外，一切加派，如辽饷、剿饷、练饷，及召买米豆，尽行蠲免。各该抚按，即行所属各道府州县军卫衙门，大张榜示，晓谕通知，如有官吏朦胧混征暗派者，察实纠参，必杀无赦。"十月初十日，顺治帝颁行的即位诏，又再次宣布："地亩钱粮，俱照前朝会计录（即万历年间的会计录）原额，自顺治元年五月初一日起，按亩征解，凡加派辽饷、剿饷、练饷、召买等项，悉行蠲免。"有清一代，田赋基本上没有加派，实奠基于此，这一安抚百姓的制度的确立和坚持，与范文程是分不开的。

范文程很注意争取汉族文人的归顺与合作，大力起用废官闲员，征访隐逸之士，让他们为官作宦，治政教民。顺治二年南京攻下后，范文程上疏："治天下在得民心，士为秀民，士心得，则民心得矣，今宜广其途以搜之"，请于顺治三年、四年再次举行乡试、会试。帝从之，于是"江以南士子毕集，得人称极盛云"。范文程辛勤操劳，"安抚孑遗，举用废官，搜求隐逸，甄考文献，更定律令，广开言路"，确定赋制，对清初的开国定制，做出了重大贡献。

正当范文程励精图治业绩显著的时候，朝中政局发生了重大变化，使他不得不抑制雄心壮志，置身中枢之外。原来，摄政王多尔衮率清军入主中原以后，权势急剧膨胀，初晋叔父摄政王，再升皇叔父摄政王，顺治五年竟当上了"皇父摄政王"，大有取代福临帝位之势。其亲弟多铎亦因入关和下南京之功，以及助兄治政，不断高升，初由郡王复封亲王，再晋德豫亲王，顺治四年又进封"辅政叔德豫亲王"，成为仅次于多尔衮的"辅政王"，具体主持日常政务。多尔衮极力压制正黄、镶黄两旗忠于皇太极、福临与豪格的王公大臣，将肃亲王豪格革爵幽禁迫害致死，追革一等公图赖的爵位，没其家产，革一等昂邦章京鳌拜世职，"免死赎身"，削二等昂邦章京索尼世职，罢其官，籍没家产，遣发盛京守陵。

范文程蒙受皇太极特恩殊宠，知恩图报，竭力效忠朝廷，誓死不忘故主。此时见朝政日变，睿王权大逼帝，同僚刚林希宠背主转附睿王，福临之位岌岌可危，心中十分不满。另有几年以前豫王多铎谋夺己妻遭罚，难免有恨，恐将特权报仇。形势非常明显，范文程要想晋爵加禄牢居相位，避免豫王谋害，就得离弃幼君投靠睿王，要想保持气节，忠贞不渝，就要开罪于皇父摄政王，身家性命难保。左思右想，进退两难。最后，范文程决定托疾家居。此情当然引起多尔衮不满。因此，尽管范文程于开国定制大有贡献，威望甚高，从顺治元年起就名列大学士之首，但摄政王对刚林、冯铨、祁充格三位大学士更为信用，范文程逐渐被排除于议政之外，仅于顺治元年被委任为《太宗实录》总裁官。

顺治七年十二月多尔衮病逝，顺治八年闰二月刚林、祁充格以谄附睿王妄改《太祖实录》删去大福晋阿巴亥等事，被处以死刑，范文程亦系同改之人，刑部拟议革职，解任，籍没其家，诸王大臣覆议，拟令其革职折赎留任。顺治帝批示："范文程曾效力太宗朝，在盛京时，又不曾预贝子硕讬之罪，后知睿王所行悖逆，托疾家居，众亦共知。睿王取去刚林时，以范文程不合其意，故不取去。范文程著革职，本身折赎，仍留原任。前所行情罪已结，今后于委任职掌，当矢忠报效。"不久，范文程即复官。第二年，顺治九年遇恩诏，复进世职为一等子，授议政大臣，任《太宗实录》总裁官。

范文程继续尽心竭力佐治国政，顺治九年三月初八日，他偕同僚参奏会试中式第一名举人程可则"文理荒谬，首篇尤悖戾经注，士子不服，通国骇异"，请敕部议处。顺治帝命革退程可则，惩治考官胡统虞等人。

此时，因兵火连年，军费浩繁，民不宁居，土地荒芜，各地钱粮缺额，田赋亏欠，军饷不足。范文程于九年十月三十日特上大兴官屯之疏：

臣见直省地方，土地荒芜，钱粮阙额至四百余万。民赋亏，则兵饷必绌，国家大害在此。然民地荒，则军屯可兴，国家大利亦在此。昔明太祖尝言养兵百万，不费民间一粒，亦当元季乱后，旷地甚多，能行官屯故耳。今湖广、江西、河南、山东、陕西五省，寇乱日久，人民稀少，若待招民，穷民无力，何能开垦？若任现在道府各官，庶务繁多，势必迁延不力。臣请行兴屯四事。一、在选举得人。……其官吏俸廪，初年于兴屯本内关支，次年以子粒补偿。……一、在开垦收获。开垦必用牛种农器……于州县库贮钱粮内分用支给。……地之无主者，即为官屯。有主而抛弃者，多方招来，过期不至，亦为官屯。凡土著流户，愿来耕者，官为给地，量助牛种，官分子粒三分之一，三年之后，便为永业。……一、在积贮转运。……一、在责成考课。……臣又谓，今孟冬将尽，若复不决，明春难耕，日复一日，四百万之课，是永无足时矣。

范文程此奏疏，既表明他确实关心国事，竭力想为帝君分忧，欲图解决顺治一朝入不支出、军饷短缺的大难题；又反映出此时他已江郎才尽，料事大不如前。军屯官屯一事，明中叶以后，不少大臣奏请恢复明初之制，有清一代，亦常有人以此为富国足兵之妙计。其实，包括范文程在内的这批建言者，对于明代的军屯，仅只知其然而不知其所以然，并不了解其产生、发展、衰落的基本历史和决定其盛衰的根本因素。由于土地私有化的时代潮流和人民反封建斗争的强大威力，明太祖朱元璋敛征上百万军户垦种六、七千万亩田土的军屯之制，到明中叶已迅速衰落，明末更是名存实亡。历史实践证明，欲仿明初之制的大兴军屯之议，不过是可言而不可行的纸上谈兵的书生之见，此实为下策和无策。

正是由于无法行此古制，所以，虽然顺治帝对范文程之疏予以赞扬批示，"此所奏甚是，著议政诸王及大臣等会议具奏"，但并未能够付诸实行。

顺治十年正月，文程复上保举连坐法，奏请允许部院三品以上的大臣各举所知之人，若被举之人任官后称职，奖励保举者，如其不称职，按罪之大小，"保举官议以连坐"。他认为，"此法实行，则内外皆得真才，而天下无有不治者矣"。顺治帝下诏从其议。

顺治十年八月，加范文程少保兼太子太保。九月，年近花甲的范文程上疏，以病奏请休致。顺治帝谕告吏部："大学士范文程，自太宗时办事衙门二十余年，忠诚练达，不避艰辛，朕所倚赖。乃近以积劳成病，虽暂假调理，仍夙夜在公，未得专事药饵，旦夕奏效，深系朕怀，暂令解任谢事，安心调摄，特加升太傅兼太子太师，昭朕眷礼大臣至意。"十四年，加秩一级，帝遣画工至范文程府宅画其像，"藏之内府，不时观览"。康熙二年（1662），范文程奉命祭告太宗山陵，"伏地号恸，几不能起"。

康熙五年（1666）范文程逝世，终年七十岁。玄烨亲撰祭文，赐葬于怀柔县之红螺山，立碑以纪其功绩，谥"文肃"。几十年后，康熙亲笔书写了"元辅高风"四个字，做为祠堂横额。这是清朝统治者对他的最高的评价了。皇太极为招纳更多人才，千金买马骨，重用范文程，委以重任，给以重权，君臣相互支持，相辅相成，终成大业。在清初取得的重大胜利，范文程不愧为英才称号。

范文程一生所进奏章，多关系到重大的决策问题，所以在他监修太宗实录时，把他草拟的奏章一概焚烧不留，而在实录中所记下者，不足十分之一。他这样做，免得"功高震主"，突出个人。但从各种史料里，从我们能见到的记载里，也足可以看到范文程确是一代名臣。时势造英雄，有他这样的人辅佐，清朝受益匪浅。他最后多次因病上疏请求休养，顺治帝才"暂令解任"，还想病愈之后再来召用。范文程功成引退，离开朝廷"辟东皋为别业，稍构亭馆，植卉木，引亲故，徜徉其中；时以诗书骑射课子弟，性廉慎好施与。"就这样平安地度过了晚年。

范文程一生历清四世而佐其三主，为满清开创江山立下了不朽之功，他对满清功绩可与汉之张良、明之刘伯温相提并论。但由于范文程是帮助异族夺取汉人的天下，故于汉族而言可谓秦桧、汪精卫之流。范文程称自己是"大明骨，大清肉"，来表白自己也为此受到过煎熬，其实，范文程面对各种复杂的形势，能够识大体、顾大局，言所当言，为所当为，不仰人鼻息，不随风摇摆。他韬略过人，又能悟彻人主，把自己的政治抱负能巧妙地转变为现实，从而为人民的痛苦、社会的进步做出了不可磨灭的贡献。他不愧为一个具有远见卓识的政治家。

历史评价

爱新觉罗·皇太极，生于明万历二十年十月廿五，为清太祖努尔哈赤的第八子，在位 17 年（1626—1643 年）。崇德八年（1643 年）八月初九晚十时突然病故，年 52 岁。葬于沈阳昭陵（今沈阳市北陵公园北），庙号太宗。

孟子云"天将降大任于斯人也，必先苦其心智，劳其筋骨，饿其体肤，空乏其身"，说明一个人要成就大事业就必须经过磨练，要战胜挫折，要有坚强意志。皇太极少年丧母，又没有同母的兄弟姐妹，使他在生活中遇到过多的艰难与困苦，磨炼了他的独立性格与顽强意志，也更锤炼出他独立、慎思、顽强、拼搏的品格。纵观皇太极一生的文治武功，用"鹰扬天下"来概括，我认为是恰当的。

历史上真实的皇太极，从文治看来，可以说是一位改革型的皇帝，其文治包括革除弊政、调剂满汉，族名满洲、改名大清，完善体制，其死后谥号"文皇帝"，说明了他文治功业的特征。其武功包括向东出兵、两征朝鲜，北向用兵、征抚索伦，向西用兵、三征蒙古，向南用兵、五入中原，由此可见，皇太极的一生就是四面开拓的一生，用"鹰扬天下"来形容，恰如其分。其谋略包括精心谋划，继承汗位；一后四妃，笼络蒙古；松锦用兵，精于谋略；设反间计，除袁崇焕等。皇太极心计之深、谋略之高、手段之奇，令人叹为观止。

皇太极用其波澜壮阔的一生奋斗，为后来清军入关，定鼎北京，统一中原，奠定了基础，准备了条件。《清史稿·太宗本纪》中对皇太极的评价是："允文允武，内修政事，外勤讨伐，用兵如神，所向有功。"这个评论，大体公平。

皇太极正传

第一章　英雄少年

一

爱新觉罗·皇太极出生于明万历二十年（1592 年），他是清太祖努尔哈赤的第八子，在八大贝勒中排名第四。他 12 岁丧母，20 岁带兵打仗，35 岁登大汗位，在位 17 年，于 52 岁去世，是清朝著名的政治家、军事家。

皇太极小的时候，是个绝顶聪明的孩子。三岁时，就很懂事。长到七岁时，仪表堂堂，威严庄重，言辞敏捷，机灵有才。他在父母的训诫下，总像个大人似的担负一般孩子还不能承担的重任。母亲去世后，一方面，父亲给予教导关怀；一方面，他很要强，尽力自己照顾自己，不劳父亲操心，主动地去做别人没有想到的事情。父亲努尔哈赤和他的哥哥褚英、代善等长年累月地奋战在沙场上，他留在家里，按照父亲的嘱咐，主持家政，既发挥聪明才智，又得到了锻炼的机会。

这个时候，父亲的大业蒸蒸日上，已成为一方的领袖，威震四方的显赫人物。家庭生活也极大好转，已非他年轻时的窘况可比。家中人丁兴旺，子妾成群，奴仆跟随，财富猛增。他的家就安在新筑的费阿拉城的内城里，用木栅围成一个圆形的大院，其中有一间到四间不等的瓦舍、草房十余座，三十余间，分住室、客厅、行廊等。这是事业初创时期，一切都显得简陋，家和国尚未分开，所以，这里既是家庭，也是处理军国大事的议政之处，往往是家事和国事混在一起办。这就增加了家政事务的复杂性。少年皇太极主持和管理这个大家庭的日常事务，干得很出色。举凡日常家务、钱粮财物收支，迎来送往，不管事情如何细碎，他都安排得井井有条，处理得当。父亲在跟前时，他一面仔细观察、学习父亲处理问题的方法，一面又主动去做；父兄出外征战时，他就独自主持家政，处理的结果常常同父亲的想法吻合。父亲看到这个年少的儿子有这样不平凡的能力，不禁暗暗惊讶，因而从心眼里喜欢他，对他也越发信赖。

皇太极少年时就是在失去母亲照料的情况下，独自成长起来，并且在父兄常年征战时，主持家政，得到了锻炼，所以养成了独立思考、善于决断的习惯。这对他未来主持国家大事无疑是有巨大好处的，而他成为满族政治家不能不受益于少年时期的健康成长。

二

皇太极的武功高超，骑马射箭，样样精通。历史记载说：他"步射骑射，矢不虚发"。他的体质特别好，力大无穷，膂力过人，英勇超众。沈阳实胜寺藏有太祖努尔哈赤生前所穿用的甲胄，几个人都举不起来。皇太极和他父亲相比，也毫不逊色。这里收藏他用的一张弓，矢长四尺余，不仅一般人，就是一个大力士也拉不开，而皇太极当年运用自如，携带这张弓南征北战，到处都取得胜利……

皇太极的这番真功夫，健壮而魁梧的体魄，都是从小跟随父亲打猎和军事活动中严格训练的结果。

努尔哈赤为了创大业的需要，对他的诸子都进行了严格的训练，从十几岁起，就把他们带到战场，经受战争风险的考验。

皇太极从小就生活在一个充满尚武精神的家庭，在父亲的言传身教的严格训练下，还不到十岁，已开始跟随父亲努尔哈赤出去打猎，并从少年起投身行伍。

皇太极从父亲那里学到了高超的军事技能。努尔哈赤堪称是一位百发百中的神箭手。有一次，他同一最善射箭的钮翁锦比试箭法。他们约定以对面的柳树为目标，相距百步左右。努尔哈赤让他先射。钮翁锦下了马，挽弓连发五箭，只射中三箭，上下不在一处。随后，努尔哈赤也射了五箭，都射中目标，近跟前一看，五枝箭都攒在一处，相去不过五寸，凿下那块木头，五枝箭才拔出来。皇太极对父亲的神奇箭法非常崇拜，他以父亲为榜样，天天苦练，终于练得步射、骑射样样精通，每发必中。

皇太极的坚强意志，杰出才能，高超的骑射技能以及健壮的体魄，使他成为一代伟人，为他的成长奠定了坚实的基础。

后金建立伊始，皇太极就在努尔哈赤身边参与重大决策的制定。他被称为和硕贝勒，是八旗的旗主之一，同其他的和硕贝勒，"共议国政，各置官属"。努尔哈赤共有子侄数十人，天命之初为首的和硕贝勒共有四人。此四人的名字及地位次序是：大贝勒代善、二贝勒阿敏、三贝勒莽古尔泰、四贝勒皇太极。因为这四个贝勒高于诸贝勒，所以又称他们为四大贝勒。贝勒可译为王，因而历史记载上也常常称四大贝勒为大王、二王、三王、四王。

在四大贝勒中，皇太极虽然位在最末，但却是最出类拔萃的。皇太极在努尔哈赤众子中，按年龄排在第八。四大贝勒中的代善、莽古尔泰是他的亲兄弟，都比他年长，阿敏是舒尔哈齐之子，他的叔伯兄弟，也比他年长。褚英是努尔哈赤第一子，又有军功，必然排在他之前。褚英的垮台，无形中提升了皇太极的地位。皇太极还盖过阿拜、汤古岱、塔拜、阿巴泰等年长的诸兄弟，主要是他能征善战，治国有方，得到努尔哈赤的器重。在政治上，四大贝勒并不完全以排列先后表示作用大小。皇太极排在最末，不是说明他的作用比不上另外三大贝勒。天命六年（1621年）二月，"太祖命四大贝勒按月分直。国中一切机务，俱令直月贝勒掌理。"皇太极为四大贝勒之一，参与管理国家机务，既"按月分直"，就表明他与代善、阿敏、莽古尔泰轮流执政，发挥了同等的作用。

天命时期是努尔哈赤南面独尊的年代。他在军事、政治、经济及文化等方面，以杰出的才能，取得了巨大的成就，开创并巩固了后金政权，奠定了大清的基业。同时，皇太极作为努尔哈赤的得力助手，在通往权力顶峰的道路上，也取得了大踏步的前进。他"赞襄大业"，素孚众望，既不肯久居人下，也不甘心与同辈平起平坐。他深知四大贝勒中，他最有希望成为努尔哈赤的继承人。阿敏的父亲有罪而死，本人也有牵连，主要是他非努尔哈赤亲子，谈不到继承问题。莽古尔泰是努尔哈赤继妃富察氏所生，因为庶出，希望不大。四大贝勒中只有代善与皇太极争衡的条件相当。而代善主要是年长，功多，论能力则很平庸，还不断犯错误，在努尔哈赤那里也不能得到始终的欢心。皇太极是努尔哈赤绝对信任的。皇太极专主的一名大臣叫伊拉喀，他对皇太极从不尽心竭力，还诉苦说："四贝勒无故的不抚养我，想回到抚养我的汗那里去。"努尔哈赤与诸贝勒、大臣议论："这个伊拉喀原来在我处，跟我在一起时没有为我出力，养之无益，使我怀恨，增加许多烦恼。我宽大为怀，不思旧恶，任他为大臣，给了我的儿子。伊拉喀既不尽力，又控诉四贝勒无故不养，岂不是挑拨我父子间的关系？"当即下令杀了伊拉喀。这个伊拉喀的被杀是努尔哈赤的决定，说明他对皇太极是何等信任和维护。

皇太极在成长过程中，在父亲指挥和率领下，勇敢地参加了统一女真的战斗，被父亲视为兄弟子侄中最值得依赖的一员骁将。他参加对叶赫的战争，大义凛然地讨伐他的亲舅父，建立奇功；萨尔浒之战，皇太极智勇无敌，贡献卓著，使清军成功攻破抚顺。

第二章　顺承汗位

一

天命十一年（1626 年）正月，出乎所有人意料之外，英明汗努尔哈赤竟然兵败宁远（今辽宁省兴城市）。明朝宁前道袁崇焕时年 48 岁，是一个名不见经传的小人物，而且从来没有打过像样的大仗。而英明汗努尔哈赤从 25 岁时 13 副遗甲起兵始，披坚执锐，攻城略地，战无不胜，攻无不克，从来没有打过大的败仗。

不料，他却输给了这么个小人物。

而且，这次战斗努尔哈赤本人不幸受了炮伤。不在于一次失败，而在于努尔哈赤没有从失败的懊丧情绪中摆脱出来，反而越陷越深。他百思不得其解，像我这样一个久经沙场、身经百战的显赫统帅，怎么会输给了一个初出茅庐、孤守单城的无名道员呢？努尔哈赤感到羞愧难当，深自懊悔，寝食俱废，终至忧伤成疾。加之努尔哈赤旧伤未愈，痈疽突发。努尔哈赤感到体力不支，遂于六月二十四日，谕令诸子互相团结，勤理国政。七月二十三日，努尔哈赤病情加剧，不得不到清河汤泉疗养。八月初一日到达清河，急派侄儿二贝勒阿敏杀牛烧纸，祭拜堂子，求取天神和祖宗护佑。

四天之后，努尔哈赤感到病情略有缓和，以为病体康复，便乘船由太子河顺流而下返回沈阳。八月十一日，当走到沈阳以东 40 里的瑷鸡堡时，背疽突发死去，终年68 岁。

努尔哈赤的灵枢由群臣抬入沈阳宫中。此时由谁继承汗位的问题在诸贝勒中引发了激烈的明争暗斗。

英明汗努尔哈赤撒手人寰。在弥留之际，他心绪烦乱，不知所以，没有指定任何人为他的继承人，而只是给八王一个原则，即继承人由八王共同推举产生。八王究竟推举谁，他就不得而知了。努尔哈赤毕竟是一位杰出的政治家，他把这个难题留给了他的后人。他相信，经过实力较量和智慧交锋，脱颖而出的继承人一定是能够控制大局的强者和智者。

努尔哈赤仅儿子就有 16 人，另有几位卓尔不群的侄子，还有几位出类拔萃的孙子。可以继位的第一层次人选是儿子辈，第二层次人选是侄儿辈，第三层次人选是孙子辈。如果第一层次人选选中，那么，第二、三层次人选就自然淘汰。但是，第二、三层次人选因具有实力，所以就具有了发言权。他们的人心向背是起很重要作用的因素，不可等闲视之。

综合分析，当时有四股力量竞争储位。

第一股力量是代善派。代善是努尔哈赤的第二子。他的长兄褚英被处死之后，他成为长兄。他随其父转战南北。因其战功卓著，赐号古英巴图鲁。后封为最高级的和硕贝勒，以序称大贝勒。凡重大战役，如萨尔浒之战、伐乌喇之战、灭叶赫之战、攻蒙古之战、辽沈之战等，他都成为努尔哈赤的左右手。他是一位富于谋略、勇于战事的战将，深得努尔哈赤的赏识。

同时，他是正红、镶红二旗的旗主。此外，代善还有几位战功赫赫的儿子和孙子。代善的八个儿子中当时有四个儿子，即岳讬、硕讬、萨哈廉、瓦克达，都是声名远播的年轻骁将。岳讬是代善的长子，智慧超群，勇猛过人，硕讬、萨哈廉也是如此。此三位贝勒很早便参与其父叔辈的高层次的政治军事活动，其政治地位在后金国中非同一般。

代善的侄子杜度也是一个不可多得的军事人才。其父为褚英。褚英被处死后，他便转向依靠叔父代善。杜度因战功累累，被任命为八旗旗主。

代善派的实力最雄厚，力量最强大。代善居长，又是嫡亲，且力量甚强。他如想要荣登大位，应该是不成问题的。但是，他感到登上汗位以后，其面临的也是十分严峻的形势。因为国内民族矛盾尖锐，国库空虚，民不聊生，百姓逃亡，国家靠军事高压得以维持。而且，宁远之战，后金军又败给了名不见经传的袁崇焕，明军又在声称反攻。在此情形下，宽厚的代善感到自己不是担当此任的合适人选，从国家前途考虑，于公于私，量人度己，他认为八弟皇太极应是合适的人选。

第二股力量是皇太极派。皇太极是努尔哈赤的第八子，是八大贝勒的四贝勒。满语贝勒可译为王，因此历史记载，也称四大贝勒为四大王，即大王、二王、三王、四王。皇太极是白旗旗主。是努尔哈赤与爱妃叶赫纳喇氏的惟一的儿子。

努尔哈赤十分钟爱这个儿子。皇太极不负父望，智勇双全，能征惯战，在萨尔浒之战、辽沈之战、广宁之战及古勒山之战中，他都出谋划策，身先士卒，起到了关键作用，成为努尔哈赤须臾不可离开的得力助手。

皇太极的出色表现令父亲感到慰藉，努尔哈赤亦非常关注皇太极的安危。在攻打沈阳时，因后金将领雅颂脱逃，皇太极杀向敌群。努尔哈赤担心皇太极发生意外，责备雅颂说："我的儿子皇太极，父兄依赖如眸子。因你之败走，使他不得不杀入敌兵中，万一他遭到不幸，你之罪必千刀万剐。"痛子之心和爱子之情溢于言表。

因为爱之甚深，所以要求也愈严。努尔哈赤对他的些许缺点也绝不放过。有些时候，皇太极不去礼送来探视他的哥哥，而他哥哥的孩子却很礼貌地送他。这样的事让努尔哈赤知道了。他批评皇太极道："这样行事，是贤明的表现吗?"像如此细微的毛病努尔哈赤也要予以纠正。他是把皇太极作为未来的继承人而加以严格要求的。在父亲的严格管教下，皇太极也确实成长为一个难得的人才。

皇太极凭借自身的实力，又得到代善派的强有力的支持，因此，这无疑加重了皇太极作为继承人的竞争砝码。

第三股力量是阿济格派。这一派主要是 21 岁的阿济格、15 岁的多尔衮和 13 岁的多铎三贝勒兄弟。他们的母亲是大妃乌拉纳喇氏，是努尔哈赤的宠妃。她此时 37 岁，正当盛年。子以母贵。努尔哈赤在世时，即把正黄、镶黄二旗交给阿济格、多铎率领，此二人成为权势煊赫的旗主贝勒。但他们毕竟年龄尚幼，仍是不谙世事的少年，只有阿济格步入青年。这一派因为努尔哈赤生前的关注，获得了特别的恩宠，取得了特殊的地位。因此，他们也有成为继承人的可能。但平心而论，论实力，论资历，论军功，他们都不如前两派。

第四股力量是莽古尔泰派。莽古尔泰是继妃富察氏之子，是谓三大贝勒，也是正蓝旗旗主贝勒。富察氏因罪被贬。莽古尔泰为讨取努尔哈赤的欢心，竟然亲手杀了自己的亲生母亲，从此在世人面前败坏了自己的形象。弑母之人，何得为君? 而他的弟弟德格类也受此牵连。

除前述四派外，其他的儿子或为侧妃所生，或为庶妃所出，都先天不足，没有继承汗位的可能。而二大贝勒阿敏是努尔哈赤之弟舒尔哈齐之子，属侄儿辈，也失去机会。阿敏派也只能观风而已。

综上，这四股力量的决逐最终要看代善派的态度。代善一言九鼎，决定乾坤。形势严峻，情况紧急，人心籍籍，人言汹汹，在这个关键时刻，代善显示了一个政治家的风度。他从满族的民族利益出发，从后金国的国家前途着想，以安邦定国的重臣的身份，不负先父重托，当机立断地决定由皇太极继承大统，荣登汗位。

在决定皇太极登基的过程中，代善的儿子岳讬和萨哈廉起了很大的推动作用。在努尔哈赤病逝当天的八月十一日，此二人经过慎重商议，决定向其父代善提出建议。他们直言不讳地告白："国不可一日无君。这么重大的事，应该尽快作出决定。现在皇太极贝勒无论才能和德行都是举世无双的，深得人心，大家都从心里信服他。应该由他继承汗位。"代善听后非常高兴，当即爽快地答道："我也想到这儿了。你们说的话，正合我的心意。"双方一拍即合，然后由代善主持，三人共同起草了一份劝进书。

第二天，大贝勒代善召集诸位贝勒和大臣共同讨论这份劝进书。他出示了事先准备好的劝进书，让大家阅看讨论。这次参加会议的人都有权推举继承人。除代善外，尚有二大贝勒阿敏、三大贝勒莽古尔泰，以及阿布泰、德格类、济尔哈朗、阿济格、多尔衮、多铎、岳讬、硕讬、豪格等。讨论后，大家一致高兴地表示赞同："好。"

他们向皇太极呈上了劝进书。不料，却遭到皇太极坚决拒绝。他诚恳地说："先汗没有让我当继承人的遗命，况且诸位兄长都健在。我哪里敢于越过诸位兄长而得罪上天呢！我如果继承了汗位，倘若对上不能尊敬兄长，对下不能爱护弟辈，国家得不到治理，人民得不到安生，赏罚得不到明断，善政得不到实行，这个重任确实太难承受了。"皇太极的表白道出了某种实情。皇太极说罢，又再三坚辞。

拒之愈坚，劝之愈诚。诸位贝勒贝子也坚决地说：

"国家怎么能没有君主呢？大家已共同作出了决议，请你不要固执地推辞吧！"皇太极仍然坚决婉拒，从卯时（早5时至7时）直到申时（午后3时至5时），皇太极在众兄弟子侄的规劝中不得已终于答应了。被尊为天聪汗，以明年（1627年）为天聪元年。

二

经过20多天的短暂筹备，天命十一年（1626年）九月初一日，皇太极的登基大典庄严隆重地举行了。这一天，天气澄明，风日清美。轻柔的秋风吹拂着刚刚落成不久的点缀一新的金碧辉煌的大政殿。十王亭迎风峭立。法驾齐备，卤簿张扬，一派喜人景象。

仪式开始，诸王大臣准备步入大政殿。大贝勒代善、二贝勒阿敏和三贝勒莽古尔泰身着簇新的礼服，面带含蓄的微笑，步履稳健地走在前面。紧随其后的是神清气爽的诸贝勒和态度安详的诸大臣。再后面的则是虔诚恭谨的满朝文武官员。他们拾级而上，小心地踏入了后金国的大政殿。

首先映入他们眼帘的是整齐肃立的八根粗大的通天柱。柱上祥云流动，金龙飞舞，使人精神为之一振。接着抓住你眼球的是端放在八柱中间的突起地坪上的高高在上的汗王宝座。

皇太极神态庄重地端坐在宝座上。他豪气飞扬，踌躇满志，沉稳中透出干练，谦恭里显出英明。他接受了诸王大臣和文武官员的朝贺礼。接着皇太极发布了第一道上谕，明令明年更改年号，为天聪元年。同时发布大赦令，释放一切死罪以下的罪犯，以示全国同庆。

为使政局稳定，人心稳定，首先必须作到上层稳定。他便有意识地率领握有实权的兄弟子侄诸贝勒向天盟誓。

首先向天发誓，求天保佑。皇太极诚恳地宣誓道："皇天后土保佑我皇考开创基业并发扬光大，治理国家，管理百姓，这个任务很重。现在皇考已逝，诸位兄弟子侄共同推举我继登大位，我一定不负重托，夙兴夜寐，励精图治，报答天恩。切望皇天后土保佑我，汗运久远，国运昌盛。"

誓毕，皇太极烧掉誓词，以示上达天听。然后，皇太极又自己宣誓道："我谨向皇天后土宣誓，现在我的诸位兄弟子侄，以家国人民为重共同推举我为君主，让我继承皇考创下的大业，发扬皇考奋进的精神。我如果不尊敬兄长，不爱护子弟，不轨行正路，明知道不正义的事还故意去作，兄弟子侄有一点过错，便随意削夺皇考给予他们的户口，有的贬斥，有的诛戮，那么，皇天后土一定会明察秋毫并严厉地惩罚我。如果我尊敬兄长，爱惜子弟，专走正道，皇天后土会真诚地保佑我，而使国家昌盛，国祚永亨。"

再次，代善、阿敏和莽古尔泰等三大贝勒与诸贝勒阿巴泰、德格类、济尔哈朗、阿济格、多尔衮、多铎、岳托、硕托、萨哈廉和豪格等宣誓："我们向天地宣誓，我等兄弟子侄，观点一致，看法相同，我们拥戴皇太极继承皇考大业，登上汗位，这使国家有了依靠，臣民有了依赖。如果我们之中有人心术不正，心怀嫉妒，作出对汗不利的事，天地共谴之，一定夺其寿命。汗上一定会发觉他的奸谋，他一定会遭受杀身之祸。如果我等兄弟子侄，忠心事上，效力国家；天地会保佑我们，世代相守。及代善、阿敏、莽古尔泰三人如果不敬养子弟或加以诬陷迫害，我三人一定会遭逢凶险而不得好死。如果我三人和善地对待子弟，而子弟不听其父兄之训，不能尽忠于君上，不能尽力于善行，天地一定会降罚于他们。他们如能恪守盟誓，极尽天良，天地一定会保佑他们，并身及后世子孙。"

三大贝勒宣誓完，阿巴泰等诸贝勒又单独进行了宣誓。

都宣誓完毕后，刚登上汗位的皇太极作出出人意料的惊人之举。他让代善、阿敏、莽古尔泰三大贝勒居上，他率诸贝勒对此三人行三拜礼。皇太极深知，他之所以顺利地登上汗位，是和他们三人的忠心拥戴分不开的。

皇太极此举正是表明，他对三人的诚恳的感谢。同时也给了他们三人以不同于其他人的特殊的地位和礼遇。这对于大局的稳定是极为重要的。这也说明了皇太极政治上的成熟和手腕上的老练。

当然，这只是天聪汗皇太极的权宜之计。一个雄才大略的君主是绝不会允许这种局面长久存在下去的。

第三章　征抚朝鲜

朝鲜与中国一衣带水，唇齿相依。它东临日本海，西濒黄海，北面原与明朝毗连，并有水陆交通往来，自后金占领辽、沈等地后，始被截断而成为后金的左翼邻国。

中朝两国自古就建立了友好邦邻的关系。明朝建立后，李氏朝鲜同中国的友好关系有了进一步的发展。特别是万历年间，中朝并肩作战，抵抗日本对朝鲜的侵略，从而更加深了两国的友好关系。在明与后金的战争中，由于朝鲜与明朝有传统的友好关系，并遭受过努尔哈赤的骚扰，所以一直站在明朝一边，从人力、物力上支援明朝。天命四年（明万历四十七年，1619年），明辽东经略杨镐率四路大军进攻后金，朝鲜派军助战。明军惨败，朝将姜弘立率军投降了后金，并受到努尔哈赤的礼待。努尔哈赤致书朝鲜国王，企图乘此迫其归顺，但遭到朝鲜的拒绝。于是，朝鲜密切注视着后金的强大，加强了对后金的防御。

朝鲜与明朝陆上的联系虽被后金隔断，但仍保持海上同登、莱的联系，特别是它同意明总兵毛文龙驻守皮岛（今朝鲜之椵岛），收纳和安插辽东"逃人"，并把这看作"小邦（朝鲜）所仰借"。所以，当后金一再交涉，要求朝鲜将"逃人"送还时，朝鲜却不予理睬，反交还明朝。后金深感来自朝鲜（包括驻守皮岛的明军）的威胁越来越大，更加不能容忍朝鲜的敌对行动。

天命十年（1625年），朝鲜武将李适、李贵等推翻光海君王位，立李倧为王。后因李倧赏赐不均，引起李适、韩明琏叛乱。次年，李适被擒斩，余党韩润、郑梅等逃入后金，乞求出兵援助。后金新汗皇太极遂乘朝鲜内乱之机，发动了第一次对朝战争。

天聪元年（明天启七年，1627年）正月初八日，皇太极命贝勒阿敏、济尔哈朗、阿济格、岳讬统兵5万，渡鸭绿江，用兵朝鲜。他授以方略："此行非专伐朝鲜也。明毛文龙近彼海岛，倚恃披猖，纳我叛民，故整旅徂征。若朝鲜可取则并取之。"十四日，义州被攻陷，后金军分兵一部向铁山，袭击明毛文龙部。毛文龙部接战失利，还师皮岛。

后金军主力在朝鲜降将姜弘立、韩润引导下，沿朝鲜湾南进，连下铁山、定州、凌汉山城。后金兵进攻凌汉山城时，先对城内喊话来劝降。城中军民回答："受命守城，当效死。"后金兵遂运来云梯，鳞次架城。守城军民虽殊死战斗，矢石如雨，然终因士卒力竭、器械用光而失守。宣川府使奇协战死，定州牧使金搢、行军则有健被俘。

先占平壤，进而攻占汉城是后金军的战略目标。阿敏深感兵力不足，遣人回沈阳调后续部队支援。皇太极说："前进事宜，尔等详加审酌，可行则行，慎勿如取广宁时，不进山海关，以致后悔；如不可行，亦勿强行。"皇太极一面给阿敏以机动权，一面派蒙古兵前往义州。二十一日，后金3.6万骑兵攻占安州，直逼平壤。城内守军不满万人，向汉城告急。李倧召见大臣商讨对策，有的主张派兵救援，有的主张求助于明军，但都缓不济急。二十六日，后金军兵临城下，朝鲜守将早已闻风逃遁，城内兵民弃城而逃，后金军遂进占平壤，并于当天渡过大同江，驻营中和（平壤城南）。

朝鲜京城汉城军民听说后金军已席卷大半个朝鲜，一片惊慌。李倧派张晚为都元帅，征诸道兵赴京勤王。张晚奉命以行，至半途闻后金军已攻陷平安诸城，自己则弃职而逃，致汉城以北更加空虚。李倧遂以大将金尚客留守汉城，自己携眷属逃往江华岛。

二月初，后金兵到达黄州。后金军进抵中和时，李倧曾遣使要求"议和"。后金向朝鲜提出割地、交出毛文龙、借兵1万共同伐明三项条件，其实质是要朝鲜同明朝断绝关系，与后金盟誓。李倧在强敌进逼面前，企图妥协，遭到一些力主抗战大臣的反对。于是他复信阿敏，表示不能与明朝绝交，愿奉行与明和后金都友好的政策。阿敏见李倧未能就范，遂继续进兵至平山、瑞兴，施加军事压力，并派刘兴祚率兵去江华岛，胁迫李倧接受议和条件。李倧坚持"退兵而后议和"，刘兴祚不许。后在后金强大的军事压力下，李倧被迫求和。三月初三日，双方在江都西门外筑坛盟誓，朝鲜对后金称"兄弟之国"。后金见目的已基本达到，遂留兵一部守义州，撤军回国。四月，后金兵返回沈阳。

后金此次用兵朝鲜，基本上割断了朝鲜和明朝的联系，迫使朝鲜在一定程度上与后金建立关系，逼迫毛文龙退守海岛。后由于毛文龙被袁崇焕所杀，他的部将孔有德、耿仲明率部众投降后金，初步解除了后金的后顾之忧。

皇太极第一次对朝鲜用兵，虽迫使朝鲜接受议和条件，但并未使其真正屈服。天聪元年（1627年）七月，朝鲜迫使后金撤回镇守义州的军队。同年十二月，当后金遣将到朝鲜勒索粮食时，朝鲜只卖给1000石，应付了事。向后金所纳贡物，也逐年减少。朝鲜也并未完全断绝与明朝的来往。李倧坚持与明保持"父子之国"的原则，同意明参将黄龙率军镇守皮岛，保护明朝在朝鲜的利益。

后金深感朝鲜仍未完全归服，企图进一步施加压力。天聪五年（明崇祯四年，1631年）正月，皇太极以朝鲜不如数奉献贡物为由，致书李倧，并以调遣蒙古10万兵马侵扰朝鲜相威胁，六月，又派兵万余自义州浅滩渡江到龙川、定州等地袭掠。朝鲜责其"无故深入，抢掠我边民，攻夺我仓谷，虽以伐岛为名，其实已渝盟矣"，并将后金兵击退。皇太极得知后更加愤怒。次年十一月，后金又派使者到朝鲜，索要黄金万两、白金万两、精兵3万，并声称"当革兄弟之盟，更结君臣之约"。朝鲜又未如数奉献。皇太极尤其忌恨朝鲜与明朝的传统友好关系，多次逼迫朝鲜断绝与明朝的往来，但都遭到拒绝，以致后金与朝鲜的关系日趋紧张。

天聪十年（1636年），后金经过内政改革和经济恢复，实力得到明显增强。二月，皇太极准备称帝，遣使往朝鲜要其派使臣参加他的登基大典，实际是要李倧向皇太极称臣。对此，朝鲜上下均激烈反对。有的主张拘禁后金使者，有的主张严辞驳斥，有的提出要洗雪以前所受的羞辱。掌令洪翼汉说："渠苟欲称天子莅大位，惟当自帝其国，号令其俗，何必禀问于我哉！所以渝盟开衅，赫借我口者，将以称于天下曰：'朝鲜尊我为天子矣'，殿下何面目立于天下乎！"李倧采纳了群臣的意见，拒绝遣使。十一月，后金要求朝鲜送回使者，遭到拒绝，皇太极决意再次向朝鲜用兵。

朝鲜拒绝遣使称臣之后，即着手备战，"下谕诸道，使忠义之士，各效策略，勇敢之人，自愿从征，期于共济艰难"。李倧还寄希望于明朝派兵支援，但当时明末农民起义正发展得如火如荼，明王朝难以抽出更多军队前往支援。

崇德元年（1636年）十二月初一日，皇太极命郑亲王济尔哈朗留守沈阳，以武英郡王阿济格、多罗饶余贝勒阿巴泰等防备西部明军，于次日亲率 12 万大军（满洲八旗 7 万、蒙古兵 3 万、孔耿汉兵 2 万）再征朝鲜。

皇太极先命多尔衮、豪格率左翼满洲三旗、蒙古三旗及蒙古左翼兵从宽甸路入长山口，又命户部承政马福塔等率兵 300 伪装商人，星夜赴汉城监视朝鲜王李倧的行踪，命多铎、岳讬率兵千人继其后。初九日，大军踏冰渡过鸭绿江，经义州、定州，进入平壤。十三日，一支清军抵达平壤，城内兵民一片惊慌，不知所措，该城巡抚逃遁。朝鲜王李倧命判伊金庆征为都检察使，李敏求为副，指挥军民固守江都。十四日，马福塔所率前锋军进抵汉城，并与朝鲜守军接战。此时，朝鲜王李倧已逃往南汉山城。十六日，多铎、岳讬等率大军继至，将南汉山城包围。

汉城守兵粮饷甚少，兵力不足，急待四道合兵救援。李倧以俞伯曾为协守使，指挥百官守城堞，"城中受困，而人无畏色"。清兵在围城处点起焰火。多铎又令阿尔津、色勒各率兵力一部设伏，阻击朝鲜援军。二十三日，守城兵出击，清兵死伤甚众。皇太极急派后续部队声援多铎，又令杜勒速携红衣大将军炮等火器赴汉城。二十六日，原州营将权正吉率军来援，城中放炮，举火相应。皇太极率大军渡汉江，包围了南汉山城。城内守兵仅 400 余人，李倧令各地急速调兵救援。朝鲜一巡抚率兵 1.8 万人来援，被硕讬等击败；另一支援兵约 5000 人，亦被清军击败。三十日，清军占领汉城。

李倧困守南汉山城，束手待毙。崇德二年正月初，朝鲜全罗道沈总兵、忠清道李总兵所率的最后两支援军，还未到达即被击败。此时，清将孔有德、耿仲明、尚可喜所运火炮已矗立在城下。二十二日，江华岛出动 30 只大船和鸟枪手近千人拒战，也被击败。皇太极抓住兵临城下的大好时机，多次致书李倧，令其投降。三十日，李倧接受了皇太极的条件，向清军投降，中止与明朝的同盟关系，而与清结为"君臣之国",并接受奉大清国正朔、惩办主战大臣、以其子为人质等条件。二月初二日,清军班师回沈阳。

皇太极此次用兵朝鲜,彻底将朝鲜征服,扫清了左翼劲敌,基本上解除了对明用兵的后顾之忧。加之从朝鲜获取了大量物资,增强了军事实力,为全面展开对明战争创造了条件。

第四章　用兵蒙古

1368 年，蒙古贵族建立的元王朝灭亡，其残余势力退据蒙古草原，内部陷入封建割据状态，分裂为鞑靼、瓦剌和几良哈三部。

明清之际，蒙古以大漠为中心，按游牧区域分为漠南、漠北和漠西三大部。漠南蒙古，又称内蒙古；漠北蒙古，又称喀尔喀蒙古；漠西蒙古，又称额鲁特蒙古。它们各自称雄，独据一方。漠南蒙古东至今吉林，西到贺兰山，南邻长城，北据瀚海。由于漠南蒙古东与后金（清）接壤，西与明朝毗连，具有重要战略地位，于是成为后金（清）与明朝的争夺对象。皇太极认为，要与明朝抗争，入主中原，就必须收服漠南蒙古，以断明朝之左臂。明朝则认为，要抵挡日益强盛的后金（清），也必须紧紧控制蒙古，遏制后金（清）。

漠南蒙古诸部中，察哈尔部的实力最强，其首领林丹汗在明朝支持下，凭借所掌握的八大营二十四部的实力，对周围诸部肆意侵扰，企图统一蒙古。但他深感力量不足，常向明朝求助。其他诸部被林丹汗杀掠，需要寻求外力庇护。因此，在漠南蒙古内部便形成两股军事政治势力：一是以林丹汗为首，主张投靠明朝，取得明朝支持，控制和统治漠南蒙古诸部；一是其他各部的贵族势力，企图取得后金（清）的支持，摆脱林丹汗的控制。

明朝对林丹汗极力支持，每年赏赐大量岁币，约定结成共同抵抗后金的联盟。魏源说："明人思用东部插汉小王子（即察哈尔），欲以敌大清"。察哈尔部的强盛以及明朝与林丹汗的联盟，对后金构成严重威胁。

后金则对漠南蒙古各部实行保护和抚绥政策。早在努尔哈赤时，后金就同科尔沁、扎鲁特等部联姻通好，建立军事同盟。天命九年（明天启四年，1624 年），科尔沁、杜尔伯特等部归顺后金。皇太极则采取"恩威并用"和笼络的政策，用给蒙古各部封建主封官赐爵、保留原有封建特权、赐以财物等手段，极力争取那些愿意归顺或动摇观望的蒙古首领；对察哈尔部的林丹汗则诉诸武力，双方的矛盾日趋尖锐，时刻都有可能引发战争。

天聪元年（明天启七年，1627 年）正月，皇太极刚执政不久，即得知林丹汗兴兵攻打喀尔喀诸部的消息，认为这是利用矛盾向蒙古开展政治攻势的大好时机。他立即致书奈曼部、敖汉部首领，示以友好之意。不久，奈曼、敖汉在察哈尔的不断侵扰下向后金称臣。天聪二年初，喀喇沁部、鄂尔多斯、阿巴亥等部，也因不堪忍受林丹汗的蹂躏而组成联军，于土默特部赵城（今内蒙古呼和浩特地区）与察哈尔部激战，消灭林丹汗军 4 万多人。联军方面损失也很大。在双方相持不下的情况下，喀喇沁部致书皇太极，请求出兵援救。皇太极认为形势十分有利于后金，表示同意出兵，但为了稳妥起见，他要求喀喇沁等部派人前来讨论大举的方略。七月，喀喇沁部派遣喇嘛四人，率530 人的代表团到达沈阳，达成共同征讨林丹汗的协议。

九月，皇太极率兵亲征察哈尔，并第一次以"盟主"的身份发号施令，命科尔沁、敖汉、奈曼及喀尔喀诸部贝勒，率各路大军在约定地点集合。接着，皇太极率领满、蒙诸路大军西征，经都尔鼻（今辽宁彰武）、绰洛郭尔连续攻取席尔哈、席伯图、英汤图等地，大败察哈尔兵，并派兵追击至兴安岭。

天聪六年（明崇祯五年，1632年）三月，皇太极决定会同归服的蒙古诸部第二次西征林丹汗。四月初一日，皇太极以贝勒阿巴泰、杜度及额驸扬古利等为留守，亲自率兵出征。次日，渡辽河，正值水涨，他与诸贝勒乘舟渡河，辎重、人马皆浮水而过。经都尔鼻西拉木伦河（今内蒙古沙拉木伦河）、昭乌达等地时，沿途蒙古各贝勒皆率所部兵来会，力量不断增强。十四日，军至博罗额尔吉，派图鲁什劳萨率精兵500为先遣队前行。十八日，大军至哈纳崖，镶黄旗内有两个蒙古人逃往察哈尔，向林丹汗报告了后金军西征的计划。林丹汗大惧，立即率众西奔，并遣人赴归化（今内蒙古呼和浩特）驱逐百姓和牲畜，使后金军的行程拖延了一个月。

皇太极率军于大儿湖之公古里河驻扎，与贝勒大臣研究下一步的军事行动。他说："察哈尔知我整旅而来，必不敢撄我军锋，追愈急则彼遁愈远。我马疲粮竭，不如且赴归化城暂住。"在缺乏粮饷的情况下，皇太极下令停止行军，休整军队，并颁布纪律："凡大军所至，有拒敌败走者杀之，不拒敌者勿杀，勿离散人夫妇，勿淫人妇女，有离人夫妇及淫妇女者死"。还颁布了战场纪律："凡遇敌临阵，非奉朕旨，勿得轻进，其应进之处，俟朕指示。若不遵指示，擅自退缩者，贝勒夺其部众，军士处死，妻子没为奴。"又在布龙图布喇克地方召集大贝勒、贝勒及满洲、蒙古、汉官，讨论是暂时退兵还是继续进军。最后决定："先取蒙古部民，复入明地，以图大事。"全体官兵经过整顿和思想动员，统一了思想，做好了投入战斗的准备。

五月二十三日，大军至木鲁哈喇克沁地方，即分兵两路前进：一路为左翼，由阿济格率领科尔沁、巴林、扎鲁特、喀喇沁、土默特、阿禄等部兵1万，进攻大同、宣府

中華藏書

大清十二帝·最新整理珍藏版

中国书房

一带察哈尔属地；一路为右翼，由济尔哈朗、岳托、德格类、萨哈廉、多尔衮、多铎、豪格等率兵 2 万，进取归化城、河套一带，皇太极与代善、莽古尔泰率主力继续向前推进。在先锋部队的侦察和带领下，两翼部队入博多克隘口。加速前进的大军，于二十七日进抵黄河木纳汉山，皇太极亦于同日进驻归化。林丹汗闻讯，即携部民牲畜财物继续西逃。后金军停止追击，经宣府、张家口边外抢掠一番，于七月二十四日回到沈阳。

皇太极此次亲征，对察哈尔封建贵族势力造成沉重打击，迫使林丹汗弃本土西逃青海，出现了分崩离析的局面。林丹汗所部在西逃的过程中，离散者十之七八，加上病死者，所剩无几，力量大大削弱。皇太极为了加强对蒙古的控制，次年八月遣使到蒙古各部颁布法律，正式建立起他们对后金的从属关系，密切相互往来。

天聪九年（明崇祯八年，1635 年）二月二十六日，皇太极命贝勒多尔衮、岳托、萨哈廉、豪格率兵万人再次向察哈尔出兵。半年前，林丹汗逃至青海大草滩病死，其部将在后金招抚政策的感召下，纷纷归降，只有林丹汗之妻及其子额哲不知去向。后金此次出兵主要是追寻他们二人。军至西喇珠尔格地方，林丹汗的妻子囊囊太后率 1500 户来降，告知额哲的驻地。四月二十日，大军渡过黄河至托里图地方，额哲率部民 1000 户归降。九月，后金军旋师回到沈阳。从此，察哈尔归附。次年三月，漠南蒙古 16 个部 49 个封建领主在盛京集会，尊奉皇太极为共主，上博克达·彻辰汗（宽温仁圣皇帝）尊号，整个漠南蒙古诸部皆臣服于后金（清）。

喀尔喀蒙古很早即与后金建立了联系。后金统一漠南蒙古，对喀尔喀蒙古产生了很大的影响，皇太极借此有利时机，加强了对漠南蒙古的争取和招抚。天聪九年（明崇祯八年，1635 年），喀尔喀车臣汗硕垒偕乌珠穆沁、苏尼特、浩齐特等部，致书皇太极与后金通好。次年二月，皇太极派使臣去喀尔喀三部，劝其遣使前来谈判"讲和事宜"。同年十一月，车臣汗遣使至盛京向已经称帝的大清皇帝皇太极朝贡。清崇德三年（明崇祯十一年，1638 年），喀尔喀三部遣使来朝，皇太极规定喀尔喀三部每年贡"白驼一，白马八，谓之九白之贡"。从此，喀尔喀正式向清朝称臣。

皇太极统一蒙古各部，战略意义异常重要。首先，继东征朝鲜解除了左翼威胁之后，又解除了右翼威胁，使后金从根本上扭转了"四境逼处"的被围态势，从战略上完成了对明朝的半月形包围，同时也为迂回袭扰明朝腹地开辟了通路。天聪八年（1634 年）十月，皇太极征察哈尔回师后在其父努尔哈赤灵前祭告说："臣于诸国，慑之以兵，怀之以德，四境敌国，归附甚众。……乃者，朝鲜素未输诚，今已称弟纳贡；喀尔喀五部，举国来归；喀喇沁、土默特以及阿禄诸部落，无不臣服；察哈尔兄弟，其先归附者半，后察哈尔汗携其余众，避我西奔，未至汤古忒部落，殂于西喇卫古尔部落打草滩地，其执政大臣，率所属尽来归附。今为敌者，惟有明国耳。"这是皇太极对统一蒙古业绩及其意义的总结。

第二，对明作战的军力得到增强，皇太极统一蒙古后，扩大了兵源，仿照满洲八旗兵制，编立蒙古八旗。天聪九年（1635 年），编内外喀喇沁蒙古壮丁 1.6 万多名，除盲人和残废者外，凡年在 60 岁以下、18 岁以上的都被编入。从此以后，蒙古八旗作为八旗劲旅的重要组成部分，成为对明作战的生力军。

后金（清）对居住分散、地域辽阔的蒙古族之所以能够顺利而迅速地征服，主要是把军事征服和招抚劝降有机地结合起来，迫使其与明朝断绝关系。皇太极对较弱的漠北喀尔喀蒙古诸部，主要是以招抚为主，经过遣使、书信往来和谈判，只要对方表明态度，接受后金（清）的统治，不再与明朝来往，不但不再诉诸武力，而且给予恩惠。对力量比较强大的察哈尔部，则以武力征服为主，直到将其武装力量全部消灭为止。这就是所谓"慑之以兵，怀之以德"的政策。其次，善于利用矛盾，并采取恰当的政策和策略来解决矛盾。蒙古各部族之间存在着各种矛盾，特别是林丹汗对科尔沁部进行欺凌和巧取豪夺，引起了该部部民和封建主的强烈不满。皇太极认为："以力服人，不如令人中心悦服之为贵也。"蒙古各部每次来朝，皇太极都"厚加恩赏"，从而争取了蒙古各部。

第三，抓住有利时机，在众多部民的支持下集中兵力进剿林丹汗。

第四，皇太极还采取保护喇嘛教、联姻、封爵等手段，这对缓和矛盾、争取蒙古各方的支持，也收到较好效果。

第五章　治理黑龙江

黑龙江中上游地区，居住着鄂温克、达呼尔、鄂伦春等族。这些民族交错杂居，以游猎为生。由于生活习惯大同小异，言语相近，因而统称为索伦部和萨哈尔察部。索伦部居住最远，北达外兴安岭，东北至精奇里江上游，西接喀尔喀蒙古。萨哈尔察部居住在黑龙江城（今黑龙江黑河市）附近。此外，在黑龙江城东南和乌鲁苏河一带还居住着虎尔哈部。黑龙江中上游的索伦部、萨哈尔察部、虎尔哈部，是三个不同的部族集团。

皇太极继位以后，为了稳固后方，对收复黑龙江中上游地区十分重视，并采取"抚慰"政策。他以满族与黑龙江流域各民族之间历史上的渊源关系为根据，在向黑龙江流域发展时，向当地人民说明，"尔之先世，本皆我一国之人"，以便用民族感情进行拉拢，使他们自愿地归附后金；又规定，对俘获之人，"须用善言抚慰，饮食甘苦，一体共之"，并以此作为对黑龙江流域各民族的基本政策。

在后金和平招抚政策的感召下，陆续有黑龙江流域各部族前来归附。天聪八年（1634年）十二月初十日，皇太极命管步兵的梅勒章京霸奇兰、甲喇章京萨木什喀率章京41员、兵士2500人，向黑龙江地方之虎尔哈部征讨。后金军以来朝贡的虎尔哈部夏姓武因屯长喀拜、库尔木图屯长郭尔敦等人为向导，经由科尔沁所属锡伯族的居地绰尔门（即绰尔城，今黑龙江泰来北）北出，直抵黑龙江瑷珲城附近。次年四月，霸奇兰、萨木什喀派白奇及兵部启心郎额色黑、伊木布专程到盛京（今沈阳）报捷：收服虎尔哈部后编户壮丁2483人，连同老弱妇幼共7302人，收缴大量马、牛、毛皮等。自此，虎尔哈部归附后金。

索伦部部长博穆博果尔于崇德二年、三年两次到盛京朝贡，但他第二次朝贡返回不久，即于崇德四年发动叛乱。皇太极不得不诉诸武力。

崇德四年（明崇祯十二年，1639年）十一月初八日，皇太极遣索海、萨木什喀、穆成格等率军北征索伦部。萨木什喀担任主将，伊孙担任副将，率左翼兵；主将索海和副将叶克书，率右翼兵，分路进击，约定40天后到兀蓝海伦屯会师。清军于次年三月抵呼玛尔河时，博穆博果尔的兵力已集结于铎陈、阿萨津、雅克萨（此三城皆在今黑龙江呼玛以北的江北岸，今属俄罗斯）、乌库尔、多锦（此二城在呼玛西北的黑龙江南岸）一带，拒不投降。清军首先指向雅克萨，举火攻城，激战而克，遂转兵攻乌库尔城。此时，城内有达尔布尼、阿恰尔等所领七屯兵民，坚守不降。清军猛攻一天，终于将该城占领。接着，清军又进攻铎陈城，一天未下，次日正准备进攻时，博穆博果尔率兵6000人前来增援。清军主将索海、萨木什喀下令撤兵，并于铎陈城至阿里兰之间设伏。博穆博果尔率兵至此，被清军击败，除死伤者外，另有400人被俘。博穆博果尔不甘失败，急调铎陈、阿萨津二城兵400人阻击清军，又被击败。此役，清军共俘获6956人，并得马424匹、牛704头、各种毛皮5400多张，攻占了铎陈、阿萨津等四城及果博尔、博和里等七屯，博穆博果尔率余众逃跑。四月，清军班师回到沈阳。

为了追歼博穆博果尔，皇太极又于当年七月命梅勒章京席特库、济席哈等率八旗兵40人并征调蒙古兵350人，再征索伦部。皇太极令清军迂回蒙古北边东进,同时扬言将在黑龙江畔派大军牧马,以诱博穆博果尔北遁。清军以益尔公固、图哈纳、绰隆为向导,经过近 3 个月的追击,终于在齐洛台(今俄罗斯赤塔)将博穆博果尔及其妻子家属等共 956 人擒获。崇德六年五月,索伦部蒙塞尔瓦代的儿子巴尔达奇率部来归,又有 1471 人降清。至此,贝加尔湖以东的广大地区,已全部归后金所有,"辽、金部落咸并于满洲矣"。

皇太极经过十几年的努力,用招抚和武力征服两种方式,统一了黑龙江流域,使其父努尔哈赤的事业得到继承并发展光大。崇德七年,皇太极说:"……自东北海滨(鄂霍次克海),迄西北海滨(贝加尔湖),其间使犬、使鹿之邦,及产黑狐、黑貂之地,不事耕种,渔猎为生之俗,厄鲁特部落,以至斡难河源远迩诸国,在在臣服。"

清朝统一黑龙江流域以后,将各族居民编入旗籍,其壮勇之男丁披甲当兵,成为八旗兵源的一个重要组成部分。同时,又在各村、屯设姓长、乡长,分户管辖,负责征收赋税和行政管理。清朝大后方的巩固,对于巩固东北边防和支持对明朝的战争具有重要意义。

中华藏书

第二卷 文武双全,创业天下

中国书店

第六章　藏使来沈

　　西藏自古以来就是中国领土的一部分。唐太宗的公主远嫁西藏王松赞干布，就是表明其隶属关系的绝代佳话，成为千古美谈。至明代，它受封于朝廷，奉朱姓皇帝为最高统治者。满族崛起，后金建国，特别是太宗继位后，国力空前强盛，疆土日益扩大；他联络蒙古，尊崇喇嘛，其迅速扩大的影响，从东北传至遥远的西南，西藏宗教领袖达赖喇嘛五世罗卜藏嘉木错不胜向往。他经过反复考虑，决心摆脱腐败的明朝，同清朝建立新的关系。于是，他派遣伊拉古克三胡土克图和厄鲁特蒙古戴青绰尔济等为特使，万里迢迢，历经长途跋涉之险，首途沈阳，向清朝通好。

　　崇德七年（1642 年）十月初，伊拉古克三胡土克图一行抵达沈阳。太宗闻讯，十分欣喜，热诚接待，亲率诸王贝勒大臣出"怀远门"迎接，把他们接到马馆。在馆前，太宗率众举行庄严的拜天仪式，行三跪九叩头礼。礼毕进馆。太宗升御座，伊拉古克三胡土克图等行朝见礼，太宗很恭敬虔诚地起立，再次表示热诚欢迎之意。伊拉古克三胡土克图献上达赖喇嘛的信件，太宗再次起立，双手接过。太宗以一国之君的至尊身份，如此隆重、如此虔诚的崇高礼节接待远方宗教领袖的使者，是前所未有的。他起立接信、起立迎使者，是明告使者：他与达赖之间的关系是平等的，给人以亲切可信的印象。

按照西藏的习惯，他不在崇政殿，也不在其他议事宫殿，而是在马馆内设榻而坐。他坐在主人的御榻位置，另设二座于御榻的右侧，命伊拉古克三胡土克图与戴青绰尔济两特使落坐。然后，藏使所率随从人员行三跪九叩头礼；接着，与藏使同来的厄鲁特部落使臣及其从役行三跪九叩头礼。

行礼结束，命古式安布宣读达赖喇嘛与藏巴汗致太宗的信，太宗向贵宾赐茶、喇嘛诵经一遍，按礼仪程式，太宗设大宴宴请藏使及其随行人员。宴后，藏使及同来喇嘛等各献驼马、番菩提数珠、黑狐皮、戎单、花毯、茶叶、狐腋裘、狼皮等物，太宗只酌收部分礼物。

太宗宴请后，命八旗诸王贝勒各自宴请，指示他们，每五天宴请一次。再加上太宗不时赐宴，藏使和他们的随从几乎天天参加宴会，所受款待无以复加。太宗不惜财物的糜费，使藏使深受感动，都亲身体验到了太宗和他的群臣们的真诚。

次年五月，藏使和他们的随行人员离沈返藏。行前，太宗又赏赐大批礼品，包括各式银器、绸缎、朝衣等物。太宗分别致书达赖喇嘛、班禅、红帽喇嘛噶尔马、昂拜萨斯、藏巴汗、顾实汗等西藏政教领袖。这里，只将给达赖的信的内容简说如下：

太宗写道：今承喇嘛有拯济众生之念，想兴旺与扶持佛法，遣使通好，朕心很高兴。朕想说的，由我方随从人员口头说明。此外，奉赠金碗一、银盒二、银茶桶三、玛瑙杯一、水晶杯二、玉杯六、玉壶一、玲珑撒袋二、雕鞍二、金镶玉带一、镀金银带一、玲珑刀二、锦缎四等。

太宗在给噶尔马等人的信中，反复申明：自古帝王创业垂统，每每令佛法流传，未曾断绝。他派使者随从藏使入藏，"不分服色红黄（指黄教、红教），随处考察询问，以宏扬佛教，以护佑国家。"又说："佛法裨益我国，遣使致书。"太宗的信，表达了他对佛教的完全信仰，利用佛教，以保护他新建的国家兴旺。他所赠送的丰厚的礼物，同样表达他对佛教的向往和尊崇。

作为回访，太宗派察干格隆、巴喇衮噶尔格隆、喇克巴格隆等 7 人为特使，随同藏使一起入藏，向达赖与班禅等政教领袖表达他的敬意。

藏使离沈之日，太宗率诸王贝勒等送之演武场，设大宴，为他们饯行，又赠送给伊拉古克三胡土克图鞍马、银壶等物。宴后，太宗命多尔衮、阿济格、硕托、满达海率梅勒章京、参政以上各官欢送至永定桥，再设宴一次，为藏使作最后一次饯行。

藏使在沈阳 8 个月，所用所食，及行前赠送的礼物，究竟价值多少，难以统计。但可以肯定，数量与价值都是惊人的。这次藏使来沈，为西藏与清朝交往开了个好头，为未来建立隶属关系奠定了基础。此事对于清朝所具有的不可估量的政治意义，太宗最清楚了。因此，他以最隆重的礼节，最虔诚的信仰，最丰盛的宴会，最慷慨的馈赠，接通了与西藏上层统治集团的关系。西藏向清朝称臣，太宗实居开创之功。

第七章　对明战争

一

努尔哈赤不仅是一位满族的民族英雄,而且是我国历史上杰出的政治家、军事家。他的死,无疑是满族的一个重大的损失。与此同时,不可避免地引起了汗位之争,其中最有能力承继汗位的是大贝勒代善、四贝勒皇太极和四小贝勒之一的多尔衮。最后,三十五岁的皇太极以其智慧和勇敢,以及长期从事战争的经验,战胜对手,登上了汗位,称天聪汗,改明年为天聪元年(天启七年,1627年)。族名不再顺用女真,而称为满州。

皇太极深知自己承继汗位,面临来自后金内部和明朝军事进攻的两大威胁。足智多谋的皇太极首先考虑的是内部的巩固,其次是缓和与明朝的剑拔弩张的关系。而这两者又是互为依存的,没有稳固的后金,难以对付明朝官军的袭击;若不与明朝缓和关系,也难有时间处理和调整自己登上汗位之后所引起的诸种冲突和矛盾。因此,当袁崇焕为实施议和而探听后金虚实,以给努尔哈赤吊丧庆贺新汗皇太极为名,派遣都司傅有爵、田成及李喇嘛一行三十四人赴沈阳时,皇太极一眼就看出这一出人意料的举动背后所掩藏的真实意图,心想若能付诸实践,对后金的稳固也能争取到有利的时机。所以，对来使盛情款待，且令其参观军兵营帐。一月之后，皇太极派方吉纳、温塔石等随傅有爵等回访袁崇焕，借以达到其预期目的。

皇太极在稳固统治过程中，一改努尔哈赤时期"共议国政"的格局，提高汗位，削弱八旗贝勒权力，重新任命总管大臣和辅佐大臣，形成以天聪汗为中心的统治集团，使后金统治内部渐渐趋于稳定。与此相联系，皇太极于天启七年（天聪元年，1627 年）正月，为解除后顾之忧，出兵朝鲜，迫其屈服，历时两月余，结束战斗，皇太极如愿以偿。这是皇太极利用议和争取到的时间所取得胜利。

袁崇焕提出与后金议和以争取时间加强兵备的初衷并没有得到朝廷的理解和支持，反而"以为非计，频旨戒谕"。尽管如此，袁崇焕一面上书朝廷，予以解释；一面加紧防御设施的建设，修复山海关外锦州、中左、大凌等城堡。虽有朝中大臣在魏忠贤的操纵下，上书反对袁崇焕的议和之举，但"三城已完，战守又在关门四百里外，金汤益固。"朱由校才放下心来，表示谅解。大臣也不再为此说三道四。

皇太极与袁崇焕表面上对议和的热情，并没有使对方上当受骗，双方都以此为手段，各自打着自己的算盘。袁崇焕借机修复城池，加强兵备，目的在于进一步进击后金，收复失地；皇太极有了时间稳固内部，逼服朝鲜，解除了后顾之忧。而当皇太极的兵马从朝鲜凯旋，在沈阳设宴庆功时，得到情报，方知袁崇焕修城筑堡、屯种自给、选将练兵的计划进行得十分顺利，而且迅速，卓有成效，志不在小，直接构成了对自己的威胁。于是，便在没有充分准备的情况下，决定率兵清除这一威胁，于五月六日从沈阳出发，抵达广宁，分三路进军，先后攻占大小凌河和右屯卫等城堡，会师锦州，四面合围。不料，锦州城防坚固，且有大将雄兵驻守，连攻十余日，锦州岿然不动。皇太极无奈，只好撤围进攻宁远。袁崇焕等将帅率兵等待已久，宁远城坚不可摧。皇太极仍不分析形势，一味进攻，代善等劝阻，不为所动，气愤地说："昔皇考太祖攻宁远不克，今我攻锦州又未克，似此野战之兵尚不能取胜，其何以扬我国威耶？"看来，皇太极有其难言之隐和苦衷。尤其是在他登上汗位之后首次向明朝开战，胜与负，都关系重大。然而，当其愿望与现实相背离时，只有仔细分析背离的原因，方可达到目的。皇太极在当时并没有如此考虑，挥师进攻锦州，疲于奔命的士兵，那有战斗力可言！终于由于死伤惨重，无可奈何地撤围返回沈阳。这就是使皇太极南侵受挫的所谓宁锦大捷。在明朝与后金的战争史上写下了辉煌的一页。可是，当皇太极得知因魏忠贤专权，排斥异己，迫使袁崇焕去任时，掩饰不住内心的喜悦，决计重整旗鼓，与明王朝展开新的较量。

二

宁远之捷与宁锦之捷，阻遏了后金军的南下，明朝廷也为之感到振奋，因有较为坚固的防线，得到了片刻的安宁。然而，由于魏忠贤的作祟，迫使大将袁崇焕离去，取而代之者又表现无能，辽东防线及战斗力，不仅没有增强，反而有所削弱。与此相反，后金在皇太极的整顿下，政治稳定，军力大增。而且跃跃欲试，再次向明王朝发动进攻。这就是朱由检继位后所面临的来自后金皇太极的严重威胁。

年轻的皇帝朱由检，对任何事件的认识总是那么肤浅，处理时又显出绝对的自信和简单，从不考虑形势的变化及力量的消长。面对后金的骚扰袭击，其刚愎自用的性格，视皇帝权力为万能的意识表现得淋漓尽致。

袁崇焕苦心建立起来的，且实践证明较为坚固的辽东防线，因其被迫致仕回家，又引起了朝廷个别大臣的不同意见和争论，提出放弃锦州，防线内移的主张。身为蓟辽总督的阎鸣泰，也随之附和，上书侈谈"锦州遐僻奥区，原非扼要之地。当日议修已属失策，顷以区区弹丸，几致挠动乾坤半壁，虽幸无事，然亦岌岌乎殆矣。窃意今日锦州止可悬为虚著，慎弗狃为实著；止可设为活局，慎弗泥为死局。"具体负责锦州守御的尤世禄也说锦州城池受风雨摧剥，垣墙营舍崩坏，万万不能久居，乞请暂且移居杏山。奉命守御塔山的侯世禄，以其地低洼，又靠近高山，不是容易守御之所，最好移到别处。上至总领蓟辽重务的封疆大臣，下到城池的守御指挥官，都如出一辙的主张放弃锦州，认识不到塔山重要的战略地位，无不反映出武臣军事素质的低下和见解的浅薄。事实上，位于锦州与定远之间的塔山，是一个极为重要的军事要地，它的存在和作为防御之处，可以把两座城池紧紧地联系在一起，使之声息相通，防线更为坚固。若弃锦州，变塔山，其结果不言自知，无疑于向后金敞开大门，引狼入室。理所当然地遭到朝廷正直而有远见的大臣的否决。时署兵部事右侍郎的霍维华就此上书说："锦州一城，为奴所必争"。阎鸣泰所言"轻兵以防，小修以补。贼至则坚壁清野以待，则智臣所谓'虚着'、'活局'之意。臣部以为，锦州已守有成效，决不当议弃。倘临时设谋饵敌出奇，应听新督师熟计而行。今奴虽屡挫，狡谋叵测。……至蓟门各路宜守，兴水口兵将宜添，尤为绸缪急着。"明熹宗朱由校最后裁夺，下达圣旨："关门之倚宁远，宁远之倚塔山、锦州，皆层层外护，多设藩篱，以壮金汤。"为此，重申杜文焕驻守宁远，侯世禄驻守塔山，尤世禄驻守锦州，"酌量地方，拨与兵马。"都要各守信地，修筑城池，操练军士，实心料理以战守急图。不得妄分彼此，推诿观望，自取罪责。"数日之后，霍维华在一份关于边塞兵务的奏疏中，又进一步强调："锦州不可不守。夫全辽疆土期于必复咫尺，锦州岂可异议？况向以修筑未完之日，尚能据以挫贼。今乘此战将已胜之余，何难凭以自固！"又说："塔山不可不城。锦州既在必守，而联络于锦、宁之间者，惟塔山是恃。即无城犹与增置，有城何难修葺！"再次肯定了塔山战略地位的重要。

皇帝的圣旨，兵部的态度，固然起到了阻止辽东将帅放弃锦州、塔山的行动，使宁锦防线之议暂时消弭。然而，在将帅的思想上并没有从根本上解决问题，对朝廷"多设藩篱以壮金汤"的意旨亦未完全付诸实践。暂时的平静，只是后金皇太极正在总结宁锦之役失利的教训，整顿内部，操练兵马，无意进击的结果。因此，严格地说，需要加强的薄弱环节所在多有，《三朝辽事实录》所称宁锦防线"旗鼓相望，可谓极一时之盛。"实属夸大溢美之词。

三

明朝崇祯皇帝朱由检于天启七年（1627 年）八月登上皇位后，便以霹雳手段变革朝政，挽救危亡的明朝。九月，他将干预朝政的客氏撵出乾清宫，迁入外宅，使阉党头子魏忠贤失去了内廷依恃；十月，他借云南道御史杨维垣对阉党兵部尚书崔呈秀的弹劾，罢了崔呈秀的官，使崔呈秀自缢于家，剪除了魏忠贤的手臂；十一月，他借兵部武选主事钱元悫对魏忠贤的弹劾，诏斥魏忠贤"盗弄国柄，擅作威福"，撵出朝廷，安置安徽凤阳，魏忠贤行至阜城自杀而死；十二月，他借朝廷部、院官吏的群起弹劾，处斩了客氏及其子侯国兴；崇祯元年（1628 年）正月，他以戮魏忠贤、崔呈秀的尸体，处斩许显纯等阉党人物的强硬举措开始了他的年号，表示了他"立志中兴"的决心；二月，他下发诏令，为被阉党诬陷的官员昭雪冤情，"今应褒赠即与褒赠，应荫恤即与荫恤，应复官即与复官，应起用即与起用，应开释即与开释"。前大学士韩爌再次入阁，成为首辅，东林官员钱龙锡入阁为次辅，孙承宗复为兵部尚书，东林官员李柯、成基命、刘鸿训等成为朝廷的文武重臣。明朝露出了一丝希望之光。

就在崇祯元年四月，罢官贬居广东故里的袁崇焕，被崇祯皇帝朱由检起用为兵部尚书兼右副都御史、督师蓟辽兼登莱、天津军务所司，其权力不仅遍及全辽，而且扩展到蓟州、登莱、天津。

崇祯元年七月一日，袁崇焕由广东快马奔驰抵达北京。当晚即被崇祯皇帝接见。君臣的"平台答对"，展示了两颗壮心的交流与撞击。

夏日深夜，平台宁静，凉风习习，万点繁星的清晖照映着静谧平台上的藤椅、竹几、折扇、清茶，照映着血气方刚、立志中兴的年轻皇帝和几经沧桑、以身许国的中年将领的初次会见。今夜的崇祯皇帝，身着白绸长衫，盘发于顶，朝气勃发，举止潇洒，显得亲切而随和，由于继位半年多来，诛灭客魏阉党的果敢胜利和朝政的初露转机，神情漾溢着刚毅、自信和沉稳。而这简朴清爽、免去一切繁褥朝制的召见臣下，更显示出朝廷百年来不曾有过的新风，励精图强之风啊！今夜的袁崇焕，因刚抵京都，仍着布衣黑衫，形容黑瘦，风尘未消，显得意倦精疲，但皇恩浩荡，东山再起，报国有路，重任在肩的喜悦、感激和这简朴亲切召见的新奇，拂去了神情上的疲惫，爆发了心志的激昂和气概上负重不累的坚定、力挽狂澜的自信和喜遇明主的忠贞，在大礼参拜中，他确已泪湿双颊了。

君臣相会的互致问候之后，进入了有关辽事的答对。崇祯皇帝以折扇授袁崇焕消暑：

"先生两个多月来鞍马劳顿，未得片刻歇息，就被朕召入宫内，太过意不去了。然朕心焦于辽事，非先生莫解其忧。敢问先生治辽方略如何？"

袁崇焕急忙从怀中取出拟定的一份疏奏呈上：

"臣感念陛下特眷，治辽方略已在这疏奏之中，乞陛下审察圣裁。"

崇祯皇帝接过"疏奏"连声叫好，并为袁崇焕斟茶，急切而语：

"先生可先论'疏奏'之要，以慰朕心。"

袁崇焕拱手票奏：

"陛下，今日辽事之危，更甚于昔日。宁远之战，努尔哈赤因炮伤而亡，但东虏兵马损失并不惨重，皇太极继位一年多来，其举措皆有深意，比努尔哈赤的横刀跃马更为可忧。他首先着眼于内政，悄悄匡正努尔哈赤的失误，已使辽沈汉民的反抗停息；他突然出兵奇袭朝鲜，又突然退兵而回，使朝鲜背我而附虏；他于去年年尾，利用蒙古喀喇沁部反对林丹汗吞并的战争，突然与蒙古喀喇沁部结盟，把触角伸向漠南蒙古，获得了蒙古敖汉部、奈曼部、札鲁特部、喀尔喀部的好感；并以'议和'与我周旋。凡此种种，皆为谋略所使，有章有法。臣以为：东虏欲先安定背后、侧翼而后与我决战，故臣治辽之策，仍然是'先主守而后动'。守为正着，战为奇着，款为旁着，以'守'积蓄力量，以'款'与敌周旋，以'战'消灭敌虏兵力，既打刀枪之战，也打口舌之战，三着并用，收复全辽，以解陛下之忧。"

崇祯皇帝听得认真。他明白，朝廷长期党争不断，国势破坏，国库拮据，中空外竭，要一战而灭东虏是不可能的，"三着并用"之策，或可收制虏之效，遂拊掌称赞：

"好！先生知虏，故所谋足以制虏，朕忧释减了。先生复辽之日，朕不吝封侯赏，先生当努力解天下倒悬，先生的子孙亦受其福了。敢问先生，复辽之功，何日可成？"

中华藏书 第二卷 文武双全，创业天下 中国书店袁崇焕闻声而心惊：师未出能预知功成之日吗？皇上年轻而不知兵事啊！他抬头向崇祯皇帝望去，遇到的是皇帝焦灼的目光：圣心焦劳啊！遂漫而答对：

"臣蒙陛下信赖，五年之内，当为陛下收复全辽。"

崇祯皇帝大喜：

"五年？好，五年为期，五年之后的今天，朕将在这平台之上，为先生设宴庆功。"

崇祯皇帝的许诺，反而使袁崇焕的心境怅然了：这五年之期，原是为宽慰皇上焦劳的心绪说出来的，战场变化莫测，五年之内真能消灭东房吗？他为自己的一时浪言后悔沉默了。

袁崇焕的沉默引起了崇祯皇帝的注意，但这"注意"却落错了地方，他以为袁崇焕要提条件了，便抢先询问：

"先生有什么为难之事，可坦直讲出。"

性格倔犟的袁崇焕不肯吞食"五年为期"的浪言，便借机提出防止朝臣中阁掣肘的请求：

"陛下，臣今所求之事有三，乞陛下恩准。"

"先生请讲。"

"其一，辽事本不易竣，陛下既委臣以责，臣安敢辞难，但五年内户部转军饷，工部给器械，吏部用人，兵部调兵选将，均须中外事事相应，方可有济，若互相中阁，事事掣肘，臣则处于绝境了……"

崇祯皇帝慨然允诺：

"先生放心，朕当亲饬户部、工部、吏部、兵部如先生所言行事。"

"谢陛下。其二，臣浪言禀奏，以臣之力，制全辽有余，调众口不足，一出国门，便成万里，忌能妒功，夫岂无人，即不以权力掣臣肘，亦能以意见乱臣谋，臣心存惊悸啊！"

崇祯皇帝起立而倾听，郑重地说：

"先生勿疑虑，有关辽事，朕自有主持。"

"谢陛下。其三，臣斗胆票奏，治辽之法，在渐而不在骤，在实而不在虚，此臣与诸臣所能为，至用人之人与为人用人之道皆陛下司其钥，何以任而勿疑，信而勿疑，盖驭边臣与廷臣异，其中可惊可疑者殊多，但当论成败之大局，不必摘一言一行之微瑕，事任既重，为怨实多，诸有利于封疆者，皆不利于此身者也。况图敌之急，敌亦从而间之，是以为边臣甚难。陛下爱臣知臣，臣何必过疑惧，但中有所危，臣不敢不告"。

崇祯皇帝踱步而听，至袁崇焕面前停步而拱手致谢：

"先生所言，乃君王当戒之语，朕受教了……"

袁崇焕急忙离座跪倒，叩头触地，咽泪高呼：

"陛下英明天纵，臣以身许国家，以身许陛下啊！"

崇祯皇帝谕令侍立于平台一边的太监取来尚方剑、蟒玉、银币赐于袁崇焕：

"'任而勿疑，信而勿疑'，朕以这八个大字待先生，以辽事全权付先生，五年为期，先生可便宜行事！"

袁崇焕接过尚方剑叩头触地：

"谢陛下九天之恩，臣将借尚方剑的声威为陛下收复全辽，这蟒玉、银币，留待全辽收复之日臣再拜领。"

崇祯皇帝双手扶起袁崇焕纵声赞誉：

"先生，真将军也。"

袁崇焕离开平台，走出皇宫，带着与崇祯皇帝"五年为期"的重压，于七月二十日奔赴辽东就任，八月一日抵达山海关。

他首先平息了宁远驻军的哗变。八月一日，驻守宁远城的川、湖兵，因三个月不发军饷而哗变，十三营官兵起而应之，缚系巡抚毕自肃、总兵官朱梅、通判张世荣、推官苏涵淳于谯楼，关外防御濒于瘫痪。袁崇焕至山海关得知，便匹马只身奔赴宁远，以其声威权谋处理其事：他宽育了带头哗变的张正朝、张思顺，处斩了失职的中军吴国琦，责罚了参将彭簪古，罢黜了都司左良玉，重奖了拒不哗变的将领程大乐，并逮捕了哗变中图财害民者十五人，斩弃于市，平息了这场哗变，赢得了军心民心。

他依据"兵部尚书兼右副都御史、督师蓟辽兼登莱天津军务所司"之职改组了防务。合宁远、锦州为一镇，命祖大寿驻守锦州，以中军副将何可刚为都督剑事驻守宁远，调蓟镇总兵官赵率教驻守山海关，以三层防御部署对付皇太极的西进。

他开始集中辽东四镇的指挥权。报请皇帝撤销山东登莱巡抚一职，以减少层次，直接掌握登莱天津舟师；他鉴于东江镇皮岛地居关枢，北可攻击后金，南可联络朝鲜，西可与登莱结为一体，便把目光投向东江镇左都督毛文龙……

袁崇焕的重返辽东，引起了皇太极的极大关注；袁崇焕重返辽东后的调整部署。三层设防，引起了皇太极的极大不安。他与范文程日夜计议，策划着迎击袁崇焕进逼之策。时蒙古喀喇沁部、喀尔喀部、土默特部反对察哈尔部林丹汗吞并的战争已在土默特部的赵城地区打了七个月了，林丹汗兵死四万三千，喀喇沁部兵死五六万。喀尔喀部兵死二三万，土默特部兵死六七万，两败俱伤，相持不下。是年八月，土默特部贝勒代表联军致书皇太极求援，并告以"林丹汗根本动摇"。皇太极遂依据范文程"款西图北"之议，立即答书土默特贝勒，应诺出兵，并遣书蒙古奈曼部衮出斯巴图鲁、敖汉部锁诺木杜棱、塞臣卓礼克图等"一同出兵"，同时，派遣通事方吉纳、参将温塔石赴宁远，以"每年我国以东珠十、貂皮千、人参千斤送尔，尔以金一万两、银十万两、缎十万匹、布三十万匹报我"为条件重开"议和"，与袁崇焕周旋。是年九月，皇太极亲率大军进入蒙古，以蒙古诸部盟主的面貌出现。至绰洛郭尔，与蒙古敖汉部、奈曼部、喀尔喀部、札鲁特部、喀喇沁部、土默特部诸贝勒会盟，共击林丹汗，并亲率会盟联军，攻取席尔哈，激战席伯图英，围攻汤图，诸战皆捷，军威大振，经过一个多月的战斗，迫使林丹汗退出西拉木伦河流域，败回归化城。战后，皇太极论功行赏，封官加爵，联姻结亲，笼络蒙古诸部贝勒，奠定了统一漠南蒙古的基础。

在皇太极击败林丹汗、笼络蒙古诸部贝勒的同时，袁崇焕也借与皇太极"议和"周旋，心悬与崇祯皇帝"五年为期"之约，日夜操练兵马，制造火炮器械，修缮锦州、大凌河、右屯、宁远诸城，掘壕挖沟，安置火炮，积存粮秣，征集战马，完备山海关外四百里的防御。他"先主守而后动"的方略中的"守"已近乎完成，而方略中的"动"却为皮岛毛文龙的举止莫测所掣肘。他不能容忍毛文龙以其左都督主宰一镇的桀傲不驯，不能容忍毛文龙以其绵亘八十里海岛的拥兵自重，不能容忍毛文龙广招商贾贩易禁物的意图莫测，不能容忍毛文龙以居海之便对登莱舟师的插手笼络，更不能容忍传闻中毛文龙与皇太极的通款议和，遂于 1629 年（明朝崇祯二年，后金天聪三年）五月三日，亲自泛海至双岛，五月五日，以阅兵为名赚毛文龙至阅兵帐内，以十二条罪状斩毛文龙于帐前，收回了毛文龙的敕印、尚方剑，以副将陈继盛代掌其职，犒军士，抚诸岛，具状呈报崇祯皇帝。崇祯皇帝骤闻其事，"意殊骇念"，但念及袁崇焕所许诺的"五年为期"收复全辽，遂隐忍而优旨褒答。袁崇焕的权力遂及于登莱、天津、东江，手中已握有四镇官兵十五万，马匹八万一千匹，他开始筹划向皇太极发动进攻了。

四

从袁崇焕被起复，且委以封疆大吏的重任，到含冤而死，其间充满了皇帝轻信多疑、刚愎自用的性格与袁崇焕的轻率，以及皇太极的狡黠的碰撞与冲突，富有强烈的戏剧性，同时反映出朱由检在再建辽东防线过程中的重大失误。

袁崇焕无疑是明朝末年较为杰出的军事将领。然而，当魏忠贤为首的阉党集团排斥迫害东林党人时，也将其罗织其中，逼其致仕还乡。而就袁崇焕的经历考察，他并没有参加任何集团和派别；影响颇大的东林党活动史料中，没有关于他的行踪业迹的记载。若从另一方面，即就当时的社会惯例和历史传统考索，党派的形成，科举考试的"同年"、主持考试的"座主"、应试中第的"门生"是其重要联系和基础之一。"同年"之间相互照顾，"座主"对"门生"的推荐、提携，"门生"对"座主"的唯命是从，等等，因所处的历史环境及所遇到的大小政治事件，就会自然地以上述关系逐渐形成庞大的政治势力和集团。若主持正义，涤除奸恶，其作用是积极的；否则，"朋比胶固，牢不可解。书牍交于道路，请托遍于官曹。其小者足于蠹政害民，其大者至于立党倾轧，取人主太阿之柄而颠倒之。"如果这一规律能成立的话，那么袁崇焕在万历四十七年（1622 年）考取进士时的主考官是东林党主力之一、官至协理詹事府事兼教庶吉士的礼部右侍郎韩爌，就自然地结成"座主"与"门生"的关系，他的言论和行动自然地受到韩爌的关注和影响。尤其是在他做了一段知县之后，因政绩超群，经东林党人、监察御史侯恂推荐，被破格提拔为兵部职方主事的天启二年（1622 年）正月，韩爌正在内阁阁臣、吏部尚书、少师兼太子太师、中极殿大学士的任上，对他的关注更为直接。好在袁崇焕"为人慷慨负胆略，好谈兵"，还常与边塞士卒谈论边塞军事，"晓其扼塞情形。"不仅"以边才自许"，而且在实践中有所作为。当王化贞广宁师溃之后，他暗中"单骑出阅关内外"，对如何捍御，了然于胸，发出"予我军马钱谷，我一人卒守此"的铿锵誓言，表现出他的自信和胆略。朝廷便超擢他为监军佥事，前往辽东。他一赴任，即招募士卒，安置失业流民。且身体力行，不畏荆棘虎豹，深得将士信赖。经略王在晋"议修重城八里镇"，袁崇焕根据当时军事形势及地理冲要，以为不是良谋善策。只因人微言轻，不被重视。待东林党人、经略孙承宗赴辽时，支持袁崇焕，"驳重城议"。在讨论要塞守卫时，袁崇焕力主守卫宁远，而王在晋等提出异议，主张守卫觉华。孙承宗再次支持袁崇焕，令其与满桂同往，继续修筑宁远城，经袁崇焕的苦心经营，一年而竣，成为关外一大重镇。加上袁崇焕勤于职守，有誓与宁远共存亡的决心；又善于抚恤士卒，将士也乐于为其效力。"由是商旅辐辏，流移骈集，远近望为乐土。"这既是袁崇焕独当一面的军事生涯的开始，又是他的军事才能得到充分发挥的用武之地，也为他以积极的态度捍御关门奠定了坚实的基础。从而因其功劳被升迁为兵备副使、山东右参政。这时，虽然东林党在阉党勾结三党的围攻下，实力锐减，韩爌也致仕归里，但一向支持袁崇焕的孙承宗还在内阁大学士兼经略的任上，使他的军事战略和布署得以继续施行。天启五年（1625 年），袁崇焕奉孙承宗之命，驻守宁远，向东开拓疆域二百里；分遣将领据守锦州、松山、杏山、右屯及大凌河，筑城设防。同年十月，孙承宗因阉党专权，事事掣肘，且又遭负责进谏官员的弹劾，不安其位，便请求致仕还乡，魏忠贤趁机派遣党羽高第取而代之。

这位高第，素恓怯懦，以"关外必不可守，欲尽撤锦右诸城守具，移其将士于关内。"袁崇焕据理力争，可是，高第以其经略的地位和权势，不听规劝，并撤宁前二城。袁崇焕不得已，只得以"我宁前道也，官此，当死此，我必不去"来坚持。结果，除宁前以外的锦右诸城战守器具及将士尽行撤至关内。从此，"民怨而军益不振。"

袁崇焕对高第的无能和骄横十分愤慨。尤其是以其狂妄无知对自己的战略布置多方刁难、破坏，一腔报国的热血，受到遏制。不得已，就连续三次上书，请求回家守孝。本来，魏忠贤想让党羽替代袁崇焕，无奈阉党之中多是无能之辈，根本无法找到适当的人来。再加上东线守御正紧，不得不勉强升迁袁崇焕为按察使，继续掌理宁前军务。然而由于高第的妄为，使袁崇焕的"数年心血，委于一旦。敌志始骄矣。"后金正是乘高第后撤之机，举兵西渡辽河，抵达宁远。袁崇焕得到谍报，立即召集将士誓师守御，而且书写血书，以激厉将士忠义之心。然后坚壁清野，严阵以待。当双方接战之时，高第等拥兵观望，不予救援。袁崇焕以万人对付后金十余万众，血战数日，后金军死伤惨重，才被迫撤围而还。这就是以少胜多的宁远大捷。袁崇焕被升迁为右金都御史，不久，出任辽东巡抚。而魏忠贤以袁崇焕不服从自己的意旨，派遣宦官刘应坤、纪用出镇。袁崇焕对此不满，上书劝阻，没有结果。在评定宁远大捷的功劳时，尽管有魏忠贤从中作梗，但袁崇焕的功勋实不可没，朝廷仍加其兵部右侍郎。

高第不仅不派兵救援宁远，而折辱诸将，遭到弹劾，罢官而去，接替其职的是兵部尚书王之臣。王之臣也是个庸才，与袁崇焕意见不合。朝廷为调和两人的关系，把辽东的防御一分为二，即关内和关外，由王之臣、袁崇焕分别掌理。机敏的袁崇焕从这一举措中自然而然地意识到朝廷有人猜忌自己，且深知党争的激烈而殃及自身。于是上书，在奏报捍御和进取大计之后，恳切地希望皇帝对边臣应该始终如一，不要被"谤书"、"毁言"所蛊惑。袁崇焕的一片赤诚和屡建的军功，得到了朝廷的理解和信赖，其所请防务诸事，都受到应有的重视，从而使阉党难以逞其技。时至天启七年（1627年）五月，后金军突然围锦州，攻宁远，袁崇焕曾想以议和为手段，达到延缓时日，加强战备的目的，却遭到拒绝。便调兵遣将，击退进攻宁远的后金兵，锦州之围，随之而解。这就是明军对后金兵的第二次胜利，史称宁锦大捷，其中有袁崇焕的大功在。可是阉党不顾当时宁远、锦州的地理冲要和当时危急的军事形势，反而弹劾袁崇焕不派兵救援锦州，又提及毛文龙遭受后金袭击是由于袁崇焕议和之举所致。袁崇焕对此忍无可忍，愤然乞请致仕归里。在论功行赏时，魏忠贤尚在襁褓之中的从孙都被封为安平伯，冒滥增秩赐荫的文武将官数百人，而袁崇焕仅被增一秩。因此，袁崇焕的浮沉和当时朝政的清明与昏暗紧紧地联系在一起，同时受到党争的掣约。也就是说，他的乞休，完全是阉党打击陷害的结果。梁启超曾为之感叹："古未有奸臣在内，而名将得立功于外者。"真是一针见血之论。

朱由检继其兄朱由校而登上皇帝宝座，怀着扭转危局的决心和使之重新振兴的愿望，对朝政进行了一番整饬，尤其是智除魏忠贤，使阉党首恶受到应有的处置，朝政渐趋清明。东林党人起用复官，在在多有，袁崇焕亦在被召之列。

崇祯元年（1628年）二月，蓟辽总督王之臣以罪罢免，还未至京的袁崇焕即被任命为兵部尚书兼右副都御史总督蓟辽、登莱、天津等处军务。同年七月，袁崇焕奉召来到北京。其时，年为四十有五、正当血气方刚的袁崇焕，对政局的变化过于乐观，尤其是对阉党残余势力、蓟辽边防军事形势的估计又过于简单，似乎没有对其中的复杂性作过认真的深入的思考。所以，当朱由检在平台召见时，袁崇焕勇于冒险、自信、自负的性格所生发出来的重大责任感，以及再立新功的强烈愿望，与崇祯皇帝竭力扭转危局而成为中兴之主的渴求相吻合。前者喜出望外，后者优礼有加，情感的浓雾在君臣之间弥漫扩散，理智随之消减，暴露出来的是袁崇焕的轻率和朱由检的轻信。请看这次召见时两人的对话：朱由检慰问一番之后，即询问以什么办法平息后金的骚扰侵犯，收复辽东被侵之地说："东兵跳梁，十载于兹，封疆沦没，辽民涂炭。卿万里召赴，忠勇可嘉。所有方略，具实奏闻。"袁崇焕回答说：收复辽东失地的策略在奏疏中说得具体明白。我受陛下眷顾，希望能赐予"便宜"之权，"计五年，全辽可复。"朱由检极为高兴，说道：只要辽东能够收复，奖赏，及至封伯封侯，我决不吝惜。若你努力从事，击退后金，解除其威胁，你的子孙也会受到恩惠和封赏。其时，钱龙锡等四位阁臣在旁，异口同声地说："崇焕肝胆意气，识见方略，种种可嘉，真奇男子也。"袁崇焕看到皇帝如是慷慨大方，礼贤下士，又有阁臣的夸奖，深感亲切和舒畅，急忙叩头感谢。

谈话至此，朱由检退殿休息，给事中许誉卿问袁崇焕："答应五年收复辽东，采取什么措施？人力、物力如何调集？其中的困难如何解决？"被情感主宰而显得十分轻率的袁崇焕随便地说："看到皇帝为辽东战争焦心积虑，姑且许诺五年收复辽东，予以安慰。"许誉卿说："皇帝英明果决，励精图治，怎么能随便答对。如果不能按期收复辽东，怪罪下来，你将如何是好？"这时，袁崇焕似乎才从情感的浓雾中解脱出来，稍稍恢复了理智，自觉失言，比较冷静地对变化了的而且蕴藏着危机的时局和边防的军事形势重新考虑，尤其是从前任熊廷弼、孙承宗等人的悲惨结局，以及自己前次乞休归里的事件中，悟出了问题的严重和复杂。为了补救因轻率答对可能导致意想不到的恶果，在朱由检休息过后再次答对时，袁崇焕就着重提出了自己颇感难办的而又必须及时办理的诸多事务。他说：收复辽东，本是不易完成的重任。既然皇上委任于我，我岂敢推辞？但是，在"五年内，户部转军饷，工部给器械，吏部用人，兵部调兵选将，须中外事事相应，方克有济。"对此难题，朱由检件件许诺，并"敕四部臣"，照袁崇焕的意见，从速办理。然而，袁崇焕并没有从中得到多少安慰。这是因为，口头的许诺与将其变成现实，其间有一个极为复杂的过程。一般地说，在正常情况下，皇帝的意旨通过至高无尚的权力也难以全部实现，何况在皇帝新立、腐败的吏治还未得到全面整饬之时，其实现的就只能会更少。再加上当时的大臣官吏以欺瞒、诌媚、含沙射影、借古讽今的乖巧手法对付皇帝而躲避责任，熟习于胸，运用起来亦驾轻就熟，非常自如。因此，他带着种种疑虑，把一切能够想到或可能出现的意外，几乎无一遗漏地向朱由检提出，特别是难以应付的激烈的党争，袁崇焕每念及此，都心有余悸。他说："以臣之力，制全辽有余，调众口不足。一出国门，便成万里。忌能妒功，夫岂无人。即不以权力掣臣肘，亦能以意见乱臣谋。"朱由检特意站起来倾听，告谕道："卿无疑虑，朕自主持。"大学士刘鸿训等也请求收回曾赐给王之臣、满桂的尚方宝剑，改赐袁崇焕，令其便宜从事。朱由检毫不犹豫，满口答应。在其离京赴任前夕，又上书说："恢复之计，不外臣昔年以辽人守辽土，以辽土养辽人，守为正著，战为奇著，和为旁著之说。法在渐不在骤，在实不在虚。此臣与诸边臣所能为。至用人之人，与为人用之人，皆至尊司其钥。何以任而勿贰，信而勿疑？盖驭边臣与廷臣异，军中可惊可疑者殊多，但当论成败之大局，不必摘一言一行之微瑕。事任既重，为怨实多。诸有利于封疆者，皆不利于此身者也。况图敌之急，敌亦从而间之，是以为边臣甚难。陛下爱臣知臣，臣何必过疑惧，但中有所危，不敢不告。"作为一位磊落飒爽的边臣大将，肩负重任，临战之前，又如此战战兢兢，如履薄冰的心态，个中甘苦，只有当事者自知，其结果亦可从中显出端倪。相反，初登帝位，一心渴求有所作为的崇祯皇帝，根本没有体察袁崇焕屡次上书的苦衷、复杂的时局和阉党余孽从中作祟所隐藏的危难，甚至竟然觉得袁崇焕奏疏所言，是多此一举。简单地认为，尽量满足其需求，"优诏答之"，辽东即可收复，四海苍生之困即可缓解。君臣间的口头承诺，在实践中如何变成事实，应该说是一个很大的未知数。从而表现出君的轻信和臣的轻率。

袁崇焕的赴任，尽管没有把朱由检的许诺看成是全部付诸实践的事实，但无疑是从中得到莫大的宽慰。他于崇祯元年（1628 年）八月抵关，实施其五年收复辽东的壮举。

袁崇焕抵达辽东，下车伊始，就着手处理驻守宁远的川湖兵哗变之事。此次兵变的原因是：川湖兵饷连续四个月未曾发放，一处兵起，其余十三营立即响应，捉拿巡抚毕自肃、总兵官朱梅、通判张世荣、推官苏涵淳，拘押在谯楼上。兵备副使郭广到任不久，亲自保护毕自肃，并千方百计地聚集抚赏等二万余两，交给川湖兵，而川湖兵仍不满足，郭广又向商民借贷，凑够五万两，哗变的川湖兵才稍稍平息。毕自肃被释放后，自感罪过严重，便上书请求处置，后跑到中左所，上吊自杀。袁崇焕得知，即前往宁远，与郭广密谋，宽宥首恶杨正朝、张思顺，令其逮捕十五人处斩；又斩知川湖兵变阴谋而不报的中军吴国琦，谴责参将彭簪古，罢免都司左良玉等四人。令杨正朝、张思顺充任前锋立功自赎。张世荣、苏涵淳以贪虐激起兵变的罪名罢免。惟有都司程大乐所统领的一营不响应兵变，特予奖励。袁崇焕如此处置，宁远才予安宁。

关外大将四五人，事多制肘。袁崇焕赴任之前，定设二人，由朱梅镇守宁远，祖大寿仍驻守锦州。袁崇焕赴任之后，川湖兵哗变，总兵官朱梅随之解任。袁崇焕便请求将宁远、锦州合为一镇，祖大寿仍旧驻守锦州，加中军副将何可刚都督佥事，代替朱梅驻守宁远，而将驻守蓟镇的赵率教移至关门。这样，关内外只设两位大将。他在奏疏中极力称赞三人的军事才能，并且说道："臣自期五年，专藉此三人，当与臣相终始。届期不效，臣手戮三人，而身归死于司败。"朱由检表示同意，袁崇焕便留镇宁远。

为了事权归一，在毕自肃自杀之后，袁崇焕上书请求，停止巡抚的设置，待登莱巡抚孙国桢被罢时，又上书请求罢除不设。朱由检一一允准。接着，袁崇焕又安抚了因受插汉逼迫、遭灾欠收、不得温饱而萌发反叛的哈剌慎三十六家。至崇祯二年（1629 年）闰四月，以春秋两防的功绩，朱由检诏令，加袁崇焕"太子太保，赐蟒衣、银币，廕锦衣千户。"如此一来，袁崇焕得意之色，溢于言表；赴任前的疑惧，置之脑后，骄气随之滋生。对自己的地位和权力，有时作出不尽恰当的估计和认识。迷信权力，必然自信；过于自信，必然轻率，以至缺乏深思熟虑、权衡利弊得失的素质，正是其倔强、自负性格特征上的不同侧面的显现。而在这一点上，与皇帝朱由检有着惊人的相似。

袁崇焕从辽东总的军事形势着眼，尤其是肩负"五年复辽"的重任，他不能不加强兵备，整饬将士，以增强战斗力。为此，袁崇焕根据辽东各镇将帅，首先注意到的是开府皮岛的平辽总兵官毛文龙，遂有袁崇焕诛杀毛文龙这样浓重的一笔载入史册。

在此提及袁崇焕诛杀毛文龙，似乎是画蛇添足，与传主无涉。其实不然。笔者之所以列目论述，目的在于从另一个侧面反应崇祯皇帝的性格。

毛文龙（1573—1629 年），字镇南，祖籍山西太平，父行商浙江钱塘，文龙降生，而为其地为籍贯。少时不喜读书，不事生产，空口谈兵，系无赖之辈。后出走投奔叔父毛得春，袭其职为百户。至天启元年（1621 年）升任辽东巡抚王化贞标下的练兵游击，率兵二百抵达镇江，攻破其城。这是他的首次战功。然而，攻下镇江不久，就被后金收复。当明朝廷在皮岛设置东江镇时，以毛文龙还能起到牵制敌人的作用，即任命其为副总兵，统率岛兵，不时袭击后金。虽有败创，但其行动本身表明，他仍是明朝的将领。然后，在天启六年（1626 年）以后，因曾加授平辽总兵官，赐尚方剑，加封左都督，官运亨通；又四处钻营，结交权贵，势力不断扩大。从而，逐渐成为一个只想稳坐岛中，享其荣华富贵的"海外天子"。不仅如此，还好为夸大之词。早在天启三年（1623 年）就上书兵部说："得饷百万，明年可以灭奴"。两年之后后金不仅未被消灭，而且一天天壮大。他似乎忘记说过灭奴誓言，又声称"二年之间，有不平辽灭奴、复三韩之旧业，甘治欺君诳上之罪。"话虽如此说，实际上"不修兵器，不练军士，少无讨虏之意。一不交战，而谓之十八大捷；仅获六胡，而谓之六万级。"由于明朝廷阉党势力日益强大，以此引起的党派之争亦愈演愈烈，无暇顾及毛文龙的自负和夸夸其谈。好在后金的威胁还不至于使明王朝的统治难以维持下去，加上东江对后金的牵制作用还是存在的，而对这位"海外天子"的坐大而造成的危害就未曾引起足够的重视。

就毛文龙本人而言，自我感觉良好，并为地处军事要地而沾沾自喜，志得意满，有时竟到了狂妄及向朝廷要挟的地步。尤其在崇祯皇帝朱由检继位之后，表现得尤为突出。天启七年（1627 年）九月，疏上"七年苦楚，百战勤劳，有不平者五事，"言其抗御强敌而衣食不足；同为边塞将士而待遇不一，赏罚各异，传言比其为安禄山、史思明，抹杀战功，等等，言辞极其激烈，请求派官代其职。毛文龙故技重演，夸大其功。而对此轻率狂妄之徒的底里，朱由检并不了解，也不切实地查勘其上书所列不平事的真实性，便以轻信对轻率，下达诏书，予以安慰挽留，说什么"文龙远成孤悬，备尝艰苦，屡建捷效，心迹自明。东顾方殷，岂得乞身求代。还宜益奋义勇，多方牵制，以纾朕怀。"毛文龙得此诏令，有恃无恐，骄横狂妄的习性，有增无减。他甚至从诏书中明显地感觉到，代替熹宗皇帝的新天子，不过尔尔，欺瞒之术，仍有施展的天地。毛文龙的这一认识发展到极限，势必怀疑起明王朝的统治能维持多久，于是，采取脚踩两只船的策略，加快了与后金联络的步伐，书信往来频繁，以至达成"彼此罢兵，共享太平"的协议和"尔取山海关，我取山东"的默契。进而与皇太极议降，虽因种种原因最终未变成事实，但其投降的用心和企图是确实存在的。

如此一位轻狂且事事欺瞒之徒，与自信、自负，且处事果决、勇于冒险的袁崇焕之间的冲突是不可避免的，而这种冲突酿成的结果是袁崇焕设计诛杀毛文龙。

如果追溯袁崇焕与毛文龙之间的冲突绝非始于袁崇焕再次出任辽东总督之时，早在袁崇焕任辽东巡抚的天启六年（1626年），因对毛文龙的不满，就有撤销东江镇的请求；次年东江遭受皇太极的袭击，又持消极观望的态度。崇祯元年（1628年）袁崇焕离京前夕，大学士钱龙锡得知其许以五年复辽，便"造寓询方略。"袁崇焕说："当自东江始。文龙用则用之，不可用则处之，易易耳。"八月到达辽东，具体了解到毛文龙本无大志，长期以来，与后金作战几乎没有取得胜利，而军饷却年年增加。更不能使人容忍的是，毛文龙不仅不选将练兵，提高战斗力，反而招商贩卖禁物，从中牟取暴利；遇有战事，也很少服从调遣，完成守御或抗击的任务。因此，袁崇焕对其不满的程度渐渐加深，以至达到厌恶的地步。起初，袁崇焕上书请求改变运往东江粮饷饷道，且派遣部臣掌理东江粮饷，借以控制毛文龙，可是毛文龙讨厌文臣监制，上疏抗辩，连及督师尚书袁崇焕。他夸大其词地说："臣读（策画东江事宜一疏）毕，愁烦慷慨，计无所出，忽闻哭声四起，合岛鼎沸，诸将拥进臣署，言兵丁嗷嗷以至今日望粮饷到、客商来，有复辽之日，各还故土。谁知袁督师将登州严禁，不许一舡出海。"此举"无异拦喉切我一刀，必定立死。"最后挑拨说："督臣策画舍近求远，弃易图难，臣竟不知故。今事实难做矣，臣之热肠冷矣，性命危于朝夕矣。每自譬于林畔一日七战时，今又多活数年即死亦瞑目矣。只不愿如抚臣故事，又有非议于其后耳。督臣为臣上司，臣辩驳其疏，臣亦自觉非体、非理，听皇上或撤或留，臣随（遂）亲抱敕印，竟进登州候旨，逮臣进京，悉从公议，治臣以罪，完臣一生名节，免误封疆大事矣！"这实际上是以岛兵将要哗变及以死威胁朝廷，同时表明他不能接受袁崇焕节制调遣的心志。袁崇焕对此心中更加怨恨，"不可用则处之"之谋渐渐占了上风。因此，待"文龙来谒，接以宾礼，文龙又不让，崇焕谋益决。"崇祯二年（1629 年）六月，袁崇焕以检阅兵马为名，乘船泛海抵达皮岛，毛文龙以所辖平辽总兵官的身份前来拜见，袁崇焕与之燕饮，每到深夜时分，毛文龙仍奉陪其间，谈笑风生，未能觉察袁崇焕亲赴皮岛的真实用意。

燕饮间，袁崇焕提出将岛兵的营制作些改革，设置监司，督其军纪和操练，毛文龙当即表示反对；袁崇焕又以回归乡里为题规劝，毛文龙仍蒙懂不解地说：早有归乡之意。不过，只有我了解辽东的军事情势与后金的内幕，待辽东收复，攻占朝鲜之后，方可成行。袁崇焕听到如此回答，很不高兴。便着手实施其诛杀毛文龙的计划。

六月五日，袁崇焕邀请毛文龙观看将士骑马射箭。事先在山上设置篷帐，令参将谢尚政等率领甲士埋伏在篷帐外。毛文龙到来，所率部卒不让进入篷帐，袁崇焕说：明天早晨我就离开此地返回，你一人担负海外守御重任，请受我一拜。相互拜毕，随即登山。袁崇焕问从官姓名，多为毛姓。毛文龙说：都是我的子孙。袁崇焕笑着说：你们远处海外，整日辛劳，每月米粮只有一斛，实在令人痛心，再受我一拜，为国家效力。毛文龙的部卒都一一叩头感谢。接着袁崇焕责问毛文龙违犯朝命之事，毛文龙不服，予以辩解。袁宗焕严厉斥责，命随从脱去毛文龙的冠戴捆绑起来，毛文龙竭力反抗。袁崇焕从容地说："尔有十二斩罪，知之乎？祖制，大将在外，必命文臣监。尔专制一方，军马钱粮不受核，一当斩。人臣之罪莫大欺君，尔奏报尽欺罔，杀降人难民冒功，二当斩。人臣无将，将则必诛。尔奏有牧马登州取南京如反掌语，大逆不道，三当斩。每岁饷银数十万，不以给兵，月上散米三斗有半，侵盗军粮，四当斩。擅开马市于皮岛，私通外番，五当斩。部将数千人悉冒己姓，副将以下滥给札付千，走卒、舆夫尽金绯，六当斩。自宁远还，剽掠商船，自为盗贼，七当斩。强取民间子女，不知纪极，部下效尤，人不安室，八当斩。驱难民远窃人参，不从则饿死，岛上白骨如莽，九当斩。辇金京师，拜魏忠贤为父，塑冕旒像于岛中，十当斩。铁山三败，丧军无算，掩败为功，十一当斩。开镇八年，不能复寸土，观望养敌，十二当斩。"历数其当斩之罪结束，毛文龙丧魂落魄，话不成句，只一味叩头乞求免于一死。袁崇焕召集毛文龙部将问道："文龙罪当斩否？"其众都惊慌万分，连连点头说该斩。其中也有说文龙数年劳苦的。袁崇焕斥责道："文龙一布衣耳，官极品，满门封荫，足酬劳，何悖逆如是！"便顿首请旨说："臣今诛文龙以肃军。诸将中有若文龙者，悉诛。臣不能成功，皇上亦以诛文龙者诛臣。"遂取尚方剑，在篷帐前将毛文龙斩杀。同时告谕文龙将士："诛止文龙，余无罪。"尽管毛文龙麾下有数万健校悍卒，因慑于袁崇焕的威严，没有一个敢于轻举妄动。第二天，袁崇焕按礼仪拜奠说："昨斩尔，朝廷大法；今祭尔，僚友私情。"边说边哭，似为真情的流露。于是，将二万八千岛兵分为四协，由毛承禄、陈继盛、徐敷奏、刘兴祚分别统领，将毛文龙的敕印、尚方剑交付陈继盛代为掌管。犒赏军士，安抚诸岛，废除毛文龙暴虐之政后，率随从返回督师衙门。

袁崇焕诛杀边塞大将毛文龙，使他的大丈夫的形象和督师的权威随之树立起来，并为少有的快意所陶醉。然而，他并没有事前或事后认真考虑暂时的快意所带来的严重后果，成为后人议论不休、难作结论的课题。如果从袁崇焕的潜在意识考虑，除果断毅决、迷信权力之外，又与大明王朝立国之后，长期重视科甲出身、轻视武臣的社会积习不无关系。袁崇焕曾经说过："武人奔走，少竖立，便欲厚迁；稍不合，辄思激变，要挟朝廷，开衅同类，令边疆始终不得一人之用。吾最疾之。"这一段话极好地说明了他受当时社会积习影响之深。本来就对武臣怀有恶感的袁崇焕，见毛文龙对其无礼，不听节制，背着他上书朝廷辨驳，争功跋扈，当然不能容忍。借五年复辽，拯救危局等冠冕堂皇的口实，趁机诛杀，不能说没有道理。被肩负重任的面纱掩盖着的轻率和意气用事的素质缺陷，当时的朝野大臣不易觉察，即或觉察，也都可以给予极大的宽容。

尽管袁崇焕为诛杀辖区之内飞扬跋扈的毛文龙感到一阵轻松和些许快意，但他终究受过系统的封建教育，也懂得诛杀一位边塞大将的法律程序，可以便宜行事以及尚方剑决不能对如此重大的生杀之事有任何万全的解释。因此，袁崇焕上书皇帝朱由检，竭力诉说事态的急迫和意外，不得不当机立断。但是，他还是在奏疏的末尾写道：

"文龙大将，非臣得擅诛，谨席稿待罪。"

崇祯皇帝朱由检号称果于用法，事事强调遵循祖宗之制，将混乱的朝政纳入正常轨道，而他对袁崇焕多少带有轻率、意气用事成份的不符合典制的举动，都采取了实用主义的态度。史书记载，朱由检初次得知毛文龙被杀，感到十分震惊。按其固有的处事习惯，必追究袁崇焕的罪责不可。转而觉得毛文龙已死，不得复生。加上正依靠袁崇焕完成"五年复辽"的壮举，非但不加责备，转用"优旨褒答"。紧接着罗列毛文龙罪过，张榜公布，传文四面八方；其潜伏京师的爪牙，则令有关衙门搜捕。以此安抚袁崇焕。忆起毛文龙上书乞身求代，崇祯皇帝朱由检的挽留和褒奖，其态度的转变何至如此迅速！富有才略的袁崇焕，并没有从中窥探出皇帝与边臣关系的冷漠，反以"优旨褒答"自鸣得意，再次上书指斥说："文龙一匹夫，不法至此，以海外易为乱也。其众合老稚四万七千，妄称十万，且民多，兵不能二万，妄设将领千。今不宜更置帅，即以继盛摄之，于计便。"又请增饷，以防岛兵哗变；改四协为两协，马军十营，步军五营，每年饷银四十二万两，饷米十三万六千石。朱由检尽管对兵马减少而军饷增加颇觉怀疑，因是袁崇焕乞请的缘故，还是特旨批准。他万万没有想到，给予如此支持和信任的皇帝，怎么会突然翻脸，致自己于死地！

五

五月九日深夜亥时，范文程在清宁宫中宫神堂与皇太极商议"量才录用汉族、蒙古族、女真族生员考拔方法"后回到家里，已是五月十日子时，他怕打扰老父范楠的安歇，悄悄地拒绝了家仆送来的夜宵，轻步走进自己的卧室，纳头睡倒，以图迅速人眠，消除日以继夜的疲劳。也许因为深夜议事困过了头，也许因为皇太极在"考拔汉族生员"这个重大决策上与二贝勒阿敏、三贝勒莽古尔泰的斗争太激烈了，也许因为他与贝勒萨哈家中一个名叫宁完我的汉人奴隶的相会相谈太相投、太激动了，睡意反而越来越淡，半个时辰的闭目歇息反而使头脑更加清醒兴奋。他披衣坐起，准备漫步庭院，借着月色的宁静清爽再想想宁完我关于改革朝制的设想，突然一声马嘶在他的门前响起，接着是一阵急促的叩门声和家仆压低声音的询问声、开门声，他急忙整衣着履走出卧室，走进庭院，启心郎索尼站在他的面前拱手说道：

"打扰先生的清梦了，汗王请先生进宫议事。"

范文程惊诧：

"有突变之事发生吗？"

索尼守口如瓶，催促说：

"马车已在门外，请先生登车。"

范文程在索尼的引导下，走进大清门，绕过崇政殿，进入后宫，登上凤凰楼，走进议事厅，他举目一看，在几支烛光照映的桌案旁，坐着身着睡衣的皇太极和一位商人妆束的女真青年。这位青年年约二十多岁，浓眉朗目，呈现着精明机敏，他从来没有看见过，立即产生了一种神秘的警觉。

范文程走近皇太极，未及参拜，就被皇太极挽坐于自己身边，神情凝重地开了口：

"先生两年前预言的'袁崇焕与毛文龙之争'终于爆发了，鄂硕，你详细谈谈！"

范文程眸子一亮，对这位青年刮目相待了：鄂硕，这原是谍工中神出鬼没的鄂硕啊！

鄂硕是从镇江匆匆赶来的，他有礼貌地向范文程请安之后，便详细地禀报了袁崇焕带领参将谢尚政等百名甲兵泛海至双岛的情况；详细禀报了袁崇焕五月三日、四日夜两次与毛文龙宴饮的情状和袁崇焕对毛文龙"为国家尽力"的一拜；详细地禀报了五月五日袁崇焕邀请毛文龙观将士射的阅兵和命令参将谢尚政暗伏于帐外的预谋；详细禀奏了毛文龙与袁崇焕在帐内的争辩和袁崇焕以十二条罪状斩毛文龙于帐下的经过；详细票奏了袁崇焕的善后处理和皮岛将士的反应和现状……

鄂硕的禀报，虽然不是亲眼所见、亲历其事，但谍工的精细和对听闻的广集、细梳、分辨、归纳，仍然能够比较如实地反映出这件事情的始末和要害。

范文程在闭目静听着、思索着。

皇太极听后发出了询问：

"袁崇焕杀斩毛文龙的十二条罪状到底是什么？"

鄂硕流利地回答：

"十二条罪状的前后顺序说法上有些不同，但内容都是相同的。十二条罪状是：祖制大将在外，必命文臣监督，毛文龙专制一方，军马钱粮不受核查，一当斩；人臣之罪，莫大欺君，毛文龙奏报尽欺，罔杀降人难民冒功，二当斩；人臣无将将则无诛，毛文龙素有'牧马登州，取南京如反掌'语，大逆不道，三当斩；每岁饷银数十万，毛文龙不以给兵，月止散米三斗有半，侵盗军粮，四当斩；毛文龙擅开马市于皮岛，私通外番，五当斩；部将数千人，悉冒毛姓，副将以下，滥给礼付，千走卒舆夫，尽金绯，六当斩；毛文龙从宁远还，剽掠商船，自为盗贼，七当斩；毛文龙强取民间女子，不知纪极，部下效尤，人不安室，八当斩；毛文龙驱使难民，远窃人参，不从者则饥死岛上，白骨如莽，九当斩；毛文龙辇金京师，拜魏忠贤为父，塑冕旒像于岛中，十当斩；铁山之败，丧师无算，毛文龙掩败为功，十一当斩；开镇八年，不能复寸土，观望养敌，十二当斩……"

范文程闭目静听着、思索着。

皇太极再询：

"皮岛上的军心如何？"

"袁崇焕杀斩毛文龙的第二天，即以上好棺木收敛毛文龙尸体，并具牲醴祭拜，抚棺痛哭，泪如雨下，祭奠说：'昨天斩将军，乃朝廷大法，今日祭将军，乃僚友私情'。祭毕，分岛上士卒四万七千人为四协，分别由毛文龙之子毛承祚，副将陈继盛，参将徐敷奏，游击刘兴祚率领，以徐继盛代摄岛事。军心惶恐，毛文龙手下的健校悍卒多有怨恨，但惮于袁崇焕的声威，无一人反抗，只有毛文龙帐下的参将孔有德，在皮岛听到毛文龙被杀，带着三百士卒乘船离岛投奔登莱巡抚孙元化去了……"

范文程闭目静听着，思索着。

皇太极三询：

"陈继盛其人如何？"

"陈继盛三十多岁，也是毛文龙的亲信，为人颇有心计，据说在'广招商贾'、'驱民窃参'、'剽掠商船'等事情上，反对过毛文龙，在皮岛军中尚有威信，是不是袁崇焕除掉毛文龙的内应者，现时还说不准。在小人看来，东江镇这四万七千兵马，袁崇焕是不会长久交给陈继盛掌管的，很可能是暂时借陈继盛的声望维系皮岛的军心……"

范文程闭目静听着、思索着。

皇太极不再询问，殷切地叮咛鄂硕：

"你早日回镇江吧。多注意皮岛形势的变化，多注意陈继盛与朝鲜的交往，多注意陈继盛与登莱孔有德的联系。多带些银两去，你自己也要注意安全。"

鄂硕向皇太极即谢告别。

皇太极召来议事厅外的启心郎索尼：

"告诉总管，发给鄂硕白银一万两！"

索尼应诺，陪鄂硕走出议事厅。

范文程似不曾察觉，依然在闭目思索着……

皇太极确实有着帝王罕有的雅量。尽管袁崇焕翦除异己、大权独握，即将发动进攻的严峻局面横在他的面前，他依然身靠椅背，望着桌案上一分一分燃烧淌短的蜡烛，不愿打扰范文程的思索，等待着这位心膂谋臣思索的完成。

皇太极确实有着帝王罕有的对谋臣的信任。尽管此时他不知道范文程的思索已由皮岛驰向宁远，驰向锦州、大凌河、中左、右屯、山海关，驰向长城的龙井关、大安口，驰向北京城，但他信任他的这位心膂谋臣定会拿出一个克敌制胜的方略来。

皇太极确实有着与范文程心息相通的契合。尽管此时他不知道范文程的思索已由袁崇焕的权力扩展驰向袁崇焕的权力招忌，驰向袁崇焕的权力毁身，驰向为袁崇焕布设陷阱，但他知道他的这位心膂谋臣此刻同他一样，都在为对付袁崇焕这个心腹大患而煞费苦心。

宫墙外鼓楼上敲响了四更鼓声，鼓声撞击着凤凰楼上月色朦胧中的画廊绮窗，皇太极似觉范文程的思索已经完成，便和着低沉的更鼓声低声而语：

"范先生，你的梦还没有做完吗？"

范文程在低沉的更鼓声和皇太极低沉的询问声中激灵地睁开眼睛，向皇太极拱手请罪：

"臣有罪，累汗王枯坐四更。赖汗王眷顾，臣的梦做完了。"

"梦中看到什么？"

"臣看到袁崇焕关外防御瓦解，看到袁崇焕仓皇奔往北京，看到袁崇焕身败名裂，看到……"

皇太极笑了：

"先生真在说梦啊！"

"梦要成真，全凭汗王决断了。"

皇太极大喜，移坐靠近范文程，急切地说：

"先生明白，袁崇焕重返辽东，已不再是昔日的宁远道，也不再是昔日的辽东巡抚，而是权力及于蓟州、宁锦、天津、登莱、东江诸镇的兵部尚书兼督师，手中握有二十万兵马，且与崇祯皇帝有"五年为期"收复全辽之约。十个月来，袁崇焕整治军纪，操练兵马，精良器械火炮，修缮城池，调整部署，三层设防，锦州、大凌河、中左、右屯、宁远五城布列，成犄角之势，标志着他'先主守而后动'方略中'主守'的完成。今又亲临双岛，杀掉毛文龙，排除掣肘之患，以便东联朝鲜，西结登莱，形成对我腹背夹击之势，标志着他'先主守而后动'方略中'后动'的开始。先生，袁崇焕发动进攻在即，我将何以应付，就看先生的筹划了。"

"汗王所言极是，臣有两事请示汗王。"

"先生请讲！"

"其一，我八旗十万兵马，以破釜沉舟之志，向明军突然袭击，能一举而攻取锦州、大凌河、中左、右屯、宁远五座城池吗？"

皇太极摇头回答：

"不能。凭坚防守，明军所长，两次攻打宁远不克，说明我军尚无攻坚之力，一举攻克锦州、大凌河、中左、右屯、宁远的设想断不可用。"

"其二，袁崇焕若以二十万兵马分东、西、南三路向我进攻，我以十万精锐野战歼之，能再演'萨尔浒之战'的辉煌吗？"

皇太极摇头回答：

"不能。袁崇焕不是杨镐，不是袁应泰，不是王之臣，他的关外筑城，采取的是站稳脚跟，逐步推进，决不会孤军冒险；他的撤销登莱巡抚一职和杀斩毛文龙，都是为了集权于手，排除掣肘，直接控制各路兵马，畅通军令，故'萨尔浒之战'的辉煌不会再现于袁崇焕的兵马中。"

范文程拱手祝贺：

"汗王英明，知彼知己，已排除一切不智之举，臣大胆进言了。汗王，用兵之道，在于避实就虚，扬长避短，制敌要害。现时，袁崇焕'主守'完成，'后动'在即，与其被动应敌，莫如主动出击，臣请汗王亲率大军，北渡辽河，入蒙古，绕过锦州、宁远、山海关，由长城外走奈曼、敖汉，至喀喇沁，破龙井关、大安口进入长城夺取遵化、蓟州、通州、直逼北京……"

皇太极一下子被范文程这大胆的筹划惊呆了，神情惊讶地望着范文程说不出话来。

范文程捋袖站起，拿来茶杯，指蘸茶水，在桌案上迅速地勾画出一幅长城内外地要简图：

"汗王请看，这是蒙古奈曼部，这是蒙古敖汉部，这是蒙古喀喇沁部，这是长城，这是长城龙井关，这是长城大安口，这是遵化城。大安口在遵化城西北，龙井关在遵化城东北，我军破龙井关、大安口而入，遵化城唾手可得。汗王再看，这是蓟州，距遵化城一百五十余里，纵骑一日可达，这是通州，距蓟州二百余里，纵骑一日一夜可至。我军铁骑若纵横于通州，北京城里的崇祯皇帝还能安坐龙椅吗？"

皇太极惊讶的神情变得有了生气，脖子也亮了起来。

范文程仍在用手指蘸着茶水添补着水印逐渐消失的"长城内外地要简图"的印线：

"汗王，这一着是千里征伐，表面看来十分冒险，但在实际上，却异常安全。去年九月，汗王征抚蒙古，已为这次千里征伐铺设了道路，经过的蒙古奈曼部、敖汉部、喀喇沁部，不仅会为我军提供粮秣，引路作导，还会以兵马参加我军的行动，'联蒙伐明'的策略自然就付诸实施了。我军的兵力，若出动六万，有蒙古兵马参加，就可能达到八万之数。汗王再看，遵化、蓟州、通州三城，靠近北京，地处山海关内数百里，以山海关为屏障，以袁崇焕关外三层防御为屏障，均无重兵驻守，守城明军亦无作战的准备，我军虽深入敌后，但却是进入无设防之区。主动在我，行止在我，进退在我，若此举成功，汗王的威名，将不限于辽东，中原也将闻汗王之名而颤抖……

皇太极的神情变得激越飞扬，连声叫好：

"好，好一个大胆的设想，好一个神奇的筹划，袁崇焕辛苦经营十个月的关外三层防御瓦解了，无用了。好，精妙的启迪，精妙的道理：仗是活的，得活着打啊！先生，你讲，你接着讲！"

范文程的神情也激越起来，仍在用手指蘸水修补着"长城内外地要简图"的印线，大声深化着他的筹划：

"汗王的大军兵临北京城下，崇祯皇帝能不震惊？能不慌神？能不急令袁崇焕回师以解北京之危吗？袁崇焕放虎入关，能不承担纵敌误国之责？能不心急燎地以功补过，能不仓皇回师拱卫北京城吗？只要他回师救援北京，他就失去了主动，他的性命前程就握在汗王手里，汗王或设伏截击，或重兵围攻，或制造流言，或施行反间，文章就由汗王做了。而袁崇焕重返辽东十个月来的自我扩张权力，与我频繁'议'和，特别是亲临双岛杀斩毛文龙，都是可以用做施行反间的话题，都足以引起崇祯皇帝的猜疑。汗王，除掉袁崇焕，报昔日宁远兵败之仇，雪昔日宁远兵败之恨，也许就在此一举……"

皇太极的神情，呈现出从未有过的肃穆坚定和威严，他霍地站起，走向窗口，推开窗扉，眺望着窗外朦胧的月色和远处朦胧月色中努尔哈赤的梓宫沉默着，他宽阔的肩背上似乎跳动着内心的激动。范文程看得清楚，此时皇太极的心绪，已不仅是对此举胜利前景的激越飞扬，而是已注入了昔日宁远兵败、努尔哈赤怀恚而亡的深仇大恨。他不愿看皇太极带着仇恨决断这个关系重大的方略，便提高

嗓音申述保证这个方略实施的几点策略:

"汗王,此举的成败利钝,不仅关系着现在,而且关系着未来,这是汗王首次进军关内,也是汗王未来逐鹿中原的一次演习。为确保此举的万无一失,在策略上,臣有五事禀奏。

"其一,请汗王再次派遣使者,携带书信赴宁远,与袁崇焕再开'议和'。这次'议和',可以低姿态出现,在身份称谓上可自降一格,奉明朝正朔,不用天聪年号,以示对明朝的尊重;在'议和'条款上,以急于'通商贸易'、'输进粮布'为主旨,以我'软弱乞和'、'粮布奇缺'示袁崇焕,以满足袁崇焕'五年为期'收复全辽的雄心,以迎合崇祯皇帝'翘望功成'的心愿。在'议和'中汗王当用双手推袁崇焕于'功业将成'的高峰,然后以'兵临北京'之举把袁崇焕重重摔下,即可收'捧高摔重'之效。

"其二,请汗王派遣使者去蒙古奈曼、敖汉、喀喇沁诸部,传谕汗王借道伐明之意,以示对蒙古诸部贝勒的尊重,并当多带银两,厚其赏赐,以示作为军马过境粮秣之需,借以广布汗王恩德,以巩固汗王去年九月在绰洛郭尔与蒙古诸部贝勒的会盟。

"其三,大军所到之处,当广布汗王谕旨,广贴告示,宣扬汗王爱民之意;申明军纪,做到秋毫无犯,攻取城池之后,切实执行汗王招纳降官降将的政策,待之以诚,置之以职,授之以权,以实际行动传播汗王'不分种族,量才录用'的宽阔胸怀,争取汉族儒生和官员对汗王的拥戴和效命,为建立千秋之业打下一个好基础。

"其四,在大军远征之前,当于辽河以东地区选择战场,重点布兵,选用智勇将领,留下足够精锐兵马,做好野战歼敌的准备,以防大军远征后锦州明军的进犯侵袭,确保辽沈的安全。

"其五，此次征伐明朝，旨在转移辽东被逼之窘，扩大汗王影响，取得大量财物以补充军需，若能在关内某处建立立足据点，则是意外的收获了。

"汗王，臣的心智思虑，仅此而已。如何决断，请汗王深思。"

皇太极仍在凭窗眺望着，低声说道：

"谢谢先生，谢谢先生，我可以告慰父汗怀恚饮恨的英灵了……"他突然转过身来，大声说道：

"先生所谋，精妙神奇，周到细密，但我仍有一事不解……

范文程茫然：

"请汗王谕示。"

"先生以前到过北京城吗？"

"没有。"

"先生游历过长城诸隘口吗？"

"没有。"

皇太极大步行至桌案前，见桌案上范文程用茶水勾画的"长城内外地要简图"已消失无迹，便指桌案询问：

"这幅消失无迹的'地要图'从何而来，是先生凭想象臆造的吗？"

范文程感到高兴，皇太极善用兵，每战之前，对战场上的地形地貌总是亲自察看的，便拱手说道：

"汗王忘了，臣的曾祖范锬曾于明朝嘉靖年间任兵部尚书，在其任职三年间，曾以大部精力修筑长城居庸关至山海关的关隘台墩，曾亲手绘制过一幅《战地要津图志》。"

"此图现在何处？"

范文程跪倒，神情凝重地禀奏：

"此图臣在抚顺城投奔大汗时留交父亲，臣离家之后，家父当即焚毁，但已刻印在臣的脑海里。汗王，臣献给汗王的都是汉族先祖先民的所遗啊！"

皇太极闻声而神情亦为之凝重，双手扶起范文程：

"谢谢先生，谢谢汉族的先民先祖，我骤然间恍悟到先生屡谏'招纳汉官汉将'的深沉用心了，我意已决，依先生的筹划，发兵北京，要搅得袁崇焕身败名裂，要搅得崇祯皇帝日夜不宁，要搅出一个新的局面来……"

凤凰楼议事厅桌案上的蜡烛燃尽熄灭了，朝霞映红了凤凰楼，霞光跳进了议事厅，照映着兴奋激动的皇太极和范文程。

这对君臣又熬过了一个不眠的夜晚。

1629年（明朝崇祯二年，后金天聪三年）十月二日，皇太极依据范文程的筹划，留二贝勒阿敏驻守沈阳，亲自率领范文程、大贝勒代善、三贝勒莽古尔泰、贝勒阿济格、多尔衮、多铎、豪格及六万八旗兵马，绕过袁崇焕的关外防御，以蒙古喀喇沁部台吉布尔噶都为向导，借道蒙古奈曼部、敖汉部、喀喇沁部，悄悄地向千里之外的长城龙井关、大安口进发。由于事先已派遣使者取得蒙古诸部贝勒的拥护，在八旗军进入蒙古之后，蒙古札鲁特部、科尔沁部、奈曼部、敖汉部、巴林部、喀喇沁部都派出兵力加盟随征，征伐明朝的兵马已增至八万，经过二十多天的衔枚疾行，于十月二十四日抵达长城龙井关外的老河。

在老河，皇太极召开了贝勒会议，商定了攻关的战斗部署：以龙井关为主攻方向，由皇太极、代善、莽古尔泰、多尔衮率领左翼四旗和右翼四旗的一部共五万兵马攻打龙井关，由范文程、济尔哈朗、岳托率领右翼四旗的一部和蒙古兵马共三万兵马作为偏师攻打大安口。同时，皇太极发布军令，申明军纪，以约束八旗将领士卒抢掠杀戮成习的传统作风，打出了'安民招抚'的旗帜：

"……朕承仰天命，兴师伐明，拒战者不得

不诛。若归顺者，虽鸡豚勿得侵扰，俘获之人，勿离散其父子夫妇。勿淫人妇女，勿掠人衣服，勿拆庐舍祠宇，勿伐果木。若违令杀降、淫妇女者，斩！毁户舍祠宇、伐果木、掠衣服及离大纛入村落私掠者，鞭一百……

并以蒙古文，汉文发布谕旨，写成告示，准备随军张贴散发，以收揽人心：

"……朕与贝勒等会师征明，志在绥定安辑之也。归降之地土，即我地土，归降之民人，即我民人。凡贝勒大臣，有掠归降地方财物者，杀无赦；擅杀降民者，抵罪！强取民物者，计所取之数倍偿其主……"

十月二十六日深夜亥时，攻关的战斗打响，由阿巴泰、阿济格率领的左翼四旗二万兵马攻打龙井关；由济尔哈朗、岳托率领的右翼四旗一部兵马二万人攻打大安口。因为守关明军将领平日守备松弛，近几日来又对皇太极的悄悄到来一无所知，深夜突遭八旗兵的疯狂袭击，不知敌从何来，敌有多少，将领战守失措，士卒四散逃生，几乎没有进行抵抗。龙井关于二十七日丑时失陷，寅时，皇太极率领三万兵马由龙井关进入长城，乘胜向遵化城进击，四日之内，攻克汉儿庄，斩守城副将易爱；攻占洪山口，斩其守城参将王遵臣；包围三屯营，明守将李丰不战而降；攻取潘家口，明守将金有光后败而降。大安口也于二十七日丑时攻克，范文程、济尔哈朗、岳托率领的三万兵马，乘胜向遵化城进击，四日之内，击败了遵化城派出的二营明军的阻击，连克马兰营、马拦关、石门寨、罗文峪四座城池，明军守城将领皆受招而降。

十月三十日傍晚，八旗军左右两翼兵马会师于遵化城下，皇太极札大营于遵化城东五里处的靠山寨，立即向遵化城四周的迁西、党岭、蓟州方向派出了游骑，并连夜召开贝勒会议，商定攻取遵化城的部署……

　　龙井关、大安口的失陷，八旗军越过长城攻城掠地的消息传至北京，如炸雷轰顶，立即引起了北京城里黎庶商贾的剧烈震动和慌恐不安，使朝廷群臣失魂落魄，使崇祯皇帝意外、震骇和疑惑，他在暴怒中，敕令兵部尚书孙承宗率领京营二万兵马驻守通州，阻击八旗兵进扰京师，敕令大同总兵官满桂、宣府总兵官侯世禄率兵勤王，并急令蓟辽督师袁崇焕挥师入关，保卫京畿。

　　袁崇焕是十月二十九日清晨寅时接到崇祯皇帝敕令的，他全然惊呆了。惊骇于皇太极狡诈的借道入关，恍悟到自己察敌的不明和放虎入关的罪责；惊骇于龙井关、大安口的轻易失守，恍悟到长城诸隘口守备的松弛和京畿兵力的空虚；惊骇于皇帝敕令中的"挥师入关，保卫京畿"，恍悟到皇帝的暴怒和自己"五年为期"之约的破灭。他骤然间失去了应变的镇定和思虑的缜密，仓促决定率领宁锦镇二万兵马和祖大寿驰援京师，为了安慰皇帝焦虑的心境，他立时命令山海关总兵官赵率教率领兵马四千为前锋，奔赴遵化城，确保遵化城的安全，阻止皇太极兵逼京师。

　　十月二十九日午后，山海关总兵官赵率教率领四千精锐铁骑奔向遵化城，日以继夜的奔驰，走完了三百里路程，于十一月一日夜半抵达距离遵化五十里的迁西城，得知遵化城仍巍然屹立，便歇兵打点，以将息士卒，饱其战马，准备一鼓而进入遵化城。他根本没有想到，他的到来已为八旗游骑探知，并迅速禀报了皇太极；他更没有想到，皇太极已采纳了范文程的谏言，停止了即将发起的攻打遵化城的部署，并已集中兵力于遵化城东的十里丘陵地带，为他设置了天罗地网。

　　十一月二日清晨，遵化城东十里丘陵地带是一片初冬的清冷宁静，凛冽的寒风吹拂着丘陵谷壑间疏密有致的各种林木、松柏的青翠，枫树的殷红和柞本的金黄，从迁西

中华藏书

大清十二帝·最新整理珍藏版

中国书店

通向遵化城的官道，在丘陵谷壑间弯曲延伸着，散发着青霜蒸腾的一层寒气，如同一条白练在丘陵间隐现。

官道右侧二里许处一座高耸的丘陵上，现时已成为皇太极居高临下观察敌情、发号施令的指挥场所，六百名侍卫铁骑勒马而立，待命于丘陵背后的谷壑；五十名牛角号兵整齐排列，待命于丘陵背坡；皇太极的侍卫亲兵头目鳌拜，牵着皇太极的坐骑，待命于丘陵上一株矮松下。他们都注目于丘陵顶上皇太极的一举一动。

此时的皇太极，身着深黄色软甲软胄，鲜亮的金黄披肩领托出了他神情的兴奋和激越，他昂首纵目，眺望着官道两侧埋伏着千军万马的丘壑、林木，似乎在检阅着正黄旗、镶黄旗、镶白旗、正红旗、正蓝旗、镶蓝旗的所在，他满意六旗兵马的军纪严明、隐藏无迹，更满意这十里战场的林木有致、谷壑宁静，他确信，只要袁崇焕进入这十里长、四里宽的口袋，在六旗五万兵马的围攻截击下，就是插上翅膀，也是难以逃脱的。

皇太极的身边，站着身着蓝色软甲软胄的范文程，戎装代理了长袍，显露出他身躯的高大英武，他神情凝重地眺望着远方，眺望着官道尽处两座丘陵对峙而立的山口——那是袁崇焕生与死的界门，那是这场伏击战的钥锁，那也是他谋略成败的关键。长时间山口的渺无人迹，使他的目光焦疲，使他的心跳加快，使他的神情更加凝重，就在他心绪不安地要把目光移向皇太极的刹那间，一面旗帜和一队兵马影绰绰地出现在山口，闯入了他的视野，他凝目细眺，是明军的旗帜，是明军的兵马，他禁不住扬手而喊出声来：

"汗王快看，明军人山口了！"

皇太极顺着范文程的指引望去，果然是一队驱马疾行的明军，而且越来越多，越来越明显，也禁不住地喊道：

"是明军！果如先生所料，袁崇焕挥师入关了，我看到了袁崇焕的仓皇回师，我将要看到袁崇焕的身败名裂！"

随着范文程和皇太极狂喜的喊声，身后待命的五十名号手，"唰"地一声跨上战马，举起了牛角号，谷壑里待命的六百名侍卫铁骑，飞身上马，抽出了马刀，丘陵谷壑骤然间腾起了冲杀前特有的紧张和肃穆，等待着皇太极发号施令的右手高高举起，猛力落下。

明军的铁骑已全部进入山口，约有四千兵马，逶迤约二里，因为已在迁西打点歇息，队列整齐，毫无仓皇之状；因为不知身临险境，军容雄壮，毫无惧恐之色；各营的各色旗帜迎风飘展，在十里埋伏中毫无戒备地匆匆行进着。皇太极正要举起右手发出攻击的号令。明军标营将旗上一个斗大的"赵"字闯入他的眼帘，他的神情一下子愣住了：

"这是山海关总兵官赵率教的兵马……"

范文程同时也惊诧出声：

"袁崇焕没有来？……"

在他俩四目相对的刹那间，心头的疑虑似乎在目光中露出，皇太极自语似地询问：

"这是明军的前锋营吧？袁崇焕也许就在后面？"

范文程沉思着，他已排除了这个可能，赵率教以行军队列行进，毫无为主将战斗开路之状，后面不再有兵马了，但他没有回答。

"难道这是偏师？袁崇焕带着主力由滦州、丰润一路去了北京？"

范文程沉思着，他也排除了这个可能，救战救火，滦州、丰润一路至北京比迁西、遵化一路至北京远二百里，袁崇焕不会舍近而求远，但他没有回答。

"难道袁崇焕就根本没有动？"皇太极担心了。

范文程心头一震，他担心的也是这个。袁崇焕生性倔犟，且知用兵之道，若以赵率教的四千兵马对北京作象征性的救援，以宁远何可刚和锦州祖大寿的五万兵马进攻辽沈，迫我撤军以解北京之危，这仗可就难打了；若二贝勒阿敏战守失误，辽沈有失，这祸可就闯大了。他不敢再往下想，也不敢动摇皇太极此时歼灭赵率教的决心，抬头望着已深入伏击圈五里许的明军，急忙拱手禀奏：

"请汗王立即发令，全歼赵率教这部兵马，捕获其将领，则袁崇焕的行踪即可揭晓！"

皇太极猛地举起右手，猛力地挥下，五十名号手立即吹响了牛角号，引起了十里战场丘陵间无数号角的轰响，"呜呜"的号角声震动大地，摇撼林木，廖人心神。在"呜呜"的号角声中，大贝勒代善和三贝勒莽古尔泰各率领五千铁骑从山口左右的丘陵杀出，封死了明军的退路，向明军追杀而来；阿巴泰、岳托率领的一万铁骑迎着明军顺着官道杀来，堵住了明军前进的道路；阿济格、多尔衮、杜度、豪格各率五千铁骑从官道两侧的丘陵谷壑杀出，把明军截为几段，阿济格率领三百亲兵，直扑赵率教的标营。在八旗兵突然展开的凶猛冲杀下，明军四千铁骑不及布阵，仓促应战，赵率教麾下的两员副将、九员参将各自为战，争夺战场上的主动和占据有利地形。双方四万四千精骑在十里战场上进退追逐，马蹄腾起的烟尘弥漫了丘陵谷壑，号角声、马嘶声、呐喊声、厮杀声和刀剑撞击声，托出了战场上特有的悲壮和苍凉。山海关总兵官赵率教在仓促的应战中，仍然保持着清醒的头脑，他已知身陷绝境，但仍图绝处逢生，他从"呜呜"牛角号声的发起，判断出八旗兵主帅的所在，便与中军臧调元率领标营五百精骑，撇开阿济格的纠缠，直向皇太极所在的丘陵扑来，企图用与敌主帅同归于尽的一搏，摆脱被动，寻得突围而出的空隙……

此时的皇太极，从战斗一开始，就居高临下地俯视着战场上的一切。烟尘中那一团团流动厮杀的兵马漩涡，显示着明军四千兵马将被分割吃掉；那一处处倒下的士兵和脱缰的战马，十之九停是身着明军服装；那一阵阵声嘶力竭的呐喊，几乎都是喊着汉语的吼叫；对赵率教率领五百精骑的疯狂扑来，他看得清楚，完全是一种垂死前的冒险和挣扎。遂招来身边的侍卫头目鳌拜，大声吩咐：

"带着侍卫铁骑堵住它，要抓活的!"

鳌拜应诺，飞身上马，带着丘陵谷壑里待命的六百侍卫铁骑，呼啸着挥刀杀出，阻击赵率教的标营于皇太极脚下的丘陵前，五十名牛角号兵也纵马而出，吹响着"呜呜"的牛角号，发出了围歼敌军主帅的号音，阿济格率领的三百亲兵尾追而至，多尔衮、豪格率领的亲兵赶来，在一道道刀剑搏击的闪光中，明军标营五百精骑伤亡殆尽，赵率教被阿济格斩于马下，中军臧调元被鳌拜活捉。

遵化城东的伏击战在不到一个时辰内结束了，十里战场到处是四千明军的尸体和尸体旁空鞍战马伤痕模糊，低首垂鬃的萧萧哀鸣……

山海关总兵官赵率教和四千明军的全军覆没，极大地鼓舞了八旗将领的士气；中军臧调元的被俘和关于袁崇焕图谋行踪的供认，完全解除了皇太极、范文程心头的疑虑和对辽沈形势的担心。于是，皇太极加速了兵临北京的进军：

十一月三日，八旗兵攻克遵化城。

十一月十三日，八旗兵攻克蓟州。

十一月十四日，八旗兵攻克三河。

十一月十五日，八旗兵攻克通州。

十一月十七日，八旗兵进至距离北京仅二十里的城北关，皇太极接到东北方向谍骑的禀报：大同总兵官满桂、宣府总兵官侯世禄各率三万兵马来援，已列阵于德胜门、安定门。同时，东南方向的谍骑禀报：袁崇焕率领二万宁锦铁骑已抵达蓟州。

形势变了，大同、宣府的援兵到了，袁崇焕也匆匆赶来，北京城的守军连同京都九营十万兵马将达到十八万。皇太极不得不慎审对待了。

十一月十七日夜晚，在城北关外的军帐里，皇太极召开了贝勒会议，大贝勒代善、三贝勒莽古尔泰、贝勒阿济格、多尔衮、豪格、济尔哈朗参加，范文程也参予议事，会议采纳了范文程的意见，确定了"侵扰北京，占领永平、迁安、滦州、昌黎作为关内立足点"的战略。在商议破敌之策时，因为努尔哈赤的这些子侄们对袁崇焕有着刻骨的仇恨，便把话题集中到袁崇焕身上。三贝勒莽古尔泰首先开了口：

"没有什么可商议的，既然袁蛮子赶来送死，就先收拾他！"

阿济格也大声附合：

"对！先收拾袁蛮子，报宁远之仇。汗王，只要你发令，我就砍掉袁蛮子的脑袋！"

皇太极十分欣赏莽古尔泰和阿济格因仇恨激发的这种勇气，此时他也需要这种勇气，便微微点头说：

"这一次决不能放过袁崇焕，袁崇焕不除，别说关内永平、迁安、滦州、昌黎的立足点难以建立，就是咱们在关外也难以安生。可现时在北京城下，德胜门、安定门前就有大同、宣府救援的六万兵马盯着咱们，如何收拾袁崇焕，总得有个章法，不然，狡猾的袁崇焕还会溜掉的。"

大贝勒代善看到了皇太极的态度，便说出了自己的想法：

"汗王所虑极是。既然要收拾袁崇焕这个仇人，就不能让他逃掉，我看还是照在遵化城东吃掉赵率教的战法打，袁崇焕现时到了蓟州，蓟州距此地约三百里，他就是马不停蹄也需要两天两夜才能抵达北京，就算他此时已从蓟州出发一天，最早明天晚上才能到达通州。咱们可用二万兵马不停地佯攻北京，牵制着大同总兵满桂和宣府总兵侯世禄的兵马，连夜悄悄用六万兵马在通州设伏，用三打一的优势包围袁崇焕，吃掉袁崇焕！"

莽古尔泰、阿济格、济尔哈朗都为大贝勒代善的想法叫好，都要求调自己的兵马去通州设伏，阿济格因在遵化斩了赵率教，受到奖赏，斗志更旺，此时主动提出由他攻击袁崇焕的标营。皇太极却对这样的战法心存疑虑，尽管在遵化范文程曾有过"重兵围攻"消灭袁崇焕的设想，但今日的形势不同，袁崇焕不是赵率教，能毫无戒备地进入伏击圈吗？二万宁锦铁骑毕竟不是山海关的四千兵马，能以六万兵力一口吃掉吗？再说，通州距北京仅四十里，万一不能一口吞掉袁崇焕，大同、宣府的六万兵马闻讯救援，自己就腹背受敌了。他望着双眉紧皱、一直没有说话的多尔衮询问：

"多尔衮，你有啥想法？"

十七岁的多尔衮展开眉头，沉默片刻，朗声回答：

"我遵从汗王的决断。"

皇太极笑了，他知道多尔衮这巧妙的回答，含有不赞同"通州设伏"之意，便把目光投向默默坐在军帐一角的范文程：

"范先生，该说出你的想法了。"

范文程一直保持着对诸位贝勒的尊重，他抬起头来，拱手向皇太极和各位贝勒致意：

"三贝勒所言极是，这一次咱们决不可放过袁崇焕；大贝勒所想的'通州设伏'，细致周密，足以致袁崇焕于死地。但臣在想，与其咱们斩掉袁崇焕，莫如叫崇祯皇帝杀掉袁崇焕……

诸贝勒一时愣住了。

皇太极兴起，知道范文程要用反间计了，便拱手催促：

"先生请讲!"

范文程拱手说:

"请汗王和各位贝勒深思:我们斩掉袁崇焕,也就成全了袁崇焕的名节,成为明朝的忠烈义士,明朝边官边将会以袁崇焕为榜样,为崇祯皇帝尽忠,咱们的面前将会出现更多的袁崇焕;若崇祯皇帝杀了袁崇焕,袁崇焕将成为叛逆而丧失一切名节,甚至会九族遭诛,今后,明朝就不会有第二个袁崇焕了……"

三贝勒莽古尔泰一声吼叫,打断了范文程的话语:

"扯蛋!袁崇焕千里回师救援北京,是有功之臣,崇祯皇帝疯了,能杀他吗?"

范文程微微一笑,坚定地回答:

"能。"

一个"能"字出口,诸贝勒都睁大眼睛看着范文程,三贝勒莽古尔泰受噎,有些火了,霍地站起,大声喊道:

"能?能个屌!怎么个'能'法,你说我听!"

范文程不急不火,从容谈起:

"二十天来,我军克遵化,夺蓟州,取三河,占通州,扎营城北关,兵临北京城下,明朝皇帝惊恐,群臣慌乱,北京黎庶惧怕遭受兵火之灾,已呈现沸沸扬扬动乱之势。昨日,我潜入北京的谍工禀报:京都怨谤纷起,有关袁崇焕'拥兵纵敌'、'引敌胁和'的言论已成为朝野谈论的主要话题。三贝勒,你若是崇祯皇帝,听到这些言论,对袁崇焕就没有一点猜疑吗?"

三贝勒莽古尔泰语塞。

范文程接着说:

"据赵率教的中军藏调元供称:我军借道蒙古,以天兵降落之势突破龙井关、大安口。明朝崇祯皇帝得知,急下敕令诏袁崇焕回师救援京师,可袁崇焕仅派出山海关总兵官赵率教率四千兵马前往,致使全军覆没,遵化、蓟州、三河、通州相继失陷，京都动摇。三贝勒，你若是崇祯皇帝，对袁崇焕这种诏令不至，仅派四千兵马应付的作法，能不猜疑气愤吗？"

三贝勒莽古尔泰摇头气泄，一屁股坐在板凳上。

范文程声音再起：

"遵化失守至今已半个多月，我军已抵达北京城下，大同、宣府兵马已在德胜门、安定门前布阵，而袁崇焕的兵马现时还在三百里外的蓟州，能不能冲破我军的阻拦进入北京城还没有个准头。三贝勒，你若是崇祯皇帝，对袁崇焕这样的救援北京，心里能不猜疑痛恨吗？"

三贝勒莽古尔泰似乎真在动脑筋了，气嘟嘟地说：

"他妈的！这个袁崇焕还真有些捉摸不透啊，难道真在搞什么'拥兵纵敌'、'引敌胁和'吗？"

贝勒们都被莽古尔泰气嘟嘟地"转弯"逗笑了，大贝勒代善也笑着转了弯：

"听说明朝的崇祯皇帝也是个生性多疑的主儿，若果他能杀掉袁崇焕，当然比咱们死打硬拼杀掉袁崇焕好，起码咱们可少死一些兵马。"

皇太极看到范文程已巧妙地说服了鲁莽的三贝勒和年长的大贝勒，便催促范文程：

"请先生谈谈这步棋的走法。"

范文程拱手禀奏：

"谢汗王和各位贝勒的信任。臣的想法是：既然现时北京城里流传着袁崇焕'拥兵纵敌'、'引敌胁和'的议论，咱们就在这八个字上大做文章，就在这八个字上给袁崇焕上烂药，就在这八个字上给崇祯皇帝添疑添恨。一、请汗王立即发兵包围北京城，并在德胜门、安定门、广渠门发动攻势，给北京城里的黎庶添乱，给崇祯皇帝施压，给即将到来的袁崇焕铺垫解困解危的气氛，像唱大戏一样，敲响开场的锣鼓点，越热闹越好。二、在猛烈攻打北京城的同时，可使我潜入北京城里的谍工，散发几份袁崇焕与我共谋的秘密条款，暗示袁崇焕默许我'借道蒙古'，使袁崇焕的'拥兵纵敌'成为有证之罪，此事谍工们做得越神秘越好。三、袁崇焕的兵马由蓟州、通州入京，多半直抵广渠门，我军围攻广渠门的兵马，可在袁崇焕兵马来到之前，主动撤离，为袁崇焕让道。或即我军阻拦，也当一触即散，以示彼此的默契配合，显露出袁崇焕'引敌胁和'的迹象。同时，汗王可将威胁崇祯皇帝的'议和条款'用箭射向城头，叫崇祯皇帝细细咀嚼。四、前天在通州俘虏的杨姓太监两人，此时已成为无价之宝，通过他俩，可把袁崇焕的'引敌胁和'直接带给崇祯皇帝，请汗王将此二人交臣处理。五、副将高鸿中、鲍承先，机智多谋，聪敏慧辩，且熟悉明朝朝廷情状，请汗王速请此二人至大营，与臣共谋反间之策。以上所奏，请汗王决断。"

贝勒们似乎都听呆了。大贝勒代善睁大眼睛望着范文程，心里暗暗地想着：智斗之妙，胜于战场冲杀，此人的心计不可测啊！三贝勒愣着眼睛望着范文程心里偷偷地骂着：汉人都有一副弯弯肠子，真他妈的狠啊！贝勒多尔衮、阿济格、济尔哈朗、豪格却叫起好来。

皇太极霍地站起，作出了决断：

"先生所奏，朕事事依从。明日拂晓兵围北京城，朕要在兵马厮杀中完成先生的筹划，看袁崇焕身败名裂，看崇祯皇帝自毁干城……"

六

袁崇焕不经请示朝廷，即率祖大寿、何可刚入卫，于十一月十日抵达蓟州。朱由检极为高兴，"温旨褒勉，发帑金犒将士，令尽统诸道援军。"对袁崇焕的信任无以复加。而袁崇焕也为之感动，按照圣旨及其自身的军事才能，将诸路军马，一一布署：以原总兵朱梅、副总兵徐敷奏等守山海关，参将杨春守永平，游击满库守迁安，都司刘振华守建昌，参将邹忠武守丰润，游击蔡裕守玉田、昌平，总兵尤世威仍还镇护诸陵，宣府总兵侯世禄守三河，扼其西下，保定总兵曹鸣雷、辽东总兵祖大寿驻蓟州遏敌，保定总兵刘策还守密云。同时命游击钟宇、中军王应忠、李应元为右翼，继张弘漠而进；中军何可刚、游击靳国臣、赵国忠、孙志远、陈景荣、陈继盛、都司刘抚民为中权，继朱梅而进，祖大寿为后援，继何可刚而进。自率军居中应援。

与此同时，朱由检一片忙乱；阁臣推荐孙承宗，立即批准，令以少师兼太子太师、兵都尚书、中极殿大学士督理兵马，控御东陲，屯驻通州，起家陛见。庶吉士金声推荐草泽之士申甫，立即召见。申甫利口声称知兵，被特授都指挥佥书、副总兵，制造战车；兵部尚书王恰因迟报遵化陷落被逮捕入狱，申用懋升任兵部尚书，庶吉士刘之纶予升任兵部右侍郎，协理戎政，给四万金募兵；就连推荐了申甫的金声，也被提升为御史，监申甫军，给七万金，造车募兵，定赏格以激励将士，等等。如此匆忙而脱离实际的升迁和处罚，究竟于紧急军情有何补益，的确是令人怀疑的。这又一次反映出朱由检的性格特点。

同年十一月十二日，后金兵攻陷石门驿。袁崇焕移营城外，二百余骑后金兵来战，听到大炮之声，纷纷退去，不再露面。次日，袁崇焕侦知后金兵潜越蓟州向西挺进，直逼京师，便紧跟其后追击。后金军一路连陷玉田、三河、香河、顺义等县。十五日，袁崇焕昼夜兼程赶至河西务，准备抵达京师。副总兵周文郁建议："大兵宜趋敌，不宜人都。且敌在通州，我屯张湾，去通十五里，就食于河西务，如敌易则战，敌坚则守。"袁崇焕没有采纳。当时朝廷"命崇焕不得过蓟门一步，盖先有言崇焕勾建虏，而崇焕不知也。"他率兵九千由间道急进，于十六日抵达左安门。当时京师戒严，不能立即人城，时至夜深，才驰奏后金兵逼至城下。京师谣言四起，盛传袁崇焕召敌进京。生性多疑的朱由检不能不为之心动。次日，顺天府尹刘宗周上书说："大小臣工，岂无一人足以当信任者，而以'情面'二字概从猜疑，识者忧之。今日第一宜开示诚心为济难之本，如以不信文臣之故，专付之武臣之手，至文武之途分矣。视举天下无以托国，而曰舍一二内臣无可同患难者，自古未有宦官典兵不误国者，不知危急败亡之日，舍天下士大夫，终不可与共安危。皇上亦以亲内臣之心亲外臣，以重武臣之心重文吏，则太平可致。"朱由检整日为调兵遣将应付后金兵入犯忙得焦头烂额，对刘宗周的言论，不予认真考虑，搁置一边。此时，后金兵又在通州之北二十里扎营，分别向彰义门、天津、密云、居庸关、良乡、固安推进。情势更加危重。尽管他听到城中的流言蜚语而怀疑袁崇焕，但为了战事的需要，仍然赐给袁崇焕玉带和彩币；令兵部尚书李邦华、右侍郎刘之纶料理守御事宜，由宣府总兵侯世禄、大同总兵满桂屯驻德胜门。十九日，后金兵至京城北土城关之东，皇太极率诸贝勒及护军环阅京城，招募逃窜的百姓，纵其人城。然后进兵关厢二里列营进击。侯世禄躲避不战，满桂率军独自迎击，李邦华督兵守城，令城上发大炮协助满桂，误伤满桂军，而满桂亦负伤，被抬进关将军庙休息。袁崇焕令都司戴承恩择地广渠门，祖大寿阵于南，王承胤等阵于西北，袁崇焕阵于西，准备迎击后金兵。日至午时，后金兵马由东南发起攻击，祖大寿等力战，后金兵退却，转而由西面发起攻击，挥刀厮杀，几乎砍中袁崇焕，由于材官袁升及时架格，幸未砍中。袁崇焕挥军合击，后金兵退至浑河，兵马多陷入河冰之中。皇太极轻骑巡视后说："路隘且险，若伤我军士，虽胜不足多矣。"于是决定停止进攻，徙营屯南海子。

东西军攻战稍息之时，朱由检才缓过一点气来，以帝王的尊严，下达诏书，申明法典，言词十分严厉。他说："朕惟蛮夷猾夏，自古有之。雪耻除凶，必借群力。朕奉天御极，思与华夏苍赤共跻乂安。建虏本我命夷，凭恃余恶，恫焉不逞，越辽犯蓟，入我边城。将吏玩法忘戒，致彼蹂躏，谩薄都城。已命六师干掫警备于内，关宁诸兵堵截于外。蠢尔丑类，尚肆咆哮，凡我臣民，共宜蕴愤。乃人卫兵将，自大同、宣府、保定先至，山西续报，至山东、河南、延绥，已经遣调，尚未速赴，迁延日久，扫荡无期，赤子虔刘，朕心何忍！前特诏谕省镇文武官吏，凡督府有建牙之责，即选精锐，整器甲，储粮糗，简授贤将，星驰赴援。近地抚臣，躬提入卫，不拘部调原额。所部人才有智略出众、勇力超群，即随军奏闻。其道将以下及副、参、游各官，有志负吞胡，才优克敌，及废闲将领、家丁可当一部者，抚按验给遣发。京城内外，不论官士军民，能募士出奇，或夜劫营，或焚攻具，论功叙赏，朕无所靳。若奉调兵将，逗留不前，专阃秉钺，坐视阛阓，逮问惩处，有祖宗之法在。"此诏令一下，产生了一定的威慑力，各路援军纷纷向京师集结，已经集结的将士根据督师的指令，不时向后金兵屯住地南海子发动进攻，后金兵渐渐后撤。

十一月二十三日，朱由检在平台召见袁崇焕、满桂、黑云龙及兵部尚书申用懋等。袁崇焕内心深感不安，便将传达圣旨的中使留在营中，"自青衣玄帽入。先张皇敌势耸朝臣，冀成款议。见上亦然。上慰谕久之。崇焕惧上英明，终不敢言款。第力请率兵入城，不许。"受貂裘银盔甲而出。袁崇焕心中的不安更加严重，很不理解皇上为什么不让将士入城休息？为什么对满桂和自己的态度如此不同？二十五日，怀着疑问再次请求"外城休士如满桂例，并请辅臣出援。"仍然不许。袁崇焕为此疑虑重重，而等待他的是更加严重的祸患。

原来，后金皇太极率军驻扎南海子时，曾俘虏了明朝的两位太监，一位叫杨春，一位叫王成德，职任大堤马房提督。皇太极令副将高鸿中、参将鲍承先等监视，并授以反间密计。高鸿中、鲍承先等奉命来到监押两位太监的处所，看到二位太监似睡未睡，便故作耳语说：今日撤兵，乃上计也，顷见单骑向敌，敌有二人来见上，语良久，乃去。意为"袁巡抚有密约，事可立就矣。"当时，杨春并未熟睡，将高鸿中对鲍承先说的话全部记在心里。次日，高鸿中又故意放跑了杨春和王成德。杨春回到朝廷，扬言有重大军情需回奏皇上，朱由检立即召见，杨春便将听到的有关袁崇焕与皇太极勾结之情详细奏报，朱由检信而不疑。

十二月初一日，轻信而刚愎自用的朱由检再次在平台召见袁崇焕、满桂、祖大寿等。当时袁崇焕正派遣副总兵张弘谟等进击后金兵，得知召见议饷，立即赶赴平台。待袁崇焕一到，朱由检就责问为什么杀毛文龙、援兵逗留？因事出突然，袁崇焕毫无思想准备，未能及时答对，朱由检即下令捆绑袁崇焕，交付锦衣卫狱囚禁。阁臣成基命在旁，见皇上如此处置袁崇焕，颇感不安，即叩头请示皇上慎重。朱由检说："慎重即因循，何益！"成基命再次叩头说："兵临城下，非他时比。"朱由检仍不省悟。便遣太监车天祥慰谕辽东将士，命满桂总理各路援兵；节制诸将，马世龙、祖大寿分理辽东兵马。祖大寿见此情景，十分畏惧，担心自己与崇焕一起被杀，便奔出平台，与何可纲率领辽东将士向东开拔，毁山海关，直至宁远。朝野为之震动。

朱由检不仅不听阁臣的规劝，一意孤行，而且再谕各营将师，宣布袁崇焕罪状："袁崇焕自任灭胡，今胡骑直犯都城，震惊宗社。夫关宁兵将，乃朕竭天下财力培养训成，远来入援。崇焕不能布置方略，退懦自保，致胡骑充斥，百姓残伤，言之不胜悼恨。今令总兵满桂总理关宁兵马，与祖大寿、黑云龙督率将士，同心杀敌。各路援兵，俱属提调。仍同马世龙、张弘谟等设奇邀堵，一切机宜，听便宜行事。"又告谕孙承宗说："朕以东事付袁崇焕，乃胡骑狂逞，崇焕身任督师，不先行侦防，致深入内地。虽兼程赴援，又箝制将士，坐视淫掠，功罪难掩，暂解任听勘。祖大寿及何可纲、张弘谟等，血战勇敢可嘉。前在平台面谕，已明令机有别乘，军有妙用。今乃轻信讹言，仓皇惊扰，亟宜憬省自效，或邀贼归路，或直捣巢穴。但奋勇图功，事平谕叙。夫关宁兵将，乃朕竭天下财力培养训成，又卿旧日部曲，可速遣官宣布朕意，仍星驰抵关，便宜安辑。"朱由检如此指责袁崇焕，可谓欲加之罪，何患无辞！

祖大寿东奔，实出无奈。如何安抚祖大寿及辽东兵马，是当务之急。成基命深知袁崇焕曾营救祖大寿于死地，祖大寿为之感恩戴德。因而建议朱由检，在狱中取袁崇焕手书，遣都司贾登科前往招抚祖大寿，孙承宗亦令游击石柱国飞驰安抚辽东兵马。朱由检一一采纳。当祖大寿见到贾登科时，不无委屈地说："麾下卒赴援，冀效劳绩，而城上人群詈为贼，投石击死数人；所遣逻卒，指为间谍而杀之。劳而见罪，是以奔还。"当石柱国追及辽东兵马时，将士持弓相向，痛哭流泪地说："督师既下狱，又将以大炮击毙我军，故至此。"石柱国又往前追大寿，大寿已经远去，才返回京师。孙承宗听取石柱国报告后，即上书朱由检说："大寿危疑已甚，又不肯受满桂节制，因讹言激众东奔，非部下尽欲叛也。当大开生路，曲收众心。辽将多马世龙旧部曲，臣谨用便宜遣马世龙驰谕，其将士必解甲归。大寿不必虑也。"朱由检极为高兴，一一采纳接受。孙承宗以密信谕祖大寿说：立即"上章自列，且立功赎督师罪，而己当代为剖白。"祖大寿答应，以孙承宗之意上书自列。朱由检下达诏书，安慰一番，便命孙承宗移镇山海关。辽东将士得知孙承宗、马世龙前来，纷纷来归。祖大寿之妻左氏也以大义规劝，大寿才敛兵待命。因袁崇焕被逮入狱而引起的辽东将士的愤怒与不安，才稍稍安定。

明朝廷为加强防御和各军的协调，设文武经略，由梁廷栋、满桂充任，各赐尚方剑，分别营于西直门和安定门。

此时的皇太极，以静待机而动。在遣使持书与明朝议和的同时，且猎且行，得知其反间计奏效，袁崇焕被逮入狱，大喜若狂，以为是天赐良机，便挥兵趋良乡，攻克其城，知县党还醇等皆战死，分道攻固安，一战而下。又还军至芦沟桥，副总兵申甫、监军金声，仓猝间招募的新兵数千人，多是市井无赖和游手好闲之徒，未加训练。就是这批新兵，驾驭申甫制造的所谓战车，守卫芦沟桥。后金兵绕出其后，驾驭战车的新兵惶惧不已，连战车也无法转动，遂被后金全部歼灭，申甫也在战斗中死去。后金兵乘胜抵达京师永定门外。满桂正屯驻在宣武门瓮城内，称敌劲援寡，未可轻战。可是，朱由检令中使一再督催，满桂不得已，挥泪而出，与孙祖寿率五千人在永定门外二里许扎营，列栅置炮，以待后金兵。十七日黎明，后金兵发起进攻，自辰至酉，大小十余战，满桂身先士卒，骁勇无比，因众寡悬殊，明朝将士力不能支，节节败退。满桂箭创骤发，坠马而死；副将孙祖寿及参将周旗等三十余人战死；总兵官黑云龙、麻登云等被擒，投降后金。京师臣民为之惊惧不安。

后金各将帅以明朝将死兵败，争相请求皇太极下令攻城，皇太极颇有城府地笑着说："城中痴儿，取之若反掌耳。但其疆圉（域）尚强，非旦夕可溃者，得之易，守之难，不若简兵练旅，以待天命可也。"于是，遣使致书崇祯皇帝朱由检，重申议和之意，然后解京师之围，向房山，谒金太祖陵，一路劫掠东去，攻陷遵化四城，振旅而归。

朱由检对皇太极议和的意向，根本不予考虑，仍以其天朝大国的姿态，发布诏令，处理政务，尤其是各路兵马败报频繁传来之时，既忧且恨，不临朝听政，只是传旨办理布束，令百官献马。顺天府尹刘宗周觉得"是必有以迁幸动上者。"便上书说："国势强弱，视人心安危。乞陛下出御皇极门，延见百僚，明言宗庙山陵在此，固守外无他计。"俯伏待报，从清晨直至日暮，得以采纳后才予退去。

作为一位封建帝王，必须遇事冷静，处理妥当。否则，其后果严重，不堪设想。朱由检在大敌当前，兵临城下之时，恰恰犯了失于冷静的错误。加上过于自负和轻信，使阉党余孽得以趁机而起，以售其奸。

监察御史高捷、史𡘋，本是阉党王永光竭力推荐才被起用的，时为阁臣的钱龙锡所反对。高捷、史𡘋即行报复，上书说："袁崇焕罪案已明，臣不必言。独发纵指示之钱龙锡，不胜伤心之痛。前逮袁崇焕时，大寿口不称冤，两日后飏去，此非龙锡、崇焕挑激之哉！崇焕之杀毛文龙也，龙锡密语手书不一；崇焕疏有'低回私商'之语，可复按也。又崇焕与王洽书，言建房屡欲求款，庙堂之上，主张已有其人。"又说："文龙能协心一意，自当无嫌无猜，否则斩其首。崇焕效提刀之力，龙锡发推刃之谋。宜今日龙锡皱眉疾首，不得不作同舟之救也。"朱由检不知是真心，抑或假意？针对高捷、史𡘋的奏疏批道："辅臣佐理忠顺，岂有是事！"钱龙锡也上书抗辨。高捷、史𡘋再上书攻击，朱由检为之心动。钱龙锡奏辩，同时以身有疾病，请求致仕。朱由检批准。由于当时军情危急，未有时间判处袁崇焕，只好将其拘押在狱中。

因钱龙锡致仕归里，朱由检命礼部右侍郎周延儒为礼部尚书兼东阁大学士，入直文渊阁，参与机密重务。此人天性警敏，善于揣摸皇上意旨，得深信任。不久，朱由检令何如宠、钱象坤，并为礼部尚书兼东阁大学士，入直文渊阁。夜漏二十刻，二人呈进辞表，朱由检不准，下旨令其立即入阁办事。与此同时，又因满桂战殁，任命马世隆为武经略，总理援军，与梁廷栋共同筹划击敌之策。然而，朝廷内部的争斗仍未止息。崇祯三年（1630年）正月，由输赀而进的中书舍人加尚宝卿的原抱奇，继高捷、史䰵攻击钱龙锡之后，也上书弹劾内阁首辅韩爌："主颖误国，招寇欺君，郡邑残破，宗社贻危，不能设一策，拔一人，坐视成败，以人国侥幸，宜与龙锡并罢。"所说的韩爌"主款"，因其系袁崇焕的"座主"。朱由检"重去爌，贬抱奇秩。"不久，曾被韩爌录取的进士、现任左庶子的丁进及工部主事李逢申，由于未能按期升迁，对韩爌心怀怨恨，也上书弹劾。韩爌深感朝政败坏，难以有所作为，便连续三次上疏，乞求致仕还家。朱由检不分清红皂白地予以批准，诏赐白金采币，由行人孔闻护行，乘驿传车马归里。二月，都察院左都御史曹于汴，被阉党余孽史䰵、高捷等弹劾而归；三月，继韩爌而为内阁首辅的李标，虽能"随事匡益，然是时方争门户，上亦深疑廷臣有党"，便连续五次上书乞休而去。

经过朱由检的一番处置，阉党余孽在朝廷政局中的势力渐渐扩大和增强。尤其是钱龙锡、韩爌、李标等先后被陷害攻击，不安其位而告老还乡，朝政被周延儒等人把持，朱由检自然而然地受其左右，虽想振作，但终难一展宏图。近在眼前的后金皇太极的入侵和劫掠，也仅有招架之功而无还手之力。请看下列史实：

良乡之战。皇太极率兵至良乡，恰遇山西巡抚耿如杞率兵入援。由于驻防之地屡次变更，三天不得军饷，便四出抢掠。后金兵乘机进击，耿如杞全军溃败，纷纷逃散，投奔晋、秦李自成起义军。耿如杞被下狱论死。后金兵继续攻城掠县，进至张家湾，守备房可家逃遁；攻克香河，知县任光裕战死；陷三河，攻宝坻，知县史应聘死守；再陷玉田，知县杨初芳投降。

永平之战。崇祯三年（1620年）正月初一日，皇太极率十旗兵至永平，环城立营，备具攀援进攻，施放火炮毒箭，北城楼中炮起火，后金兵乘势登城，永平城陷。兵备副使郑国昌、知府张凤奇、推官虞成功、卢龙，教谕赵允植、副总兵焦延庆、中军程应琦、东胜卫指挥张国翰、守备赵国忠等力战而死。皇太极率兵入城，分掠周围郡县，攻克滦州，知州杨濂自杀；攻抚宁，四日不下；转击昌黎，知县左应选、守备石柱合力拒战后金兵久攻无功，再回永平。皇太极改变策略，遣使致书祖大寿议和，被驻守山海关的孙承宗斩杀，并遣将设伏诱击后金兵，多有斩获，从而影响了各路援军的士气，敢于与后金兵交战。

遵化之战。从庶吉士越级升至兵部右侍郎的刘之纶，受命视师，率新募万人，分为八营，前往通州，通州守臣不许入城，便越过通州向东而进。此时，后金兵已由通州而渡，克香河，拔永平、迁安、滦州，屯驻三屯营，分兵守濮儿庄，方起程进发，而刘之纶便出蓟州，遣别将吴应龙等从间道规取罗文裕关，自率八营兵抵达遵化，列阵城外。后金兵出击，连破刘之纶二营，其余六营仍不撤退。皇太极得知，即在三屯营整兵，率三万兵马西进突阵，炮矢齐发，刘之纶军大溃。皇太极从俘虏的兵卒供词中得知刘之纶驻守娘娘庙山，即下令："可生缚之纶来。"后金兵围山，招降刘之纶，刘之纶不从，纵军进击。刘之纶发炮，炮炸军营，不战自乱。左右将领请求结阵慢慢撤退，刘之纶痛斥："毋多言！吾受国重恩，吾死耳！"鸣金再战，流矢四集。刘之纶解所佩印信交付家人转呈朝廷，自身遁匿石岩中，被后金总兵官射杀。八营兵溃败其七，一营乘夜逃跑。

崇祯三年（1630年）三月二日，皇太极率部将从迁安县东北的冷口返回沈阳。不久，派遣大贝勒阿敏、贝勒硕托率五千兵马前去换防，驻守永平、滦州、迁安、遵化。五月初一日，孙承宗以收复失地誓师，并确定先复滦州。派兵遣将，分守布防，待机合兵进攻。初十日，孙承宗率兵抵达滦州城下，十二日一举攻克；十三日收复迁安；十四日收复永平；次日合兵收复遵化，后金兵开北门逃回沈阳。孙承宗抚慰士民，仍回山海关驻守。在后金主力逐步撤退之际，明廷枢臣孙承宗旬日间收复四城，被称作"遵永大捷"。然而，比起宁远、宁锦大捷来，有着极大的差别。计六奇在《明季北略》中对皇太极率兵入侵的"己巳之变"评论说："己巳之役，北兵所向，而城先空者，良乡、滦州、香河、固安、张湾也；有城先空而兵不入者，如霸州、三屯也；有先降数日而兵始至者，玉田、迁安也；有兵将先降而知守不知者，遵化、永平也；有虚张声势而兵不敢犯者，昌平、涿州也；有受降旗，兵过而不取者，顺义也；有兵留而不攻，迹在若守若顺者，房山也；有兵至而顺，兵去而守，以援兵至而免者，乐亭、抚宁也。总由人心不固至此！"说明明军无斗志，民心不稳。同时，朱由检只是一味地运用皇帝的无尚权力，生杀予夺，果断而又坚决，可是不重视而且不懂得军事部署。尽管有兵部调兵布防，户部组织输送军饷，工部制造器械、大炮，等等。但其疏于此道，对其失误也难逃其责："敌骑内犯半月也，诸臣所料理，如通州津要，昌平山陵，人人皆知其必犯，而不见布置之方；遵化之南有丰润，稍北平谷，皆属间道，未闻奇伏；侦骑不下三百，而敌之多寡杳然，则司马之责也。各援将如云如雨，日费本色数千金，今果沛然有余乎？不即求接济，则司农之责也。最急莫如火炮，而铅石滚木等或缺或少，则司空之责也。"尤其是逮捕袁崇焕下狱，不仅涣散了军心，影响了士气，而且深刻地反映出朱由检轻信、猜疑和刚愎自用。

事物的发展并没有就此止步。以天朝大国自居，且又一心想成为中兴之主的朱由检，在他即皇帝位将近两年之际，就被"本我命夷"的后金皇太极，率兵人塞，长驱直入，如入无人之境，直逼京师，兵临城下；又不受阻拦地饱掠而去。朱由检无论如何也不愿意承认这个事实，更不愿为此承担责任。为保护其尊严及皇帝处理政务的无误，只有将一切罪责归之于袁崇焕，便是极好的办法。于是，在崇祯三年（1630 年）八月十六日，朱由检来到暖阁，先召见辅臣成基命等人人对，很久之后，才出御平台，召文武诸臣一起入见。朱由检告谕道："袁崇焕付托不效，专事欺隐。市粟谋款，纵敌不战，散遣援兵，潜携喇嘛僧入城，卿等已知之。今法司罪案云何？"诸臣顿首唯命。朱由检接着说："依律磔之。家属岁十六以上斩，十五岁以下给功臣家为奴。今特流其妻、子、兄、弟，余不问。"辅臣顿首谢，朱由检问诸臣"更何言？"辅臣说："其罪不宥。"同时戒谕群臣"洗心涤虑，毋仍前欺罔。"最后下达圣谕说："袁崇焕谋叛欺君，结奸蠹国。斩帅以践房约，市米以资盗粮。既用束酋，阳导入犯，复散援师，明拟长驱，及戎马在郊，顿兵观望，暗藏夷使，坚请入城，意欲何为？致庙社震惊，生灵涂炭，神人共忿。"遂命刑部侍郎涂国鼎监决，将袁崇焕磔于西市，结束了他叱咤风云的短暂人生。

与此同时朱由检下令逮捕致仕阁臣钱龙锡。此事之起，仍是御史史蝗上书的结果。他说："龙锡主张崇焕斩帅致兵，倡为和议，以信五年成功之说。卖国欺君，莫此为甚。其出都时以崇焕所畀重贿数万，转寄姻家，巧为营斡，致国法不伸。"朱由检大怒，令刑官五日内结案，斥责钱龙锡"私结边臣，蒙隐不举，"令廷臣议罪。于是，廷臣在府中商议认为，"斩帅虽龙锡启端，而两书有'处置慎重'语，意不在擅杀。至议和倡自崇焕，龙锡亦未之许。然军国大事，私有商度，不抗疏发奸，何所逃罪。"十二月逮至京师，关押狱中。

有史料记载袁崇焕死得极其惨烈，受朝廷制造舆论影响的京师居民对袁崇焕"召敌"、"献地讲和"恨之入骨。袁崇焕被磔时，百姓"争啖其肉，皮骨已尽，心肺之间叫声不绝，半日而止，所谓活剐者也。"亲自目睹其惨状的夏复苏说："昔在都中，见磔袁崇焕时，百姓将银一钱，买肉一块，如手指大，啖之。食时必骂一声，须臾，崇焕肉悉卖尽。"朱由检作为明朝的末代皇帝，为了推御罪责与发泄怒气，竟对袁崇焕这样一位有胆略、有才干、率师勤王的有功之臣如此残忍，不能不令人感到可叹可悲。更可悲的是封建朝廷统治下的百姓，深受朱由检的舆论蒙蔽，以至到难以自拔的地步。痛骂袁崇焕，食其肉，喝其血，表现得那么真诚。应该说在当时骂也有理，恨也有理。如果这些百姓中，有人能活得长久一些，得知袁崇焕所谓的"召敌"、"献地议和"，是清太宗皇太极施行的反间计，是无能而自负、轻信而蛮横的末代皇帝朱由检坠入彀中、冤杀了袁崇焕的真相后，该作何感想呢？是恨自己的无知，抑或恨皇帝的欺骗？还是因朱由检已经死去来不及追究他们痛骂袁崇焕、喝其血、食其肉的罪责而庆幸？

对任何事物，都需要经过一段时间、保持一段距离才能看得真切，或者说旁观者才能冷静地分析而得出较为符合实际的结论。就朱由检冤杀袁崇焕一事而言，《御定资治通鉴纲目三编·发明》评论说："袁崇焕在边臣中尚有胆略，其率兵勤王实属有功无罪。庄烈始则甚喜其至，倚若长城。一闻杨太监之言，不审虚实，即下崇焕于狱，寻至碟死。是直不知用间愚敌为兵家作用，古今来被给而偾厥事者，指不胜屈，未有若庄憨此举之甚者。至祖大寿拥众东走，追而不返，且出怨言，甚至将士以弓刀相向。此其叛迹显然。向非孙承宗调度有方，岂能敛兵待命，而转以优诏报之。崇焕非叛而坐以大逆；大寿实叛而褒以玺书。刑章颠倒，国法何存！岂惟不知将将之道，抑亦大失御下之方矣！"此论可谓一针见血，入木三分，道出了朱由检冤杀袁崇焕的严重过失。

<h1 style="text-align:center">七</h1>

己巳之变，给明朝的打击是沉重的。不仅暴露了布防空虚和兵力单薄的缺点，而且反映出朝政的破败。皇太极率兵进击和四出劫掠，更使明朝损兵折将，经济枯竭。尤其是朱由检冤杀袁崇焕，辽兵辽将人人自危，纷纷投奔后金以自保，对明廷说来，犹如霜雪并施。然而，享有至高无尚权力的崇祯皇帝朱由检并没有以积极的态度从中吸取教训，反省自己的决策是否允当，反而嫁祸于边臣，以至于对文武百官心怀疑忌，信任宦官，给奸佞之徒以可乘之隙。温体仁的入阁及阉党余孽的死灰复燃，导致朝政日渐混乱和黑暗，朱由检被其左右而不自知。尽管任用枢臣孙承宗督师辽东，加强防御，重整边备，但仍于事无补，并未从根本上阻遏后金皇太极的再次入侵。

孙承宗被朱由检召入京师，仍为阁臣、兵部尚书，督理山海关内外军事事务。趁后金皇太极饱掠撤军之机，收复遵化、永平、滦州、迁安四城，受到朝廷封爵进秩的奖赏。后孙承宗出关东巡，由前屯、宁远抵达松山、锦州；再由三道关历经石门、燕河、偏关三协十二道。最后由石塘路过平谷，途经盘山，进入蓟州而还京师。条上边事说：先任封疆大臣，精择八部大帅，分别战守，蓟镇备守，辽镇备战，合蓟辽战守，防御插汉，收复城池等。朱由检极为赞赏，一一采纳。于是开始修筑大凌河城。

本来，左屯、大凌河二城，孙承宗在以前出任督师时，已经设兵城守。后高第替代，尽撤戍守的兵士器械，右屯、大凌河二城便成为残垣断壁、破败不堪。至崇祯四年（1631年）初，辽东巡抚丘禾嘉，准备复取广宁、义州、右屯三城。孙承宗说，广宁道途遥远，应当先据右屯，修筑大凌河城，渐次向前推进。遂即付诸实施。命总兵官祖大寿、副将何可纲率兵四千，驻守其地，调班军一万四千人修筑其城。此事原由兵部尚书梁廷栋主持，由于梁廷栋罢官，引起非议，认为大凌城荒远，不应当修筑，调班军赴蓟镇，并斥责巡抚、镇守"矫举"，令其回奏。丘禾嘉畏惧，将戍守兵士全部撤回，只留一万名班军负责运送粮饷，戍守其地。孙承宗说："且未撤兵，敌至而战，上策也；据见粮以守，中策也；委空城疲敌，下策也。"由于边臣与朝廷意见不合，致使孙承宗加强边备，布兵设防的计划，难以实现。"

崇祯皇帝朱由检中皇太极的反间计，先将袁崇焕逮捕入狱，再处以极刑，磔于西市。以此连及阁臣钱龙锡、韩爌，相继致仕家居，代韩爌为首辅的李标也不安其位，辞官而去。周延儒进为内阁首辅。不久，曾在朱由检继位之初会推阁臣中受挫的温体仁，本系奸佞之徒，"为人外曲谨而中猛鸷，机深刺骨"，言官纷纷上书弹劾。然而朱由检却认为"体仁孤立，益向之。"加上周延儒的竭力支持，被任命为礼部尚书兼东阁大学士，入直内阁，参预机务。

温体仁既已入阁，与周延儒共同辅佐朝政，其势力日益扩大。当吏部尚书王永光去位，即荐其乡人闵洪学代替其职，凡是异己的官员，都以部议论劾罢免，而自己在暗中维护其事。又用御史史䔄、高捷及侍郎唐世济、副都御史张捷等为腹心，整天以"倾正人，庇宵小"为务。因其

"荷帝殊宠，益忮横，而中阻深。所欲推荐，阴令人发端，己承其后；欲排陷，故为宽假，中上所忌，激使自怒。帝往往为之疑，初未尝有迹。"他对首辅周延儒，也是"阳曲谨媚"，而"阴欲夺其位"，蒙懂的周延儒毫无法觉察。后来温休仁想起用逆案中的王之臣、吕纯如等。有人告诉周延儒："彼将翻逆案，而外归咎于公。"周延儒为之震惊。当朱由检以王之臣是否起用询问时，周延儒回答说："用之臣，亦可雪崔呈秀矣。"朱由检省悟而止。温体仁由此更加怨恨并竭力倾轧周延儒。后来借助宦官王坤及言官陈赞化之力，排陷周延儒去位，温体仁取首辅之位而代之。自此之后，明朝的朝政日益昏暗。对此，职方员外郎华允诚十分愤怒，疏陈三大可惜、四大可忧，特录于此，其中所揭示的情况，可窥全貌。

华允诚在奏疏中揭露说："当事借陛下刚严，而佐以舞文击断之术；倚陛下综核，而骋其讼逋握算之能。遂使和恒之世竟尚刑名，清明之躬寝成丛脞。以圣主图治之盛心，为诸臣斗智之捷径。可惜一。帅属大僚，惊魂于回奏认罪；封驳重臣，奔命于接本守科。遂使直指风裁徒征事件；长吏考课唯问钱粮。以多士靖共之精神，为案牍钩校之能事。可惜二。庙堂不以人心为忧，政府不以人才为重。四方渐成土崩瓦解之形，诸臣但有角户分门之念。意见互鬨，议论滋扰。遂使剿抚等于筑舍，用舍有若举碁。以兴邦启圣之岁时，为即聋从昧之举动。可惜三。人主所以总一天下者，法令也。王化贞、杨镐之丧师误国，厥罪惟均，陛下申明三尺，肆镐市朝以惩封疆大吏。化贞恃有奥援，独稽显戮。遂使刑罚不中，铁钺无威。一可忧也。国家所恃以为元气者，公论也。直言敢谏之士，一鸣辄斥；指佞荐贤之章，目为奸党，不惟不用其言，并锢其人，又加之罪，遂使暗默求容，是非共蔽。二可忧也。国家所赖以防维者，廉耻也。近者中使一遣，妄自尊大，群僚趋走，惟恐后时。陛下不以近臣可倚，而不知幸窦已开；以操纵惟吾，而不知屈辱士大夫已甚。遂使阿谀成风，羞恶尽丧。三可忧也。国家所藉以进贤退不肖者，铨衡也。我朝罢丞相，以用人之权归之吏部，阁臣不得浸焉。今次辅温体仁与冢臣闵洪学，同邑朋比，惟异己之驱除。阁臣兼操吏部之权，吏部唯阿阁臣之意，造门请命，夜以为常。黜陟大柄，只供报复之私。甚至庇同乡，则逆党公然保举，而白简反为罪案；排正类则讲官借题逼逐，而荐剡遂作爱书。欺莫大于此矣，擅莫专于此矣，党莫固于此矣。遂使威福下移，举措倒置。四可忧也。"朱由检责其有人在背后指使，华允诚又上书说："体仁生平，綷臂涂颜，廉隅扫地。陛下排众议而用之，以其悻直寡谐，岂知包藏祸心，阴肆其毒。又如洪学者，为之羽翼，遍植私人，戕尽善类，无一人敢犯其锋者，臣复受何人指使？"朱由检宠信温体仁，受其迷惑而不知，再令华允诚详细陈述。华允诚说："温体仁、闵洪学二人朋比，举朝共知。温体仁不识一丁，以家赀而首拔。邓英以论沈演而谪，罗喻义以'左右非人'一语而逐。此非事之章明较著者乎？"朱由检仍不省悟，罚华允诚俸禄半年。虽然在此后不久，罢了闵洪学的官，但温体仁以其柔佞之技，曲意迎合，朱由检信任不疑。如此辅臣，能使朝政清明，实为无根之言。其昏暗与败坏，可想而知。

崇祯皇帝朱由检继位之后，就面临着极为险恶的军事形势：中原有日益状大的农民起义军；西南有少数民族奢崇明、安邦彦的反抗；东北有虎视眈眈的后金兵；东南有出没于沿海的倭寇。为应付内外交迫的时局，崇祯皇帝朱由检便以强兵之名，肆意加派赋税，致使社会经济日益凋敝。时任户部尚书的毕自严，"以度支大绌，请核逋赋，督屯田，严考成，沉冗卒，停蓟、密、昌、平四镇新增盐菜银二十二万，俱报可。"但仍未解决兵士粮饷问题。崇祯二年（1629 年）三月，毕自严上书说："诸边年例，自辽饷外，为银三百二十七万八千有奇。今蓟、密诸镇节省三十三万，尚应二百九十四万八千。统计京边岁入之数，田赋百六十九万二千，盐课百一十万三千，关税十六万一千，杂税十万三千，事例约二十万，凡三百二十六万五千有奇。而逋负相沿，所入不满二百万，即尽充边饷，尚无赢余。乃京支杂项八十四万，辽东提塘三十余万，蓟、镇抚赏十四万，辽东旧饷改新饷二十万，出浮于入，已一百十三万六千。况内供召买，宣、大抚赏及一切不时之需，又有出常额外者。乞敕下廷臣，各陈所见。"据诸臣计议，毕自严经过筛选整理，开列十二事："增盐引，议鼓铸，括杂税，核隐田，税寺产，核牙行，停修仓廒，止葺公署，南马协济，崇文铺税，京运拨兑，板木折价。"不久，又开列十二事："增关税，损公费，鬻生祠，酌市税，汰冗役，核虚冒，加抵赎，班军折银，吏胥纳班，河滨滩荡，京东水田，殿工冠带。"朱由检亦批准施行。事实上，依据上述统计，除辽饷之外，即就是把全国收入无一遗漏地充作兵饷，也还相差三分之一，从而形成恶性循环，每况愈下。尤其是后金兵的入侵，为了应急，决定在蓟州、通州、昌平三镇增兵五万余，每年估计需银一百一十五万两。兵饷一事，只有依靠加派。

崇祯三年（1630 年）末，兵部尚书梁廷栋上书说："今日闾左虽穷，然不穷于辽饷。一岁之中，阴为加派者，不知其数。如朝觐、考满、行取、推升，少者费五六千金。合海内计之，国家选一番守令，天下加派数百万、巡按查盘、访缉、馈遗、谢荐，多者至二三万金，合天下计之，国家遣一番巡方，天下加派百余万。而曰民穷于辽饷何也？臣考九边额设兵饷，兵不过五十万，饷不过千五百三十余万，何忧不足。故今日民穷之故，惟在官贪。使贪风不除，即不加派，民愁苦自若；使贪风一息，即再加派，民欢忻亦自若。"朱由检很赞赏梁廷栋的见解，交户部商议。尚书毕自严，深知收支状况及百姓因穷困而拖欠赋税的实情，不能坚持己见，便说："今日之策，无逾加派，请亩加九厘之外，再增三厘。"于是朱由检以此事告谕百官说："向缘东事倥偬，屡亩增赋，鬌寝无日，久轸朕怀。乃迩来边患靡宁，军兴益急。户部谘奏再三，请于每亩除见加九厘外，仍再征银三厘，前后共银一分二厘。惟北直保、河六府，向议免征，今量行每亩加征六厘。前项俱作辽饷，事平即行停止。朕因廷议既协，权宜允从。凡我百姓，各有同仇之志，能无好义之思！其有则壤不等，法项变通者，或照粮数议增，但期无失本额；又或委系灾疫，且经兵扰，势难加赋者，抚按据实奏明，取旨裁夺。"此次加派，共计为一百六十五万有奇，连同原来的亩加九厘，共增六百八十余万。"天下益耗"，"海内共咨怨。"

固然，梁廷栋所说的"民穷起于贪官"，不失为一种较为深刻的见解。但是，贪官未曾严惩，而主张加派，不是给贪官以贪污的机会么？结果只能使穷困的百姓更加穷困，何有"欢忻"可言！疫之后，元气已竭尽无遗，百姓的穷困潦倒，无以复加，挣扎在死亡线上。朱由检不考虑如何去赈济安抚，却商议如何增饷加派；不考虑寇盗的势力日益扩大，是由于贫苦的百姓为了活命才揭竿而起的结果；外族的入侵也是国力日衰所致。贫苦的百姓未得到相应的赈济、安抚，而一味加赋，必然使百姓难以维持生计；难以维持生计的百姓，不去另谋出路，还能有什么别的选择！这是一个十分浅显的道理。然而，朱由检对此置若罔闻，仍将"再增三厘"的加派，告谕中外，结果不仅于事无补，而且到了借口医疮而无肉可剜的地步。还应当指出的是，梁廷栋关于加派的请求，是受到朱由检的赞赏而交付户部商议的，户部深知朱由检的威严，不敢怠慢，更不敢如实地报告百姓的穷困状况予以驳回。可是，朱由检的告谕，却说成是"户部诿奏再三"，才"权宜允从"的。似乎是要告诉人们，加派之事，不是皇帝所希望的，而是户部的意见，且再三奏请，他不得不予以允从。在文字表述上，做得冠冕堂皇，变主动为被动，是千百年来封建帝王惯于玩弄的技俩，目的在于事情成功，功在皇帝；一旦失败，抑或有所失误，罪在他人。使自己永远正确、无误，立于不败之地。

事实上，朱由检关于加派的告谕下达之后，言官和地方长官纷纷上书指出加派的不妥和将会引起的严重后果。崇祯四年（1631 年）正月，刑科给事中吴执御就上疏指出："近见户部覆疏有曰'今日生财，无逾加派'一事，是凭臆而作谬语，专以贼民而生财矣。"监察御史袁继咸上书指出："加派之议起，即有可虑者五事，而火耗科索不预焉。一则贫民不支，一则灾浸频仍，一则有司并征，以至流离转徙、盗贼丛生。"户科给事中朱文焕也说"加派三厘为利小而为害大，亟亟蠲之，方慰云霓之望。"吴执御再次上书说，理财急务，不能暂为苟且，"惟灼知财之源在于民，而理财必先治民，不先为蹙民之事。"兵科给事中刘懋，在加派施行之后，即上书陈述家乡陕西临潼百姓的苦楚。他说："尝考皇祖中年，臣乡条编之税，每重不过五分，是以民间宽然有余，家有盖藏，人知廉耻，虽遇荒而不死，虽饥死而不叛。嗣后岁岁有加派，今年加二厘，明年加三厘，因事而派，事已而派不去，日加一日，则日重一日，迄今则每亩八分三厘，连加耗科索，则每亩一钱余矣。计地一顷，条编一十余两。夫一顷所出，除人工食用为，岂能办银十余两乎？是以富者不得不贫，贫者不得不逃。粮欠盗聚。"此类奏疏颇多，朱由检就是充耳不闻，更好地从另一侧面说明朱由检刻于理财，置百姓死活于不顾。非但如此，随着军事形势的发展，强兵之说尤其盛行，加派的诏令不时下达，如崇祯八年（1635年），朱由检令每亩概征一钱；十年（1637年）议增兵十二万，增饷二百四十八万；一年之后，因增饷未收到预期效果，改征其半；十二年（1639年）再征练饷七百三十万两。先后加派累计为二千余万两。

在正常的田亩租赋不能按时交纳的情况下，加上接连不断的加派，拖欠现象就更加严重，朝廷又遣官催征，敲剥不已。促使了社会矛盾的激化。借加派企图增兵，进而提高战斗力，亦收效甚微，相反，因缺饷导致士卒诽变却屡见不鲜。当时就有言官指斥道："九边自有额饷，概予新饷，则旧者安归？边兵益虚额，今指为实数，饷尽虚糜而练数仍不足。况兵以分防不能常聚，故有抽练之议，抽练而其余遂不问。又所谓抽练者仍属虚文，边防愈益弱。至州县民兵，益无实，徒糜厚饷。"再加上朱由检"日贷之勋臣，日贷之戚畹，日贷之内珰。天下视之，真谓帑藏如洗矣。"加派的结果，成为"小民卖儿贴妇，剥肤敲髓之脂膏，徒为行间歌舞行乐，结交窟穴之具而已"。

皇太极于崇祯三年（1630年）五月率入侵的后金兵全部返回沈阳后，继续向明朝遣使议和。由于袁崇焕因议和得罪，惨烈而死，百官大臣未有人敢于谈及此事。崇祯皇帝朱由检讳莫如深。尽管如此，皇太极为了争取更充裕时间，大举伐明，仍然遣使入朝，传递议和信息。崇祯四年（1631年）八月，皇太极以方纳吉议和，方遣使定约，得知祖大寿、何可刚率军据守其地，修筑大凌河城，以为进击之计。同月初四日，皇太极发兵抵达大凌河城，掘濠树栅，四面围合；另遣一军截断锦州大道，城外墩台全部攻克占据。城中守军出战，皆被击败，退回城中。孙承宗、丘禾嘉得知，飞驰至锦州筹划应援之策。丘禾嘉亲率兵马与总兵官吴襄、宋伟合军赴援，在离松山三十里之处，与后金兵相遇，于长山与小凌河之间展开激战，丘禾嘉等战败，收军退回锦州，后金兵进击至锦州城下，许多明军坠落城濠而死。

其时，太仆寺少卿张春监吴襄、宋伟军，九月二十四日在小凌河以东五里，筑垒列车营，以声援大凌河，同月二十七日进驻长山，距城十五里，后金兵二万迎战，火器齐发，声震天地。后金右翼军冲入张春营，张春军溃败，吴襄与参将桑噶尔寨先逃，张春收散兵立营。大风突起，满天黑云，张春乘风纵火，火势极旺。忽然天雨反风，张春军多被烧死。不一会儿，雨停，两军再次展开激战，宋伟力不能支，也逃遁而去。张春与诸将张鸿谟等三十三人被后金兵俘获，将士战死不计其数。祖大寿坚守大凌河城不敢轻易出城，外援断绝，至冬，大凌河城粮饷用尽，借食人、马充饥。十月二十八日，后金趁机招谕祖大寿，祖大寿及诸将都表示愿意投降。只有何可刚反对。祖大寿令二人将何可刚掖出城外斩首，便与副将张存仁等投降后金。祖大寿说："妻子在锦州，请归设计诱守者降。"皇太极同意，放祖大寿回锦州。祖大寿回到锦州之后，未有机会诱降。而丘禾嘉知道祖大寿已经投降后金，上书报告朝廷，朱由检"欲羁縻之，置不问。"张春既被后金俘虏，拒不投降，厉声说："忠臣不事二君，礼也。我若贪生，亦安用我。"便以绝食相抗而死。朱由检以其不失臣节，遥迁右副都御史，抚恤其家。其妻翟氏得知，自杀殉夫。

长山一战，大凌河城失守，明军损失惨重。朝廷诸臣，纷纷弹劾孙承宗及丘禾嘉筑城起衅。孙承宗见温体仁之辈，不能辅佐大政，一味擅权谋私，加上皇帝朱由检猜忌多疑，便以年老为由，连续上书，乞请致仕回家。十一月，得到批准，乘坐驿站车马回到高阳。不久，言官追论孙承宗"丧师辱国"，被夺官闲住，并夺宁远世廕。孙承宗又呈进边计十六事。朱由检仅仅"报闻"而已。其后清兵攻高阳，孙承宗率领家人拒守。城破，望阙叩头，投环而死。结束了尽忠报国的一生。就是这样一位智勇双全之士，朱由检也不能用，能说他知人善任么！《明史·孙承宗传赞》说："承宗以宰相再视师，皆粗有成效矣，奄竖斗筲，后先龃扼，卒屏诸田野，至阖门膏斧锧，而恤典不加。国是如此，求无危，安可得也。夫攻不足者守有余，度彼之才，恢复固未易言，令专任之，犹足以慎固封守；而廷论纷咻，亟行蠲除。盖天眷有德，气运将更，有莫之为而为者夫。"事实正是如此，袁崇焕冤死，孙承宗被逐，明朝的军力，由此一蹶不振，只有招架之功而没有还手之力了。

崇祯皇帝朱由检并没有从后金皇太极几次率兵入侵的战事中吸取教训，加强北边防御。即使山海关外，有锦州、杏山，松山防线，也不能向东开拓，孙承宗虽谋划于此，终遭非议。致使明军将帅个个心有余悸。孙承宗辞官后的闰十一月，登州游击孔有德反叛。若登莱巡抚孙元化、山东巡抚余大成能及时出兵夹击，自可指顾成擒，可是，余大成恐用兵酿成大乱，竟力主招抚，并令州县有孔有德经过，不要拦截。使其从容抵达登州，重地突然陷落。待刘宇烈督师进讨，又以招抚被孔有德愚弄，致使莱州很快被攻围，竟不敢放箭发炮。由此可见朱由检的决策及所任用将帅素质的低下。后虽以众兵收复登州，可是孔有德即投降后金而去，引导后金兵攻取旅顺，总兵官黄龙战死。

后金皇太极指挥军队，机动灵活，小仗大役，交替使用。因其力量相对弱小，就采取避实就虚的策略。经过一番筹划之后，皇太极又于崇祯七年（1634年）五月，就调集兵力，决定避开山海关，道经蒙古，兼取察哈尔臣民，直抵宣府、大同。计议已定，即分两路，一从上榆林口出发，一从沙哈出发，西行进入蒙古。六月，后金各路兵马先后抵达长城附近。皇太极根据总体战略布置和所要攻击的城池，将七万精兵再分四路挺进。人大同、张家口。又入膳房堡，焚龙门关，破怀来、保安，杀知州闫生斗。

崇祯皇帝朱由检急忙令宁远总兵吴襄、山海关总兵尤世威率二万兵马分道救援。同时宣布京师戒严。再命保定巡抚丁魁楚移驻紫荆关，山西巡抚戴君恩移驻雁门关，总兵陈洪范移驻居庸关，阻遏后金兵，保卫京师。八月，后金兵在应昌集结，攻克代州后，皇太极重新布置兵力，"分道出攻，东路至繁峙，中路至八角，西路至三岔。"皇太极亲率兵马攻大同，连战五日，吴襄兵败，尤世威令将帅祖宽竭力与战，后金兵退却，转攻西安堡，再下灵丘，知县蒋秉采募兵死守，力屈自杀身死。其时沿边城堡多失守，远近震慑。而宣府总兵官张全昌与后金兵战于浑河，把总常承恩战于羊房里，多有斩获。

同年闰八月，代王母杨太妃命宣大总督张宗衡、总兵曹文诏等与后金皇太极求和，皇太极布告以申讨之意，攻下宣府万全左卫后，即由拒墙堡出塞回沈阳。

皇太极此次人掠宣府，大同等地，虽受到了一些抵抗，但总的说来，还是任意出入，以胜利而告终。因此，皇太极曾夸耀说："朕入境几两月，蹂躏禾稼，攻克城池，曾无一人出而对垒，敢发一矢者。"

朱由检面对皇太极的后金兵，不是激励将士奋勇进击，而是在朝廷辅臣的策划下，认为后金皇太极此次人口，仅仅是"利子女玉帛耳。"便出一公开信，广为张贴，其口气、恣态仍然是天朝大国，盛气凌人。公开信说："满洲原系我属国，今既叛犯我边境，当此炎天深入，必有大祸。今四下聚兵，令首尾不能相救，我国人有得罪逃去，及阵中被擒欲来投归者，不拘汉人、满洲、蒙古，一体恩养。有汉人来归者，照黑云龙养之；有满洲、蒙古来归者，照桑噶尔寨养之。若不来归，非死于吾之刀枪，则死于吾之炮下，又不然，亦被彼诬而杀之矣。"试想，在两军血与火的争战中，这一纸空文，价值几许。而众多的明将明军，不敢出城与后金兵争斗。皇太极挑战说："若尔出兵一万，予只以千人应之；尔出兵一千，予只以百人应之。如敢在前迎战，犹可自掩其虚诳之罪；不然，徒以虚言诳君，亦可耻之甚矣。"明将个个畏惧，紧闭城门，不敢响应。出现了"燕京暨各城，俱塞门避匿"的局面。朱由检费金费饷，养练千日之兵将，到军情紧急之时，谁也"不顾亿兆之生全，不惜疆土之蹂躏"。当王应熊告知朱由检"山西崞敌只二千骑，掠子女千余人。过代州，望城上戚属，相向悲泣。城上不发一矢，任其飏去"的事实时，朱由检只是"顿足太息"，无可奈何。

然而，当皇太极率兵出塞，返回沈阳后，崇祯皇帝朱由检不从自己，也不从朝廷辅臣、部院大臣的决策中寻找此次导致后金兵入塞饱掠的原因，再一次板起面孔，"命兵部核边吏罪。"结果，宣大总督张宗衡、总兵官曹文诏、张全昌及巡抚胡沾恩等被同时罢官遣戍。由于山西巡抚吴甡的请求，曹文诏、张全昌留"剿晋贼自赎。""败一方即戮一将，隳一城即杀一吏"，成为朱由检惟一使用的办法，以至深陷其中不能自拔，致使"责罚太明而至于不能罚，制驭过严而至于不能制。"如此痼疾，恶性循环，伴随朱由检的一生。

第八章　清朝建立

一

　　皇太极首次侵扰北京的胜利和袁崇焕的含冤而死，使辽东形势的发展产生了进一步有利于后金的变化。1631年（明朝崇祯四年，后金天聪五年）八月，皇太极发动了大凌河战役，战斗打了四个月，在皇太极"围敌打援"、"困城断粮"、"招抚纳降"等战略策略的软硬兼施中，宁锦总兵官宋伟、吴襄、监军张春、副将张存仁率领的四万援军被击退，宋伟、吴襄逃走，张春、张存仁等三十三名将领被俘，孤军坚守大凌河的祖大寿，在城中"官兵百姓三万余人，存者止一万一千六百八十一人，或饿死，或相互食"的情势下，杀了副将何可刚，率领副将十四人，参将游击二十四人出城投降了皇太极，大凌河战役结束。镇守山海关的大学士、兵部尚书孙承宗，受到崇祯皇帝的严厉指责，被迫报病辞官；辽东巡抚邱禾嘉因"分兵修筑右屯"、"贻误战机"被崇祯皇帝罢官。

　　大凌河战役中明军将领的纷纷投降，展现了范文程"招抚明将"策略的正确，坚定了皇太极"若能善抚此众，嗣后归顺者必多"的信心，他对大凌河战役中的降官降将，采取了从未有过的"宽容"和"善抚"；祖大寿投降后借口"去锦州招抚"而复叛，皇太极仍然"善抚"他的子侄祖可法、祖泽洪、祖泽润等人，予以任用，赏以田庄、奴仆、马匹、银两，监军张春被俘后，拒不投降，拒不跪拜，拒不剃发改服，"坐必面西"，表示"死不忘明"，皇太极以"若不加抚养，将操何求以取天下"的大志，给予张春最高礼遇，优养于三官庙⋯⋯

太宗执政后，制定的招降政策很优厚，凡明朝的将吏前来投奔他，他都欢迎接纳，即使士卒也不例外。孔有德率众来降，太宗更是欣喜欲狂，于优惠政策外又破格破例，百般优待⋯⋯

孔有德、耿仲明，都是辽东人，原属明将毛文龙的部下。在毛文龙被他的上司辽东巡抚袁崇焕处死后，改隶山东登莱巡抚孙元化，孔有德任参将，耿仲明任游击。一次意外事件，促使孔、耿脱离了明朝。

天聪五年（1631 年），太宗攻围大凌河城（辽宁锦县），孙元化奉命增援，特令孔有德率部三千人渡海，从海上驶往大凌河城解围。不意遭遇海上风暴，险些丧命。渡海不成，改令从陆路率八百骑兵驰援。孔有德很不满，又无可奈何，只得执行军令。行至吴桥县（今属河北），粮饷已断，军心混乱，士无斗志。明朝腐败，军中断饷是常有的事。兵士无粮，怎能执行任务！孔有德本来就不满，这时也无心驰辽。正巧，孙元化派遣去塞外购买马匹的参将李九成，在这时遇到孔有德。两人密谋后，宣布起义叛明。他们一呼，全军响应。于是，他们掉转马头，率军回师，连续攻陷了临邑、陵县、商河、青城诸县（均属今山东济南北部地区）。第二年初，孔有德兵临登州城下。他的好友耿仲明在城内做内应，一举夺取了登州城，兵势大振，孔有德自称"都元帅"，李九成为副元帅，耿仲明为总兵官。于是，他们整顿兵马，攻城略地，山东大乱。明帝崇祯大惊，急调大批兵马镇压。孔有德不敌，退守登州，明以数万兵马围困。双方相持五个来月，终因众寡悬殊，孔有德无法打破明军围困，而李九成也在一次战斗中阵亡。在绝望之下，孔有德决计突围，投奔后金。

十一月，在一个漆黑的夜里，孔有德、耿仲明携带家眷，率万余名将士，从临海的北面出城，分乘数百只战船，撤离登州。他们在海上漂流数月，于天聪七年（1633年）春，驶向旅顺，打算从这里登岸，再与后金进行联络。明朝方面，已在海上布署军队，处处堵截。当他们驶近旅顺时，驻守此城的明总兵黄龙早已严阵以待。孔有德登陆受阻，被迫撤到海上双岛暂栖。

孔有德撤离登州前后，已三次派人赴沈，向后金通报。开始，太宗并不相信，惟恐有诈。当他第三次得到孔有德的请求时，始派吴赖、范文程等率轻骑赶往旅顺附近探听虚实。在证实孔有德的真意后，太宗迅速作出决定：第一，孔有德、耿仲明航海来归，应先赏给他俩各一匹马，他自己带头拿出他乘用的御马，诸贝勒各出上等带鞍马一匹、不带鞍的马四匹，共四十四匹，令满洲、蒙古、汉军八旗按职务每十名备御出马一匹，约计百余匹。从这些马匹中自选良马，赏给大帅（指孔），其余分给他的各级将官。第二，派文馆范文程、罗硕、刚林等负责安排孔耿将士驻地，拟以东京（辽阳）拨地安排，孔耿的号令、鼓吹、仪仗一律照旧，惟有用刑、出兵两事，应向他报告批准，其余随来的百姓可住盖州（辽宁盖县）、鞍山，如不愿意，可令其住东京附近地方。

孔有德、耿仲明率众改从镇江（辽宁丹东附近）登陆。太宗马上传令正在督修岫岩、揽盘、通远堡三城（今属辽宁省境）的济尔哈朗、阿济格、杜度率兵速往镇江迎接，并带去二千匹马，供孔、耿所部上岸乘骑。济尔哈朗等准时赶到，代表太宗竭诚欢迎，当天设大宴，慰劳他们航海千里来归。

太宗之所以极其重视孔、耿归降，是因为他携带的部众多、船只和军事物资丰厚，填补了后金长期缺少水军、火器不足的空缺。仅以安全抵达镇江后的统计：孔、耿以下的副将、参将、游击等各级将领共一百零七人，精壮官兵三千六百四十三人，他们的家属共七千四百三十六人；水手壮丁四百四十八人，其家属六百二十四人，总计人数共一万二千二百五十八人。还有大量兵器枪炮，数百只战船。这对后金是一笔巨大的财富，是用多少军队征伐也难以得到的财富！孔、耿的到来，不只在军事力量上大大增强了后金的实力，而且政治上的影响也是难以估量的。无疑，这次事件鼓舞了后金，使他们对前途充满了信心。

太宗非常兴奋，亲自指示和调动各方面力量接待好孔、耿的到来。当他们一离开镇江，太宗陆续增调马匹沿途接应，送去营帐，以备途中宿营之用。他又捎话给孔、耿不必急于赶路，须从容休息而行。孔、耿经数日行军，安抵东京，太宗马上派人慰问，并叮嘱说："你们都很辛苦，应先休息，从容到盛京来见。"

六月二日，孔、耿来盛京前一天，太宗发下一道专意保护孔、耿及其部属的指示："以前我国将士对辽东百姓多有扰害，至今还申诉不断。现今所来之人，一切勿得侵扰。他们是攻克明地，涉险来归，求我庇护的，如仍象以前骚扰，实为乱首，违者及其妻子将处死，一定不姑息！"

次日，文馆官员龙什、范文程、爱巴礼等自辽阳引导孔、耿和他们的将官赴盛京晋见太宗。当他们抵达郊区时，太宗率诸贝勒大臣已出盛京德胜门外十里，来到浑河岸边，举行空前盛大的欢迎仪式：中间设一座黄色大帐蓬，左右各设五座青色帐蓬。首先，行拜天礼，太宗与大贝勒代善率诸贝勒及孔有德、耿仲明对天行三跪九叩头礼，然后就坐。事先，曾讨论接见孔、耿的礼节。太宗想用满族最隆重的礼仪——抱见礼接见。诸贝勒以为不宜抱见，以礼相待就行了。太宗不同意，耐心地开导说："从前，张飞尊敬上边而欺凌下边的人，关公敬上而爱下，今天朕以恩惠见他们，岂不更好！元帅、总兵（指孔、耿）曾夺取登州，攻城略地，正当强盛之际，向我真诚归服，三次遣使来，率其军民，航海御敌，前来归于我，这个功劳没有比它更大的了。朕意应当行抱见礼，以示特殊礼遇之意。"太宗说服了诸贝勒，按抱见礼见面。

拜天之后，孔有德、耿仲明率所属将领进入大帐蓬，以次排列。他们二人先行汉礼，又进至太宗的御座前叩头，双手抱太宗膝。接着，又与代善和诸贝勒一一抱见。孔、耿行礼毕，所属将领上前行三跪九叩头礼。太宗亲自把孔、耿召至跟前，坐在他的御座旁边。

盛大的宴会开始了，太宗亲自手捧金卮，向孔、耿频频敬酒。太宗本不善饮，但他高兴，也为了慰劳，所以多喝了几盅。宴会结束，太宗向孔、耿及其参见将领赏赐蟒袍、貂裘、撒袋、鞍马等礼物；孔、耿也将事先准备的金、银及金玉器皿、锦缎衣物献给太宗。

此次见面，皆大欢喜。回到盛京后，太宗、代善和诸贝勒逐日设宴款待。盛情厚意，真是无以复加！六月十三日，太宗正式宣布：封孔有德为都元帅、耿仲明为总兵官，赐给敕印。其他各官均按功劳和原官予以封赏。本来，所谓都元帅、总兵官是他们起兵时自封自称的，而今，太宗尊重他们，出于特例，即照原官给予承认。这使孔、耿深受感动，是他们不曾想到的！

封赏后，再举行宴会庆贺。席间，太宗宣布，分别向孔、耿颁发敕书。给孔有德的敕书，当众宣读。大意是，朕惟任贤人，用能人，崇敬立功，提倡美德，这是国家的大典；抓住时机，通权达变，这是明势之人的最好的行动。你，孔有德原系明臣，已看出明朝之倾危，认识到形势之向背，遂举大义，率众夺据山东，伐破数城，实在是对我的一大帮助；而且又携军民万众，全部运载甲胄器械，航海来归，丰功伟绩，超群出众。朕深为赞赏，特命你赞襄王业，给你都元帅敕印，功名富贵，子孙绵延，永不遗弃。今后如犯有一切过错，全数原谅。望你更加勤勉，克尽职守，不要辜负朕之委任。敕书也就是证书，是证明其身份地位和功劳评价的文件。

发给耿仲明的敕书，也当众宣读。

太宗在继位后的几年里，大力改革政治，放宽政策，特别是对明朝归降的将吏士卒及知识分子给予优惠待遇，局面很快稳定下来，史书上说"安堵如故"，就是人心安定的意思。努尔哈赤时，对汉人实行奴役的政策，汉官惧怕，不敢归降。可是，到太宗时，这种情况发生了很大变化。由于明朝政治异常黑暗，民不聊生，许多正直之士遭到无端的迫害，纷纷寻找出路。他们从太宗新的治国方略和政策看到了光明，于是，相继投向后金。孔有德率万余众自海路投奔后金，是一次规模空前的叛明事件，深深地震动了明朝；同时，也产生了巨大影响，带动那些还在犹豫不定的人，把目光投向后金。尚可喜就是继孔有德之后，又一叛明降后金的重要人物。说起此事的原委，也是经历了一个相当复杂的过程。

尚可喜祖籍本是坷北真定府衡水（今河北衡水）人，祖父时迁到辽东海州（今辽宁海城）定居，他后来就出生在这里。努尔哈赤进兵辽沈时，他家遭到战乱，亲人离散。父亲于明天启元年（1621年）投军，隶毛文龙麾下。尚可喜独自一人，难以谋生，于天启三年投明朝水师，从此，开始了海上的军事生涯。好在他少年时期练过武，弓马皆熟，投军后，大有用武之地。不久，他也归到毛文龙麾下，父子相见，并肩战斗。不幸，父亲在一次战斗中，被后金兵击败，死于战阵之中。毛文龙就把其父所部交给他带领。他作战勇敢，不怕死，很快成为一员骁将。毛文龙被袁崇焕处死后，他的部属都归到了黄龙之手，尚可喜便成了黄龙的部下。黄龙待士兵严苛，扣发军饷，激起兵变，愤怒的士兵们捆绑了黄龙，必欲置他于死地。这次事件的幕后操纵者是沈世魁，他企图假手士兵，除掉黄龙，夺取统帅之权。这时，尚可喜坚定地站在黄龙一边，毫不迟疑地发动反兵变，联合其他忠于黄龙的将领，把兵变给镇压下去了。黄龙得救，很感激尚可喜，把他提拔为副将。沈世魁的谋划，因尚可喜出面干预而破产，对他恨之入骨，预示着不幸将降临到尚可喜身上。

孔有德降后金以后，第一个建议和行动是袭取旅顺。黄龙就是在这次守卫旅顺的战役中战死的。当时，尚可喜率所部驻防广鹿岛（黄海中），他的妻小尚在旅顺，加上家丁，共数百口全部遇难……

黄龙死后，朝廷任命沈世魁为帅，驻守皮岛（朝鲜湾中之椵岛）。他欲泄私愤，下令调尚可喜回皮岛治罪。他不敢明说，只能诓尚可喜来。尚可喜不知有诈，得到命令，立即动身。行至长山岛（黄海中岛屿），大风骤起，不能行船。沈世魁屡屡下令，催得很急。还有一些将领也写来信，欢迎他回皮岛。但尚可喜忽然发现，凡和他交往多、关系密切的将领谁也没有写信来。这引起他的警觉，就派心腹秘密返回岛上探听消息。很快传来一个可怕的消息：沈世魁调他回岛的目的就是处死他！尚可喜不禁悲愤填膺，仰天长叹："我自青年投军，海上立功，血战十余年，父母兄弟妻子先后丧亡，出入九死一生，只不过是为朝廷效力，而冒功嫉能之人，竟用力挤我于死地。如今，权归沈世魁，想杀一名营将，如疾风卷草，是再容易不过了。大丈夫以天下为己任，难道把我这七尺之躯就白白去送死吗！"他怀着一腔愤怒，毅然掉转船头，返回广鹿岛。

尚可喜违抗帅令，就意味着反叛，这是明律、军法所绝不允许的。他知道沈世魁绝不会放过他，在广鹿岛按兵不动，等于束手待毙。向何处去呢？他马上想到了后金。这几年，他耳闻不少关于后金的政情。太宗的新政策，他也知道。但他身为大明之臣，根本就未曾想到何时去投降。但此刻他已无家可归，明朝已把他抛弃了，他如果不脱离明朝，无谓地白送自己的性命，他岂能甘心！前不久，曾与他共事的孔有德等人已降后金，得到了远比明朝更为优厚的待遇。他大受鼓舞，不再犹豫，坚定地选择了投奔后金这条路。天聪七年（1633年）十月，尚可喜秘密派遣部将卢可用、金玉奎二人赴盛京请降。太宗闻讯大喜，当即表态欢迎来归，并写了一信，还赏赐他穿用的貂裘给尚可喜，以表示他讲信用，期待他不必犹豫，早日上路，尽快来归。

十一月，卢可用、金玉奎返回广鹿岛，呈上太宗的信和赏赐物品。尚可喜非常激动，充满了信心，勇气大增。他立即着手准备一切事宜。

天聪八年（1634年）正月初一这天，尚可喜决定发动起义。与他同为副将的俞亮泰、仇震经考察无意叛明，给他造成了障碍。他经过周密谋划，只能设计除掉他们。他乘过春节之际，将他们召来。尚可喜已穿上戎装，等他们一进大堂，就突然下令，将他俩逮捕起来，传令全军反明。全军早就人心不稳，厌烦朝廷，所以他振臂一呼，全军顿时欢呼响应。尚可喜率部连续攻下了大小长山、石城、海洋诸岛，擒获守岛明将多人。然后集结全部军民共一万余人航海投后金。

太宗得到这一喜讯，兴奋地说："广鹿岛尚副将携民来归，并非因为我国衣食富足，而是承上天爱意，想保佑我，所以他才自动前来投奔。"他盛赞尚可喜是识时务的杰出人物，对他来归，决不可慢待。于是，他特派最信任的范文程和陈旦木率兵，千里相迎于红咀堡；随后，又派主管吏部的贝勒多尔衮、主管礼部的贝勒萨哈廉前去接

中华藏书

大清十二帝·最新整理珍藏版

应，以示特殊恩宠。

尚可喜及其所部抵达时，太宗给予无微不至的关怀，象对孔有德一样，先赐给许多物品，使他们一踏上后金的土地，就感到温暖。他们还没到时，太宗即作出决定，把土地肥沃的海州（辽宁海城）地方拨给尚可喜，安排生活。三月十六日，尚可喜率部至海州，凡住房、饮食、生活用具无不从优照顾。太宗也以盛大的礼仪、盛大的宴会在沈阳接见尚可喜及其主要将领，与接见孔有德没什么两样。到崇德元年（1636年），太宗即皇帝位时，同时封孔、耿、尚三人为王，孔有德封恭顺王、耿仲明为怀顺王、尚可喜为智顺王，合称"三顺王"，成为清初地位最显赫的汉官。

尚可喜又回到了他的出生地海州，是经历了出生入死的各种险境才回来的，自此又开始了新生活的篇章，为大清朝奋斗至死，更荣于身后。

皇太极"宽容"、"善抚"的招降政策和明朝降官降将的不断涌入，在后金政权中，迅速形成了一个汉族官僚集团。在将领中有佟养性、佟国赖、李永芳、金厉、石廷柱、祖可法、祖泽润、孔有德、耿仲明、尚可喜等，在文臣中有高鸿中、鲍承先、马鸣佩、王文奎、马国柱、李栖凤、杨方兴、罗乡锦、张文蘅、张存仁、祖泽洪等。这些降官降将，以其军事政治才智投入了后金政权，也改变着后金政权单一的女真贵族政权的性质，为以女真贵族为核心，有汉族、蒙古族封建官僚集团参加的全国性政权准备着条件。

战争毕竟是解决各种难题最锐利最捷便的手段，皇太极继承汗位八年来，随着"侵扰明朝，征抚蒙古，恩抚朝鲜，招抚明官明将"总体方略的着着得手，随着明朝辽东四境逼处防御的全面瓦解，在朝政上，皇太极郁结于心的"汗位虚弱"、"权力分散"、"贝勒掣肘"也在战争中解决了：1630 年（明朝崇祯三年，后金天聪四年）正月永平、迁安、滦州、遵化四座城池的占领和五月永平、迁安、滦州、遵化四座城池的丧失，一劳永逸地解决了皇太极在权力上与头号对手二贝勒阿敏的矛盾。永平、迁安、滦州、遵化四城的占领，明朝大小文武官员数十人投降，皇太极大胆擢用原永平革职兵备道白养粹、原遵化革职道员马思恭为巡抚，擢作原革职官孟乔芳、杨文魁为副将，破格擢作滦州州同张文秀为知州，擢用建昌参将马光远为副将，并亲自接见，"待之以诚，置之以位，授之以权"，令其主持一城政务，"管理附近归顺人民"、"统率本城兵马"，安定一方，做为关内的立足点，曾使这些被明朝革职的官员将领感激涕零，曾使四城人民"心境稍安"。但在是年五月明朝监军道张春、总兵官祖大寿的率兵进攻中，镇守四城的二贝勒阿敏，竟在败走前尽屠永平、滦州百姓，杀掉了巡抚白养粹、知府张养初、知州张文秀等"收其财帛，连夜弃永平而归"，破坏了皇太极"招抚汉官"以解决人才不足的尝试，造成了政治上的失信。"永平、滦州屠城"成了八旗兵凶狠残忍的象征，二贝勒阿敏就在这次战争中，以"故意扰害汉人，堕坏基业"等罪被革职，终身幽禁而死。1631 年（明朝崇祯四年，后金天聪五年）八月，在大凌河战役中，皇太极在权力上与又一个对手三贝勒莽古尔泰的矛盾，也在一次权力冲撞中轻易地解决了。当围困大凌河城时，莽古尔泰以自己"所部兵被创"而拒听调遣，皇太极诘之"闻尔所部兵每有违误"，莽古尔泰怒："谁人诬陷，无此事！"皇太极叱："若告者是诬陷，我当治告者罪，若果有此事，你的兵马岂能无罪！"莽古尔泰怒吼："你为何总与我为难，想杀我啊！"遂抚刀目视皇太极。莽古尔泰的同母弟德格类在旁，见状，急斥莽古尔泰悖逆，并以拳殴之，莽古尔泰亦怒，抽刀出鞘，左右挥之出。莽古尔泰拔刀向主帅，招致了政治生命的终结，诸贝勒议之为"大不敬"之罪，革去三贝勒职，夺五牛录，罚银一万两，两年后病故。

随着二贝勒阿敏和三贝勒莽古尔泰在权力上的消失，随着大贝勒代善的年高力衰，随着年轻贝勒多尔衮、阿济格、多铎、豪格、济尔哈朗的兴起，皇太极在"悄悄地变更"中已执掌了一切权力，尽管还有大贝勒代善与皇太极并肩而坐地听政，尽管大臣贝勒会议还是围着一圈进行，但贝勒们的脑筋似乎都在按照皇太极的思路转动，贝勒们的声音多是为皇太极唱赞歌了。努尔哈赤遗训的"八大贝勒共治国政"已经失去了灵魂，只留下一个似是而非的外壳，也变得很少有人提及了。只有皇太极与范文程的深夜答对没有变，经常是"每入对，必漏下数十刻始出，或及未食息，复召入"，而这种不变的召入答对，一步一步完善着皇太极的事业。

1634年（明朝崇祯七年，后金天聪八年）十月，皇太极得知蒙古察哈尔部林丹汗病亡于青海打草滩，其所遗十多万兵马分崩离析，一部分察哈尔官民进入明境，往投明朝，林丹汗之子额哲，亦"蹑归附之踪迹而来"。皇太极急与范文程计议，范文程依据察哈尔部群龙无首的现状，并分析了林丹汗之妻，额哲生母苏泰太后乃皇太极舅父叶赫贝勒金台石的孙女，与皇太极有着血缘亲情的历史渊源，提出"与明朝争夺察哈尔部"的招抚方略，为皇太极所采纳。1635年（明朝崇祯八年，后金天聪九年）二月二十六日，皇太极以多尔衮、岳托、萨哈璘、豪格为统兵元帅，以正黄旗固山额真纳穆泰为左翼，以吏部承政图尔格为右翼，率领精兵一万，奔往青海，并派遣苏泰太后的叔祖阿什达尔汗、苏泰太后之弟南褚随军同行，以威慑和亲情招抚林丹汗的继承人额哲。多尔衮遵从皇太极制定方略，首先兵临林丹汗大福晋囊囊太后居住的西喇朱尔，招降了囊囊太后，争得了部分察哈尔部贝勒的归附；四月二十八日，多尔衮兵临苏泰太后和额哲居住的托里图，包围了苏泰太后的营帐，派遣苏泰太后的叔祖阿什达尔汗和苏泰太后之弟南褚前往说降，并宣布皇太极"怀之以德"的问候和八旗兵马将"秋毫无犯"的保证，重兵的威慑和亲情的笼络，终于使苏泰太后和额哲率部出营投降，并在托里图举行了有察哈尔部诸贝勒参加的盛大的受降仪式，宣布察哈尔部归附后金。

在回军途中，多尔衮，岳托、萨哈璘、豪格带着苏泰太后、额哲及察哈尔臣民一千户，由山西平鲁卫入侵明边，掠山西、大同、宣化一带，俘虏人畜七万有余，于九月五日凯旋班师过辽河。皇太极率福晋、贝勒、群臣出迎数十里，于阳石木河南冈筑坛、设幄、置案、焚香、吹螺、掌号，举行盛大隆重的凯旋式。

是日，天色晴和，秋高气爽，阳石木河草绿水碧，南冈上旌旗蔽空，金鼓动地，黄幄闪光，卤簿生辉。多尔衮率凯旋之师于南冈左侧二里许处扎营，驰马朝见；苏泰太后、额哲率领察哈尔部诸贝勒从南冈右侧驰马来谒；皇太极出黄幄居高坛以抱见礼相迎，请苏泰太后坐于御座之右，请额哲坐于御座之左。群臣欢呼，山川回响，皇太极赐孙岛习尔哈为额哲居住地，并以自己的二女儿固伦公主嫁额哲，封额哲为固伦额附。苏泰太后呈献给皇太极的，是一颗失落二百多年的绝世奇宝——历代帝王传国玉玺"制造之宝"。

"制诰之宝"，天锡之宝，天命帝王的标志，一统天下的象征，历代帝王争夺的天符瑞器啊！后金贝勒群臣神凝目呆了，察哈尔部贝勒臣民神凝噤声了，连阳石木河的流水和南冈上空的浮云都似乎停止了移动。皇太极接过"制造之宝"，神情激越凝重，跪于高坛，拜天而呼，声音似乎在强烈的颤抖着：

"'制诰之宝'，传国玉玺，历化帝王承天之瑞。今日，天以此玉玺界朕，信非偶然啊！"

阳石木河南冈高坛下数万臣民兵卒突然爆发而起的欢呼声，似乎应合着皇太极"信非偶然"的激越情怀……

九月五日，皇太极从阳石木河回驾清宁宫，已是入夜酉时，他没有进入福晋们的宫闱，也拒绝了福晋们竞相送来的夜宵酒肴，独自进入中宫神堂，在挥手拂去奉茶呈果的宫女之后，便斜倚在南炕上，看着炕几上放置的装有"制诰之宝"的黄绫包裹，默默梳理着心头翻腾不已的思绪，兴奋、激动、按捺不住的强烈思绪啊！

他毫无倦意，思索着继承汗位九年来走过的里程，心里有着自得的快意：长期依附于明朝的朝鲜国王，称弟纳贡了；明朝在辽东的防御全面瓦解了，明军中杰出统帅将领熊廷弼、袁崇焕、孙承宗都败在自己的马蹄下，连北京城也在自己的马鞭挥动下颤抖了；蒙古诸部原是飘浮不定的流云，已被自己握在手掌之中，科尔沁部、喀尔喀部、奈曼部、敖汉部、喀喇沁部、土默特部臣服了，连一向自居老大的察哈尔部今天也低头归附。漠南蒙古已成为自己的右臂，只要臂肘一拐，就可以猛击明朝的肋骨和脊背。九年前那种"四境逼处"的困窘已不复存在，现时的敌人只有一个，就是庞大而虚弱的明朝。这颗"制诰之宝"的应时获得，也许就是天命的昭示啊！……

他毫无倦意，思索着庞大而虚弱的明朝，心头沸动着焦虑的向往：真的能进入北京吗？百足之虫，死而不僵，庞大无比的明朝，是不会一垮即亡的。将来大兵一举，威逼北京，若明朝皇帝弃城而逃，是追击，还是取城？若攻而不克，是围而困之，还是退兵而回？若明朝皇帝求和，是允许，还是拒绝？若攻取北京，何以安揖黎庶？何以禁止贝勒将领的贪得之心？北京朝廷那架庞大繁杂的权力机器如何推动？广阔无边的中原如何治理？过去的大辽、西夏、金国、元朝都进进出出于中原，都留下一个不解的难题：一个人口稀少、文化落后的边陲部族，要想长久地立足中原是不可能的。出路在哪儿？良策在哪儿？这颗昭示着天命的"制诰之宝"只是一块无言无语的石头啊……

他毫无倦意，在"焦虑"和"向往"的交织煎熬中想到了范文程，想到他的这位心膂谋臣。他忘记了夜将过半，便宣谕启心郎索尼召范文程进宫……

范文程今天也参加了阳石木河南冈隆重的凯旋式，亲眼看到皇太极接受"制诰之宝"时激越凝重的神情，亲耳听到皇太极声音颤抖的拜天诵颂。是啊，"制诰之宝"象征着天命所归，也象征着几千年来朝代更迭合乎天理人心的延续。历代帝王为了得到这颗玉印，曾演出过无数血溅泪流的悲剧和闹剧，得到这颗玉印的帝王，哪一个不因此而心醉神迷！皇太极有帝王之志，也有帝王之才，在奔向皇帝的道路上，也确实需要有这颗"制诰之宝"号召天下啊！

这颗"制诰之宝"的出现和获得是一次偶然的巧合，但也是战场上节节胜利中的某种必然，若果没有招抚林丹汗之子额哲的青海之行，若果没有林丹汗之妻苏泰太后的率部投降。这种"偶然"能落到皇太极的头上吗？"天命"？"天命所归"？冥冥而世人都能接受、又乐于接受的一种诠释，为什么不可以广为宣播呢？

更使范文程兴奋的是，在返回沈阳的途中，他与岳托并马而行，在马背上的闲谈中，他从岳托口中得知中原几路暴民曾于今年上半年大闹陕西、河南、庆阳、荥阳、凤阳等地的消息。他急忙询问这些暴民首领的姓名和暴乱情状，岳托似乎对此事根本没有注意，除了说出王自用、高迎祥、张献忠、李自成几个陌生的姓名外，对暴乱的具体情况，什么也说不清楚。这是一个重要的讯息，暴民作乱，纵横中原，明朝的庭院起火了……

范文程入夜酉时回到家里，漱洗之后便进入卧室倚被而卧，但毫无倦意，被那颗"制诰之宝"和突然听到的"中原暴民作乱"搅得思绪翻腾，他骤然感到这是一次机遇，是皇太极再创业绩的机遇，也是自己的抱负再显光辉的机遇，他未及仔细梳理这翻腾思绪对今后政局变化的影响，屋外突然传来熟悉的马车声、马嘶声和窗外索尼清朗的呼唤声……

范文程奉召走进清宁宫中宫神堂，皇太极已斟茶以待，不等范文程恭行大礼，便拍席招手延请上炕落坐，不无歉疚地打趣说：

"先生大约也是毫无倦意，斜倚被衾而思绪翻腾吧？"

范文程还是恭行了大礼，然后依命脱鞋、上炕、落坐，拱手而应对：

"汗王何以知臣毫无倦意而思绪翻腾？"

皇太极以手扪着自己的心胸而语：

"此心跳动强劲有力，故知先生毫无倦意而思绪翻腾，心臂，心臂，先生与朕心脉相通，朕能不知吗？朕与先生休戚与共，特请先生深夜赏'宝'！"

范文程知恩，急忙拱手作谢。

皇太极拍手捋袖，解开炕几上的黄绫包裹，打开一只金制的印匣，捧出一颗沉甸甸雕有飞龙的"制诰之宝"。

"请先生仔细观赏。"

这颗"制诰之宝"确非凡物，一出金匣，便光气灿烂，凉风凛人，映绿了炕几上跳动的烛火，使中宫神堂晶莹迷离。范文程凝目细看，此宝物璠玙为质，交龙为纽，通体碧翠，唯印面一层鲜红，篆刻的"制诰之宝"四个汉字，精妙凝重，状如盘龙，似有一股神秘的魅力盘踞于字里行间，一望而威慑心神。

皇太极纵声大笑，兴奋地谈起这颗"制造之宝"的神秘来历：

"这就是人们常说的传国玉玺啊！据苏泰太后讲：这

颗'制诰之宝'，原藏于元朝大内，至元顺帝（孛儿只斤妥欢帖睦尔）至正二十八年，朱元璋攻打北京，元朝灭亡，元顺帝携带这颗传国玉玺离开京都逃至沙漠，崩于应昌府，此宝物遂遗失无闻。故明朝原是无传国玉玺的朝廷。二百多年后，明朝由盛转衰，应昌府有一牧羊人，于北山冈下，见一只山羊，三天不吃草，以前蹄刨地不停，牧羊人奇异，用羊铲掘地，得此传国玉玺，献于元朝后裔土默特部的博硕克图汗，博硕克图汗因有此玉玺而雄踞漠南蒙古多年。后来，察哈尔部林丹汗崛起，打败博硕克图汗而得此传国玉玺，遂自封为成吉思汗的后代，萌生一统蒙古之志，横行漠南二十年……"

随着皇太极关于这颗"制诰之宝"的侃侃论述，范文程入夜以来不及梳理的纷乱思绪突然间获得了纸破窍通的启迪：这次难得的机遇，原是这颗偶然获得的"制诰之宝"带来的，未来后金国的一切将以这颗"制诰之宝"为新的起点，把握未来形势发展的谋略设想骤然间在这"制诰之宝"四个精妙凝重的汉字中闪现了，轮廓清晰了：戴上皇冠的皇太极不是更有号召力吗？不是更能激励八旗将领士卒猛勇冲杀吗？该是皇太极戴上皇冠的时候了……

皇太极注视着范文程的思索，他停止了关于"制诰之宝"的谈论，转换了话题。

"先生还记得九年前此处深夜，朕与先生的第一次会晤吗？"

范文程正在思索中寻觅"制诰之宝"与"中原暴民作乱"之间本无连系的连系，便以心谋、耳听、目视。口语的特殊才智和定力，答对皇太极的询问：

"臣永生难忘，九年来，深荷汗王恩典，臣如沐春风，如浴天露。"

皇太极注视着范文程的思索，一边把"制诰之宝"放入金匣，一边高声称赞：

"善！此心相通，此感与同，朕得先生，如鱼得水，如龙得云。九年来，赖先生筹划，朝鲜纳贡，蒙古臣服，内政安辑，海边靖宁，四境之敌已灭者三，当今之敌，只有一个明朝……"

范文程已在"制诰之宝"和"中原暴民作乱"之间找到微妙的契合："制诰之宝"的获得和惜重，将加强皇太极逐鹿中原的信心和意志。"中原暴民作乱"将为皇太极逐鹿中原提供强大的合力和助力，使原本渺茫的希望变为可能的现实。便应着皇太极的话题回答：

"汗王所言极是，当今之敌，惟明朝耳，虚弱的明朝，庞大的明朝……"

皇太极注视着范文程的思索，似乎得到了范文程的鼓舞，一边用黄绫包裹着"制诰之宝"，一边提高嗓音激越抒怀：

"明朝虽是庞然大物，朕决心战而胜之，取而代之，五年不行，十年，十年不行，二十年，此志不遂，誓不罢休。如何战胜明朝，全靠先生的筹划了……"

范文程在急剧的思索中，突然自语出声：

"侵扰？等待？建号？建制？……"

皇太极大喜，包裹着"制诰之宝"手停住了：这几个不连贯的字眼，就是范文程筹划的"方略"吗？他凝目注视着若痴若呆的心膂谋臣正在为自己的事业苦熬心血，心头一阵热浪翻涌，急忙捧茶以酬。

"先生……"

范文程终于完成了他的方略设想，忽地昂首挺胸，眸目闪着兴奋的亮光，一把抓住皇太极捧来的茶杯，高声而语：

"对！侵扰、等待、建号、建制，顺应这颗"制诰之宝"的天命昭示，借'中原暴民作乱'的合力和助力，取代明朝！"

随着范文程"侵扰、等待、建号、建制"方略的滚珠而出，皇太极的心胸豁亮了、舒坦了，忧烦消解了：凝炼、简单、明确、易懂、易记，这是大智大略的结晶，这是范文程特有的风格啊！突然，他发觉手中的茶杯已倾斜，茶水洒落，漫湿着包裹"制诰之宝"的黄绫，粲然一笑：

"先生，这不是'制诰之宝'，是一只茶杯，请先生饮茶。"

范文程的心神从思索中转悟过来，望着炕几上湿淋淋的"制诰之宝"神情惶恐，急忙用衣袖擦拭黄绫上的茶水，双膝并跪，以头叩几，连声请罪：

"臣失态，臣忘乎所以，臣……"

皇太极情急，双手抱住范文程，泪水涌出，声音哽咽：

"先生，这万万使不得，先生为朕谋划，性近癫狂，忠恳之心，亘古未有；先生名为臣下，实为师长，九年来，含辛茹苦，劳神劳思，没有睡过一夜安稳觉啊！先生名为幕僚，实为导者，九年来，策划于帷幄，决计于疆场，朕靠着先生指引前进啊！先生之心，唯朕知之，朕谢先生了"。说罢，拱手稽首，连连叩谢者三。

范文程望着皇太极，一时失措，咽泪而奏：

"臣谢汗王大恩大德，无以为报，只能以思之所得，大胆禀奏了。"

"先生请讲，朕洗耳恭听。"

范文程讲起：

"一曰'侵扰'。'制诰之宝'昭示，明朝必亡，后金必兴，明朝虽是庞然大物，若一棵参天大树，然树心已空，根柢已朽，汗王当以不停'侵扰'为手段，扫其叶杈，剪其枝干，破其皮护，断其天露地水，此木必枯，枯木必倒。此乃'疲敌致胜'之策，十年之内，必见成效，乞汗王思之。"

皇太极静听着，沉思着。

"二曰'等待'。'制诰之宝'昭示，天命归于汗王。蒙古察哈尔部臣服，不仅使汗王获得传国玉玺，也给汗王带来中原实情，岳托今日语臣，中原暴民作乱已成气候，今年上半年，曾有数路作乱暴民大闹陕西、河南、庆阳、荥阳、凤阳之举。汗王明察，河南乃中原腹地，荥阳乃秦末刘邦、项羽决战的战略要津，凤阳乃明朝开国皇帝朱元璋的故乡，可见中原动乱已成燎原之势，明朝即将陷于两面作战的困窘，其用兵方略也将随势而变。我为外患，患在边陲，暴民为内患，患在心腹。明朝必将减缓对我之征伐而以重兵征剿暴民，中原将有一场官、民生死相搏的恶战。请汗王今后注目于中原，察暴民之状，借暴民之力，以灵活多变之术，纵横捭阖，善待机时，一举而定鼎中原，此乃'坐收渔利'之策，乞汗王思之。"

皇太极静听着，沉思着。

"三曰'建号'。'制诰之宝'昭示，建号之举乃天下所企。昔日大汗称'汗'，乃沿袭蒙古称号，意在收服蒙古诸部以创基业，乃英明之举。今日形势大变，蒙古臣服，朝鲜归附，汉官汉将归降者日多，山海关外皆汗王天下，女真人、蒙古人、汉人俱为汗王臣民，并将进入中原，成华夏诸族之主。名不正，则言不顺。言不顺则事不成，历朝历代君王皆称'帝'，汉族传统中'帝'为诸天神之首。称帝将改变我乃边族之国的地位，将高居于蒙古诸汗、朝鲜国王之上，将与明朝皇帝并立天下，将标志着汗王事业新的阶段的开始，将激励全军将士的壮志雄心，也将昭告天下黎庶：汗王是华夏历朝历代皇帝的合法继承者。此乃'正位正名'之策。乞汗王思之。"

皇太极静听着，沉思着。

"四曰'建制'。'制诰之宝'昭示，建立以适应皇帝权力的政体制度乃当务之急，不仅为当前治国所需，也是为来日治理华夏天下作必要的准备。自秦汉以来，历朝历代帝王都在积累治国经验，至明代，所定条例章程最为周详，请汗王依据宁完我'参汉酌金'之议，改订政体制度，完善六部职能，健全议政、行权、监督、封授、军队、服式等规章，以利大权集中，政令通顺，并借以教习文武群臣、培养人才、积累经验，来日进入北京，可免捉襟见肘之窘。此乃'未雨绸缪'之策。乞汗王思之……"

皇太极大喜，挥手拂去了炕几上的"制诰之宝"，紧紧抓住范文程的双手，以心相见，以诚相诉：

"朕知先生能解朕一天来翻腾于心的忧烦，果然灵验了，如愿了。'制诰之宝'只能给朕以沉迷心神的虚幻，先生所奏'侵扰、等待、建号、建制'之策，才是真正的'制诰之宝'啊！九年前先生在此深夜的一席谈话，保证了朕九年来的所向无敌，今夜先生的这次谈话，也将为朕今后若干年的马头所向提供指南。明朝必亡，后金必胜，'制诰之宝'所昭示的，是朕的身边有一位因思索谋划而情近癫狂的范文程啊……"

范文程的心头一阵轻松，他知道自己陈奏的方略为皇太极采纳了，想抽出手来向皇太极拱手致谢，但双手被皇太极抓得更紧，皇太极信任的话语再次猛烈地撞击着他的心：

"先生，'建号'、'建制'之事，劳先生全盘实施了！"

范文程高声应诺，当他拱手谢恩时，察觉到自己的脊背已被汗水浸透了。

好清凉舒心的感觉啊！

天聪九年（1635 年）九月，征察哈尔大军携林丹汗的后妃及其子额哲凯旋回沈。强悍的察哈尔部从此灭亡，难以驾驭的漠南蒙古终归统一，这是皇太极取得的又一巨大成就。数年前，与明朝交好的朝鲜"称弟纳贡"，三大敌国如今只剩下惟一的明朝,整个形势使后金变得光彩夺目,前程似锦。还有一件大喜事,简直使皇太极和他的诸贝勒大臣欣喜欲狂:这次出征意外地获得了元朝的"传国玉玺"。这在皇太极看来,它同平服林丹汗同样是有重大意义。照他们解释,传国玉玺落入太宗之手,意味着"天命"归金,上天已经允许太宗为天下命世之君。因此诸贝勒大臣为获得这件国宝,纷纷上表恭贺欢呼。于是一个新的意念产生了:后金国汗上皇帝的尊号,顺天应人,即皇帝宝座。

十二月,诸贝勒大臣做出决议,命文馆儒臣希福、刚林、罗硕、礼部启心郎祁充格代表他们给太宗上尊号:"今察哈尔汗的太子投降了,又获得了历代皇帝传国的玉玺,天助的象征已经出现,请汗应'天命',定尊号。"太宗说:"现在,周围诸国虽然投降,又获得玉玺,但大业未成。成大业前,若先受尊号,恐怕天以为非。比如我考虑晋升某一个贤者,若这人不等晋升,便妄自尊大,那么我就认为不对。"去年,诸贝勒大臣曾劝太宗即皇帝位,他本人没有同意,这次又明言谢绝。诸贝勒大臣反复上奏,太宗仍旧不同意。他的侄儿礼部承政萨哈廉看破了他的心事,便再派希福、刚林、罗硕、祁充格向太宗报告说:"汗不受尊号,过失全在我们诸贝勒,因为我们不修养各自身心,不为汗主尽忠信,不行仁义,所以请汗上尊号,汗拒绝不受。如果说贝勒全是忠信,那么莽古尔泰、德格类二贝勒为何犯上作乱呢?现在,诸贝勒都表示立誓言做出保证,修身谨慎行事,以尽臣道,汗受尊号,才是恰当的。如今,获得玉玺,诸部归服,天意已明。如果不知天命,不受尊号,恐怕天反倒为非。"太宗听了这番话,十分高兴,称赞说:"萨哈廉这样启发,我心里高兴。这话一是为我,二是也为先父创立的基业。诸贝勒如能各修其身,那时我再考虑是不是受尊号。"

太宗并非一定不受尊号，他担心诸贝勒是否真心诚意，拥戴他在称号上更上一层楼。三年后，他在一次训诫群臣的讲话中才说出当时的想法。他说："昔尔等欲上朕尊号时，朕深知尔等所行如此，是以固辞不受，谓国中有心怀嫉妒的不良之人，尔等皆以身任之，以为断无此事，于是始受尊号。"太宗的这个心事当即就被聪明的萨哈廉给说破，他马上改变主意，表示可以考虑。但他还不放心，还要征求汉官们的意见。当天晚上，他令希福、刚林、罗硕集合汉官，传达他的渝旨："诸贝勒说要定尊号，但我认为大业未成，天象不明，受尊号未必合适，所以我真心拒绝。"汉官鲍承先、宁完我、范文程、罗绣锦、梁正大、齐国儒、杨方兴等劝说：人要随从天象行事，获得玉玺，各处归服，人心归顺，这本来就是天意，合人心，受尊号，定国政，是非常恰当的。

第二天，萨哈廉立刻召集诸贝勒，说：各贝勒都立誓言，各修自身，给汗上尊号。诸贝勒闻听此言，很快把自己的誓词写成书面报告，送交太宗审阅。他将每个人的誓词看了一遍，指示说："大贝勒（代善）年老了，可免去立誓，萨哈廉正在病中，等病好了，再立誓。其他诸贝勒的誓词中，不要写以前没有悖逆的话，要立誓今后以忠信为生，勤于政事，保证不向闲散无权的大臣、自己的部属和妻子谈论国家机密政事，如有心怀恶意，言不由衷，也应遭谴责，难免有死祸，即使如此，我也是很痛惜的。"代善心绪不安地说："汗考虑我年老，恐怕我触犯誓词而死，这是对我的恩爱。但我若不与诸贝勒一起立誓，怎么能吃得下一碗饭呢？怎能安居呢？如果汗不让我参与政事，我能违背汗的意思吗？我不愿免去我的立誓。虽然我愚笨、健忘，但我立了誓言，就会把国家政事拴在心上，不会被汗谴责。"太宗说："如果应该让你参与政事，怎能把你抛在一边？我是念你年老，才劝你免誓。你愿意和诸贝勒一块儿立誓，那就立吧。"

十二月二十八日，诸贝勒各将自己的誓词重新改过，一齐焚香下跪，先由代善对天宣读誓词：从今以后，若不公正为生，象莽古尔泰、德格类那样做坏事，天地以为非，我代善将遭殃死去；

如果对汗不尽忠竭力，心口不一，天地知道，我代善遭殃死去；

平时，无论那个子侄做出象莽古尔泰、德格类那样的坏事，我代善听到而不报告给汗，我代善遭殃死去；

如果把与汗共议的秘密的话向自己的妻子和其他闲人透露，天地以我代善为非，遭殃死去；

如果我代善对当汗的弟弟竭力尽忠为生，那么天地眷顾，寿命延长。

其他各贝勒阿巴泰、济尔哈朗、阿济格、多尔衮、多铎、杜度、岳托、豪格（萨尔廉因病免誓）等都宣读了类似誓词，然后举火烧毁。立誓的这些人，都是太宗的哥哥、弟弟、侄儿和自己的长子，他们都手握重兵，能征惯战，把持全国的军政大权，这不能不使太宗对他们怀有疑虑，存有戒心。让他们立誓的目的，就是使这些人向至高无上的天表明自己对现实的一个态度，同意太宗进一步加强中央集权，建立一代封建皇朝。

正好外藩诸贝勒赶到盛京，他们也要求太宗上尊号，朝廷内外都想到一块去了。他们联合起来，再次恳求太宗即皇帝位。太宗说：既然你们都同心定尊号，还有朝鲜王作为兄弟，应与他共议，外藩诸贝勒有没来的，也需要知道。诸贝勒一听，太宗已经同意了他们的请求，都高兴地回家去了。

天聪十年（1636年）三月二十二日，外藩蒙古十六部四十九贝勒齐聚沈阳，朝见太宗，联合请上尊号。几天后，都元帅孔有德、总兵官耿仲明、尚可喜等各率所属官员请求上尊号。四月五日，内外诸贝勒、满洲、蒙古、汉官联合请上尊号，文武群臣百余人分次排列太宗面前，其中多尔衮代表满洲捧满字表文、土谢图济农巴达礼（奥巴之子）代表蒙古捧蒙古字表文、孔有德代表汉官捧汉字表文，分别率群臣跪读表文。这种类似戏剧的场面，形象地显示出太宗上尊号已得到东北各民族的承认，它也标志着这个以满族为核心，又有汉、蒙封建主参加的联合政权正式确立起来。在这种形势下，太宗以"顺天应人"的姿态，堂堂正正地登上了权力的顶峰。他说："尔诸贝勒大臣等，以朕安内攘外，大业浸臻，宜受尊号，两年以来，合辞劝进，至再至三，朕惟恐上无以当天心，下无以孚民志，故未俞允，今重违尔等意，勉从群议。朕思既受尊号，当益加乾惕，忧国勤民，有所不逮，惟天佑助之。"众贝勒文武群臣个个欢欣鼓舞，仪式举行完毕而退。

二

从天聪十年四月开始，皇太极正式即皇帝位，受"宽温仁圣皇帝"的尊号，改元崇德元年，定国号大清。

给一个政权命名新的国号，不仅标志一个新的国家的诞生，而且也是一个时代的开始。中国历史上，从夏、商、周开始，秦汉以降，中经魏、两晋南北朝、隋、唐、辽、宋、金、元直到明、清，由这些王朝顺序所表示的历史进程，一方面说明中国历史悠久；另一方面说明中国经过多次改朝换代。一个新王朝名号的出现，并不单单是名称的改变，它包含着政权在诞生中所遇到的种种波折。历代统治者总炫耀自己为"命世之君，创制显庸"的丰功伟绩，"不肯因袭前代"，必定换上一个新的名号，作为自己的政权的象征。因此，历代国号总要经过慎重选择而后确定，赋予它某种含义。有的以"发祥地"或以历史故地命名，如周、汉，而南北朝时期各朝多以历史故地命名。有的以爵邑封号，如魏（曹操封魏王）、隋（杨坚封隋国公），有的取文字的含义，如元（取《易经》"大哉乾元"之义）、明（源出"明教"，取"光明"之义）；还有的以当地特殊物产名为国号，如辽（镔铁）、金；个别的也有因袭前代名号，用以抬高自己的身价，如刘渊本匈奴人，因其祖先归顺了汉朝，便自称是汉朝的后裔，冒姓刘氏，建国时以汉为国号，如此等等。

清朝国号的来源较历代王朝复杂，有一个演变过程。清源出建州女真，前代女真人曾建金国，因此努尔哈赤建立政权时，沿用与宋对峙的金国名号，称"大金"，也称后金，借以与前代金国相区别。但明末清初，从太宗开始，特别是到了康熙、雍正、乾隆三朝，清统治者对于其先世原本隶属于明朝管辖的建州女真各部，都概予否认，讳莫如深。例如，天聪五年（1631年）太宗率兵攻打锦州，致书明将祖大寿："尔国（指明朝）君臣惟以宋朝故事为鉴，亦无一言复我。尔明主（指明朝皇帝）非宋之苗裔，朕亦非金之子孙，彼一时也，此一时也。"宋代深受金国的祸乱，汉人对女真人积怨很深。为避免汉人对女真的疑虑，从太宗以后，都矢口否认自己与宋代女真人的联系。天聪九年，太宗给他的父亲修《太祖武皇帝实录》，捏造"满洲"为国名，并下令禁止用"诸申"（即女真旧号）称呼族名，居然说诸申"与我国无涉"，今后一律称"满洲"。经此一改，连本族女真的名字也给改掉了，而国家也以"满洲"命名。在更改名称前，太宗和他父亲并不讳言"大金"、女真等名号。如，天命十一年，太宗给袁崇焕的信都自称"金国汗"；天聪四年，太宗发布征明檄文首称"金国汗谕官军人等知悉"。从太祖建金国到太宗改名前，称后金国号达二十一年之久。改名后，则把以前文献中有关"金国汗"的字样统统更为"大满洲国皇帝"。

但毕竟改的还不够彻底，仍有遗漏之处，象修筑盛京城时，抚近门上的大金字样，以及辽阳的喇嘛坟、大石桥的娘娘庙碑、东京城（辽阳）上的扁额，都有大金的国号，未及涂改，而留于后世。到太宗即皇帝位时，废金国号，改用大清新名。对于清号来源，清朝实录及各种官书都没作任何说明，后人则有种种解释。有的从文义上释为"扫清廓清"之义，有的说，清，青也。青为北方信奉萨满教诸族所崇尚，满洲也是笃信萨满的，故取"清"为号。其实，"清"与"金"为一音之转，这两个汉字在写法上虽异，而在满语里发音却无差别。但是，太宗之所以坚持更定国号，是因为金曾激起汉族人民的仇怨太深，不称金可以减少他们对它继续扩张势力的阻挠。再则，这时太宗已定下人主中原之策，原来的金朝最多统治半个中国，太宗要建立全中国的一统天下，为适应政治上的需要，更定国号为大清，它是太宗改元重定国号的又一动机。所以，这次更定国号，是一次政权建设的发展，是制度的革新，也是夺取更大胜利的动员。

太宗重建国号大清，开辟了清朝历史的新纪元。换句话说，清朝的历史应当从这里开始，太宗是名副其实的大清皇帝第一人。他在清史中是个承前启后、继往开来的关键人物，是清朝一统天下的真正开创者。虽然他和努尔哈赤都没有进关做全国的最高统治者，而仅在关外度过了自己戎马一生，但两人确有很大不同。努尔哈赤起自建州女真的一个小部落，他名为明朝地方官，实则是女真的一个小酋长。他用了相当长的时间去统一女真各部，推动和加速了女真社会的进步，使各分散的部落迅速走向联盟，进而形成新的民族共同体——满族，在此基础上，成立了国家政权——大金。纵观努尔哈赤的一生，他更多的是作为一个民族领袖来活动的。他的业绩及其所建金国，在整个清朝历史这一出壮烈的多幕剧中，所占的场面只能是序幕。他所起的作用，就是把帷幕拉开，并装填了自己的内容。努尔哈赤作为清朝前身历史的首创者是当之无愧的，而太宗则居于清朝历史开创者的地位。他在位十七年，特别是建元崇德前后到去世，全面地，而且极为迅速地发展了他先父的未竟事业，在一切方面都远远地超过了自己的前辈。他统一整个东北，首次降服一向与明朝保持深厚友好关系的朝鲜，征服察哈尔，统一漠南蒙古，促使漠北蒙古行"九白之贡"。他所占有的疆域将近半个中国，使清政权牢固地立于既广大又丰足的根据地之上。他所建筑的政权完全具备了国家的规模，尤其是他吸收汉人和蒙古人参加，实行以满族贵族为核心的联合执政，扩建蒙古八旗、汉军八旗，从而改变了努尔哈赤时代的单一的满族执政的民族政权性质，变为几个民族联合的政权。这为有清一代的长远统治树立了楷模。因此，太宗是真正的一代国主，他是作为一个国家的首领来活动的。他创立的国家——清政权及其基本国策为后代子孙所奉行；他建的国号大清一直沿用到近代。

皇帝继位是历代封建王朝最重大的一项政治活动。特别是开国皇帝建国称帝，意义尤其重大，它标志着一个新政权的诞生和开始。所以封建统治者把这一活动看得异常神圣，总是要举行一系列庄严而复杂的仪式，向人们显示他的"君权神授"。

天聪十年四月十一日，清太宗把这一天作为他即皇帝位的吉日。按照礼仪规定，首先祭告天地。在此之前，他斋戒三天。到十一日这天，晨光熹微，他穿戴一新，骑上骏马，在百官的簇拥下，前往天坛祭告天地。天坛设于德盛门外，太宗还没到跟前，就远远地下马站立，恭候一旁。他微微抬起头，朝四周瞥了一眼：这是一个宽敞的略呈长方形的场地，天坛就设在正中央，四面设有台阶。坛上安放一张香案，上铺黄绫缎，设"上帝"神位，前面摆放香炉。诸贝勒大臣和百官分东西列于天坛两侧，为首的是太宗的哥哥大贝勒代善，以下是济尔哈朗、多尔衮、多铎、岳托、豪格、阿巴泰、阿济格、杜度等诸兄弟子侄，接着是额驸扬古利、固山额真谭泰、宗室拜尹图、叶克舒、叶臣、阿山、伊尔登、达尔汉，再往下便是蒙古八固山额真、六部大臣、都元帅孔有德、总兵官耿仲明、尚可喜、石廷柱、马光远；外藩蒙古有察哈尔部、科尔沁部、扎赉特部、杜尔伯特部、郭尔罗斯部、敖汉部、奈曼部、巴林部、土默特部、扎鲁特部、四子部、阿鲁科尔沁部、翁牛特部、喀喇车哩克部、喀喇沁部、乌喇特部等十六部共四十九名贝勒，还有满洲、蒙古、汉人文武百官都按各旗排列。朝鲜的两名使臣也参加了庆典。场内依次遍插满洲八旗、蒙古八旗、汉军旗各色旗帜，编织成一幅五彩斑斓的画面。在百官的内外，沿场地四周布列数层八旗兵，束装肃立。整个场地庄严、肃穆。太宗看到这一切，抑制不住内心的激动。此刻，天色大亮，东方出现一片霞光。导引官满洲、汉人各一名来到太宗面前，引领他来到坛前，拾阶而上，面向"上帝"神位站立。赞礼官高呼："上香!"太宗在案前跪下，从导引官手中接过香，连上三次。接着，仍按上面程序，分别把帛和装满酒的爵恭敬地放到香案上。敬献完毕，读祝官手捧祝文登坛，面向西北跪下，高声诵读祝文。其文曰："惟丙子年（1636 年）四月十一日，满洲国皇帝、臣皇太极敢昭告于皇天后土之神曰：臣以眇躬，嗣位以来，常思置器之重，时深履薄之虞，夜寐夙兴，兢兢业业，十年于此，幸赖皇穹降佑，克兴祖、父基业，征服朝鲜，混一蒙古，更获玉玺，远拓疆土。今内外臣民，谬推臣功，合称尊号，以副天心。臣以明人尚为敌国，尊号不可遽称，固辞弗获，勉徇群情，践天子位，建国号曰大清，改元为崇德元年。窃思恩泽未布，生民未安，凉德怀惭，益深乾惕，优惟帝心昭鉴，永佑家邦。臣不胜惶悚之至，谨以奏闻。"这篇祝文，向"上帝"报告他十年所取得的巨大功业，请求批准他即皇帝位，以此来表明他是"命世之君"，有权统治全国。

宣读完祝文，太宗和百官依次入座，他先饮酒，吃祭品，然后分给百官，并当场吃掉。根据古礼规定，祭天地都用"生太牢"（生肉之类），祭毕，将生肉分给臣属，带回家煮熟食用。太宗认为人类早已吃熟食，而祭祀还用生肉，是对天地的污亵。因此他改革这一古礼，规定此后祭祀一律改用熟食品，仪式一结束，当场吃掉。

仪式的第二项内容，是在大政殿举行"受尊号"礼。殿内正中放一把金交椅，周围摆放御用的一套新制作的仪仗，朱红色油漆放出耀眼的光泽，显得十分华贵、威严。仪式一开始，导引官引太宗经大殿正面拾阶登殿，入坐金交椅，百官仍分左右两班站立。这时，乐声大作，赞礼官高呼："跪！叩！"百官向太宗行叩首礼。赞礼官又呼："跪！"百官随口令刚跪下，多尔衮与科尔沁贝勒巴达礼、多铎与豪格双双从左边班列中站出；与此同时，岳托与察哈尔林丹汗之子额哲、杜度与孔有德双双从右边班列中站出，他们每两人合捧一枚皇帝御用之宝，上前跪献给太宗。他们代表了这个政权统治下的满、汉、蒙古及其他少数民族，把象征着皇帝权威的御用之宝交给太宗，就表示把国家的最高权利授予了他，完全承认他的至高无上的统治地位。献宝之后，满、汉、蒙古各一名代表，手捧本民族文字的表文，站立殿东侧，依次宣读，对太宗赞颂一番。读完，又是一次叩头礼。礼毕，在殿前立一鹄，命善射者较射，优胜的有赏。继位仪式到此最后完成，立时鼓乐一齐吹打。太宗在鼓乐声中，含笑步出大政殿，排列仪仗，乘舆回宫。当天，太宗在大政殿举行盛大宴会，欢庆即皇帝位礼成。

次日，太宗率百官来到太庙追尊祖先。从始祖、高祖、曾祖，到祖父，都尊奉为王，而奉父亲努尔哈赤为皇帝，上了一大串尊号，曰：承天广运圣德神功肇纪立极仁孝武皇帝，庙号太祖，其陵园称福陵。尊奉母亲为皇后。此外，还给已故功臣追封美称。

四月二十三日，太宗大封他的臣属，先封他的诸兄弟子侄：大贝勒代善位列第一，封为和硕礼亲王、贝勒济尔哈朗为和硕郑亲王、多尔衮为和硕睿亲王、多铎为和硕豫亲王、豪格为和硕肃亲王、岳托为和硕成亲王，阿济格低一级，为多罗武英郡王，杜度以下再低一级，为多罗安平贝勒、阿巴泰为多罗饶余贝勒，按以上等级，分赐银两。外藩蒙古贝勒也按亲王、郡王等级分别敕封。二十七日，敕封孔有德为恭顺王、耿仲明为怀顺王、尚可喜为智顺王，时称"三顺王"，是汉官中最高的封号。他们的部下也都论功封赏。

清太宗继位典礼，从全部礼仪的形式上看，基本上是仿照汉制礼仪，但在内容上已带有满族生活的特点。但更为重要的是，在仪式进行过程中，太宗自始至终坚持满、汉、蒙古三位一体，推选他们的代表给他上尊号，同时又以满、汉、蒙古三种文字书写表文，这反映了清太宗是多么重视各民族的巩固的联合！这种做法，是历代王朝所不曾有过的事。汉族封建统治者不管是新建王朝，还是后世子孙继承皇位，都摒弃少数民族于宫墙之外，即使如辽、金、元这些少数民族建立的政权，又多取排斥汉族的政策。太宗一反他们的片面作法，极为重视满族同汉、蒙古等民族的密切合作，使之成为他立国的一块基石。继位典礼是这一方针的又一次生动的体现。顺便指出，这次即位典礼，前后持续二十余天，耗费了大量的钱物。从仪式所需的各种设备，到皇帝、百官制作的礼服、仪仗；从各色祭品，到赏给诸贝勒及百官的银两物品，所费银两不下十余万！不言而喻，太宗和他的家族及百官从继位活动中得到的欢乐，恰是建筑在广大劳动人民的痛苦之上！

三

随着后金迅速发展，在统治阶级内部出现了包括满、蒙、汉官在内的一大批新贵。他们在对明朝、蒙古、朝鲜及其他民族的征战中积累了巨大的财富，又靠军功从汗（皇帝）那里获取了大量赏赐。他们与太祖创业时期的旧贵族便构成了后金（清）统治阶级中的上层统治集团。这些人既富且贵，不仅分掌国家政权，而且在经济上处于极为优厚的地位。随着权利的扩大，财富的聚集，他们的欲望也越来越强烈。特别是进入辽沈地区以后，一改原先山涧水涯的那种落后的生活处境，深为这里的繁华富庶所吸引，他们开始接受甚至模仿明朝官僚地主的奢侈腐化的生活，追求享乐、贪图安逸的思想严重滋长。有一次，多铎的哥哥多尔衮带兵出征，照例太宗和大臣出城送行，而多铎懒得出门，便假托躲避天花病不送，在家与妓女鼓丝欢歌，身穿"优人"的衣服，学"博粉"之态，寻欢作乐。多罗武英郡王阿济格曾因病在家调养一段时间，等病愈以后，仍迟迟不上衙门办事。时值八月盛夏，原来他怕天热，就推说病没好，在家闲居逸乐。此类事甚多，就是在前线营帐内，也找来"优人"吹弹歌舞。一个最具有讽刺意味的事例是，太祖刚去世，还在服丧期间，太宗和他的哥哥代善尚守"孝道"，在家素服含悲俯首独坐，默哀其父，但努尔哈赤的另两个儿子莽古尔泰、德格类和女儿莽古济却在家穿戴盛装，大摆筵席，吃喝玩乐，招来女乐吹拉弹唱，德格类坐在炕的右边弹筝唱和，玩得十分痛快，脸上毫无悲戚之容。仅此一例就足以反映这批正处在上升时期的新老权贵们的精神面貌了。他们一方面压榨剥削处于奴隶地位的广大阿哈包衣；一方面又不断扩大自己的特权，用各种手段掠取不义之财。新老权贵的势力急剧膨胀，其结果必然在政治上分散汗（皇帝）的权力，而经济上无休止的兼并和垄断财物，则激化了国内阶级矛盾。这种状况，不仅妨碍统一事业的顺利进行，而且完全不能适应日益发展的中央集权的需要，构成对皇权的严重威胁。

太宗目睹这些权贵们的所作所为，引起了高度的警觉。为了把父亲的事业进行下去，他经常训诫诸王贝勒，晓以大义。崇德二年（1637 年）六月，一天，太宗把他们召到跟前，以一年前征朝鲜为例，批评他们抢夺财物。他说："去年朝鲜之役，军中甚无纪律，见利当前，竟忘国法。我一再申饬你们，并非我想自己取用。如今，凡钱财牲畜诸物无所不备，不可胜用，为什么还不知足？你们并不是不害怕我的禁令，但黩货心切，往往藐视禁令而不顾，实在可恨！其不知财货乃身外之物，多藏无益。即便不义而富，能有不死之术而使自己永久享用吗？太祖时代的大臣，活到现在的有几人？这就是说，人的一生如寄身于天地间这个大旅馆里，何必为自己过多营谋？子孙如果贤能，则自会显达；子孙愚昧无知，你们既使留下很多的产业又有什么用？根本的问题，是要奋力立功，树立好名誉，使你们的勋绩遗留给后世，这才是最为可贵的。古语云：天有四时，地生万物。天下有民，"圣人"统治。所以春季是管生的，万物繁荣；夏季是管长的，万物长成；秋季是管杀的，万物充足；冬季是管收藏的，万物肃静。"盈则藏，藏则复起，莫知所终，莫知所始，莫进而争，莫退而逊。"照此道理治国，则与天地之道相合。

从今以后，你们勿得贪图财物，各宜竭尽忠诚，勤于国事，朝廷上下和熙，那么，你们的勋名长保，使子孙永远保持而不改变，这岂不是桩美事吗！

清太祖时期，陆续制定了一些制度和规定，但国家体制很不完备，太宗继位以后，又补充制定有关规章制度。

然而，已经制定的制度出现了不能严格执行的问题。这主要是诸王贝勒还不习惯于依法行事，往往凭借自己的权势"越分妄行"。例如，各旗主的护卫人数，或多或少，都未有定额。因此，牛录中有才能的人都被诸王贝勒挑选去当护卫，使得牛录这一层组织人数不足，力量削弱。太宗为限制诸王贝勒的特权，对此作出如下规定：每一牛录可用"执事"四人、每一旗选用护卫二十人。居于显赫地位的代善却带头违章，在定额之外多选护卫十二人，还向户部参政恩克说：太宗所选的护卫，也超过了定额二十名之外。代善敢和太宗攀比，说明在他的心目中还没有把太宗看成是至高无上的皇帝。太宗知道了这件事，在崇德二年（1637 年）七月，召集诸王贝勒文武群臣当众斥责代善，质问他："你查查我所管的两黄旗（正黄旗、镶黄旗）的名册里，是否有多选侍卫的事？"说着，太宗命他的左右侍卫都站出来，用手指着他们说："我的侍卫四十人，还是太祖在世时给的，他们都是免役的人，他们有的是我的叔伯兄弟之子，有的是蒙古贝子的儿子，有的是官员之子，也有的是我的包衣之子，凡应役的，我一个都没选用。"经过当场查对，太宗的侍卫不但没有多选，而且还不够定额。太宗接着说："你们都看到了吧？还不够定额，那来的多余呢？凡黜陟予夺大权都在我手，我想干什么还怕你们吗？代善无端怀疑，所以才叫你们都看看事实！"接着，太宗还谈到代善对限定侍卫名额表示不满。太宗继位不久，有一次，代善不用护卫，自己牵着马，胳膊挟着褥垫去见太宗，这番举动，明显地是在发泄内心的不满情绪。太宗就此责问代善："难道一旗之众就没有卫从之人？为什么窘迫到这个地步？你这样做是尊敬我呢？还是心有不快呢？"又说："我每每想到太祖诸臣，功勋赫著的还有几人？现在都不在世了，只有兄在，我不致敬，将来后悔何及？所以才专意加礼。况且有上天护佑，诸物具备，衣着食用骑乘充足不缺，兄如要求多关照，就直说好了，我岂吝啬！果能如此，才合我意。不然的话，阳为恭谨，阴怀异心，这不是我所希望的。"说到这里，太宗转向诸王贝勒大臣，说："厚富之人，不乘良马，不服美衣，不食佳撰，不畜仆从，自谓以此获福，可享千年，然人岂有不合理而能长久安享者乎？"

太祖时，曾立下一条规矩：凡在战争中俘虏的降民、金银财物、马匹等物品一律上缴，违者治罪。当时，以八和硕贝勒共议国政，他们各置官属，权利均等。因此，太祖"预定八家（即八旗旗主）但得一物，八家均分公用，勿得分外私取。"在分配这些战利品及赏赐时，必由八家旗主均分，称为"八分"，八旗旗主以下者，都不入"八分"，但从中也得到一部分财物和赏赐。太宗继位后，继续执行这一规定，一再训诫文臣武将遵守。但事实上，种种营私舞弊的现象屡屡发生。他们利用掌握的权利，寻找一切机会攫取额外私利。例如，诸王贝勒（太宗的兄弟子侄）每当出征，总是私带家中的仆人或其他"闲散无甲之人"冒充兵士，私令随征。目的是让他们在战争中为自己多抢夺财物，倘若立功，亦可冒领赏赐。上行下效，象牛录章京等下级军官也仿效此法，企图多得战利品。在征战中掠取的物品，如马匹、金银等物只上缴一部分，另一部分隐瞒不报，留于个人之手。甚至将部分降民也私留起来，作为自己家中的奴仆，也有的私娶降民中年轻貌美的女子为妻，等等。这些违禁现象任其漫延，就会助长贪得无厌的思想进一步发展，势必带来严重后果，以致从经济到政治都造成危害，同时，也会直接削弱太宗的权威。太宗看到问题的严重性，给予很大的注意。每次出征前，他都讲清纪律，归来后，都要进行总结，让下边揭发各种违纪的事实。一经发现，即严肃处理，轻者当众训斥，重者鞭打，直到革职。但一般都采取罚款退赃的办法，使之在经济上不但占不到便宜，还得交出自己的私产来补偿所犯的过错。凡是违犯上述一例的，必须将征战中夺得的一切东西如数交出，另根据过错轻重，再罚以数目不等的银两、马匹等，如已得到赏赐而后被揭发作弊的，其赏赐也必须如数缴回。满、蒙、汉官这批新老权贵都以多得财物为荣，最怕自己的财产受损失。太宗抓住这一点，在处罚时首先给予经济上制裁，这在一定程度上限制和打击了权贵们的气焰，起到了抑制其特权进一步发展的作用。

经过太宗不断从思想上训诫，在政策上严格贯彻有关规定，权贵们不得不有所收敛，因而上述现象逐年减少，这就保证了内部的上下一致，树立为国效力的风气。

四

清太宗继位之初，地位并不那么稳固，国家权力尚未达到高度集中，而是分散在宗室贵族手中。他们或玩忽职守，或随意违法妄为，有的甚至敢于向君主挑战。太宗清楚地看到，如果不打击这股轻视甚至目无君主的分散势力，他就坐不住金銮殿。经过多年努力，采取各种措施，他的权威才得以牢固地树立起来。他的制胜法宝就是制定法令，秉公执法，不分上下贵贱、内亲外戚，一切依法行事。

清太宗继位后的头几年，主要精力用在征朝鲜、伐明朝，没来得及完善法律。到天聪五年（1631年），太宗阐述了他的法制思想，同时公布了一些法律规定。他说："国家立法，不遗贵戚，斟酌罚锾以示惩儆。凡诸贝勒审理、枉断人死罪者，罚银六百两；枉断人杖罪、赎罪及不奉谕旨私遣人与外国交易，或怠忽职守，或擅取民间财物马匹、或将本旗女子不行报部短价收纳在家者，均罚银二百两。"以上规定，既包括诸王贝勒审断案件出现的差错，也包括他们自身违法都受惩处两个方面。清太宗经常惩治的是临阵败走、酗酒妄为、行猎不能约束整齐三件过错，有违犯其中一条的，都判以重刑，其余诸事都可从宽处理。崇德年间，他强调惩治触犯这三条的人，是针对诸王贝勒而发的，不能不说这是压抑王权，提高皇权的措施。他还提出了执法的指导原则和审案的具体方法。这就是"听讼务持其平，谳狱务得其实。尔诸臣审理讼狱，于两造所陈，当速集见证鞫问，庶有实据。若迟缓取供听彼潜相属托，支饰避罪则审判安得公平？自今以后，不先取见证口供，致事有冤抑者，既按事之大小坐罪审事官。"执法必须公平，不得偏私，审案判罪，贵在有真凭实据。审讯时要对犯罪者与告发者的口供迅速取证，如果迟迟不取，只听掩饰避罪的口供，或只听信犯罪者暗地托人说情，审判就不会公平。此后，如不先取证只听信口供，致使有遭冤枉的，按其情节轻重，处罚审判官。

清太宗亲自制定法令，自然地他就成为法制意志的最高体现者。有了法律这个准绳，他就可以监督诸王贝勒及群臣的言行，使他们都处于皇权的控制之下。虽然太宗明确立法，但过惯了部落生活，又掌握了很大权力的诸王贝勒并不完全把这些法令放在心上，每每藐视法制，任意妄为。太祖去世前曾立下遗言，其中谈到法制，说："国家当以赏示信，以罚示威……尔八固山（八旗旗主）继我之后，亦如是，严法度，以效信赏必罚。"他规定一条原则："赏不计雠（仇），罚不避亲，如是，明功赏，严法令，推己爱人，锄强扶弱。"太宗遵循父亲的遗训，对违犯法令的人特别是诸王贝勒，从不放过，一律按法令处置。崇德二年（1637年）六月，太宗总结征朝鲜及皮岛之役，"王以下，诸将以上，多违法妄行，命法司分别议罪。"经刑部审议，认定自礼亲王代善以下共计64人犯有各种程度不同的过失。这些过失概括起来，有私携无甲之人冒名顶替从军、纵士兵抢掠、私娶降民妇女、不听从军令擅自行动、私匿缴获的战利品、战斗中畏缩不前致使兵士损伤，等等。根据过失轻重，分别判处死刑者 24 人，撤职 13 人，鞭刑 5 人，罚银者 22 人（有的既受鞭刑又罚银，还有的既革职又罚银）。这些受处罚的人当中，有太宗的儿子、哥哥、弟弟、侄儿、额驸（即驸马）等，皇亲国戚约占四分之一，将官一级的约占三分之一。因为代善的爵位最高，他被列为犯法者第一人，刑部给予革去亲王爵位、罚银一千两的严厉处分。其他如多罗武英郡王阿济格、多罗贝勒豪格、固山贝子篇古、和托等一班宗室勋戚，也分别处以革除爵位、罚银。以下固山额真、梅勒章京、兵部承政等高级将领同样依法处分。皇太极从争取人心，为他继续使用这些人考虑，大多给以从轻处理。原判死刑的 24 人赦免 19 人，处以罚银的，也逐一减少数目。代善等诸王贝勒也免去革爵的处分。太宗从宽发落，丝毫不减少处分的意义。他把违法者的罪状都公之于众，上下皆知某某犯法，罪状都记录在案，既让臣下互相监督，又使本人警惕，从中吸取教训，日后不再重犯或少犯类似的过错。这样做，诸王贝勒群臣无不心悦诚服。

太宗运用法令同宗室大臣中的分散势力进行斗争，并非是靠一、二次处罚就能奏效。他们虽经处分，政治上、经济上多少有些损失，一个个却是满不在乎，有意无意地违抗法令的大有人在。太宗就以更重的处罚、严厉的手段加以打击。崇德六年（1641 年）三月，因为围困锦州的事件，太宗又同诸王贝勒进行了一次严重的斗争。本来，按照太宗的战略意图，对明朝的前哨重镇锦州实行长期围困，在断绝一切外援的情况下，迫使处于绝望之中的明兵献城投降。他向戍守围困锦州的领兵诸贝勒阐述得一清二楚，可是，他们没有遵守。作为领兵的主帅和硕睿亲王多尔衮及其助手豪格、阿巴泰、杜度、罗托、屯济、硕托、阿山、潭泰、叶克舒等一班主要将领，在围困期间，私自决定兵士和军官轮流回沈阳探家。一次是每牛录甲兵三人回去，再一次是每牛录甲兵五人，每旗章京一名放回去。由于把兵士放回家，营中兵员减少，害怕锦州城里的明兵趁机劫营，于是下令全军从现有的包围线后撤到离城三十里的地方扎营。这正好与太宗的意图背道而驰。太宗明令要求他们围困锦州要由远渐近，逐步缩小包围圈，直逼城下，以震慑城内明兵。太宗闻听他们违抗军令，大怒，严厉谴责："原令由远渐近，围逼锦州以困之，今离城远驻，敌必多运粮草入城，彼此相持，稽延月日，何日能得锦州耶？"太宗气得不得了，整整一天，怒气未息。正值驻兵换防，便命甲喇章京车尔布等人前去锦州传达他的谕旨，令多尔衮等会议，将提出并决定后撤、私遣兵士回家的人指名揭发，拟出罪状报告。

接着，派兵部参政超哈尔、谭拜等率兵替换多尔衮军，传去一道谕旨：令多尔衮等率军至辽河，驻营舍利塔，不许进城，等候他的处置。多尔衮率军到舍利塔后，向太宗做了报告。太宗马上派内院大学士范文程、希福、刚林等调查多尔衮等违令的事实，并分别训斥诸王贝勒："睿亲王（多尔衮），朕加爱于你，超过诸子弟，良马鲜衣美馔，赏赐独厚。所以如此加恩，是因为你勤劳围攻，恪遵朕命。今于围敌紧要之时，离城远驻，遣兵回家，违命如此，朕怎能再加信任！肃亲王豪格，你同在军营，明知睿亲王失计，为何缄默静听，竟然听从他的话？阿巴泰、杜度、硕托，你们为何对此漠不相关？听任睿亲王所为，是也说是，非也说非，遇之如路人，视之如秦越呢？硕托，你曾获罪，朕屡次宽大，你却徒具虚名，不思效忠！"

范文程等传达完上述指示，多尔衮、豪格、硕托等人申诉遣兵士回家是为了"修治盔甲、器械，牧养马匹"，说些不得不如此的理由。范文程一行返回盛京，将调查结果上报。太宗一听，益发生气，说："此皆巧饰之辞！……仍敢于欺朕！可令伊等自议其罪。"范文程一行又回到多尔衮处，传达太宗谕旨。多尔衮不再辩解，首先认罪："不逼近锦州，遣兵回家，轻违谕旨，致误锦州不得速破。我即总握兵柄，将所属之兵，议遣返家之时，倡言由我，遣发由我，悖旨之罪甚重，应死。"豪格说："睿亲王，王也，我亦王也。但因睿亲王系叔父，所以令握兵柄耳，彼既失计，我合随行，罪亦应死。"其次议定杜度、阿巴泰、罗托、硕托、屯济等均削去爵位，各罚银两若干。再次固山额真阿山、潭泰、叶克舒都参赞军务，应处死。以下涉及各级将官 34 人都分别议罪。范文程一行又回盛京，将处理结果报告，请示太宗批准。太宗决定，凡死罪均免死，和硕睿亲王多尔衮降为郡王，罚银一万两，剥夺两牛录户口；和硕肃亲王豪格降为郡王，罚银八千两，剥夺一牛录户口；阿巴泰、杜度各罚银二千两；罗托、硕托、屯齐、潭泰、阿山、叶克舒各罚银一千两。多尔衮以下各将官纳完罚银，太宗始许他们入城。他们想进宫谢恩，太宗不允，只得在大清门外谢恩重罪轻处。

过了几天，多尔衮等都到议政衙门办公，太宗又详问围锦州时各军驻兵地，比原先调查的情况更严重，不由得气往上冲，当即命大学士希福、范文程、刚林等传他的话："尔等（多尔衮等）在外，意图安寝，离城远驻，既求休息，疾速还家，且归安寝可耳！"将多尔衮逐出议政衙门，撵他们回家，不准上朝视事。

此事僵持到四月初。七日这天，太宗召见范文程、刚林等进清宁宫，面授指示，说："你们可召集获罪的诸王贝勒大臣到笃政殿前，传达朕的命令，叫他们各入衙署办事，不可怠惰。不许他们入大清门，如遇朕出门，也不许随行。朕并非厌恶他们，不令见面，但他们来见朕，朕无话可问，他们也无话可答。朕将托何辞问询，他们又托何辞来回答？假若静默无言相对，那就太没意思了。"范文程、刚林劝道："获罪诸王贝勒都是皇上子弟，既已训诫而宽恕，还是叫他们入朝，未知可否？"太宗摇头不允。范文程等按太宗指示，向多尔衮等传达了他的原话，多尔衮等奏道："一切惟上命是听，臣等有何辞可对？"说完，都到自己的衙门去了。又过了一段时间，多尔衮等托范文程、刚林说情，太宗才允许他们进大清门，入朝办事，但不许他们搞徒具虚名的"谢恩"这类仪式。

清太宗执法之严酷，虽权贵不饶，于此可见一斑。诸王贝勒不得不俯首听命，慑于这位大清皇帝个人的权威之下。太宗对自己要求也严格，率先执行法令。天聪五年（1631年）二月，制定仪仗制，自他以下，诸王贝勒出门都按规定排列仪仗队，违例者罚羊。不久，太宗到他几个儿子避痘的住所看望，去时未排列仪仗队，礼部启心郎祁充格以违例罚羊的规定告知巴克榜什达海，他马上向太宗报告。太宗认错、认罚，将羊付给礼部，说："朕非忘具仪仗也，以往避痘处故不用耳。然不传谕礼部贝勒，诚朕之过，朕若废法，谁复奉法？此羊尔部可收之。"

清太宗面对势力雄厚的权贵们，之所以毫不畏惧，敢于斗争，是他在当时摆出秉公执法的姿态，包括本人在内，一视同仁，表现出他是为国家、民族和全体人民的利益着想。他的直接目的是打击和抑制诸王大臣的势力的进一步增长，从而提高和巩固他的皇权的集中统一。

五

清太宗继位，既非受父亲遗命，亦非因为年龄居长而当立。他是接受以代善为首的诸兄弟子侄的拥戴才登上汗位的。作为既成事实和回报，太宗对负有拥戴之功的三大贝勒即他的三位兄弟代善、阿敏、莽古尔泰极为优礼；每当朝会、盛大庆典、宴餐、与群臣见面时，太宗都把三个哥哥摆在与自己的同等地位——居南面并列而坐，俨然如四汗。接受群臣三跪九叩礼，而太宗免去三大贝勒的君臣礼，只行兄弟之礼。太宗如此相待，一方面包含了对兄长的尊敬与感激；另方面也含有某种程度的畏惧之意。就诸王贝勒的实力而言，三大贝勒最为雄厚。代善掌握正红旗、镶红旗，阿敏掌握正白旗、莽古尔泰掌握正蓝旗。八旗是军政合一的社会组织，他们掌握一旗到两旗的八旗军队、人口及土地财产，就是一个国家中的四分之一或八分之一的实权派。太祖在世时，他们与太宗并列为国中"四大贝勒"，其地位均排列在太宗之前。当时，太祖实行八和硕贝勒共议国政的制度，他们与太宗共同参与政务。太祖去世后，继续实行这种制度，太宗不得不与三大贝勒及其他旗主贝勒共议国政，凡事不能自专。他们为了本旗和自身的权益，自行其事，甚至以拥戴之功，要求太宗给予更多的权利。太宗处处受到诸王贝勒的"掣肘"，遇事总是迁就。例如，天聪三年（1629 年）十月，太宗率军征明，行军至中途，代善、莽古尔泰竟让诸贝勒大臣停在外面，两人进御幄力阻进军，以"劳师袭远"为兵家所忌，要太宗班师。太宗左右为难，一时竟不敢作主，默坐营帐中，闷闷不乐。为了实行既定的作战计划，清太宗动员起岳托、济尔哈朗、萨哈廉、阿巴泰、杜度、阿济格、豪格等，说你们既然知道这次行军有如此诸多不利，为什么缄默不语，使我远涉至此。清太宗的激将法点燃了岳托等人忠君的热忱，他们表示支持和拥护太宗，反过来向代善、莽古尔泰施加压力，二人被迫改变主意，太宗才得以下令继续进军。由此可见，三大贝勒及诸贝勒具有左右局势的实力和影响。所以，太宗"虽有一汗之虚名，实无异整黄旗一贝勒也。"这种八旗旗主联合主政的体制，造成皇权分散、王权独立，太宗与诸王贝勒主要是与三大贝勒的矛盾和冲突就成为不可避免。太宗初立，只能暂时维持这种共同主政的局面。但他逐步采取实际步骤，不断削弱直至消除各种对立的势力。

首先，太宗采取的一个步骤，就是把在八旗中权利大的诸王贝勒的权利向下分散。太宗对官制的大幅度改革，实际就是力图削弱诸王贝勒主要是三大贝勒的势力。他暂沿旧制，仍在每旗设总管旗务大臣一员，但扩大了他们的权限，规定"凡议国政，与诸王贝勒偕坐共议之"。这一措施等于从诸王贝勒手中分出一部分权利给总管旗务大臣，从而打破他们垄断权利、左右局势的局面。太宗还于每旗各设佐管旗务大臣二员，调遣大臣二员，各分掌一旗的某方面事务，这就进一步削弱了诸王贝勒独掌一旗的权利，并使他们处于众多参政人员的监督和互相牵制之中。

其次，在管理国家、处理行政事务中，太宗也采取了削弱诸王贝勒的有力措施。天聪五年（1631 年）初设六部，每部以贝勒一人领部院事。到崇德三年（1638 年）七月，停王贝勒领部院事，其权利再次削弱。

六

阿敏是皇太极的堂兄，努尔哈赤同母弟舒尔哈齐之子。阿敏充任四大贝勒之一，乃因其父舒尔哈齐在努尔哈赤创业之始的功勋。

舒尔哈齐生前曾与其兄努尔哈赤争夺权位，但他远不及努尔哈赤英勇善战和足智多谋。舒尔哈齐曾欲私迁黑扯木自立为王，阿敏自然追随其父。努尔哈赤将舒尔哈齐及阿敏追回囚禁，欲严厉治罪。朝鲜人因此说努尔哈赤"威厉猜暴"。事实上，舒尔哈齐私迁之举亦不可取，当时分裂行动并不利于满族的发展。不久，舒尔哈齐在亲兄的压力与劝说之下承认了错误。阿敏当时险被处死，由于诸兄弟说情才得活命，后又得任大贝勒。

阿敏与皇太极父子间积怨年久日深，当皇太极继位之际，他曾以"出居外藩"作为拥立的条件。皇太极曾找郑亲王济尔哈朗计议阿敏的打算，并予以否定。因此阿敏对皇太极继位不满。

天命十一年，在阿敏率兵征伐蒙古扎鲁特部落的战役中，"大贝勒阿敏亲党行事变常，语言乖异，有'谁畏谁、谁奈何谁等语'"。在汗位转移的大变动中，早怀异心的阿敏言行反常，至于"谁畏谁，谁奈何谁等语"，矛头则直指新汗皇太极，其间也夹杂着对先汗努尔哈赤的宿怨。显然，在皇太极继位前后，阿敏又重新萌发了昔日独自立国的幻想。

天聪元年（1627 年），阿敏征扎鲁特部归来不久，皇太极又命他带兵侵入朝鲜。在朝鲜国王已遣使请和的情况下，身为主帅的阿敏不愿住兵，而"令吹角进兵，直趋王京"。主管兵部的贝勒岳托"知不可劝止，遂策马还本营，邀阿敏之弟济尔哈朗至营共议"，决定驻兵平山城。阿敏身为统帅，遇事不集众议，一意孤行，造成后金军队"皆分道而行"的松散状态。岳托指出皇太极的战略意图是：只要朝鲜求和，即可携带俘获的人畜财物班师回沈阳。但阿敏却说："汝等欲归者自归耳，吾则必到王京。吾常慕明朝皇帝及朝鲜国王所居城郭、宫殿，无因得见。今既至此，何不一见而归乎？"他公然违背军令，甚至要在朝鲜"屯种以居"，以实现其独自立王国的打算。阿敏还提出要与褚英之子杜度"同住于此"。杜度未忘其父褚英的可悲下场，不敢赞同阿敏之意，因此"变色答曰：'吾何为与尔同住？皇上乃我叔父，我何可远离耶？'"至此，阿敏已处于孤立的地位。当八旗大臣讨论行军及议和大计时，出现了"七旗大臣所议皆同，独阿敏本旗大臣顾三台、孟坦、舒赛从阿敏议"的状况，因而"议久不决"。这时，

"岳托、济尔哈朗、阿济格等同会一所",决定与朝鲜议盟讲和。在这种情况下,阿敏才不得不从众议。可见,诸年青贝勒多是拥戴皇太极的,尤其是岳托、济尔哈朗从中起了重要作用。八旗共议的军事民主制度,成功地抑制了阿敏独行其是、心怀异志的企图。

当侵朝大军回至东京(辽阳)时,阿敏欲擅纳所俘获的朝鲜美妇,岳托又予以干涉,认为俘获妇女不可"私取"。阿敏说:你父代善在征扎鲁特时也取了妇人。岳托说:我父取妇人是出征所得,是汗分赐的,"我父得一人,汝亦得一人",致使阿敏理屈词穷。后来,这个朝鲜美妇被皇太极纳入宫中。但阿敏仍然眷恋着她,命纳穆泰向皇太极索要,皇太极显然不了解前情,说:"未入宫之先,何不言之?今已入宫中,如何可与?"阿敏因请求被拒绝,坐在位上,面露不悦之色。从此,背后常发怨言。皇太极听说后十分不悦,虽说"为一妇人,乃致乖兄弟之好耶?"但却并不将那美妇给予阿敏,而将她赐给总兵官楞额礼了。

阿敏是个思想感情外露无遗的人,在大庭广众中也常发怨言,诸如:"我何故生而为人","不若为山木,否则生高阜处而为石","虽供人伐取为薪"或"不免禽兽之溲渤",也强于现在的处境等这类愤怨之词。有些话无疑是对皇太极的攻击。

阿敏还"违背上旨",违拗皇太极欲驾驭蒙古科尔沁奥巴的策略。皇太极原同科尔沁奥巴结盟征伐共同的敌人察哈尔,但奥巴不遵约行动,以致皇太极说他"背所约之地,从他道人,复不待我兵先回"。这使皇太极十分愤怒,决心"永勿遣使往彼,彼使至,勿容进见"。而阿敏在军中即遣人往告奥巴"上责备之语",后又接受奥巴之请私留奥巴使节于家,奥巴给皇太极的书信亦匿不上呈。这些显然都是不忠于新汗的活动。

阿敏又违背皇太极关于贝勒大臣子女婚嫁要"奏闻"的规定，私将自己的女儿嫁与蒙古贝勒塞特尔。及宴会时，才请皇太极赴宴，皇太极不满地说："许嫁时未尝奏闻，此时何遽请幸其第"，因此不去赴宴。以后阿敏又不请示皇太极便"擅娶塞特尔女为妻"。此后，当阿敏听说女儿在塞特尔处受苦时，恳请皇太极向塞特尔说情。皇太极斥责说："吾国之女，下嫁于他国者，何尝失所？汝女方许嫁时，不奏于我；今女不得所，何必来奏！汝自向彼言之可也。"如此，双方芥蒂日渐加深。

太祖时，"守边驻防，原有定界"，阿敏所管两蓝旗分驻张义站、靖远堡，因土地瘠薄，又给与大城之地。但阿敏又擅自"越所分地界"，在黑扯木开垦耕种，因而受到"将所获之粮入官"的处罚。皇太极继位后，阿敏又将靖远堡丢弃，移住黑扯木。皇太极见其所弃田地"皆膏腴良田"，责问阿敏为何这样做，大贝勒代善、莽古尔泰也责备他"违法制，擅弃防敌汛地，移居别所，得无有异志耶？"这一看法很有道理，阿敏自己也无从解释。

阿敏曾告诉其叔父贝和齐，说他在梦中被努尔哈赤箠楚，赖有黄蛇护身。这显然是暗示他自己是真命天子，包藏着夺取汗位的野心。

天聪三年（1629 年），皇太极亲率大军伐明，阿敏留守沈阳，他不认真守城，却"私自造箭，屡次出猎"，寻欢作乐。当岳托、豪格两贝勒先返沈阳时，阿敏竟"令留守大臣坐于两侧，彼坐居中，俨若国君"，命岳托、豪格"遥拜一次，近前复拜一次"，实为"欺凌在下诸贝勒"。在皇天极率军出征期间及回沈阳后，阿敏"皆无一言恭请圣安"。可见阿敏对天聪汗的冷漠态度。

天聪四年（1630 年），皇太极命阿敏、硕托率兵六千往代镇守永平等地的济尔哈朗诸贝勒。阿敏又节外生枝，请求与其弟济尔哈朗同驻永平。皇太极说："彼驻日久，劳苦可念，宜令之还。"为此，阿敏对送行的贝和齐、萨哈尔察说：努尔哈赤在时"尝命吾弟与我同行，今上继位，乃不令与我同行。吾至永平，必留彼同驻。若彼不从，当以箭射之。"贝和齐等曰："尔谬矣，何为出此言？"阿敏攘臂蛮横地说："吾自杀吾弟，将奈我何？"这一方面表现了阿敏的跋扈，另一方面也反映了其弟济尔哈朗早已不与他同心，在朝鲜时即是如此。年轻贝勒济尔哈朗是积极拥立并追随皇太极的，而皇太极的安排也自有深意，这就使阿敏因孤立而十分怨恨了。

阿敏到永平后妄自尊大，声称"我乃大贝勒，何为止张一盖？"并对皇太极抚恤降人的政策表示不满，声称自己征朝鲜时释放降人是为了攻取王京，此次伐明攻燕京不克而还，既攻下永平，何不杀降民泄愤！当榛子镇归降后，他竟令众兵"尽掠降民牲畜财物，又驱汉人至永平，分给八家为奴"。这种作法，严重损害了皇太极笼络人心与明争天下的战略。

阿敏在明军围攻滦州的三昼夜时，"拥五旗行营兵及八旗护军，坐守观望，听其城陷兵败"，"坚不肯救"，因为"以三旗精兵，非其所属，可委敌人而不顾"，以后又"尽屠永平、迁安官民"，"以俘获人口、财帛、牲畜为重，悉载以归"。皇太极认为永平等"四城降民，为汉人未降者瞩目"，爱养永平等归降官民是为收服人心日后夺取明朝天下树立一个榜样。而阿敏尽屠降民的野蛮屠杀政策，与皇太极的策略有严重的分歧。

天聪四年（1630年）六月，阿敏以失地屠民"败绩而还"，皇太极命令不许诸贝勒大臣人城，士卒可以人城回家。他严厉指责诸贝勒不战而失永平，奔回时又不能妥善殿后，使士兵受到很大损伤。阿敏至此方不得不服罪。总兵官以下，备御以上的军官全部被绑受审。皇太极在处理此案时，"念及士卒陷于敌人"，"恻然泪下"。他让士兵人城，对包括阿敏在内的各官一律免死，显示了他善于争取人心的宽容大度。皇太极特别指责图尔格未能谏阻阿敏，图尔格表示曾力谏，但阿敏不从。皇太极说："贝勒若投敌国，尔亦随之去耶？"这流露出皇太极内心中对阿敏的不信任。后来，阿敏被定十六大罪，从宽免死，囚禁终身。从历史文献分析，皇太极此举亦系不得已而为之，非预谋陷害。这是阿敏作为奴隶主阶级的代表，与皇太极推进社会封建化相对抗而失败的结果。这一结局客观上为皇太极汗权独尊扫清了道路。阿敏被囚后至崇德五年（1640年）十一月病死，卒年五十五岁。

阿敏获罪后，其弟济尔哈朗、篇古及兄之子艾度礼、顾尔玛洪对天盟誓，表示对汗的忠心，声明"我父兄所行有过，自罹罪戾"；同时请求皇太极与诸贝勒详察别人可能有的低毁。

七

莽古尔泰是皇太极异母兄，是努尔哈赤与继妃富察氏所生的长子。当努尔哈赤确立八和硕贝勒共治国政之时，莽古尔泰、德格类得以位列四大和硕贝勒、四小和硕贝勒之列，一方面是由于继妃富察氏的贵宠地位，另一方面同莽古尔泰本人的作为也是分不开的。继妃富察氏在天命初年因得罪太祖被赐死，这同后来莽古尔泰获罪时皇太极说他"潜弑生母"当是一回事。他之"希宠于皇帝"，可说已达到不择手段的地步。当太子代善与努尔哈赤因岳托、硕托是否受虐待的问题处于对峙局面时，莽古尔泰不顾一切地站在努尔哈赤一边，因此获得努尔哈赤的青睐，得以列居四大贝勒的高位。但努尔哈赤并不认为莽古尔泰是继承人的合适人选。

太祖宾天之时，莽古尔泰无论其威望和实力都无法与代善、皇太极抗衡，因此史籍上也没有关于他参与争位或拥戴皇太极的记载。

皇太极登上汗位，莽古尔泰作为三大贝勒之一，也受到"不遽以臣礼待之"的礼遇。御殿时，"大贝勒代善、阿敏、莽古尔泰以兄行"，"列坐左右，不令下坐"；逢年过节，皇太极还率诸贝勒亲至莽古尔泰府第礼拜。

对于莽古尔泰的种种不良行为，皇太极曾多次规劝。因其所行卑劣，皇太极对他颇为蔑视。

努尔哈赤死后，国中都在服丧，巴克什达海"诣莽古尔泰第，莽古尔泰与其妹莽古济格格及其弟德格类俱盛饰，张筵宴，妇女吹弹为戏，德格类坐右榻，弹筝"。这显然是史臣的伏笔。这一记载颇发人深思，当年莽古尔泰对努尔哈赤孝心的真实性不能不令人怀疑。如果说莽古尔泰对于生母被赐死确实怀恨在心，而又不得不做出"潜弑生母"的举动，那他也是一个外表鲁莽而城府很深的野心家。

天聪三年（1629 年）十月，皇太极亲率大军伐明，大贝勒阿敏等留守沈阳。征明大军以来朝的蒙古喀喇沁部落台吉布尔噶都为进军向导，随同进军的有蒙古扎鲁特部、奈曼部、敖汉部、巴林部、科尔沁部。其中科尔沁部落军容最盛，出动了二十三位贝勒，'是皇太极主要的同盟军。当进军至喀喇沁之青城时，"大贝勒代善、莽古尔泰于途次私议，晚诣御幄，止诸贝勒大臣于外，不令入，密议班师"。大军已行多日，靠近明廷边境，两大贝勒忽然向皇太极提出"我兵深入敌境，劳师袭远，若不获入明边，则粮匮马疲，何以为归计？纵得人边，而明人会各部兵环攻，则众寡不敌；且我等既入边口，倘明兵自后堵截，恐无归路"等由，固执地要求班师。皇太极对此十分不满，"上嘿坐，意不择"，指出"初何为缄默不言，使朕远涉至此？"当此大贝勒与汗较量之时，满洲贵族中的新生力量岳托、济尔哈朗、萨哈廉、杜度、豪格、阿济格等起了重要作用，他们支持皇太极"决计进取"，而且派八固山额真等皇太极亲手提拔的将领，去代善和莽古尔泰处陈述意见。大贝勒代善、莽古尔泰在诸贝勒大臣中处于孤立地位，只得听从皇太极的裁决。此后虽然攻打燕京不克，但占领了遵化、永平、滦州、迁安四城，以之作为伐明的前哨据点。同时，成功地施行了反间计，使崇祯帝误杀了抗清名将袁崇焕。

天聪四年（1630 年）十一月，在大贝勒阿敏因罪被囚后，一天晚上，于打猎的行幄中，皇太极对众待卫及诸巴克什叹息说："我所敬者惟二兄（按：指代善），凡事皆推诚委任，出师行猎不至错乱，庶大事可成。今贝勒莽古尔泰取厮卒所射之二兽，而贝勒之仆托退复殴人而夺其所杀野豕；又有一人射一鹿垂死，伊令幼子复射之，遂持归。其人直前索还，贝勒竟强留之。如此夺取，彼随役之人身困马疲，一无所得。将何以为生耶？"一席话褒奖了代善而贬斥了莽古尔泰，并令巴克什爱巴礼把这番话全部转告给莽古尔泰。莽古尔泰"自知其非"，将所夺之鹿交还本主，却把野豕献给皇太极。对此，皇太极说："朕焉用此物？何贝勒所见之鄙也！凡事虽小，不可忽视，恐积小成大耳。"随即将野豕退回莽古尔泰。可见，莽古尔泰所行不正，用心粗鄙。

天聪五年（1631 年），后金大军在皇太极统率下围攻大凌河城，图赖轻率前进中了埋伏，两蓝旗径抵城壕，副将孟坦等十多人阵亡，部队兵力受到较大的损伤。皇太极为此十分恼火，不许诸大臣看望受伤的图赖，巩阿岱违命前往探视，皇太极对其唾面斥责。第二天，皇太极登城西附近山岗"坐观形势"，心情焦躁地考虑如何攻破大凌河城。因地近岳托营，"岳托具筵以献"。这时莽古尔泰赶来诉说："昨日之战，我属下将领被伤者多。我旗护军，在随阿山出哨者，有附额驸达尔哈营者，可取还否？"皇太极气愤地说："朕闻尔所部兵，凡有差遣，每致违误！"莽古尔泰出口顶撞抗辩说："我部众凡有差遣，每倍于人，何尝违误！"皇太极为避免正面冲突，又说："果尔，是告者诬矣，朕当为尔究之。若告者诬，则置告者于法；告者实，则不听差遣者亦置于法。"皇太极对莽古尔泰的指责是有所指的。因图赖轻进中伏，两蓝旗损失最大，图赖负有前敌指挥失误之责，而莽古尔泰作为主管正蓝旗的大贝勒也是有责任的，至少是平时没有给予正确的指导，以致所部差遣中有所违误，皇太极当时不过没有明言而已。莽古尔泰受到指责尚不醒悟，不思检查自己的失误，反而恼羞成怒地说："皇上宜从公开谕，奈何独与我为难？我止以推崇皇上，是以一切承顺。乃意犹未释，而欲杀我耶？"粗暴的莽古尔泰在气愤之中竟"举佩刀之柄前向，频摩视之"，意为你若杀我，我必回击。站在一旁的同母弟德格类急忙推他说："尔举动大悖，谁能容汝！"莽古尔泰不听劝阻，竟怒骂德格类并把佩刀拉出五寸长，这就是史籍上有名的"御前露刃"。德格类将莽古尔泰推出去后，目睹此情景的大贝勒代善气愤地说："如此悖乱，殆不如死！"皇太极亦十分愤慨，说："莽古尔泰幼时，皇考曾与朕一体抚育乎？因其一无所授，故朕每推食食之，解衣衣之，得倚朕为生。后彼潜弑其生母，幸事未彰闻……尔等岂不知之耶？今莽古尔泰何得犯朕？朕……惟留心治道，抚绥百姓，如乘弩马，谨身自持。何期莽古尔泰遂轻视朕至此耶！"

皇太极余怒未消，复训斥众侍卫："朕恩养尔等何用？彼露刃欲犯朕，尔等何不拔刀趋立朕前耶？昔人有云：'操刀必割，执斧必伐'。彼引佩刀其意何为，尔等竟皆坐视耶？"

说罢进帐内未坐复出，又对诸侍卫说："朕今罄所欲言，以示尔等。……今目睹人之犯朕，而竟默默旁观，朕恩养尔等殊无益矣!"

言毕，皇太极犹恨恨不已。

天将黑时，莽古尔泰率色勒、昂阿拉（莽古尔泰异父兄）等四人至皇太极御营外一里多地处，派人向皇太极请罪："臣以枵腹饮酒四卮，因对上狂言。言出于口，竟不自知。今来叩首，请罪于上。"皇太极派额驸杨古利、达尔哈传谕："你在白天拔刀想要杀我，晚上又来干什么？色勒、昂阿拉等与你们贝勒一起来，是想让我们兄弟互相结仇杀害吗？你们如果一定要来，犯的罪就重了!"

天聪五年十月，莽古尔泰因醉酒"御前露刃"之罪，由大贝勒代善及诸贝勒共议，议定革去其大贝勒名号，降诸贝勒之列；夺其五牛录属员；罚驮甲胄雕鞍马十给皇太极，驮甲胄雕鞍马一给代善，素鞍马各一给诸贝勒；此外还罚银一万两人官。皇太极以"此以朕之故治罪，朕不予议"为由回避，实际上是同意了诸王贝勒的审断，不肯宽宥莽古尔泰。莽古尔泰及其依附势力受到沉重打击。

天聪六年（1632 年）正月朝贺届期前，皇太极以礼部参政李伯龙奏疏中指出朝贺行礼时，不辨官职大小常有随意排列、逾越班次的情况，建议应酌定仪制，并提出莽古尔泰"因其悖逆，定议治罪，革大贝勒称号"后"可否应令并坐"的问题。讨论中，有一半贝勒认为不可并坐。代善见状，不免兔死狐悲，即说："上谕诚是。彼之过，不足介怀，即仍令并坐亦可。"半响，皇太极与文馆诸臣均不表态。代善方明白就里，不得不改变主意："我等既戴皇上为君，又与上并坐，恐滋国人之议，谓我等既奉上居大位，又与上并列而坐，甚非礼也。……自今以后，上南面中坐，以昭至尊之体，我与莽古尔泰侍坐上侧。"

代善的这一席话，说得很有道理，诸贝勒都很赞同。皇太极欣然接受了这一提议。从此，天聪汗始"南面中坐"。

天聪六年正月，国人朝见，"上始南面独坐"，皇太极心中十分喜悦。"庚子上御便殿，命贝勒阿巴泰、豪格、额驸杨古利往召大贝勒代善；命宗室巴布泰、拜尹图、巴布海往召贝勒莽古尔泰"，请至宫中，分别"行家庭礼"。中宫皇后及众妃以元旦之庆礼拜代善等，然后设案进酒欢宴。皇太极以玉斝奉代善，代善跪受，少饮，转与莽古尔泰饮毕。皇太极则以金卮自饮。这次家宴也体现了南面独尊之仪。皇太极与代善素不饮酒，因"互相酬酢，皆颜酡"，诸贝勒也不受约束地畅饮。宴后，皇太极以"御用黑狐帽、貂裘、貂褂、金鞓带、靴赐代善，以御用貂裘赐莽古尔泰"，又令德格类、济尔哈朗、觉罗龙什及巴克什库尔缠、达海力止代善、莽古尔泰的拜谢，心中十分欢悦，将二兄送出宫门。这是皇太极继位后，第一次请代善、莽古尔泰入宫宴饮，充分表现了他"南面独坐"后志得意满的心情。莽古尔泰虽然获罪，降为诸贝勒之列，皇太极"仍以兄礼遇之如初，召入宴，特稍次于代善云"。不久，皇太极又将"所罚五牛录人口并分内汉民及供役汉人庄屯等项"都归还莽古尔泰。

天聪六年（1632年）十二月，失去大贝勒称号的莽古尔泰"偶得微疾"，两天后"辰刻疾笃"，"至申刻贝勒薨"，其间不过五刻，他就患急病而死。

莽古尔泰因"御前露刃"获罪，被革去大贝勒称号后，只一年多的时间即因病而死，可以想见，他心理上的压力是很大的。据后来冷僧机揭发，莽古尔泰在革去大贝勒称号后，曾与莽古济、琐诺木杜棱、德格类、屯布禄、爱巴礼、冷僧机等对佛跪焚誓词，阴谋夺取汗位。这一谋逆罪状在莽古尔泰死后将近三年才被揭发出来。所以莽古尔泰之死，当是羞恨交加、篡位无望而患病所致。在莽古尔泰死后近三年，其弟德格类"亦如其病"，"中暴疾不能言而死"。因而有人认为莽古尔泰兄弟二人之死是为皇太极所毒害。但从谋逆事发，皇太极将"莽古济、屯布禄、爱巴礼全杀灭族"来看，如若早知莽古尔泰、德格类参与谋逆，完全有能力将他们公开杀掉，而不必用暗害的方式；如若不知他们有逆谋，也不必加害于他们。莽古尔泰死后，皇太极给以礼葬，并劝其大福晋不必生殉而抚养幼子。当祭奠莽古尔泰时，其福晋们让男人们入内饮酒致醉，涉嫌乱行，皇太极对此仅给予规劝训诫。据此种种迹象来看，皇太极应不会采取暗害的手段。

八

德格类是努尔哈赤第十子。明万历二十四年（1596年）出生于群山环抱的费阿拉城。母亲为继妃富察氏。此时努尔哈赤已统一建州女真"自中称王"，面临着进一步拓展宏图大业的艰巨里程。这个新出生的"十阿哥"的命运便同父王的基业紧紧联系在一起。

自天命三年（1618年）誓师反明后，努尔哈赤率八旗劲旅直叩明明朝边门，迅速向辽东进军，在萨尔浒击败明军主力，攻占开原、铁岭，随即又发动辽沈之战，夺取辽东重镇辽阳和沈阳。天命六年二月，后金军进兵位于沈阳东南的军事要地奉集堡，进行"矢镞侦察"从而揭开了辽沈之战的序幕。德格类作为一名青年将领，在这次战役中崭露头角。二十一日，努尔哈赤率诸贝勒大臣统左右步骑劲旅分八路略奉集堡。守城总兵李秉诚得知后金军来攻，领三千骑兵出城，在离城六里处安下营寨准备迎战。他先派二百骑兵前探消息，被后金军左翼四旗遇而击败，溃逃于城北高岗附近，努尔哈赤命德格类率右翼四旗搜击，追杀至明兵屯集之所，李秉诚率众拔营而逃，德格类乘胜追击，李秉诚遁入城内不敢出战。明总兵朱万良引师来援，也被后金军击溃，死者数百人。经此一战，努尔哈赤探出明军在辽沈地区的虚实，德格类首战建功，其军事才能有所显露。三月，德格类跟随努尔哈赤参加了攻打辽阳和沈阳的两大战役，后金占领辽东广大地区后，他又奉命率八旗大臣于新占领之地安抚新附汉民。到达海州（今辽宁海城）时，城中官员、乡绅敲锣打鼓，抬肩舆列阵来迎，德格类令手下士兵登城而宿，并传令军中，不准在乡村驻扎和住宿民宅，不许抢劫财物，扰害城内汉人。当得知两名士兵违令抢劫居民财物后，立即将其捉拿治罪。归途中士兵虽已无口粮，但忍饥而行仍秋毫不犯。同年八月，他又随同代善、莽古尔泰等率兵三千前往辽南，收金州至旅顺口沿海各城堡居民，并将其迁往内地以便进行控制。德格类卓有成效地推行努尔哈赤的"安民"政策，对稳定后金在辽沈地区的统治起了加速作用，使"归顺者日众"。其间，海州所属析木城乡人将所制绿瓷碗、罐三千五百个呈献给后金汗。盖州贫民献金朝天惠帝时所铸古钟。努尔哈赤十分得意地说："河东这些俯首归降的汉人为我效力，河西明朝官吏一定非常仇恨他们，我们应对其抚养录用"，因而授献瓷罐之人以守备职；献钟者备御职。当时辽河桥已拆毁，努尔哈赤拟于入冬结冰后往征辽西之地，因此对渡口地区的安全非常重视和关心，命德格类两次率兵巡视辽河渡口，追杀出没于该处进行抢掠的蒙古人，使通往辽西的交通要津得以保证安全，当地的居民也免遭扰患。

后金势力的扩展，使漠南蒙古贵族的利益受到冲击，双方冲突日深。扎鲁特部首领昂安，多次劫杀后金使者，掠夺其财物。天命八年四月，德格类奉命与贝勒阿巴泰领兵三千前去征讨，急行八日直捣昂安居地，经过激战，俘杀昂安父子，获部众一千二百余人，得马牛羊驼一万七千余只（头），凯旋而归。努尔哈赤亲出辽阳东京城四十里迎接，还设宴慰劳犒赏出征贝勒官兵，德格类因功被封贝勒。天命十一年（1626 年）十月，因蒙古扎鲁特部"败盟杀掠、私通于明"，德格类跟随大贝勒代善再度出征，使其降服后金，稳定了后金国的后方。进入辽沈地区以后，德格类勋劳卓著受到父汗的重视。天命七年二月，努尔哈赤颁行八王共治国政之制，即令德格类随班议政，同时对其失误和过错，一经发现也严厉指出。天命八年六月，永宁监备御李殿魁送金给都堂乌尔古岱，德格类知情不举，受到惩处，努尔哈赤责他"越分行事"，德格类深感惭愧，从此谨慎奋发。十一年八月，努尔哈赤去世后，众家贝勒共举皇太极继登汗位，德格类也成为议政十贝勒之一受到重用。

皇太极继位后励精图治，改革后金存在的弊政，调整满汉关系，发展经济，富国强兵。德格类尽职效力，与皇太极"合谋一致，共图大业"。天聪五年，皇太极分别致信给两大贝勒、十议政贝勒和八大臣，征询对国政治理方面的见解。在给议政十贝勒的信中他说："现在听说国内人民有不少怨言，究竟为什么？要你们询问明白后报告，国家政令有应当改的就应提议更改，对我的过失，老百姓的疾苦，凡有所见解就应直说。"德格类奏言道："皇上继位以来，处事果断，是非明了，没见有什么失误。"对皇太极的施政措施表示赞成和支持。他还强调说："如果大家都能持身公正，各思竭力效忠，皇上就不能这样操劳了。"针对一些主管刑法的大臣不秉公办事，枉断命案的现象，他提出："要慎重推选正直的人掌管国内刑法之事，做到忠者用之，义者奖之，摒除谗邪，如果诸贝勒犯了罪，也应从公治罪"的建议，并被采纳。

后金仿照明朝制度设置六部后，德格类被任命为户部贝勒总理部务，负责分编民户、管理粮赋等事，尽管户部事务较为繁杂，但德格类勤劳职事，料理得当，做得很出色。两年后，皇太极召集六部官员于内廷议事时，称赞户部"办事妥协，不烦朕虑"。皇太极对户部事务非常关心和支持，凡事都肯为德格类撑腰作主。天聪八年（1634年）正月，汉军八旗备御纷纷向德格类诉苦，说汉官所负差役太重，请求酌减。德格类奏报，皇太极马上派人查询，调查结果与汉官所言之苦不符，只是因不久前，皇太极令汉军备御给新归之人买女配为妻室之钱未做偿还使之生怨，藉以为词。皇太极谕令德格类按价还钱，又命贝勒萨哈廉召集汉官，指责他们"忘却得辽东时所受苦累，而为此诳言耳，此些少之费动为口实矣。"并向汉官们说清楚："如果论功劳作为升迁的条件，你们现在的总兵官不知该居何职，如照官职功次而言，满汉官员所占有的奴仆都应平均，而你们占有千丁，满洲官员哪个有千丁？而满洲差徭比你们多三十余项。不能说满州官员的好处超过汉官。"一番话说得众官羞愧不言，再不敢向德格类提出无理要求。

天聪八年五月，德格类随皇太极率军人关，略宣府、大同一带，收察哈尔余众。自天聪六年后金进攻察哈尔部，林丹汗携部众渡黄河西逃，其部属苦其暴虐，纷纷归向后金。此次出兵，行至伯尔赫，又有一千户来归，德格类遵旨妥善安置新附部众。队伍进行时，他率队前行，令左翼固山额真吴讷格断后，将蒙古归民置于队伍中间，安全携至习礼地方，率千户首领叩见皇太极，然后分与各旗，令其各自派人送往盛京。在后金统治区域不断扩大、人口逐渐增多的情况下，户部有效地发挥了自己的行政职能，对加强后金的统治起到了重要作用。

皇太极时期后金战事频繁，德格类既主管户部事，又统兵作战，施展出自己的才能。天聪元年（1627年），皇太极率诸贝勒用兵辽西至广宁边外，德格类奉命与贝勒济尔哈朗等拣选精骑，做为前哨先行，他率兵攻下明哨所，败其哨卒，将敌军追至锦州城门下全歼。天聪三年九月，又随济尔哈朗等率兵一万往略锦州、宁远一带，俘获人口、牲畜数以千计。天聪五年八月他参加围攻大凌河城的战役，与其兄大贝勒莽古尔泰以所属正蓝旗做后策应。九月，明监军张春、总兵吴襄领兵四万自锦州来援，在距大凌河城十五里处列阵，德格类听调与大贝勒代善前往阻击，冒着明军枪炮射击，骑马驰入敌阵，阵斩明将张吉甫，生擒张春，大胜而归。大凌河城被攻下后，他又随贝勒阿巴泰等率四千兵，按大凌河降将祖大寿所献的诈逃计，化装成明军夜袭锦州，后因天降大雾返回，即奉命将大凌河归降的万人分编各旗，全部迁居沈阳。天聪六年（1632 年）四月，皇太极统领八旗铁骑进攻蒙古察哈尔部，德格类率部前往，奉命与济尔哈朗为右翼统二万兵往掠归化城，日驰七百里，从博多克隘口入城，尽俘未及逃走的察哈尔部民，编为民户携回。同年九月，德格类又与兵部贝勒岳托奉命开拓疆土，自耀州旧界边到盖州以南，进一步扩大了后金的统治区域。

天聪七年（1633 年）五月，明将孔有德、耿仲明携部从山东登州渡海归降后金，在旅顺口遭明东江总兵黄龙的截击。皇太极遣兵至镇江接应，随后令德格类与岳托率部下大臣以及汉军固山额真石廷柱、新附元帅孔有德、耿仲明等领兵一万，取明朝海上据点旅顺口，激战攻取，明将黄龙自杀身亡。攻取旅顺后，孔有德、耿仲明部下官兵占居城内富人及官绅住宅，又伪称所获汉民为已亲戚，任意将其携走，满洲大臣和士兵见状皆感不平，欲索回充公，德格类按皇太极行前所嘱，对汉官尽力优待，将所取之人尽数给之，又以理安抚满洲官兵，避免双方发生冲突，顾全了大局。他还遣人向皇太极奏请继续进攻附近岛屿，打击明朝势力。皇太极考虑兵力不足，诏令留一固山额真和部分官兵驻守旅顺，余者归沈，准备进攻明辽西之地。德格类立解其意，上疏推荐叶臣、伊尔登二人为两翼额真留守，其下每旗留大臣三人、二千五百兵，再命游击图赖为汉军额真，领备御二人及百名士兵留驻。他认为，旅顺口地方空旷，虽几面为水，但不能因此而疏忽放松防备，建议皇太极派兵驻守金州，并于金州与旅顺口之间设哨位，以保证旅顺口地区的安全。回返之日，他令将炮车留盖州交付副将石廷柱等妥为收藏待日后驿递送还，其驾炮车牛交原主携回，将善后事宜安排妥当，方携所获金银财宝而归。皇太极十分满意，率诸贝勒大臣出盛京城十里迎接，并设宴庆祝，宴间以金卮酌酒赐予德格类等以示慰劳。此次出战，拔掉了明朝在辽东半岛的最后一个据点，使其统治势力完全被逐出辽东，对后金国的巩固和进一步对明作战有很大的意义。皇太极言及此事时，满有信心地说："攻取旅顺，军威大震，明军唯恐我方乘势进攻，忙于防守，怎有精力来犯我呢。"

德格类与三贝勒莽古尔泰为同母所生，还有一姐名莽古济，因曾嫁与哈达部首领故称为"哈达公主"，与莽古尔泰一样都是皇太极的政敌。德格类性格内向，行事稳重，不似兄姊那样外露莽撞。多年来谨慎从事尽忠于上，很为皇太极赏识。天聪五年大凌河战役中，莽古尔泰因属下将士死伤甚多，请求将本旗护军调回之事，与皇太极发生冲突，手握佩刀柄怒向皇太极，情绪十分激动。德格类惟恐发生意外，急上前阻，责备莽古尔泰说："你行动悖逆，不合事理，谁能容你！"又用拳头撞打其兄，让其保持冷静。莽古尔泰大发雷霆，将佩刀抽出五寸，德格类冒死将其推出帐外，避免了一场火并。他自知其兄行为狂逆，缺少理智，但毕竟与己是同母所生，感情上比较亲近，所以后来莽古尔泰因"御前露刃"被革去大贝勒之职，降为贝勒时，他心怀不平，皇太极也因此对德格类产生隔阂，时有猜忌。一年后，莽古尔泰暴疾而死，德格类继掌正蓝旗，改称和硕贝勒，虽然权势有所扩大，但他与皇太极的关系却不断恶化。

天聪八年五月，皇太极亲率大军袭击大同、宣化地方，收服林丹汗西逃时迁往明边外的部民。命德格类率东路军六旗从独石口入边，沿途攻略明地，然后往居庸关探明敌人虚实再会大军于朔州。德格类中途攻赤城不克，又"不至上所指示长城之地"，便径直进入应州（今山西应县）与皇太极会师。八月，皇太极令诸贝勒率各路军往略代州（今山西代县）一带，在进攻王家庄时，与之相约同时进攻的正黄旗军率先登城，奋击明守军，而德格类却无故"逾期不至"，护军统领谭泰特意护军二百往迎，两次违误军令使皇太极内心甚感不快。天聪九年六月，德格类奏称："官场所设监牧之人不能胜任，当别选才能者掌之"，还强调"此乃代我八家（即八旗）出牲畜者，不可忽视。"皇太极当即严肃地指斥他说："你这么说是极错误的，你的意思是：我八家的牲畜需谨慎牧养，而属国家的即可忽略吗？"对其只关心八家，不关心国家的狭隘观点进行了批驳。数日后，皇太极又在众大臣面前责备诸贝勒"不遵朕命，遇有所获互相争竞"，德格类也在所指之列。皇太极不能容许不利中央集权的八家分权制再存在下去。

不久，因娶察哈尔林丹汗来归妻女引起风波，殃及德格类，使之获罪受罚。林丹汗败死大草原后，其家眷及部众纷纷来归。按满洲惯例，诸贝勒可以分娶其妻女。是年九月，奉命同征的多尔衮获传国玉玺，携带林丹汗妻子苏泰太后及子额哲等凯旋归来。皇太极率皇后、诸妃及众贝勒出怀远门远迎。德格类姊莽古济也随之前往。莽古济是太宗长子豪格妻母，在回归盛京途中，豪格征得父汗同意纳林丹汗福晋伯奇太后为妻，莽古济闻知心生怨恨，指责皇太极说："我女尚在，豪格为何又娶一妻！"在这以前，莽古济因嫌恶丈夫琐诺木先娶之妻，妒恨丈夫与妻兄托古要好，曾逼迫琐诺木告发托古唆使自己谋害莽古济，又让德格类、豪格和岳托为此事做假证，奏请处死托古。皇太极令众贝勒会议审实，查知系属捏造，对莽古济十分反感。早在太祖在世时，莽古济就"专以暴戾谗谮为事，太宗素来与之不睦，他曾告诫长子豪格对莽古济要"谨防之"。此时，见她为豪格另娶之事对自己蛮横无礼更生厌恶，得知大贝勒代善对她亲近善待十分生气，对德格类也愈加不满。回到盛京后，他召诸贝勒大臣及侍卫等到内廷，当面指责代善，牵涉到德格类。他十分严厉地说："德格类、岳托、豪格你们偏听哈达公主一面之词，要杀掉无罪的托古，这应该吗？你们这么胡做非为，我只能关闭门户，过我安分守己的日子，你们推举有能力的人做汗吧"。说罢怒气冲冲回到宫中便不复出，也不许众贝勒进入与之相见，诸贝勒大臣忙至朝门外祈请临朝，又议定代善和德格类罪，皇太极这才重新出朝听政。对代善有所宽免，但对德格类仍按众议罚银五百两，莽古济也被禁止与一切亲戚来往，有私与往来者一概定罪，德格类未敢有所言。天聪九年十月初二日，德格类于受罚后第八天夜里，与其兄莽古尔泰一样"暴疾不能言"而死，年仅四十岁。

皇太极对德格类本来很好，对其成见多因受其兄姊牵连，闻德格类突然而逝，心中非常难过，往哭痛悼至三更方回，令免其前日五百两罚银。两个月后，莽古济属下冷僧机揭发在大凌河之战莽古尔泰与皇太极争吵后，德格类、莽古济与之结党，曾焚香对天盟誓，要夺取汗位。皇太极令审实，莽古济供认不讳，伏诛。以前，琐诺木于酒后多次言告皇太极："汗你为什么信任你的兄弟，他们要杀害你，你须提防"。皇太极始终未信。今日真相大白，他大为震怒，对莽古尔泰、德格类愤恨不已，虽死而不赦其罪，令追削贝勒爵，将其子废为庶人，所属正蓝旗被分编两黄旗内，改由皇太极直接统辖，其坟茔亦被毁。直至康熙五十二年（1713年），玄烨皇帝才诏命赐其子孙红带子复宗籍。为父兄基业效力二十余年的德格类，因犯下"十恶不赦"的谋逆之罪，成为清代几个被开除宗籍的皇子之一，而且与其兄莽古尔泰一样，始终未得平反。

九

太宗先后与他们的二位兄长即二贝勒阿敏、三贝勒莽古尔泰发生冲突，相继把他们打了下去，然后，又同长兄代善不和，关系日益紧张，终于发展到势不两立的地步！

代善在战场上，可以说，勇猛无比，逞凶斗狠，锐不可当。但在人生战场上，或者是政治战线上，他显得缺乏勇气，不善辞令，不会那么钻营，也拙于心计。总之，他这个人很本份，处处谦让，未免有些懦弱，有点怕事，一旦出了什么差错，马上诚恳认错，接受惩处，以功补过。他在政治上也无明显的雄心，更谈不到野心。由于他这一性格，为人多有可取之处，所以，能为别人所容纳，历太祖、太宗、顺治三代四朝，善始善终，这在清初开国勋臣中也是不多见的！

太宗对这位兄长是很尊敬的。他们有过很好的合作，曾联手对付心胸偏狭的长兄褚英，当褚英废弃之后，他们仍然和睦共事，尽心辅佐父亲，都做了父亲的得力助手。不过，太宗那时很有心计，为了谋取汗位，暗中同代善竞争，特别是在战场上，总是争立战功。代善作为兄长，对弟弟很宽厚，不同他计较，把立功的机会让给他。在父亲去世，推选汗位断承人的关键时刻，代善与太宗诸兄弟一起逼大妃殉葬，接着，首先表态，拥立太宗即汗位。这使太宗很感动，继位后，对他很优待，表现出不同一般的亲热，经常赏赐、宴请……

在阿敏、莽古尔泰两人被处置后，三大贝勒只剩下代善这一股势力了。代善在后金统治集团中享有很高的声望，而且地位仅次于太宗，尽管代善比较安份，太宗也把他视为一个潜在的威胁。因此，太宗也不放过，通过打击代善，进一步削弱他的势力，来加强和巩固汗权。

人在生活中难免犯有这样或那样的过失。代善即便小心谨慎，也有疏失之处，何况太宗时刻寻找口实，欲加之罪，何患无辞！为此，太宗已抓住几件小事，批评过代善，都没有给予严处，不过说说而已。但天聪九年（1635年），有一次谴责很重，迫使代善认罪听命，等候严处……

这年九月，太宗率诸贝勒出沈阳城，迎接多铎远征蒙古察哈尔凯旋。在返沈阳的当天，代善擅自率本旗人员行猎。太宗有个姐姐莽古济即哈达公主，是代善的妹妹。太宗与这位姐姐的关系向来不睦。这次征察哈尔时，俘获到林丹汗的伯奇福晋，太宗把她赏给自己的长子豪格为妃。原先，豪格已有妻子，她就是哈达公主的女儿。哈达公主因太宗又赏给豪格这位妃子，心里很不满。哈达也是出于爱女之心，有些妒嫉罢了。在迎接多铎凯旋时，她也随同前往。一听到太宗的上述决定，不经报告，睹气先走了。在经过代善营帐时，代善叫他的妻子把妹妹哈达公主迎入帐中，设盛宴款待，临走时，还赠给妹妹一些财物。

这件事，很快就被太宗知道了，不由得气上心头，马上派人到代善和他的儿子萨哈廉的住所，向他们责问："你自率本旗人不经请示，任意行动，又把怨朕之人哈达公主请到营中设宴馈赠，还送给马匹回去，你这是什么用心？"当时，萨哈廉任礼部首脑，太宗也予质问："你萨哈廉身任礼部，你父妄行，为何无一言劝阻？"

太宗怒气未息，也不通知诸贝勒，自行率侍卫返回沈阳。回宫后，关闭了宫门，不许诸贝勒和大臣进见。

诸贝勒与大臣们十分惊慌，不知出了什么大事，个个猜测是否自己做错了事，惹恼了汗？当得知太宗发怒是代善惹起的，就一齐再三求见，希望此事迅速妥善解决。过了几天，太宗气稍平息，就在内殿召见诸贝勒大臣和侍卫，代善也随同被召见。

太宗见人已到齐，便开门见山，当面谴责代善："自古以来，有力强而为君的，有幼小而为君的，也有为众所拥戴而为君的，不管哪种情况，都称为君主。既然已为君主，那么，一切制度、法规、指令都统于君主之手，岂可以分出哪个君轻，哪个君重？大贝勒（代善）所辖的正红旗贝勒等人轻视朕之处很多。大贝勒以前随朕征明，违犯大家的意愿，想中途退兵；征察哈尔时，又固执地要求撤军。所俘人民百姓，朕命他加意恩养，他不愿意，反而埋怨朕。在赏功罚罪时，他偏护本旗人；朕喜欢的人，他厌恶；朕厌恶的人，他喜爱，这岂不是有意离间朕与下面人的关系吗？朕今年借巡游出去探听出征将领音讯，而你大贝勒大搞渔猎，以致战马疲瘦，倘有紧急情况，将用什么去应援？大贝勒的几个儿子借名放鹰，却擅杀民间牲畜，让贫民何以聊生？济尔哈朗的妻子病故，请求娶林丹汗的苏泰太后为妻。朕为爱怜弟弟之情，慨然应允。而大贝勒明知朕已批准，却屡次要求，企图强行自娶，世间有此道理吗？朕曾派人告知大贝勒可以娶囊囊太后，他认为她穷而无财，拒绝娶她，也拒绝了朕命……类似事件，言不能尽。至于哈达公主，父亲在世时，她专以残暴、暗中陷害人为能事。大贝勒与她的关系本来就不和睦，但因她怨恨朕，大贝勒就同她亲近，竟请至帐中宴会，赠送厚礼。以前何曾如此相待？"

太宗一口气滔滔不绝地斥责代善，一桩桩，一件件，把他往日不法、违制的事，都摆到了代善和诸贝勒的面前。他们个个心惊肉跳，代善的脸面扫地以尽！

斥责完代善，太宗又逐一指名责备其他诸贝勒，说：

"你们也同大贝勒一样,有的更有过之而不及。如此背叛和胡作非为,朕还能当这个汗吗?你们各自独行其事,还要我这个君主干什么?从今天起,朕将杜门而居,你们可另推举一个更强有力的人为君,朕安份守己足矣!"

太宗的这番训斥,越说越气愤,满脸涨得通红。他说完,怒气冲冲,头也不回地直奔他的寝宫,命侍从关闭朝门,再也不出来。

代善和诸贝勒本来已无言以对,心里无不畏服。当太宗以辞去汗位相威胁,都慌了手脚。这个时候,谁敢出来代替太宗为君?谁也不敢!他们很快找来八旗贝勒各大臣及六部官员,商议如何解决面临的危机。他们迅速统一了认识,决定将大贝勒代善立案审察,给代善定罪,并跪请太宗出宫亲政。

其实,太宗并非真的要辞位,不过是借机要挟他们乖乖听命。经他们一致恳求,太宗也就顺水推舟,答应了他们的请求。于是,诸贝勒大臣给代善定大罪四条,拟革去大贝勒名号,同时削去和硕贝勒职,剥夺十个牛录所属人口,还罚有雕鞍的马十四、甲胄十副,罚银万两。

此事涉及他的儿子萨哈廉,当然也不能放过,也拟出罪状条款,拟罚鞍马银两若干。

太宗斥责代善的话,就是罪状,所以,经众议定罪的四条罪状,也即是对太宗质问数件事的整理。实在说,这些所谓罪状,确属是微不足道的小事,与阿敏、莽古尔泰问题的性质是不同的。就说阿敏两人居心叵测,明目张胆,太宗还没有如此气愤,更没有以辞位相威胁,而对代善却是小题大作,否则就不足以震慑代善的权势与地位。太宗心中有数,不过是借题发挥,当他的目的已达到,马上又施以宽厚的政策,只批准罚银、马、甲胄,其他都免予处分。他的儿子萨哈廉也从轻处罚,只具象征意义。

经此打击,代善的权势跌落下来。这样,随着三大贝勒势力的消除，太宗的皇权才得到了真正地巩固。太宗同三大贝勒的斗争，不应看成是个人的权利之争，它表现了封建的中央集权同奴隶制以及氏族制残余的斗争，因而加速了后金向封建制的过渡。所以这场持续多年的斗争便成了推动后金社会向前发展的一个十分重要的因素。

清太宗在提高他的绝对权威的过程中，力图把他取得的每一个成果定型化、制度化。崇德元年（1636年）四月，刚刚举行完登极大典，他就给才完工的宫中各殿命名：中宫为清宁宫，东宫为关雎宫，西宫为麟趾宫，次东宫为衍庆宫，次西宫为永福宫；台东楼为翔凤楼，台西楼为飞龙阁；正殿为崇政殿；大门为大清门，东门为东翼门，西门为西翼门；大殿为笃恭殿。

同时规定内门、两翼门及大清门，设守门人役，令严加看守，稽察出入人等。内门只许守门人役常值，不容许闲人进来，值日官负责检查。又命各官及侍卫、护军，晨夕入朝，皆集于大清门，门内外或坐或立，不许对阙背阙，不许坐立御道中，惟于御道左右，相向坐立。自大贝勒以下，出入由左右两阶，不许于御道行走。以前，在许多方面没有严格君臣之分，现在不仅四大贝勒平起平坐的余风扫除，即住房、走路也都有一系列象征皇权高于一切的制度了。

第九章 改革施政

一

每一个民族都有自己形成和发展的历史。满族作为一个新的民族共同体，出现于十五、六世纪中国的政治舞台。她历史悠久，但是，她真正开始形成时期是在努尔哈赤起兵统一女真各部之后。努尔哈赤崛起于建州女真，经过四十年征战，统一了建州五部，继而统一了海西即扈伦四部，到天命四年（1619 年），"自东海至辽边，北自蒙古嫩江，南自朝鲜鸭绿江，同一音语者俱征服，是年诸部始合为一。"这一广大地域统一于一个新政权之下，操着相同的语音，有着相似的经济形态和共同的生活习俗，标志着一个新的民族共同体——满族的初步形成。

太宗时期，满族共同体伴随着后金（清）不断征抚而迅速扩大。从太祖到太宗，收服诸部往往迁其家属（包括妇女、儿童、老年人）住于盛京，编入牛录，选其青壮年披甲入伍，使满族的新成员不断增加。太宗继太祖之后，多次对乌苏里江以东滨海地区及黑龙江流域用兵，获取了大批人口和壮丁。请看下列数字：

征东海瓦尔喀部：

天聪元年（1627 年），第一次用兵朝鲜，瓦尔喀在其国内的 200 余户来归；

天聪五年（1631 年），获男女 2000 余人；

天聪七年（1633 年），获男女老幼 1950 余人；

天聪九年（1635 年），获壮丁 560 人、妇幼 590 人；

天聪十年（1636 年），获 1300 余人；

崇德元年（1636 年），获男妇 800 余人；

征黑龙江虎尔哈部：

天聪八年（1634 年），获男妇幼小 1950 人；

天聪九年（1635 年），获 7302 人，收编壮丁 2483 人；

崇德五年（1640 年），获男子 336 人，归降男子 419 人；

崇德七年（1642 年），招降男妇幼小 1400 余人；

崇德八年（1643 年），获男妇幼小 3703 人。

征（黑龙江）索伦部：

崇德五年（1640 年）三月，获人丁 6956 人；五月，有 339 户来降；十二月，获男妇 900 人；

崇德六年（1641 年）该部 1470 人归降。

以上仅举其重要的事例，小规模用兵以及各种原因前来投顺的少量人口未计在内。从地域来看，这些被获取或归降的人们来自乌苏里江及其以东的滨海地区、黑龙江（包括松花江中下游）及其以北的广大地区。从民族成份看，除了散居边区的女真余部，更多的是鄂温克族、达斡尔族、赫哲族（使犬部）、鄂伦春族（使鹿部）及蒙古族（厄鲁特蒙古）等各民族中的很多人被纳入到满族共同体之内。太宗认为，黑龙江流域所居各族人民同满族是一个祖先，语言相同。因此，在太宗看来，毫无疑问他们是满族的当然成员。

在吸收东北各边区少数民族加入满洲共同体的同时，还吸收了相当数量的汉族加入。太祖进入辽东后，汉族同满洲建立了最为密切的关系。特别是同明朝交战中俘获了大批汉族官兵，还有自愿来降来归的，他们多半被编入八旗满洲，时间一久，他们中有些人就自报为满族。后金建国后，并不禁止满汉通婚，因而无论在统治集团内部，还是在底层平民中，普遍存在着两个民族通婚的现象，与满族结婚的汉族男女中就有的成为满族，而他们的后代也多从属于满族。

很清楚，满族的形成与扩大的过程，也就是满洲、海西女真及野人女真与各民族融和的过程。由于有各民族加入，这就打破了原先基本以血缘关系为主的界限，而增加了非血缘的成份，从而使满族无论在人数上和质量上都迅速成长为一个强大的民族。天聪九年（1635 年），太宗正式宣布更定族名为满洲，显示了她以新的姿态屹立于祖国东北。

二

同太祖一样，太宗极为重视发展经济，尤其注重农业生产。他刚继位，即使军政大事非常紧张，对农业生产也非常重视。首先制止滥用民力，归位于农。停止各种非生产性工程，以便让农民把主要力量用于农业生产。他父亲在位时，搞非生产性工程过多，百姓负担甚重。因此，天命十一年（1626 年）八月，他发出第一道关于加强农业生产的谕旨，下令停止各项非生产性工程，说："工筑之兴，有妨农务。从前修城郭边墙，因事关国家安全，故劳民力役，这也是不得已，朕深为同情。现在已修缮完工，此后如有颓坏的地方，只许修补，不再重新兴建，以珍惜民力，专注农业，重视根本。其村庄土地，各旗分拨已定，今后不要随意更换移动，可使百姓士卒各安本业，不要荒废耕种。如果各牛录所居之地，属于低洼地不堪耕种，愿意迁移的，听其自便。他特别提示各牛录章京等基层官吏要倍加珍惜民力，如有"滥用民夫，致妨农务者，该管牛录章京，小拨什库等俱治罪"。

天聪七年（1633 年）春，太宗给牛录额真发下一道指导农业生产的长篇指示：

> 田畴庐舍，民生攸赖。劝农讲武，国之大经。尔待宜各往该管屯地，详加体察，不可以部分推诿。若有二、三牛录同居一堡者，著于各田地附近之处，大筑墙垣，散建房屋以居之。迁移之时，宜听其便。至于树艺之法，洼地当种粱、稗，高田随所宜种之。地瘠须加倍壅；耕牛须善饲养。尔等俱一一严饬，如贫民无牛者，付有力之家代种；一切徭役，宜派有力者，勿得累及贫民。如此，方称牛录额真之职。若以贫民为可虐，滥行役使，惟尔等子弟徇庇，免其差徭，则设尔牛录额真何益耶？至所居有卑湿者，宜令迁移。若惮于迁移，以致伤稼害畜，俱尔等牛录额真是问。方今疆土日辟，凡田地有不堪种者，尽可更换，许诉部臣换给。如给地之时，尔牛录额真、章京自占近便沃壤，将远瘠之地分给贫民，许贫人陈述。"

清太宗以一国之主在这个指令里，既讲了农业的重要性，又讲了具体改进农业耕种技术；既讲了贫民的住房、耕种存在的问题，也讲了具体的解决办法。而他反复强调各牛录额真在发展农业生产上责任重大，对他们提出了严格要求。

经过清太宗的提倡、重视和实施具体的保护农业生产的法令，不到十年，后金的农业生产已收到了显著成效。农业经济以前所未有的速度发展起来，粮食足用，仓库充实，基本上改变了继位初年的困难状况。如天聪六年（1632 年）农业歉收，也"未致于饥馁"。

畜牧业是仅次于农业的又一个重要生产部门。为了战争及生产和生活的需要,太祖时就十分重视饲养牲畜,尤其是对马牛给予特别保护。六畜惟马最盛,诸贝勒将官之家,占有马匹"千万成群",一般士卒之家也不下十数匹。同时,积极鼓励满、汉、蒙古蓄养和繁殖马匹。不出几年,马匹足用有余。天聪七年(1633 年)春,为迎接孔有德、耿仲明来归,一次就调拨二千余匹马散给他们骑用。崇德四年(1639 年)七月,太宗拿出大量马匹作为奖品,鼓励将士作战立功。这生动地反映了后金(清)的畜牧业的繁荣盛况。

由于农牧业的发展,促进了商品交换,带动了商业贸易的大发展。太宗亲自倡导支持商业活动,并且牢牢地控制着主要的商业交换。在国内,允许粮食等农副产品投入市场交易。太宗掌握市场行情,不准囤积居奇。他指示官民有余粮的,要拿到市场上去,以官价卖给缺粮的人,不准抬高物价。和明朝处于交战状态,贸易中断,但太宗还是想方设法与明朝边境地方官开展贸易。他几次派人到张家口等地举行互市。后金以本地产明珠、人参、黑狐、元狐、赤狐、貂、虎、豹、海獭、青鼠、黄鼠等毛皮特产,换回金、银、绫、缎等急缺物品。

手工业的发展也取得了相当可观的成就。在太祖时期,手工业已有了长足的进展:但规模不大,水平不高。到太宗时,大力发展开矿,开办大型冶炼场。特别是从明朝方面得到先进技术,因而工艺水平得到了大大提高。天聪五年(1631 年),独立制造大炮,并应用于对明战争,这是它的手工业高度发展的一个重要标志。

清太宗在位十七年,是后金(清)社会生产力大发展的时期,也是社会制度大变革的时期。他所采取的各项经济政策和一系列措施,不仅促进了生产力以前所未有的速度向前发展,而且为封建制的最后确立奠定了牢固的物质基础。

三

世界上任何一个民族在其发展的过程中，必然形成自己的独特的民族品格，具有与其他民族不同的特点。这些特点并不是一成不变的，随着时代的前进，与其他民族的交往也会不断变化。满族在形成中不仅保留了女真族的许多优秀的传统，同时还受到汉族思想文化的深刻影响，促进了自身的积极发展。

清太宗是个民族意识强烈、又十分向往汉族文化的人。一方面，他希望自己的民族迅速进步，因而他比谁都更迫切需要汉族文化，以摒弃本民族中那些不合时宜的、落后于时代的习俗；另一方面，他也忧虑这样做的结果会使本民族失去自己的性格，有被全盘汉化的危险。向汉族学习和忧虑全部汉化似乎构成了他的矛盾心理。然而，他从自己的实践与以往的历史经验教训中，找到了切实可行的基本途径。

骑射、服饰、语言，是满族区别于汉族的主要特征。太宗认为保持本民族的这些特征是关于民族存亡和能否战胜明朝的一件大事。尽管生活条件发生了根本转变，太宗仍然力图保持骑射的民族传统，率先垂范，每年春秋冬三季多次带领诸王贝勒出外行猎，即使不是"娱乐"，也是一种军事训练。他还饬令牛录额真"各宜督率所属长幼于春夏秋三季时时习射，仍遣部臣往察，如有不能射者，必治牛录额真之罪。此系我国长技，何不努力学习耶！"太宗的目的就是想保持这种骑射，让他的兄弟子侄，大而言之，整个民族不忘传统，重武事、蓄积力量，争衡天下。

为适应骑射生活，长期以来，满族（女真）都穿戴紧身窄瘦的缨帽箭衣。这种服饰很方便，人们在日常生活中，无论是从事劳动，还是打仗，又轻便又灵活。到了辽沈地区，下至满族平民，上至贵族之家，有不少人开始仿效明朝服饰，衣冠变得肥大起来。有的大臣甚至向太宗建议改制满族服装。明朝服饰，方巾大袖，纱帽圆领，特点是宽博肥大。这种服饰既不美观，又远远脱离生产实践，论其实用，的确不如满族衣帽。太宗对满族贵族效汉人服饰很不满意。崇德三年（1638 年）七月，太宗专为此制定法令：有仿效他国（指明朝）衣冠、束发（留头发）、裹足者均治以重罪。在此之前，已做了明文规定：凡汉人官民男女穿戴，俱照满洲式样，男人不许穿大领大袖、戴绒帽，务要束腰；女人不许梳头、裹足。

满族有自己的语言和文字。在和汉人杂居交往中，也受到很大影响。太宗十分重视本民族语言，采取一系列措施，不遗余力地推行满语的使用。他反复强调保持民族语言是关系到国家兴亡的一件大事，在这方面，他特别推崇金世宗，说他凡语言、衣服及骑射之事，时时督促子孙勤加学习。他的孙子元王在审理汉人诉讼时讲汉语，遇到女真人时就说女真语，因而受到世宗的称赞。太宗仿效金世宗，要求满族在本族中一定说满语，和汉人打交道时可以说汉语，两种语言并行不悖。天聪八年（1634 年）四月，他采取一项重大措施，将汉语名称一律改为满语名称。他说："朕听说国家创业，未有弃其国语反而学习他国语言的。弃自己的语言，而仿效他人的，其国没有能长久者。蒙古诸臣子自弃蒙古语，名号都学喇嘛，终致国运衰微。现在我国官名都因循汉人，从其旧称。朕以为，知其善而不能从，知其非而不能改，这都是没得其要领。朕虽未完成大业，也不能听命他国，从今以后，凡我国官名及城邑名，都改成满语。……具体言之，例如，一等总兵官称为一等昂邦章京（以下还有两等，余类推，略）、一等副将为一等梅勒章京、一等参将为一等甲喇章京，游击为三等甲喇章京，备御为牛录章京，摆牙喇纛额真即为纛章京，管摆牙喇甲喇额真即为甲喇章京，等等。太宗要求国人"嗣后不许仍袭汉语旧名，俱照我国新定者称之，若不遵我国新定之名仍称汉字旧名者，查出决不轻恕。"

清太宗对本民族的优秀传统习俗这样推崇，并非排斥汉族文化。他是在保持满族的独立品格的前提下，向汉族学习一切有益的东西。他深知汉族文化高深，蕴藏着强大的精神力量；同时，他也明白满族中也存在着各种陋习，必须加以革除。

清太宗顺应历史发展的潮流，对满族社会的文化和习俗作了较全面的改革并立下许多章程，这使满族走上了更加健康发展的道路。实践证明，太宗把保持满族的独立特点与学习汉族的先进文化结合起来，是他及其后继者能够在全中国成功地建立一统天下的重要因素之一。

中华藏书

大清十二帝·最新整理珍藏版

中国书房

四三六

第十章　南攻明朝

一

皇太极即帝位，必然要有一番作为。根据实力和条件，不时向明朝发动进攻和掠夺。

崇祯九年（1636 年）五月，皇太极在分析了自己所处的环境，以及朝鲜的暧昧态度之后，决定再次出兵袭击和侵扰明朝，遂命英勇善战的阿济格担此重任。六月，阿济格奉命率领十万八旗兵马，分三路于同月二十六日入喜峰口。巡关御史王肇坤拒战失败，退保昌平。阿济格纵兵进击，七月初，三路兵马在延庆会集。

崇祯皇帝朱由检得知大清兵入边袭扰，十分忧虑，照例宣布京师戒严，将廷臣召到平台，询问应急之策。廷臣无良谋善策，只是应付而已。朱由检根据以往清兵入侵的路线，估计其从山西而来，就分别派遣内臣李国辅守紫荆关，许进忠守倒马关，张元亨守龙泉关，崔良用守固关。当得知大清兵马由延庆入居庸关，围攻昌平时，又任命张之佐为兵部右侍郎，镇守昌平；遣司礼太监魏国征守卫天寿山，魏国征领命立即前往。数日后，朱由检对阁臣说："内臣即日就道，而侍郎三日未出，何怪朕之用内臣耶！"在军情紧急时刻，朱由检不忘褒扬内臣，轻诋武将，可见其依靠内臣之心何其牢固。武将听得此言，哪里还有什么效忠的心！

　　阿济格率领清兵虽然在攻击居庸关昌平北路时，受到大同总兵官王朴率领的援军的阻击，死一千余人，失一百余人，但仍继续挺进。同时将俘虏的明军释放，令其返回昌平，王肇坤开门收留。七月初五日，阿济格逐步深入掠西山。两天之后，又间道自天寿山后抵达昌平，挥兵攻城，原二千降兵为内应，昌平城为之陷落。王肇坤身中四箭两刀而死，总兵官巢丕昌投降，户部主事王一桂、赵恍及摄知州事保定通判王佐禹、判官胡惟忠、守备咸贞吉等皆被杀。阿济格令清兵焚毁埋葬在天寿山的明熹宗陵墓。次日，阿济格率清兵进逼西山，攻巩华城。守将姜瑄以火炮轰击，清兵退却。阿济格见明军攻势甚猛，城守坚固，难于很快取胜，便计议南下，但又不甘心轻易退去，便学皇太极曾经施行过的反间计，给曾经投降而又逃回的明副总兵黑云龙写信，约为内应。目的在于借明朝之手杀死黑云龙。这次，崇祯皇帝朱由检似乎变得聪明了一些，猜到了阿济格的真实意图，便召谕黑云龙说："尔第安之，朕悉虏计，对群臣焚之矣，尔且诱之入，亦一机也。"黑云龙奉命而出，在西山北隅设伏引诱清兵，斩获了许多清兵。阿济格反间不成，反中其计，就率兵向南侵扰良乡。

　　七月初十日，昌平的叛兵进逼西直门，清屯住清河沙河的清兵也随之出动，攻克宝坻。崇祯皇帝朱由检十分震惊，命文武大臣分守京师各城门。并令"兵部传檄征山西总兵刘泽清五千人，山西总兵王忠、猛如虎四千人，大同总兵王朴、保定总兵董文用各五千人，山永总兵祖大寿五千人，关宁蓟密各总兵祖大乐、李重镇、马如龙共万七千人入援。"征兵之檄已经发出，朱由检再次在平台召廷臣商议，询问防御之策。可是听到的仅仅是"破格用人"、"列营城外、方可防御"的老生常谈。

正当朱由检召集廷臣商议攻防策略，调兵遣将之际，阿济格率领的清兵，仍然采用避实就虚的战术，下定兴、房山，克安肃，攻大城，占安州。八月，又克文安、永清，分兵攻漷县、遂安、雄县。不久，又从雄县奔赴郑州口，刘泽清阻击，而转攻香河，进河西务还涿州，克顺义。再绕到京东北，抵达怀柔、大安，攻陷西和，分兵屯密云、平谷，又返回雄县，向北侵掠袭扰。"遍蹂赤县，攻陷城堡"。九月初一日，从冷口出塞，"掠我子女，俱艳饰乘骑，奏乐凯归。斫塞上柏而书曰：'各官免送'。凡四日乃尽。侦骑拾其遗牌，亦书'各官免送'。"清兵经此大战之后，仍然怡然自得，从容潇洒地前进。

这次明朝受到清兵的袭扰，先后五十六战，接连失去二十城。明军虽有些抵抗，但还是以失败而告终。果于重罚的朱由检，一反常态，没有像以前那样对统兵将领或贬或戮，却表现出了少有的宽容。越是如此，张凤翼、梁廷栋越感到自己的罪过深重，便先后饮药而死。后来，言官弹劾，刑部论罪，罢张凤翼官，处梁廷栋辟，因其已死，免于实施。与此同时，又大肆为宦官高起潜等叙守京功。计六奇为之叹息说："朝廷虽乏人，奈何与刀锯之余共天下事哉！吾知忠臣良将之心，于是乎灰矣！"

皇太极屡次派兵进攻明朝，既知明军实力的强弱，又知朝廷状况，得出君骄臣谄，军弱民穷的结论。他虽得到明朝送来议和的信息，但现在的大清国，决非前日的后金。以前主动议和，是因为力量弱小，不得不如此；今日已时过境迁，思虑的中心议题是如何尽快消灭明朝，实现对全国的有效统治。尤其是明朝国内战火不息，这一愿望只能提前实现。所以再次派遣多尔衮率领清兵入扰明朝，多方掠夺，最大限度地消耗明朝的军力和物力。朱由检对大清皇帝皇太极的勃勃雄心一无所知，虽屡次受其袭扰，只怪罪将士不竭尽心力，不时贬戮，借以激励将士。无奈事与愿违。文武百官"人人知身家不知有君父，知利禄不知有廉耻，相率为全躯保妻子之计"。衰败的朝政，分崩离析的百官，迫使朱由检企图以议和之策，缓和危机。可是又羞羞答答，不敢担当，唯恐损威失体；加上朝廷中的主战派的反对，理直气壮。当朱由检左右为难，犹豫不决之际，清兵已经入塞。

崇祯十一年（崇德三年，1638年）九月，多尔衮奉皇太极之命约蒙古军大举进兵，与岳托分别从西协墙子岭、中协青山关侵入。墙子岭地势险峻，岳托挥兵蚁附而上，连续费时三昼夜才得越关而入。正在密云为监视太监邓希诏祝贺生日的总兵吴国俊急忙率兵至墙子路与其激战，溃败退至密云。蓟辽总督吴阿衡醉意朦胧，得知清兵入塞，率兵往救，因事出仓促，调御失措，被清兵击毙。岳托在此等候从青山关而来的多尔衮。接着越迁安，逼丰润，乘胜南下。

十一月初三日，京师闭门自守。初五日，清兵掠良乡、高阳、涿州，趋河间，自入塞分兵四道，一趋沧、瀛，一趋山东济南，一趋临清，一趋彰德、卫辉。

明廷此时的情况是"敌已临城，尚无定议"。清兵就是利用这个有利时机，侵掠定州，进逼景州，在其地的太监刘元斌躲至德州。十一月初九日，清兵攻高阳，致仕家居的少师、大学士孙承宗率领家人与守城将士一同抵御。清兵久攻不下，将要离开他袭，便绕城呐喊，守者响应。清兵统帅说："此城，于法当破。"又集兵围攻，次日攻陷高阳城，孙承宗被俘，宁死不降，望京师叩头，投环而死。清兵乘胜连陷衡水、武邑、枣强、鸡泽、文安、霸州、阜城，围攻威县，抵达内近。

清军一路乘胜南下，分兵攻陷昌平、宝坻、平谷、清河、良乡、玉田、蓟州、霸州、景州、赵州。又挥师自畿辅而西抵山西界，复南下进入山东。杨嗣昌先调山东总兵倪宠人援，抵达德州而返；又调山东巡抚颜继祖移师德州防御，济南随之空虚无备。清兵探知明军集结德州，便避开德州，由东昌、临清等处渡过运河，分兵二道，一向高唐，一向济宁，约期次年正月初二日在济南汇合攻城。届时清兵梯城而上，吏卒惊骇逃遁，济南落入清兵之手。布政使张秉文，副使邓谦济、周之训，运使唐世熊，知府苟好善等被杀。连德王朱由枢也被俘，被押送盛京沈阳。洗劫一空的济南城内外积尸十三万。副总兵祖宽率三百骑驰援济南，与清兵力战而死。大学士刘宇亮、总督孙传庭集兵十八万，自晋州援救济南，祖大寿亦奉命从青州赶来。清兵已离济南取东平，下莘县，又至济宁、临清、固城，再分兵克营丘、馆陶。不久，取庆云、东克、海丰，遂向东进入冠县，略阳谷、寿张至张秋、东平，入汶上，焚毁康庄驿。攻击距徐州百余里的衮州，因有安庆巡抚史可法屯驻徐州，未继续南下，转攻沧州、青县。因岳托死，多尔衮率清兵趋天津。二月，清兵准备由青山口出塞，因有总兵陈国威驻扎喜峰口，戒备极严，派兵阻击，不能顺利而出，于三月初五日转至丰润，又遇副总兵杨德政、虎大威阻击。初九日，又至冷口，各路明军大集，仍不得出。最后经迁安县从青山口出关，返回沈阳。

此次清兵入塞，历时五个月，深入二千里，历经五十七战，攻陷七十余城，焚掠杀伤，不可胜计。其根本原因在于朱由检不能选贤任能和任人不专。加上内外异议，中制掣肘，致使调度不灵，应援失算，直至惨败。

朱由检在战与和的问题上，亦犹豫不决，首鼠两端。时而赞成杨嗣昌之议，时而肯定卢象升主战。致使将领间歧见横出，相互抵牾，造成此次惨败。作为生杀予夺的最高统治者，难辞其咎。

二

朱由检根据杨嗣昌的建议，任命洪承畴以兵部尚书兼副都御史总督蓟辽军务。崇祯十二年（1639 年）十月，洪承畴奉命出山海关，至中前所，将总监高起潜的私人、时任千总的刘某因虚冒粮饷，当众处斩，以肃军纪，高起潜无奈，口头不说，而心怀怨恨。洪承畴又推荐刘肇基、吴三桂，朱由检升迁吴三桂为都督充任辽东总兵，团练宁远兵马，刘肇基为都督佥事，加强备御。

皇太极比起朱由检，更加慎重、细密，特别是他屡次派兵入边了解了明朝的虚实之后，即把消灭明朝，统治全国，作为自己的最高战略目标，并以此为题多次召集文武百官认真筹划，选择最佳时机、最佳策略和最佳地点作为突破口，挥师伐明，加速最高战略目标的实现。为此，他为了造成对明朝军队的牵制，在几次由蒙古南下，入扰明朝时，就派遣精骑在锦州附近发动过战争，只因是配合性战斗，无意进击，攻陷锦州，但他已经感到锦州的防御是坚固的，不集中优势兵力，认真对待，是难以达到预期目的的。皇太极对群臣的议论，诸如挥兵直取明朝京师；先取锦州，再攻山海关；由海路取登州、莱州；从宣府、大同边塞攻入，南下攻陷北京，等等，都仔细倾听，在此基础上，使自己的思路清晰、缜密。直到崇祯十三年（崇德五年，1640 年），皇太极觉得时机已经成熟，战略思想也渐渐明确：取燕京犹如砍伐大树，须先从两旁斫削，则大树自然倒仆，可称为"剪枝"的战略战术。于是，便决定以较长的时间，派兵往攻锦州，在相持中，消磨明朝军力、物力，同时壮大自己，再一举挥师进击。一旦攻下锦州，松山、杏山、塔山，以至宁远的守兵必然震惊。以胜利之师，战震惊之军，胜负不言自明。最后据山海关为己有，夺取明朝京师北京，可谓轻而易举，也可使进入北京之后长久立足，不受任何威胁。

皇太极选择义州作为据点，积极备战。在军马粮饷有所储备之后，即施行其围困锦州的战略，时而出击，时而退却，在义州与锦州之间来往不定。至崇祯十三年（1640年）秋，攻克了锦州城西九台及小凌河西岸二台，便分兵两翼，逼困锦州城，时祖大寿坚守锦州，不敢轻易出击。不久，总督洪承畴率总兵曹变蛟、左光先、马科、吴三桂、刘肇基以马步兵五万驰援锦州，在黄土台与清兵激战，战败退还。清兵亦返回义州不出。洪承畴返回宁远后，以曹变蛟、左光先、马科所统领的兵马遭受挫衄，令入关养精蓄锐，以便再战；刘肇基拙于调度，由王廷臣代理其任；又令左光先返回原镇，由白广恩代理；吴三桂、王廷臣率兵驻守关外，往来于松山、杏山之间，以示进取。又奏报朝廷，请求调旁近边军合关内外兵马十五万人备战守。还说"师行粮从，必刍粮足支一岁，然后可议益兵。"朱由检一一采纳，令户部迅速筹措供给。

崇祯十四年（1641年）正月，洪承畴率总兵吴三桂、王廷臣、曹变蛟、白广恩等至宁远。洪承畴亲至松山，察看形势，了解战守情状，感到兵将短少，不足于守御，即请调宣府总兵杨国柱、大同总兵王朴、蓟镇总兵唐通，各拣练兵马赴援。三月，清兵自义州出发，再围锦州，毁堑填濠，声援断绝，祖大寿召集诸军与清兵展开激战，清兵渐退，不久，复围锦州，攻陷东关，掘堑垒墙作久攻的准备。

皇太极见久围锦州不见成效，即召集群臣商议，在诸多议论中，唯有张存仁的建议切合实际。于是，改换统兵将帅，将八旗兵开赴到距锦州城较近的地区安营扎寨，列阵围困，解决了围城不严的弊端。此举具有极大的威慑力，致使明廷急忙调兵遣将，指示洪承畴设法率兵前往解围，同时命令祖大寿率兵出入锦州、松山、杏山之间，会同洪承畴统领的八旗兵马抵御清兵的围攻。然而，明兵部尚书陈新甲身居京师，不知锦州之围的紧急情状和清兵咄咄逼迫的态势。洪承畴虽可奉命赴援，而祖大寿已一步都出不了城了。

同年四月，洪承畴率兵进至松山、杏山之间，又移至松山城附近的石门，南北列阵，令吴三桂、王廷臣、杨国柱驻守石门之西；曹变蛟、白广恩、马科驻守石门之东；王朴驻兵东西石门之中，左右接应。清兵在乳峰山部署步兵，在东西石门屯兵二万，且设伏于松山周围待战。两军相接，展开激战。明军不避矢石，奋勇登山，放炮轰击。祖大寿在锦州城听到炮声，得知援兵到来，即率军出城，与援兵夹击清兵，清兵失利，向北退去。

此次与清兵激战，虽然取得了胜利，但锦州仍在清兵的围困之中。况且明朝廷内部对解救锦州的意见存在分歧，直接影响了亲临前线总督的作战主动性和积极性，完全陷于被动状态之中。而皇太极却是认真地准备着与明军的决战，并将松山视为决战成败的关键，集中优势兵力，争取取得攻克松山的胜利。

洪承畴准备好一切后，于同年七月二十六日在宁远誓师，二十七日自率六万兵马前行，二十八日抵达松山。后续兵马以次抵达，总共十三万余。洪承畴见清兵屯聚乳峰山之东，即传令诸军登乳峰山之西。又传令镇兵分别进击东西石门，干扰和分散清兵兵力，使其腹背受攻，于是立车营，四围树木栅为城。清兵得知，十分惊骇。洪承畴部署略定，便于八月二日令诸镇兵出战。宣府总兵杨国柱先行，列营未定，清兵四面呼降，杨国柱叹息地对部将说："此吾兄子振昔年殉难处也，吾独为降将乎！"即挥师奋勇格斗，身中流矢而死。清兵误入车营，大炮齐发，斩清兵一百三十人，杀固山、牛录二十余人。洪承畴遂令山西总

中华藏书

大清十二帝·最新整理珍藏版

中国书店

兵李辅明代领杨国柱兵马，与马科等分营松山东、西、北三面，曹变蛟营于松山之北乳峰山之西，间到七营，环以长壕，自率兵据松山城，为久拒之计。与此同时，祖大寿分步兵三道突围，只突出二重，被第三重清兵阻止，与援军联络断绝，不得已再回锦州城。清兵屡次进攻乳峰山西侧的明军，均被击退，无功而返。初九日，王朴率军攻西石门，被清兵击败，"将士气沮"。次日再战，清兵受挫。清兵"自是不复出，请济师于沈阳"。

皇太极得知松山之战不利，十分着急，以致忧愤吐血，于八月十五日带病起程。群臣劝阻，他说："行军制胜，利在神速。朕恐承畴等闻朕亲至将潜遁。如不逃，破之如纵犬逐兽，易于拾取，何可徐行！"遂亲率三千精骑，日夜兼程，十九日抵达松山，陈师于松山、杏山之间。登山观兵，见洪承畴布阵严整，感叹地说："人言承畴善用兵，信然，宜我诸将惮之也。"再横观其阵，见大众集前，后队颇多疏漏，猛然省悟道："此阵有前权而无后守，可破也。"告谕诸将："如承畴兵来犯，近则击之；倘尚远而先往迎战，致累于众，与败阵无异。"同时派兵遣将在松山至杏山之间列营，截断明军的联系。

洪承畴得知皇太极扬言要围困松山，以为是诈，略不为意，遂按兵不动。但总兵官曹变蛟见清兵列营，却颇为畏惧，"欲战则力不支，欲守则饷道已绝"，兄好突围。二十日，曹变蛟等八大将挥师进击清兵失利，清兵乘胜追至塔山，获其笔架山积粟而还。遂掘壕三道，每壕深八尺，宽一丈有余，人马不得过，横断松山、杏山之间的通道，使明援军前与锦州后与宁远失去联系和粮饷的运输，孤立于深壕之中。

当天夜间，曹变蛟撤其七营兵马移至松山附近扎营。二十一日，洪承畴见清兵掘壕围困，便激励将士说："彼兵新旧迭为攻守，我兵既出，亦利速战，当各敕厉本部力斗，予身执桴鼓以从事。解围在此一举。"可是诸将因粮饷困乏，打算先撤回宁远。傍晚时分，张若麒给洪承畴写信说："我兵连胜，今日再鼓，亦不为难。但松山之粮不足三日，且敌不但困锦，又复困松山，各帅既有回宁远支粮之义，似属可允。"于是诸将各怀心态，议论不一，有的提议明日出兵进击，有的提出今日即可出战，有的说先回宁远，以图再举。洪承畴力排众议说："往时诸君俱矢报效，今正其会。虽粮尽被围，宜明告吏卒；守亦死，不战亦死，若战或可幸万一。不屑决意孤注，明日望诸君悉力。"立即传令王朴、白广恩、唐通等三镇兵马为左路，吴三桂、马科、李辅明等三镇兵马为右路，决战突围。而总兵王朴极为恐惧，先率兵逃遁，其他将帅纷纷仿效，逃逃犹恐不及，骑兵、步兵自相践踏，不战自乱，丢弃的弓箭盔甲不计其数。逃遁的明军望见火光，即以为是清兵，便急忙返回，又遇伏兵堵截斩杀，死伤累累。总兵曹变蛟、王廷臣突入松山，辽东巡抚丘民仰誓与洪承畴同守。洪承畴面临如此险恶形势，决定留三分之一的兵马守松山城，三分之二的兵马突围冲阵，突至尖山石灰窑，与清兵相遇，奋力激战，清兵暂退，不久又合兵来战，致使明军不得再入松山城，只能移屯海岸，仅二百余人逃脱，其余明兵尽淹没于海潮之中。白广恩奔回松山，张若麒、马绍愉得一渔船，与诸监军逃回宁远。奏报朝廷说"洪承畴失计"，借以自免。洪承畴困于松山，令白广恩同都司雷起鳌东走小凌河，袭击建州老营，走国王碑，历锦昌、大胜间，自北虏后进小红罗山，请兵解围。

二十三日，李辅明四处奔逃终入宁远城；二十六日，吴三桂、王朴率残兵败卒自杏山向宁远退去，行至高桥，遇清兵阻击，死伤惨重，吴三桂、王朴仅以身免，奔入宁远。至此，"锦州围益急，而松山被围，应援俱绝矣！"皇太极及时移兵逼围松山，等待城中弹尽粮绝，不战自乱。

锦州之围未解，总督洪承畴与总兵曹变蛟、王廷臣、巡抚丘民仰，以及残兵败卒被围困在松山城中。崇祯皇帝朱由检为之震惊而忧虑，询问兵部尚书陈新甲，陈新甲一改规劝皇帝速战的急切心态，避罪犹恐不及，更不会提出解救锦州、松山之围的良谋善策。而朱由检只想如何保住锦州和松山，尤其是尚在重围中的总督洪承畴。在不真正了解锦州、松山危急的情况下，朱由检于九月初二日下达圣谕，命令洪承畴竭力固守；巡抚丘民仰伺机出战，冲出重围，急返宁远，保存七城。加上锦州、松山、杏山置于清兵的重重围困之中，粮饷困乏，总督洪承畴插翅也不能离松山一步；丘民仰更难突围。而满朝文武，不以力行为尽职，而以敷衍了事为尽职。对解放松锦急务，置若妄闻。朱由检见其圣谕未有反响，更无效果，便下旨严加斥责道："围城望救甚切，已有屡旨剿援，乃至今未发一兵，未通一信，抚镇道将，料理何事！"十月，再命叶廷桂为兵部右侍郎兼右佥都御史，巡抚辽东宁锦。可是，朱由检得到的却是"兵部会议御奴之策，大端以息兵为言"。气急败坏，无以复加。恰于此时，皇太极见天将转寒，且粮饷转运艰难，想撤围而去，又担心松山之捷变为泡影，便借议和为名，保住既得的胜利，以等待时机向明朝进攻。懵懂的明廷文武大臣和无可奈何的皇帝朱由检，以为就此可以使局势得到缓和，又想保住面子，就暗中与皇太极往来了。

转眼到了崇祯十五年（1642年）正月，杨绳武去世，代理总督的是范志完，虽身任总督之职，但却胆怯不敢前往救援洪承畴。唯有副将焦埏领命赴援，刚出山海关立即被清兵斩杀。转送粮饷的道路又全部断绝。洪承畴等固守松山，粮饷一天天有减无增，到了非饿死则杀死的地步。洪承畴盼望援兵，而未见一兵一卒。曾组织过几次突围，均告失败，只得坚守，与松山城共存亡。直到二月间，松山副将夏成德暗中派其子赴清营为人质，"约日献城"。清兵如期攻松山城，夏成德为内应，一举而松山城破。丘民仰、曹变蛟、王廷臣，兵备道张斗、姚恭、王之祯，副将江翥、姚勋、朱文德等被斩杀；张若麒从海上乘渔船逃回宁远；洪承畴被俘，清兵令其跪，洪承畴不屈，说："吾天朝大臣，岂拜小邦王子乎！"后被械送沈阳。松山被毁如平地。坚守锦州的祖大寿，"城中粮亦尽，人相食"，且"战守计穷"，得知松山已失，便向清兵将领投降，亦被送往沈阳。清兵既下松山、锦州，又乘胜攻下杏山、塔山。明朝的关外八镇，被清兵夺取其半，宁锦防线变得七零八落，明军的抵御能力受到重创。

三

古往今来，在两军对垒的过程中，无不以和谈为手段，借以赢得时间，加强战备，等待机会，给对方以沉重打击，取得战争的最后胜利。然而，议和时机的选择，颇有学问，关键在于双方实力的对比与相互怀有相同的愿望。否则，就有求和、被逼之嫌，以至于留下城下之盟的侮辱。

皇太极指挥清兵重重围困锦州、松山，希图明军内乱而收胜利之效。可是，时近天寒，围困锦州、松山的清兵的粮饷难以为继，导致垂手可得的战果化为泡影；准备撤围，又担心明兵从后追击。于是，在崇祯十四年（1641年）十一月，"使降丁入关议款"。兵部尚书陈新甲听信张若麒之言，口头许诺。

崇祯皇帝朱由检最忌讳群臣百官建言议和，他周围的文武大臣亦囿于宋金和议的耻辱，绝口不谈议和之事。一些官员提出攘外必先安内，避免陷入两线作战与腹背受敌的困境，意为以议和安抚后金，集中兵力解除内忧。这本是富有远见卓识之议，但遭到朱由检的断然拒绝，严旨切责，下令敢谈和者斩！朝中文武噤若寒蝉。

崇祯十五年（1642 年）正月，明军的形势更加紧张。兵部尚书陈新甲认为"南北交困"，只有议和才能暂时摆脱面临的困境。

皇太极给朱由检的长信，在追溯了后金（清）与明朝开战的历史渊源，归咎于朝廷之后，又谈及清兵胜势，仍愿议和通好，就此提出了具体条件："迩来我军，每入尔境，辄克城陷阵，乘胜长驱，若图进取，亦复何难。然予仍愿和好者，特为亿兆生灵计耳。盖嗜杀者殃，好生者祥。应感之理，昭然不爽。若两国各能审度祸福，矜全亿兆，而诚心和好，则自前以后，宿怨尽释，彼此不必复言矣。至我两国尊卑之分，又何必较哉！古云'情通则明，情蔽则暗'。若尔国使来，予令面见；予国使往，尔亦令面见。如此则情不壅蔽，而和事可久。若自视尊大，俾使臣不得面见，情词无由通达，则和事终败，徒贻国家之忧矣。夫岂拒绝使臣进见，遂足以示尊耶。至两国有吉凶大事，则当遣使交相庆吊。每岁贤国馈兼金万两，白金百万；我国馈人参千觔，貂皮千张。若我国满州、蒙古、汉人及朝鲜人等，有逃叛至贵国者，当遣还我国；贵国人有逃叛至我国者，亦遣还贵国。以宁远双树堡中间土岭为贵国界；以塔山为我国界；以连山为适中之地，两国俱于此互市。自宁远双树堡土岭界北，至宁远北台，直抵山海关长城一带，若我国人有越入，及贵国人有越出者，俱加稽察，按律处分。或两国人有乘船捕鱼海中往来者，尔国自宁远双树堡上岭，沿海至黄城岛以西为界，我国于黄城岛以东为界。若两国有越境枉行者，亦俱察出处死。倘愿如书中所言，以成和好，则我两人，或亲誓天地，或各遣大臣代誓。尔速遣使赍和书及誓书以来，予亦遣使赍和书及誓书以往。若不愿和好，再勿遣使致书。其亿兆死亡之孽，于予无与矣。"最后通牒："约九月不至则治兵。"

如果说崇祯皇帝肯于担当，此事不难处置，即以其皇帝的威严，申述议和之由，风波定能平息。然而，既刚愎自用，又当断不断的朱由检，只考虑自己的面子，在关键时刻，诿过于人，出尔反尔的性格缺陷，得到了充分的暴露。结果，议和不成，徒失二位大臣。明朝的政局日益败坏，一发不可收拾。

由于明廷有此变故，自然没有答复皇太极的议合条件。直到十月十四日，皇太极命多罗饶余贝勒阿巴泰为奉命大将军，率清兵讨伐明朝。他告谕道："朕命尔等统领大军，往代明国者，非好为黩武穷兵也。朕不忍使生灵罹害，屡欲与明修好，而彼国君臣，执迷不从，朕是以命尔等往。尔等一入明境，遇老弱闲散之人，毋任意妄杀；不应作俘之人，毋夺其衣服，毋离人妻子，毋焚毁财物，毋暴殄粮谷"，并令其"切以为戒，传谕各旗悉知"。次日出发。

朱由检并没有忘记对皇太极的防御。尤其是关外四城失陷之后，他在调兵遣将对付农民起义军的同时，于关内、关外并设二督，而关外加督师衔，地望尤为尊崇，又于昌平、保定设二督，千里之内有四督臣；还在宁远、永平、顺天、密云、天津、保定六地设巡抚，宁远、山海、中协、西协、昌平、通州、天津、保定八地设总兵。直到四月初一日，清兵折道畿内，经宝坻，准备回师，初五日，周延儒见朱由检十分忧虑，无所措手足，在不得已的情况下，只好请求督师。朱由检喜出望外，赐敕设宴，直到二十日才出京，驻扎通州。他不思如何督军围歼清兵，而每天与幕下宾客饮酒娱乐，"腾章奏捷"。同月二十八日，清兵由原路北归，诸援军跟随其后，始终没有敢于与之作战的。惟一战斗是在螺山，而赵光抃、唐通、白广恩等八镇兵，以失败而告终，总兵官张登科、和应荐战死。

此次清兵深入内地，历时七个月，计"攻克三府、十八州、六十七县，共八十八城。"俘获人口三十六万九千人、牲畜三十二万一千余头、黄金一万二千二百五十两、白金二百二十万五千二百七十余两、珍珠四千四百四十两、彩缎五万二千二百三十四。

第十一章　猝然而终

一

　　崇德八年（明崇祯十六年，1643年）八月初九日，皇太极像平常一样，忙碌了一整天。在一天中的活动中，并未显现出任何不祥之兆。晚上亥时，皇太极却"暴逝"于沈阳清宁宫御榻之上。

　　突如其来的恶耗打乱了所有人的思维。次日，皇太极的遗体被装殓完毕，诸王贝勒将梓宫暂时安放在崇政殿内，并下令全国举哀三天。全体官员素装孝服，女眷们还剪去发辫，以表哀痛。宗室们还会集在清宁宫前，在皇太极生前的寝宫里焚香跪奠，三巡后起立举哀。

　　为了表示对先皇的哀悼，朝中规定，初十日一天，王公大臣们俱持斋戒，诸王率固山额真等每日黎明哭临一次，凡此七日，十三日之内举国禁止屠宰。

　　皇太极匆匆地逝去了，由于他在生前未对身后之事作任何安排，所以王公大臣在哀痛背后，正迅速酝酿一场激烈的皇位争夺战。

　　经历过上次汗位争夺的人们，开始思考这次皇位的继承问题。当时，亲王、郡王共有七人，即礼亲王代善、郑亲王济尔哈朗、睿亲王多尔衮、肃亲王豪格、武英郡王阿济格、豫郡王多铎、多罗郡王阿达礼。

从当时的情况来看，皇太极遗留下的空位，只有三个人有继承的资格，即代善、豪格、多尔衮。这三人旗鼓相当，后两个人的竞争相当激烈。具体来说，豪格居长子地位，又有三旗作为后盾，实力要比多尔衮略强。而且代善和济尔哈朗此时已经感到多尔衮咄咄逼人的气势，从而更倾向于豪格一边。

在皇太极死后不久，双方就开始积极谋划活动，并由幕后走到了台前。两黄旗大臣们会于豪格之家，图尔格、索尼、图赖、锡翰、巩阿岱、鳌拜、谭泰、塔瞻八人倡议立肃亲王豪格为君。肃亲王豪格在众人怂恿之下，决心争位，并积极展开活动，争取支持。他派人找到济尔哈朗，对他说："两黄旗大臣已决定立肃亲王为君，需要和你商量一下。"希望能得到济尔哈朗的支持，济尔哈朗当即表示："我意亦如此。"但又认为需要与多尔衮商议。

就在两黄旗大臣密谋于肃亲王之家，紧锣密鼓地筹划拥立豪格的同时，两白旗的上层人物也正在积极筹划拥立多尔衮为帝。阿济格和多铎支持多尔衮，他们"跪劝睿王，当即大位"。

双方都在为争夺皇位而加紧活动，时局日趋紧张。首先提议立豪格的图尔格为防万一，令其所辖的三牛录亲兵披挂甲胄，弓上弦，刀出鞘，守住自己的家门，害怕自己首当其冲，成为两白旗诸王的刀下之鬼。

崇德八年（1643 年）八月十四日，这是一个决定大清命运的关键日子。崇政殿，是皇太极生前议论朝政的地方，皇太极死后，其梓宫也停放在这里。这一天，诸王大臣就在崇政殿集会，讨论皇位继承问题。这个问题是和平顺利解决，还是兵戎相见、互相残杀，直接关系到八旗的安危与满洲的未来。会议尚未开始，两黄旗大臣派两旗精锐的护军剑拔弩张，已把崇政殿团团包围起来，大有以武力相威胁之势！尔后，索尼、图赖、鳌拜等两黄旗大臣，又手扶剑柄，气势汹汹地闯入崇政殿，等待会议的开始。这时的形势对多尔衮已颇为不利。会议刚一开始，索尼和鳌拜首先出来倡立皇子。多尔衮则针锋相对，认为诸王尚未发言，他们没有资格说话，厉声令他们暂时退下。

在索尼和鳌拜抢先发言被喝退之后，阿济格和多铎便出来劝多尔衮即帝位，多尔衮见两黄旗大臣气势汹汹的样子，遂犹豫不决，没有立即答应。但多铎却急不可耐地说："如果你不应允，该立我为皇帝！我的名字已列于太祖遗诏之中。"多尔衮反驳道："肃亲王的名字也是太祖遗诏中提到的，不只有你的名字。"多铎在遭到哥哥的反对后，就提出另一位人选："要不立我，论年长者，当立礼亲王代善。"代善见多铎点到了自己头上，便开口说："睿亲王如果应允，当然是国家之福，不然的话豪格是帝之长子，当继承大统。我已年老体衰，力难胜任。"提出了一个模棱两可的意见。

没有顺利过关的豪格大为不悦，便说道："我福小德薄，哪能担当此任？"说罢，固辞而去，以退席相威胁。两黄旗大臣见主子离席，便纷纷离座，按剑向前，齐声说道："我们这些人，食于皇帝，衣于皇帝，皇帝的养育之恩与天同大，如若不立皇帝之子，那我们宁可跟从先帝死于地下！"

代善面对两黄旗大臣咄咄逼人的局面，不知如何是好，便连忙说："我虽是先帝之兄，常时朝政，老不预知，怎能参与此次议立呢？"说罢起身离去。阿济格也随着退出会场，多铎则默无一言。此时，殿中只剩下多尔衮、多铎和济尔哈朗，以及两黄旗的大臣们。面对两黄旗的武力相逼，多尔衮开口说道："你们大家说得对，既然肃亲王豪格谦让退出，无继统之意，那么就应当立先帝之九子福临为帝。不过其年岁尚幼，八旗军兵事务，最好由郑亲王济尔哈朗和我分掌共管，左右辅政。待福临年长之后，当即归政。"

这一建议，出乎了所有人的意料。机敏的多尔衮，在相持不让的僵局下，不失时机，当即提出了由皇太极的第九子，年方六岁的福临来继承帝位的方案。这个方案的妙处是，一方面满足了两黄旗大臣以死相拼拥立皇子的强烈愿望（对两黄旗大臣来说，只要立皇子就行，无所谓哪一个，因为这样，两黄旗就仍是天子自将之旗，地位显赫），另一方面多尔衮又排除了与自己实力相当的皇长子豪格。同时，对于多尔衮来说，面对刀剑相逼的两黄旗大臣，他虽然被迫放弃了争位的要求，但争取了已有支持豪格倾向的镶蓝旗旗主、郑亲王济尔哈朗的支持，从而稳定了局面。拥立不懂事的稚童，自己作为辅政王，他可与济尔哈朗分掌国家大权，在相当一段时间内他可以拥有与皇帝相仿的地位，虽无名而有实。

对于济尔哈朗来说，自己做了辅政王，自然不会有反对意见。而代善自己本无争位打算，当然也希望化干戈为玉帛，对此自无异议。

这个妥协方案最终为各方接受了。

多尔衮审时夺势，以冷静和机智的头脑，比较稳妥地解决了皇位继立问题，雷厉风行地处理了可能出现的内乱，在皇太极死后不到十天的时间内，就顺利完成了满洲最高权力的过渡，稳定了局势。多尔衮从此也开始了他艰难辉煌的政治生涯。

第十二章　崇德五妃

一

　　清盛京（今沈阳）皇宫中的"崇德五宫"后妃，即中宫清宁宫、东宫关雎宫、西宫麟趾宫、次东宫衍庆宫、次西宫永福宫，是清太宗皇太极于崇德元年上尊号称宽温仁圣皇帝后册封的，距今已有三百五十年的历史。

　　崇德元年（1636 年）皇太极建国号大清，改元崇德，登上皇帝的宝座。他的成功虽然主要是依靠满洲贵族本身的政治、经济、军事力量，但蒙古各部的相助，也是不可忽视的。在满洲贵族征讨蒙古察哈尔部的战争中，蒙古科尔沁部作为同盟军的主力做出了重大贡献，而察哈尔部的崩溃又使更多的蒙古贵族率领自己的部众归服满洲贵族，最终促成皇太极在满、蒙、汉贵族官僚的共同拥戴下登上了大清皇帝之位。正是由于这个原因，皇太极于崇德元年所封的清宁宫等五宫后妃，都是清一色的蒙古妇女，这也就是史书上通常所说的"崇德五宫"。

　　满、蒙通婚的历史悠久，"崇德五宫"之封，是当时满、蒙贵族在政治、经济、军事上互相联合结成坚固同盟的结果，这一同盟也是清政权以后能以一统中国的重要因素之一。

早在努尔哈赤时期，满族就与蒙古科尔沁部发生了关系，而结成政治军事同盟的先声往往是彼此间的经济交往和婚姻关系。努尔哈赤在壬子年（1612年）与科尔沁部明安贝勒之女成婚。乙卯年（1615年）科尔沁贝勒孔果尔送女与太祖为妃。皇太极在甲寅年（1614年）与科尔沁莽古思贝勒之女成配。莽古思之女，就是皇太极登上汗位后的中宫皇后，其父莽古思在崇德年间被追封为和硕福亲王，其母在天聪年间被称为科尔沁大妃，崇德年间封为和硕福妃。

天命十年（1625年），科尔沁贝勒宰桑之子吴克善台吉送其妹与皇太极为妃，皇太极亲迎至沈阳北冈。科尔沁送亲队伍将至辽阳东京新城时，努尔哈赤率诸王及后妃等出迎十里，人城又设宴举行了隆重的结婚典礼。宰桑贝勒此女即皇太极的庄妃。宰桑贝勒是莽古思之子，是皇太极中宫皇后的兄弟。因此庄妃是皇太极中宫皇后的亲侄女，其母即史书所称科尔沁次妃，崇德年间被封为和硕贤妃。

天聪八年（1634年）十月，科尔沁卓礼克图台吉吴克善送其妹至沈阳，皇太极与皇后诸妃等设大宴迎接。这次吴克善送来的是庄妃的姐姐，被皇太极纳为宸妃。宸妃、庄妃都是吴克善的亲妹妹。

宸妃、庄妃先后嫁给皇太极的时间，史书记载不够明确。宸妃在崇德二年（1637年）七月甲戌为皇太极生下第八子，庄妃在次年正月甲午为皇太极生下第九子。从生子的时间来看，宸妃在先，庄妃在后，宸妃又是庄妃的姐姐，因而容易使人错认为宸妃比庄妃早归嫁皇太极。宸妃一子早夭，别无所出，本人也在崇德六年（1641年）九月薨逝，时年三十三岁。庄妃除生有一子福临外，还生有三女，即皇四女、皇五女和皇七女，其中最大的皇四女名雅图，于崇德六年（1641年）嫁给科尔沁贝勒吴克善之子弼尔塔哈尔。以庄妃所生皇四女十三岁出嫁计算，此女当生于天聪三年，这说明庄妃远在宸妃之前就嫁给了皇太极。从而可知科尔沁贝勒吴克善的两个妹妹，天命十年嫁皇太极的是庄妃，天聪八年嫁皇太极的是宸妃。

皇太极继汗位以前，"宫闱未有位号，但循国俗称'福晋'"。努尔哈赤时期，福晋也不过有大福晋、福晋、小福晋之别，皇太极继汗位初年也是如此。自天聪六年（1632年）正月皇太极开始"南面独坐"后，才正式考虑后妃的位号，以与皇帝的名分相称。史载天聪六年"上巳册立中宫皇后及西宫妃，惟东宫未备。闻蒙古扎鲁特部落戴青贝勒女贤，遣使往聘之，迎至，册为东宫妃"。据此记载，皇太极于天聪六年始确立后妃的位号。所册封的中宫皇后即后来的孝端文皇后，西宫妃即庄妃，后称孝庄文皇后。东宫妃是"蒙古扎鲁特部落戴青贝勒女"。

崇德元年（1636年），上尊号称宽温仁圣皇帝的皇太极册封五宫后妃：科尔沁贝勒莽古思之女哲哲，为清宁宫中宫皇后；科尔沁贝勒宰桑之女海兰珠，为关雎宫东宫宸妃；阿霸垓郡王额齐格诺颜之女娜木钟，为麟趾宫西宫贵妃；阿霸垓塔木囊博第塞楚枯尔之女巴特玛·璪，为衍庆宫次东宫淑妃；科尔沁贝勒宰桑之女布木布泰，为永福宫次西宫庄妃。

崇德五宫后妃的地位都很尊贵。将崇德五宫与天聪六年所册后妃加以比较：中宫皇后没有变化；天聪八年来嫁的海兰珠后来居上，成为妃子的首位东宫；西宫贵妃娜木钟居妃子的第二位；次东宫淑妃巴特玛·璪居妃子第三位；次西宫庄妃布木布泰天聪六年时为妃子第二位，至崇德元年改居第四位；而天聪六年来嫁的东宫妃扎鲁特部戴青之女不在崇德五宫之内，退居为皇太极的侧妃。

天聪六年以贤选为皇太极东宫妃的扎鲁特部戴青贝勒之女，为什么会失去其贵宠地位而成为侧妃呢？这主要是由于天聪八九年接连有三位地位更为尊贵且贤慧的女子成为皇太极的妃子。

其一是蒙古科尔沁部吴克善之妹（后称宸妃），这是一位贤慧端庄又十分秀美的姑娘。

天聪七年（1633年）四月，皇太极的中宫皇后之母科尔沁国大妃偕次妃等一同来沈阳朝见。偕大妃前来的次妃，是宰桑之妻、国舅吴克善之母，与中宫皇后哲哲实为姑嫂关系。这次朝见受到皇太极的隆重接待。大概在这次来访中，确定了次妃的另一女儿海兰珠嫁给皇太极，因而天聪八年（1634年）十月吴克善就将这个妹妹送到沈阳。

婚后，皇太极与海兰珠关系十分和谐，加上科尔沁部在蒙古各部中的重要地位，因而在崇德元年册封海兰珠为东宫宸妃，居妃位之首，地位仅次于中宫皇后。为了表达自己的爱情，皇太极将海兰珠居住的宫室命名为关雎宫，源于《诗经》中的名句"关关雎鸠，在河之洲"。

东宫宸妃海兰珠归嫁皇太极不久，在崇德五宫后妃中最先生出皇子，其时为崇德二年（1637年）七月。皇太极十分高兴，为此颁发了清朝第二道大赦令。皇太极在制文中说："今蒙天眷，关雎宫宸妃诞育皇嗣"，意为宸妃所生皇八子系皇位继承人。为此在崇政殿举行了隆重的贺礼。

崇德三年（1638年）正月，崇政殿前陈设了大驾卤簿，皇太极端坐殿内接受朝贺。朝鲜国王子率来朝陪臣进国王表笔，除了奉皇上的表文外，还引人注目地上了"皇太子笺文"。对照其奉皇上表文，可以看出朝鲜国王所说的皇太子就是指东宫宸妃海兰珠在崇德二年七月所生的皇八子，是为制文中所说"皇嗣"的佐证。可见，将崇德五宫中东宫宸妃海兰珠所生皇八子立为太子，是皇太极在崇德二年的重大举措。以往史家认为，皇太极在位期间从无立嗣之念，亦无立嗣之举，显然与史实不符。

另外的两位妃子，原来都是众蒙古之主察哈尔林丹汗的妻子。察哈尔林丹汗助明为虐，威福恣行蒙古各部。自后金从政治、军事两方面予以打击后，林丹汗出走，死于青海大草滩。察哈尔部落及所附属诸部纷纷离散，投奔到强有力的后金天聪汗麾下，林丹汗的妻子们也带所属部众来归。察哈尔汗窦土门福晋是在天聪八年八月来投奔皇太极的，由多尼库鲁克率众护送，在天聪汗的行军幄前拜见了皇太极，然后在木湖尔伊济牙尔地方驻营恭候。大贝勒代善深知窦土门福晋等来归之意，于是同诸贝勒共同具奏："窦土门福晋率国人来归，请选入宫闱，亦抚慰众心之道也。"皇太极对此十分踌躇，认为应当将她们配给家内不和睦的贝勒。代善一再要求皇太极娶窦土门福晋，而皇太极派希福等"复宣前谕"。代善只得再次对希福等说："臣等为福晋委身顺运，异地来归，其作合实由于天。上若不纳，得毋拂天意耶？……伏念皇上修德行义，允符天道，故天于皇上特加眷佑。……皇上若从臣请，不但臣心慰悦，众意亦莫不欢欣。"希福等以代善之言回奏皇太极。从政治上权衡利害得失，皇太极寻思了三天，对文馆龙什、刚林等说："大贝勒等坚劝朕纳窦土门福晋，朕恐未合于义"，言外之意是林丹汗兵败致死，又娶其妻似不妥，但文馆诸臣龙什等却答道："此天所赐也。大贝勒之请是，上宜纳之。"此时皇太极又记起此次行军驻纳里特河宿营时"曾有文雉飞入御幄之祥"，于是认定"今福晋来归显系天意"。皇太极遂派希福、达雅齐前往迎亲。护送窦土门福晋的多尼库鲁克等十分高兴地表示："皇上纳之，则新附诸国与我等皆不胜踊跃欢庆之至！"不难看出，民族之间王公贵族的婚姻主要是政治行为。

天聪九年（1635 年）三月，正当蒙古别部极力争取察哈尔林丹汗妻囊囊太后和苏泰太后及其所属部众时，皇太极也及时派出多尔衮、岳托、萨哈廉、豪格率大军往迎。在西喇朱尔格地方，后金大军遇到了主动来投的囊囊太后，多尔衮派温泰等作导引前往盛京。此后，诸贝勒阿巴泰、德格类、阿济格、多铎等纷纷请求皇太极说："此乃察哈尔汗多罗大福晋，既归我朝，必应使之得所，皇上宜纳之。"皇太极说："朕先已纳一福晋，今又纳之，于理不宜。"诸贝勒虽一再劝解，皇太极依然不肯应允，因他认为把年轻貌美且又尊贵的囊囊太后嫁与代善较为合适，于是派满达尔汉、祁充格以告代善。但代善不同意，原因是囊囊太后的财产不丰，他所属意的则是富有而美丽的苏泰太后。这使皇太极十分为难。因苏泰太后固然是皇太极母亲的亲戚，同时亦是死去不久的济尔哈朗之妻的妹妹。苏泰一来，济尔哈朗就首先提出婚姻问题。按照满族当时的风俗习惯，济尔哈朗是有优先婚配权的，皇太极及诸贝勒早已同意了这桩婚事。为此，皇太极只得向代善讲明情况，并提出将同样年轻貌美而尊贵富有的林丹汗之妹泰松格格配予代善为妃。尽管如此，代善仍不乐意。而囊囊太后的归属问题也因而拖延了近一个月，皇太极才将林丹汗的这位"多罗大福晋"纳入宫中。囊囊太后即娜木钟，因其地位最尊贵，崇德元年被封为西宫麟趾宫贵妃。比她早归皇太极的窦土门福晋，即巴特玛·璪，地位较扎鲁特部戴青贝勒之女高，但比娜木钟略低，所以崇德元年被封为衍庆宫淑妃。

崇德五宫后妃，中宫、东宫、次西宫后妃归嫁皇太极的情况，在史书上都有明确记载，惟西宫、次东宫妃子的归嫁情况似乎没有明确说明。

实际上关于察哈尔林丹汗的两位福晋来归以及被皇太极娶纳，史书记载得十分细致清楚，只是崇德元年正五宫位号后，西宫贵妃、次东宫淑妃都换用了娘家的部落姓氏，因而对不上号，易造成误会。

《清皇室四谱》的作者唐邦治在按语中指出，西宫贵妃、次东宫淑妃就是归嫁皇太极的原察哈尔林丹汗的两位福晋。他还指出：贵妃所抚养的蒙古女淑济，于崇德八年

（1643年）七月嫁给尊贵的德参济王之子噶尔玛；淑妃所抚养的蒙古女，于崇德五年（1640年）正月嫁给睿亲王多尔衮。这都说明她们原是林丹汗的女儿，地位尊贵。

史书中用"抚养"二字来记贵妃、淑妃所出嫁之二女，自然是别有深意，未便明言。即这两个蒙古女子是贵妃、淑妃与前夫林丹汗所生的，既非皇太极的女儿，故不能给以公主的封号，因此只能用"抚养"一词，较为妥贴。史载，崇德二年夏，皇太极有一次梦见代善说："奇哉！麟趾宫贵妃养女淑济来告我曰：'有火自天降入宫中，殊为美观。我等幼稚，初见惊讶，后亦无恐'……"可见，贵妃、淑妃确是囊囊太后和窦土门福晋。她们嫁给皇太极时当然要带来"幼稚"的女儿。

史载贵妃是蒙古阿霸垓部落额齐格诺颜之女，其父不过是阿霸垓部落博尔济吉特氏中的一个头人罢了。但在崇德四年（1639年）十一月，蒙古喀尔喀部落的马哈撒嘛塞臣汗在归服和朝见皇太极后，他的妻子噶尔马、阿海两福晋却撇开皇太极的中宫、东宫后妃，单单给西宫贵妃虔诚地献上貂皮、马匹，这充分说明西宫贵妃的特殊身份，因其曾经是众蒙古之主林丹汗的"多罗大福晋"，才得享此殊荣。

崇德五宫后妃中，清宁宫中宫皇后哲哲，于甲寅年（1614年）嫁给皇太极，时年十五岁。婚后没生过儿子。天命十年生皇二女固伦温庄长公主，天聪二年生皇三女固伦端靖长公主，天聪八年生皇八女固伦端贞长公主，分别下嫁额哲、奇塔特、巴雅思祜朗。顺治七年（1650年）二月中宫皇后哲哲崩后一年上尊谥，雍正元年八月加上"哲顺"二字，乾隆元年三月加上"慈僖"二字，整个谥号为"孝端正敬仁懿哲顺慈僖庄敏辅天协圣文皇后"。

关雎宫东宫宸妃海兰珠，于天聪八年（1634年）十月归嫁皇太极，时年二十六岁。崇德二年七月生皇八子，早夭。崇德六年（1641年）九月病逝，十月上谥号"敏惠恭和元妃"。

麟趾宫西宫贵妃娜木钟，天聪九年（1635年）嫁皇太极。崇德元年三月所生的皇十一女，下嫁噶尔玛·索诺木。崇德六年所生的皇十一子，即后封襄昭亲王的博穆博果尔。顺治九年十月娜木钟追封为"皇考懿靖大贵妃"。

衍庆宫次东宫淑妃巴特玛·璪，于天聪八年嫁皇太极，未生子女。顺治九年十月追封为"皇考康惠淑妃"。

永福宫次西宫庄妃布木布泰，于天命十年（1625年）二月归嫁皇太极，时年十四岁。天聪三年生皇四女固伦雍穆长公主，天聪六年生皇五女固伦淑慧长公主，天聪七年生皇七女固伦端献长公主，后分别下嫁弼尔塔哈尔、色布腾、铿吉尔格。崇德三年正月庄妃生皇九子福临，即顺治皇帝。顺治八年福临亲政，上徽号"昭圣慈寿皇太后"，同年八月福临大婚，加上"恭简"二字，康熙四年九月玄烨大婚，加上"温庄"二字，康熙六年十一月玄烨亲政加上"康和"二字，康熙十五年正月册立皇太子允礽，加上"仁宣"二字，康熙二十年十二月平定三藩，加上"弘靖"二字，整个徽号为"昭圣慈寿恭简安懿章庆敦惠温庄康和仁宣弘靖太皇太后"。康熙二十六年十二月二十五日崩。康熙二十七年十月上尊谥曰："孝庄仁宣诚宪恭懿翊天启圣文皇后"，雍正元年八月加上尊谥"至德"二字，乾隆元年三月加上"纯徽"二字，整个谥号为"孝庄仁宣诚宪恭懿至德纯徽翊天启圣文皇后"。

崇德五宫后妃外，皇太极最早的元妃钮祜禄氏，为额亦都之女，明万历三十九年（1611年）生皇三子格博会（早殇）；继妃乌喇纳喇氏，贝勒博克铎之女，为太祖大妃之从姑，明万历三十七年（1609年）生皇长子肃亲王豪格，万历三十九年（1611年）生皇二子洛格（早殇），天命六年生皇长女固伦公主，下嫁旺第；侧妃叶赫纳喇氏，贝勒阿纳布之女，天聪二年生皇五子承泽裕亲王硕塞；侧妃扎鲁特部落贝勒戴青之女，天聪六年来归，为东宫福晋，天聪七年生皇六女，天聪九年生皇九女，后分别下嫁夸特、哈尚；庶妃纳喇氏，英格布之女，天聪九年生皇十女县君，崇德元年生皇十三女，后分别下嫁辉塞、拉哈，崇德二年生皇六子镇国悫厚公高塞；庶妃奇垒氏，察哈尔谔勒济图固英寨桑之女，崇德六年生皇十四女和硕恪纯长公主，下嫁吴应熊；庶妃颜扎氏，布颜之女，天聪元年生皇四子辅国公叶布舒；庶妃伊尔根觉罗氏，安塔锡之女，崇德二年生皇七子辅国公品级常舒；庶妃，拜祐女，崇德四年生皇十子辅国公韬塞；庶妃，氏族不详，崇德二年生皇十二女，下嫁班第。

总计清太宗皇太极的后妃，见于史籍者计十五人。太宗有子十一人，女十四人。

太宗诸后妃的地位等级差别很大，首先是崇德五宫后妃远远高于其他妃子的地位；其次崇德五宫后妃又依中、东、西、次东、次西宫的排列顺序，地位依次由高及低；再次，崇德五宫后妃以外，尚有元妃、继妃、侧妃、庶妃等。后妃等级的高低，取决于其出身门第及受皇帝宠幸的情况，而她们的地位又在很大程度上影响以至决定她们所生子女的地位和命运。

- 当然还有史书不载或略而不计的太宗皇太极之妃，如阿敏曾从朝鲜掠回一个美妇，一度被皇太极纳入宫中。这种情况在连年进行掠夺战争的天聪、崇德时期不是偶然的。

二

自古以来，历朝的宫闱之中，常有风流天子与多情嫔妃的佳话。享有"九五之尊"的皇帝，可拥有三宫六院七十二妃嫔，其妻妾之众是可想而知的。但在这美女如云的众多妻妾之中，也有那"情有独钟"的宠妃。清朝初年的"宸妃娘娘"，就曾经是太宗皇太极最钟爱的人，并在关外盛京皇宫中留下他们生死爱恋的一段佳话。

在今沈阳故宫的凤凰楼上，仍完好地保存有当年皇太极的五宫后妃起居的寝宫。在中宫清宁宫的左侧，有一座坐东面西，五间硬山前后廊式建筑关雎宫，其屋顶满铺黄琉璃加绿剪边，正脊为五彩琉璃，其纹饰中为五彩琉璃火焰珠，两侧有做前进状的行龙，展翅欲飞的凤凰，含苞待放的荷花和莲藕，四条垂脊亦为五彩琉璃。这座建筑的华美，与中宫清宁宫完全相同，惟台基略低一些，标明关雎宫主的身份和地位在诸妃之首，仅次于中宫皇后而已。崇德元年（1636年）七月初十日，皇太极循古制举行了隆重的册封后妃典礼，被封为"东宫大福晋"即宸妃的海兰珠便成了这里的主人。

关雎宫有别于清宁宫的是，此处不设神堂，故其建筑形式为中间开门（清宁宫为一侧开门），内设暖阁为海兰珠居处，或被召幸时与皇太极同榻。室内其余铺面为随侍庶妃居住。这一点与清移都北京后，清宫后妃居东、西六宫，除各宫之主外，也有众多妃嫔随侍居住是一样的。关雎宫一进中门便是西、南、东三铺成"凵"字形的"万字炕"，以东炕最长，有两丈六尺余，西炕和南炕略短，不过两丈二尺余。另一间为暖阁，暖阁内有一西炕，长仅一丈零六寸，宽仅六尺六寸，止可居二人。暖阁外还有西、北、东三铺较小的"万字炕"，长仅一丈余，宽不过五六尺。在这座面阔五间的宫室内，辟为两室，共有七铺炕之多。其余三宫，如西宫麟趾宫，次东宫衍庆宫，次西宫永福宫亦如之，可见皇太极时期虽然偏据东北一隅，但其后宫妻妾的数目仍是不少的。

皇太极虽拥有众多妃嫔，天生丽质者亦不乏其人，然而他惟独钟爱宸妃海兰珠，在她的身上倾注了夫妻间的全部感情。皇太极之与海兰珠，虽不如白居易在《长恨歌》中所说唐明皇之爱杨贵妃"后宫佳丽三千人，三千宠爱在一身"，但他对宸妃海兰珠的生死爱恋，也非同一般，被后人传为美谈。

宸妃海兰珠之归嫁皇太极，比胞妹布木布泰晚了八年。那么，为何先纳其妹，后纳其姊呢？这段姻缘的缔结，起因大约是在天聪七年（1633 年）科尔沁二妃来朝引起的。这年四月初，春光明媚，皇太极率领诸福晋及王公大臣等"巡幸郊原"，驻跸于养息牧河岸。适逢科尔沁大妃（莽古思之妻，中宫皇后之母）偕次妃（寨桑贝勒之妻，庄妃之母）等到盛京朝见皇太极，二岳母乃贵戚，受到皇太极的盛情款待，并得到许多赏赐。这次戚属相聚，为了亲上加亲，又议定了两桩婚事，一是皇太极的幼弟多铎议娶大妃次女、皇后之妹为妻；一是皇太极将庄妃生的第四女雅图，许以妻兄吴克善之子弼尔塔哈尔。虽未明言要纳娶海兰珠，但大约此次海兰珠随母朝见，皇太极目睹了她那婀娜多姿，端庄秀美的靓丽风彩，而且她不仅长得美研绝伦，更兼久负温良贤淑的盛名，使得皇太极顾不得已从博尔济吉特氏这个家族中已纳了一后一妃，还一定要娶这位美女。第二年秋十月，科尔沁亲王吴克善，二次送妹到盛京与皇太极成婚。从此，在皇太极的后宫中出现了一姓姑侄三人同事一夫的新鲜事。姑姑居中宫，享"椒房之尊"，二侄女一为永福宫庄妃，一为关睢宫宸妃，她们蒙恩获宠，无以复加。尤其宸妃海兰珠最得皇太极的宠爱。

海兰珠与皇太极成婚时已经二十六岁，并非豆蔻年华。但是，由于海兰珠冰肌雪骨肤，丽质天成，仍然是一副"沉鱼落雁，闭月羞花"之貌，不亚于那些"二八佳人"。尤其她那贤淑的品德，成熟女性的美更富魅力，使皇太极一见钟情。自打海兰珠入宫后，与年长她一十六岁，已过不惑之年的皇太极真是情投意和，形影相随。崇德元年，皇太极效仿古之帝王，对后宫妃嫔行册立礼时，便以其"秉德柔嘉，持躬淑慎，侍朕以来，壸仪攸著"，将其封为"东宫大福晋"，后来者居上，位居四妃之首。皇太极赐其宫室名为"关雎宫"，取之于《诗经》中的"关关雎鸠，在河之州，窈窕淑女，君子好逑"的诗句，不仅饱含了对她姣好容貌的赞美，也表达了对她温柔贤惠高雅品格的称颂。《诗序》中解释"关雎"一词为"歌咏后妃之德"。满文的"关雎"二字为"hūwaliyasundoronggo"，其意为和顺温柔懂礼仪之人，可谓对她品德的赞美与褒奖，海兰珠荣封关雎宫主。

宸妃海兰珠生前宠冠后宫，不啻中宫皇后，不仅因她的美貌贤淑，还因她曾为皇太极生过一子。在中国几千年的封建社会里，曾有"不孝有三，无后为大"之谚。而中宫皇后哲哲，曾连生三女，却无子。崇德二年（1637年）七月，海兰珠十月怀胎之后，在关雎宫产下一子，是为皇太极的第八子。即使在中宫有子嗣的情况下，宠妃生子，亦有望成为太子，将来继承皇位，何况中宫皇后入宫多年，一直未诞育皇子，立嫡似不可能。此时爱妃诞育皇子，"立爱"也合情理。

宫中还流传一件奇事，即是年七月甲戌亥刻漏下二鼓（夜半时分），海兰珠产下皇八子，已亥丑刻漏下四鼓（天将明）时皇太极做了一梦，梦中说皇太极在太祖努尔哈赤前与大贝勒代善同处一室，面北坐，仰观天空，见五彩斑斓的祥云，密密地重叠三层，祥云之上复见青天。皇太极想，天如此高远，人怎么能看得如此分明？代善也称奇。并说麟趾宫贵妃的养女淑济也曾对代善言，她见有火球自天而降，落入宫中，非常美观，我等幼稚，初见时很惊奇，后来也就不怕了。代善尚未说完，皇太极便醒来了。

次日，皇太极召集文武大臣圆梦，众人皆云，天在上，祥云从之，此乃"非常之贵征"，寓意皇八子为天降之贵子，将膺天命，继皇位。这当然是他们臆想出来的，或者为立此子为太子而造的舆论。

爱妃产子，皇太极十分喜悦，遂创有清以来之先例，于盛京皇宫举行重大庆典活动的场所——大政殿（时称笃恭殿）集文武群臣，颁发了第一道因诞育皇子而发的大赦令，诏曰："自古以来人君有诞子之庆，必颁大赦于国中，此古帝王之隆规。今蒙天眷，关雎宫宸妃诞育皇嗣，朕稽典礼，欲使遐迩内外政教所及之地，咸被恩泽。除犯上焚毁宗庙陵寝宫殿，叛逃杀人，毒药巫蛊，盗祭天及御用器物，殴祖父母、父母，兄卖弟，妻诬告夫，内乱纠党，白昼劫人财物此十罪俱不赦外，其余逃亡、遗失物件、被人认出者令还原主，免其罪。互相借贷者，照旧偿还。见在羁禁之人及一切讹误小过、盗窃隐匿等罪，咸赦除之。"

皇太极对宸妃所生之子搞了如此大的举动，确乎寻常。因为在宸妃生子前已有皇太极在藩邸时娶的元妃钮祜禄氏、继妃乌拉纳喇氏、庶妃札彦氏、侧妃叶赫纳喇氏、庶妃纳喇氏、伊尔根觉罗氏等生有七子，崇德三年（1638年）正月，又有庄妃生第九子（即后来的顺治帝福临），崇德六年，麟趾宫贵妃又为皇太极生下第十一子，名博穆博果尔，后封襄昭亲王。麟趾宫贵妃与永福宫庄妃，虽同贵为五宫之妃，地位贵宠，但对他们诞育的皇子却并未举行什么庆典活动，皇太极惟将宸妃海兰珠所生的皇八子作为"皇嗣"，显见是作为储君来对待的。不言而喻，此乃皇太极"爱屋及乌"之故吧。由于皇太极为庆贺宸妃诞育皇子，颁发诏书大赦天下，一时间成了轰动中外的重大事件。崇德三年元旦，朝鲜国王李倧，在上皇帝、皇后贺表的同时，还向几个月大的"皇太子"贺表。笺文曰："朝鲜国王臣李倧，恭逢崇德三年正月初一日元旦令节，谨奉笺称贺者……皇太子殿下，德量渊冲，英姿玉裕……兹当端月之会，益增前星之辉……，并进献皇太子礼品，计有：细白绢十五匹、白绵绸十匹、皂青葛布十五匹、黄色花席十张、满花方席十张、各式纯花席十张、貂皮六张、白纸五百刀。"

皇太极为宸妃生子的庆典之举，引来了八方朝贺，轰动盛京城内外。崇德二年八月，海兰珠生皇子刚刚满月，一些与皇太极有姻亲关系的皇亲国戚或归附的蒙古部落，就不远千里，闻风而至。他们一路上驱赶着驼马牛羊及驮载着各式各样的土特产品，络绎于途，奔赴盛京，前来表示祝贺。皇太极也兴高彩烈，满面春风，登上皇宫的"金銮殿"——崇政殿宝座，接见八方来贺的王公台吉。据文献记载，他们是巴林部的阿玉石、卫寨桑、毛祁他特，扎鲁特部的内齐、喇巴泰、台吉寨冷、戴青达尔汉、沙里、达尔马等，伊等贺表称："巴林部落阿玉石等诚惶诚恐跪奏，恭遇宽温仁圣皇帝诞生皇子，臣等闻之，喜不自胜，谨赍册庆贺礼物进献。"接着是阿霸垓部落台吉塞尔札尔、得尔格尔，乌朱穆秦部落台吉宜思哈布等行礼上贺表，再次为土默特部落的俄木布楚虎尔行礼。朝见皇太极时个个献上表文、方物，以示庆贺。还有科尔沁部落土谢图亲王巴达里、固伦额驸班第、扎萨克图郡王布塔齐等，"以关雎宫宸妃诞生皇子，遣官进献貂裘、牛、马、貂皮等物"。还有外藩蒙古翁牛特部落多罗达尔汉戴青、东鄂尔多斯部落济农、四子部落大尔汉卓礼克图俄木布、巴林部落满珠习礼等俱遣使具表称贺并献方物（《清太宗实录》）。此时的皇太极，开疆拓土，称雄于东北，加之娇妻产子，诸事顺遂，可谓春风得意，踌躇满志。为了表示普天同庆，他大宴宾客于崇政殿、清宁宫，盛况空前。

然而，"天有不测风云，人有旦夕祸福"。崇德三年正月二十八日，这个被视为"天命神授"，高贵而又幼小的

生命，却在来到这个世界不足一年便夭折了。可以想象，爱子之失，皇太极是多么的悲痛。但是，他尚能克制，因为他毕竟是一国之君，是一位"顶天立地"的男子汉。何况他已有七子，而且两天之后，庄妃布木布泰又给他生了一位皇子。庄妃也是他所倾心喜爱者，虽不如其姊，也贵为四大妃之一。因而庄妃生子也是一个安慰。但是，对于一位母亲，海兰珠却无法承受这一打击，可爱的小皇儿的一颦一笑，时时在她的面前晃动，使她神牵梦萦，终日郁郁寡欢，不久便身染重病。皇太极除多方劝慰，还厚赐其母，册封其为"贤妃"，赐仪仗，以释其怀。但是，这一切都无法医治她失子的心病。海兰珠终于一命呜呼，撒手人寰，追随她的爱子去了。逝时仅三十三岁。

宸妃海兰珠病重之时，皇太极正率军在前方打仗。崇德六年（1641年）九月，明蓟辽总督洪承畴率领十三万大军来援山海关外明军事重镇锦州，这是兵家必争之地。因为明军一旦失去锦州，山海关便失去屏障，京师也就难保；反之，清军要想入关，最后消灭明朝，也须夺取锦州。所以，皇太极御驾亲征，驻军松山城外。十二日，突然传来了宸妃娘娘病重的消息。在这两军对垒的关键时刻，皇太极作为三军统帅，是不应该离开阵地的。但是，爱妃病重，使他实在放心不下。无奈，只得立即召集王公贝勒、八旗固山额真，以及参战的外藩蒙古科尔沁卓礼克图亲王吴克善（宸妃之兄）、巴图鲁郡王满珠习礼（皇亲）等会议，作了军事布署，他命多罗安平贝勒杜度（侄，褚英子）、多罗饶余贝勒阿巴泰（弟）以及固山额真谭泰、阿山、叶克书、准塔巴图鲁、何洛会、马喇布、巴特玛等围困锦州；命多罗贝勒多锋（弟）、多罗郡王阿达礼（弟）、多罗贝勒罗洛宏（侄）、固山额真宗室拜尹图、宗室公艾度礼、多罗额驸英俄尔岱、库鲁克达尔汉阿赖、恩格图、伊拜等围守松山；命多罗武英郡王阿济格（弟）、外藩科尔沁卓礼克图亲王吴克善、巴图鲁郡王满珠习礼等围守杏山高桥。布署已毕，十三日卯刻（早5点左右）天刚黎明，皇太极便匆忙启驾返还盛京。一路上马不停蹄，十七日，刚抵达距离沈阳城不远的旧边驻跸歇宿，当夜一鼓，有盛京皇宫遣人来报宸妃病笃。皇太极闻报，立即下令拔营启程，连夜赶奔盛京。同时，遣大学士希福、刚林等先行快马急驰，先趋问候。此时的皇太极，真是心急如焚，恨不能一步赶到爱妃的身边。五鼓，天尚未明，銮驾刚入盛京城，就传来宸妃娘娘薨逝的噩耗。可惜来晚了一步，未能与心爱的人诀别。皇太极闻报，犹如五雷轰顶，悲不自胜。抢步入大清门，直扑关雎宫。当出现在他面前的竟是香消玉陨的海兰珠遗体时，皇太极实在按捺不住心中的悲痛，声泪俱下，痛哭失声，一时间清宫中上上下下哭得天昏地暗。面对此情此景，诸王大臣只得以保重"龙体"为要，俱跪地劝皇上节哀。经众大臣力劝，皇太极方稍止悲痛。遂下令："宸妃丧殓之礼悉从厚。"

皇太极与海兰珠情深意笃，虽愿生生世世长相守，然而清初战乱，皇太极以军国要务为重，不得不驰骋疆场，东征西讨，身不解甲。后宫之中的娇妻美妾也难相聚首。皇太极出征前，宸妃已染病在身，没想到这次短暂的分别竟成永诀！因而，宸妃之死，对皇太极精神上的创痛极大。他"饮食顿减，圣躬违和"，以致病倒了。自此，皇太极再没有重返松锦战场，从而也就结束了他四十余年的戎马生涯。将及二年，皇太极也病逝清宁宫，追随海兰珠而去。可叹皇太极虽贵为"天子"，仍难免"英雄气短，儿女情长"。

爱妃之丧，自然要办得隆重，即慰逝者，亦慰生者，也是皇太极对宸妃表达的最后一点心愿。宸妃"一切丧殓之礼悉从厚"，届时先陈设宸妃仪仗，其梓宫暂安盛京地载门（今沈阳小北门）外五里殡所。皇太极亲率诸王以下，牛录章京以上，固伦公主、和硕福晋、和硕公主、多罗格格以下，梅勒章京、命妇以上至安厝处。并亲自在灵前三奠酒致祭，哀恸欲绝。时都察院参政祖可法等上疏劝慰，以皇上乃"万乘之尊，中外仰赖"，"今皇上过於悲痛，大小臣工不能自安"，劝皇上要"自保圣躬，勿为情牵，珍重自爱"。皇太极从宸妃殡所回来后不入宫，而居住在临时搭设的"御幄"中，以表示对宸妃的哀悼和怀念。宸妃死后，皇太极茶饭不思，朝夕悲痛不已，甚至昏厥过去。这可吓坏了皇后、妃嫔及诸王大臣，他们赶紧陈设祭物，拜神祈祷，经多方劝慰和医治，皇太极方能稍愈，进些饮食。后来他自己也有所醒悟，意识到"天之生朕，原为抚世安民，今乃过于悲悼，不能自恃。天地祖宗知朕太过，以此示警。朕从今当善自排遣也"。

然而，对宸妃的魂牵梦萦，仍使他难以自拔。自宸妃死后，皇太极频繁地举行各种祭奠活动，并请僧道人等为海兰珠布道诵经，超度亡魂。备种祭礼有初祭、月祭、大祭、冬至令节祭、甚至岁暮祭祀祖宗山陵时亦遣官致祭。在初祭、大祭时，皇太极皆亲率王公大臣、公主、福晋、命妇等至殡所致祭，宣读祭文，盛赞宸妃生前"辅佐椒庭"之美德。是年十月，皇太极特旨追封宸妃为"元妃"，谥曰"敏惠恭和元妃"，还举行了隆重的追封礼，并亲率诸王以下，牛录章京以上，固伦公主、和硕福晋、和硕公主、多罗福晋、格格等以下，梅勒章京（副都统）命妇以上往祭。时值宸妃生母，科尔沁贤妃及宸妃兄卓礼克图亲王吴克善、额驸巴图鲁郡王满珠习礼等前来吊唁，皇太极命内大臣侍卫等"扶掖肩舆"，抬贤妃至地载门外宸妃殡所。贤妃一见女儿的灵柩，不免悲从心来，想自己一个如花似玉的女儿，年纪轻轻竟溘然长逝，岂不叫做母亲的痛断肝肠？贤妃"抚柩恸哭久之"。胞兄吴克善等俱洒泪奠酒，陈列祭品。祭毕，王贝勒及群臣序立，听宣追封宸妃满、蒙、汉三体制诰。其文曰："奉天承运，宽温仁圣皇帝制曰，惟尔关雎宫宸妃，秉德柔嘉，持躬淑慎，侍朕以来，壸仪攸著。崇德元年敕封尔为关雎宫宸妃，今仿古典，复加追赠，崇称隆号，慰尔幽灵，懿德徽音，扬於后祀，追封为敏惠恭和元妃。庶几有知，承我休命。"

接着宣读了皇太极亲撰的祭文，文中情真意切，催人泪下，令观者神伤。其祭文曰："尔元妃侍朕有年，克娴内则，敬助中宫，不意中道薨逝，朕心追悼，用备祭物，以荐馨香。又命喇嘛僧道，礼佛讽经，灵其有知，尚克祗承。"读罢，皇太极亲自三奠酒。满汉诸王大臣、外藩蒙古王贝勒以下，朝鲜国王二质子及内大臣以上，俱依次行祭奠礼（《清太宗实录》）。对宸妃丧礼，皇太极每每亲祭，每至，必痛哭一场。据档案资料记载，九月十八日，适逢宸妃小祥，皇太极令备祭品，并率诸后妃往祭，而皇太极又"恸哭奠酒祭之"。谕曰："敏惠恭和元妃，今以尔小祥，不胜哀思，特备祭品，施以敬意。纸钱两万、纸锞五万、各色整纸一万、牛一头、羊八只、席二桌、酒十瓶、搓条饽饽（大约类似麻花）两槽盆、豆面剪子股两槽盆、米六斗、炒面一斗"。这当是满族早期祭礼所用的一应祭。

皇太极爱妃之丧，非同一般妃嫔，故而前来吊唁者也很多，如乌朱穆沁部落苏勒亲王多尔济济农、归化城章京古鲁格等，科尔沁国绰尔济额驸下毛海叶尔登、苏尼特部落腾机特、奈曼部落达尔汉郡王子巴达理额驸及公主、四子部落达尔汉卓礼克图俄木布、阿霸垓部落卓礼克图郡王多尔济额齐格诺颜、达尔汉诺颜、苏尼特部落叟塞济农等"恭吊敏惠恭和元妃丧，献驼马缎疋"。九月二十九日，朝鲜国王以宸妃小祥，遣礼部侍郎安献正，进献貂皮五张、狍皮十五张、水獭皮三十张、绿斜皮三十张、纸五百刀、苏木百斤、胡椒十匣、干姜十匣、生姜十匣、核桃十五匣、房鱼十串、八尾鱼十条。

宸妃殁后，皇太极终日悲泣不已，诸王大臣只好奏请皇上出猎"以慰睿怀"。因为满族王公每借畋猎以习武，又以追逐獐狍野鹿为娱乐。所以，他们见皇太极思念海兰珠过于悲伤愁闷，遂劝其出猎散心，况且距沈城不远的蒲河、叶赫等地（今辽宁开原一带）便有山林可以驰马射猎。但是，宸妃的殡所就在城北，结果，皇太极每次出猎路过此处都要到宸妃的灵柩前哭祭一番，王公大臣本欲皇上外出射猎用以消愁解闷，不想反让他有机会到宸妃棺前睹物思人，更加痛苦不堪。书载一次皇太极在众人劝慰下"往猎于蒲河，己未，上回銮，过宸妃殡所，哭之，酉刻还盛京"。看来，皇太极对宸妃真是"爱不能舍"。

皇太极视宸妃之丧为大清国的"国丧"，就连元旦大典也停止举行。崇德七年元旦，他特降谕旨："敏惠恭和元妃丧，免朝贺，停止筵宴乐舞"。因此而发生了承政官索海、贝勒罗洛宏在宸妃丧期寻欢作乐，被严厉处置的两起案件。事情是这样的，先是皇太极召诸王、贝勒、贝子、公、固山额真、议政大臣等入清宁宫，责有人不勤于政事，对属下未能严加管束等情。众王公大臣遂举发有官兵临阵脱逃、冒领军功等罪状。其中有人揭发承政索海，竟于"敏惠恭和元妃之丧，擅令祖大乐（新附汉官）俳优至帐内吹弹歌舞"。下部议罪，论索海死。奏明皇太极后，皇上宽宥，免索海死，但"革职，解梅勒章京任，分奴仆一半给护军统领图赖"，另一件是宗室贝勒罗洛宏也因对宸妃之丧不恭等罪被革去贝勒爵位。先是甲喇章京（参领）席尔丹、阿津侍卫、敦珠侍卫等首告多罗贝勒罗洛宏，当敏惠恭和元妃丧时，罗洛宏本在锦州军中，却令一名叫雅尔代者"吹弹为乐"，并发泄对皇上优礼汉官等不满，本应论罪，但皇太极谓其"愚蒙无知"而宽恕之。不料，罗洛宏对说他"愚蒙无知"大为不满，并布散流言，遂下法司审实，议革其爵并罚银三千两等处罚。皇太极念其身为宗室贵胄，命革贝勒爵，免罚银及夺所属人员。其实，在清朝爵职中，多罗贝勒仅次于亲王，位居第三显爵，而罗洛宏却轻易便丢掉了"乌沙"，其中罪状之一便是在宸妃丧期作乐，有藐视元妃之嫌。可见皇太极对海兰珠的重视，不啻中宫国母。

崇德七年（1642年）四月，松锦大战奏捷，关外四座重镇从此全部归属清朝，关外障碍既除，挥师入关，逐鹿中原指日可待，终于实现了太祖努尔哈赤的遗愿，也是皇太极驰骋疆场，多年梦寐以求的大喜事，而且又俘获了明蓟辽总督洪承畴、总兵祖大寿等一干明朝重将，使清军犹盲人得一引路之人，更是可喜可贺。为此，皇太极遣官在崇政殿大摆酒宴，共庆胜利。然而，战争胜利的喜悦，仍不能冲刷掉皇太极的悲伤。爱妃之死的阴影，时时刻刻笼罩着他，常常使他睹物思人，黯然神伤。即使在这举国欢庆的日子里，也无兴趣穿戴视朝衣冠，更未"躬亲赐宴"。为了避免新归附的洪承畴等心生疑虑，只好加以解释，"盖因关雎宫敏惠恭和元妃之丧未过期故耳"。

海兰珠死后，皇太极终日悲伤思念，忧伤不已，身体日渐衰弱。后来竟连日常朝政也"难以躬亲办理"，只得交由郑亲王济尔哈朗、睿亲王多尔衮、肃亲王豪格等"会议完结"。至崇德八年元旦，本已过了宸妃丧期，应该循例举行元旦朝贺及筵宴等活动，却因"圣躬违和免行朝贺礼"。捱至夏四月，皇太极病势更加沉重，似有一病不起之象，只好命人"祷于盛京寺庙"，希望向神灵祈祷以挽救他的生命。后来的几个月间虽时好时坏，终因病入膏肓，无法救药。崇德八年（1643年）八月九日"上无疾端坐而崩",死在清宁宫的南炕上。人不会无疾而亡,何况皇太极仅以五十二岁盛年,并非老死,怎么会"无疾而崩"呢?尽管至今史学界对皇太极的死尚无定论,但有一点可以肯定,宸妃海兰珠的早逝,是皇太极死亡的重要原因。

第十三章　性格作风

一

　　太宗既有着十分强烈的满族意识，又十分向往汉族文化。他十分希望他的民族迅速强大起来，因而也更迫切的需要汉文化给予补充，甚至要改造本民族中那些不合时宜的、落后于时代的习俗；但他又忧虑这样做会丧失本民族的优势，有被全盘汉化的危险。这使他的心情很矛盾。不过，他在实践中已找到了两全其美的较为可行的途径。这就是：坚持国语、骑射不忘根，同时改革民族陋习。

　　骑射，就是骑马、射箭。满族人从她的先世以来，人人精于骑术、射箭，它成了全民族从事日常生产与军事活动的基本技能，它是满族区别于汉族的主要特征之一。进入汉人聚居的辽沈地区以后，生活条件发生了重大变化，受汉文化影响，骑射已失去原有的生产与生活的意义，仅在军事斗争上体现出它的价值。但当军事斗争减少或结束时，恐怕就难以保持下去。太宗已意识到这种危险的存在，就大力倡导骑射，力图保持这一民族传统。他率先垂范，躬身实践，决定每年春秋冬三季带领诸贝勒出外行猎，不管刮风下雨，也不管数九寒天，他都坚持，毫不迟疑。这种狩猎活动，名为"娱乐"，实际是一种军事训练。

他的目的，就是要使他的民族不忘骑射，更不能废弃骑射。除了他本人坚持，还命令各牛录额真："都要各自督率所属长幼于春夏秋三季时时习射，朕将派遣部臣前往各处检查，如有不会射箭的，就治牛录额真之罪。这是我国的长技，怎能不努力学习呢！"

　　尽管太宗三令五申坚持骑射，带头示范，可是，在他的兄弟子侄中那种惧怕艰苦、追求享乐的思想仍在滋长蔓延，甚至发展到行动上消极抵制，凡有行猎的活动也不愿参加。有一次，太宗的哥哥阿巴泰借故"手痛"，拒绝到郊外骑射，在家里求安逸。太宗知道后，立即召见他，连劝带批评地说："你平时总呆在家里，忽然有此行动，怎能不手痛！如果你奋然而起，亲自骑射，还有什么可痛的呢？诸贝勒不亲率士卒骑射，教习和演练武艺，谁又肯专心于军事？平时既然没达到娴熟，一旦同敌人交战，还怎么能抵御呢？"阿巴泰受到批评，没有任何理由掩饰自己，只有乖乖认错。

　　阿巴泰是太宗的同辈人，跟父亲艰难创业，尚且如此，至于他们的子弟已属第三代人，较少甚至完全没有经历过父祖的艰难，不懂得优裕的生活来之不易，他们所关注的是从先辈得来的巨大财富和权势中尽情享乐，对于什么骑射并无兴趣，相反，视骑射为艰苦，总想法逃避。有一次，太宗召集这些皇室贵胄子弟，向他们训话："你们这些子弟平时只知道游行街市，以图戏耍玩乐。早先年，不论长幼，穷困之际，都以行兵出猎当作喜事。那时，仆人很少，都是自己牧马披鞍，自己做饭吃。尽管这样艰辛，都愿为国效力。我国兴隆发展，难道不正是由此劳瘁而达到的吗？现在，你们一遇打仗、出猎，就推说妻子有病，或者以家事为辞不去，完全不想奋发向前，只迷恋于家室，这样下去，国家能不衰退吗？"这帮子弟个个认错，表示今后一定改正，太宗这才转怒为喜。

太宗决心不废骑射，必欲传之于子孙，他在一次集会上宣布："从今以后，各贝勒要亲自率领子弟进行演习射箭，子弟辈中青壮年，叫他们使用角弓、羽箭练习；年幼的，叫他们用木头和柳条做成弓箭练习。如果他们中有不执弓习射，喜好博戏、闲游街市店铺的，要抓起来，严加追究。我国所依靠的，全在于射艺。你们要互相激励劝导。"

满族的服饰，其特点是紧身窄瘦的缨帽箭衣。这与骑射生活是相适应的。到了辽沈地区，下至满族平民，上至贵族之家，仿效明朝服饰已成为时尚，衣冠变得肥了起来。有的大臣象达海、库尔缠等高级官吏甚至向太宗建议改制服装，依明朝式样仿造。太宗很不满意，当即给予批评。崇德元年（1636），有一天，他把诸王大臣都召集到翔凤楼，先让内弘文院大臣给他们读《金史·世宗本纪》。读完后，他开始谈他的看法。他说："金世宗最担心子孙效法汉俗，屡次以祖宗为训，衣服、语言都遵旧制，时时练习骑射，为军事做准备。但后世之君渐渐废弛，忘记了骑射，终致亡国。前不久，儒臣达海、库尔缠屡次劝朕改满族服饰，效法汉人。朕不听从他们的劝谏。朕打个比喻：比如，我们都在此聚会，都穿宽衣大袖，左边佩矢，右边挟弓，忽然遇到硕翁科罗巴图鲁挺身突人，我们还能抵御吗？只能任人宰割。朕举此例，实在为子孙万世的考虑。朕岂能有变更的道理？就是担心后世子孙忘记了骑射，而效法了汉人的陋习，所以，我常常为这件事而感到忧虑呢！"

崇德三年（1638年）七月，太宗专为此制定了法令：有仿效他国（指明朝）衣冠、束发（留长头发）、裹足者均治以重罪。他在另一道法令中，又做了具体规定：凡汉人官民男女穿戴，均照满族式样，男人不许穿大领大袖、戴绒帽，务要束腰；女人不许梳头、裹足。把汉人服饰都改为满族装束，从根本上防止满族变易服装，改从汉人。裹足是汉人的陋习，是汉族封建统治者对妇女的摧残，太宗禁止裹脚，无疑是对妇女做的一件好事，可惜后代的清朝统治者，违约弛禁，又使汉族妇女的裹脚陋习，延续了近300年。

太宗担心的另一件事，惟恐满族丢弃本民族的文字。满族崛起时，本来没有自己的文字，通用蒙古文字。努尔哈赤于明万历二十七年（1599年）创制无圈点的"老满文"，满族自此有了本民族的文字。但"老满文"不完善，太宗于天聪六年（1632年）进行了再创造，成为有圈点的新满文。可是，进入辽沈地区，同人数众多的汉人混居，加之这里的一切地名、官名、人名及平时习惯用语都是汉族的文化、汉族的语言，满族人不能不学会汉语，习从汉文，所以满语很快降为次要语言，尤其是满族贵族及其子弟也以学会汉语为时尚，满语刚刚使用，就呈衰落之势。

太宗感到这是满族汉化的又一个危险，他必须加以制止。他制定了一条原则：汉语与满语两种语言并用，但要求满族人在本族中说满语，和汉人交往时可以说汉语。为了增加满语在社会上的使用机会，增强满族人的文化意识，太宗又于天聪八年（1634年）四月采取一项重大措施：将所属管辖地区凡汉语名称一律改为满语名称。他解释说："朕听说国家创业，未有弃其国语反而学习他国语言的。弃自己的语言，仿效他人的，这个国家是不能长久的。蒙古诸臣的子孙自弃蒙古语，名号都学喇嘛，终于导致国运衰竭。现在，我国官名都因循汉人，一切从其旧称，这是很危险的。朕以为，知其善而不能从，知其非而不能改，这都是没有得到要领。朕虽未完成大业，也不能听命他国。从今以后，凡我国官名及城镇名，都改成满语，像沈阳应改成盛京（满语谟克墩，即兴盛之意）。像官名，具体说，如一等总兵官应改称为一等昂邦章京，一等副将改称为一等梅勒章京，一等参将改为一等甲喇章京，游击为三等甲喇章京，备御为牛录章京，等等。以后，不许仍袭用汉语旧名，均照我国新定名称使用，如不遵守我国新定之名而仍称汉语旧名者，一经查出，决不轻恕。"同时，他命满语专家达海将汉人典籍如《孟子》、《三国志演义》、《资治通鉴》等一大批汉文书翻译成满文，供满人学习。他规定诸王贝勒的孩子凡年龄在十五岁以下、八岁以上都必须读书，如有不读书者，将重处其父母。

在满族中，长期保留氏族社会的部分残余，在婚姻方面尤其明显，如嫁娶不分族内外，父亲死了，儿子可以娶其母为妻。与汉人相比，实属乱伦。天聪四年（1630 年）太宗下令改革，自宣布之日起，不准娶继母、伯母、婶母、弟媳、侄媳为妻，永远禁止。到崇德元年（1636 年），再次重申禁止族内婚，如违此法，视同奸淫问罪。太宗顺应历史发展，对满族社会和习俗作了较全面的改革，自此走上健康发展的道路。

二

太宗以法治国，在继位后的几年里，不断地制定各方面的法规，并坚持执行。有些规定是他亲自制定的，例如："凡诸贝勒审判案件，枉断人死罪者，罚银六百两；枉断人杖赎等罪，以及不奉谕旨、私遣人与外国贸易，或怠忽职责，或擅自劫取民间财物马匹，或将本旗女子不经报部批准而以低价收纳在家者，都罚二百两。"他还给诸王贝勒包括他自己在内制定法规，其中一条是，诸王贝勒出门按规定要排列仪仗，违者罚羊。太宗以法令来监督诸王贝勒群臣的言行，使他们都处于法律与汗权——皇权的严格控制之下。

为了加强对文武百官的监督，太宗于崇德元年（1636年）五月设立了监察机构——都察院，与三院六部不相属，独立行使监察百官及各部的职权。太宗授予该部院以很大的权力，宣布上自皇帝，下至诸王贝勒、各部臣，都可以劝谏、弹劾、纠察。他亲自要求都察院的官员要监督他的言行、为政得失，诚恳地说："朕如奢侈无度、误杀功臣，或者逸乐畋猎、荒耽酒色，不理政事，或者抛弃忠良，任用奸诈之徒，升迁官员不当，你们要直说，劝告批评都不要隐瞒。诸贝勒如果废弃事业，偷安享乐，或朝会时轻率迟缓懈怠，部臣如隐瞒不报，你们要指名道姓，进行参劾。六部（吏、户、礼、兵、工、刑）断事不公，以及审案迟缓，你们要察明向朕报告。明朝的弊政，在于你们这样的衙门往往成为贿赂之所，你们要互相防备检查。除了挟仇诬告好人之外，凡你们所奏，说得对的，朕立即批准照办；说得不对的，朕也不加罪你们的。"

作为一个封建帝王，很难做到言行一致，也很难做到有法必依，对自己对贵戚对心腹之臣，也无法实行事事依法。只能说，那些明君做得稍好些，而昏君、暴君、庸君任意胡为，什么法律也不能约束他，更不用说监督了。不过，太宗还是属于较好的一个，他制法、执法都比较严格，自己遵守也较自觉，事涉及到自身，也有勇气承担违法的责任。

太宗在改国号大清以前，曾设文馆机构，在临改国号的前夕，将文馆一分为三，统称内三院。其中，内国史院，负责记录起居、撰拟诏令、纂修实录等。关于皇帝每天起居、军政活动，也就是一天中所言所行，都由这一机构负责记录下来。按规定，皇帝本人是不允许阅看的，直到去世，都不得过目；生前，对专门负责记录的官员也无权进行干预。有一天，太宗到内国史院检查工作，看到一些官员正在记述和整理皇帝起居录，他怕引起官员顾虑，忙说："你们做你们的事，朕是不能看的，这是规定，朕自当执行。"一席话，使这些官员放下心来，刚开始的顾虑也消除了。

太宗对自己要求严格，率先执行法令，如果自身违犯，便自请受罚。

天聪五年（1631 年）二月，太宗制定仪仗制，自他以下，诸王贝勒出门都按规定排列仪仗队。太宗的意图，给他规定不同等级的仪仗队，是为了别贵贱，分尊卑，立等级，树权威，以建立井然有序的封建统治秩序。所以，太宗很重视仪仗队，虽然讲排场，但政治目的却是十分重要的。如果不照此规定，就等于自乱秩序，混淆等级。

这年春，太宗到他几个儿子避痘所看望。当时，医学很不发达，把出天花看成是一种可怕的瘟疫，因为还没有良药能医治它。这是一种传染病，谁要得了此病，就得隔离起来。一般春夏之交或盛夏是它流行的季节。一旦发生这种瘟疫，做为皇室成员，或贵族之家，就有条件躲开瘟疫，在瘟疫不到之地设一个清净住处，称为"避痘所"，不与外界接触，避免疾病传染。用今天的话说，就是把病人同无病人隔离起来。太宗本人就曾住过"避痘所"，目的是躲避疾病传染。

太宗的几个儿子住进了"避痘所"，显见这年春夏之交疫病流行。太宗亲自去看他们，大概是因为他们离家已久，他因为想念，才去探望。

也许因为着急，太宗去时未排列仪仗队。立即被礼部启心郎祁充格发现，就以违例罚羊的规定通知巴克什（汉语文书）达海，他马上向太宗报告。太宗二话没说，当即认错认罚，把羊如数交给了礼部，并说："朕非忘记排列仪仗，以为去避痘所不必用仪仗。但朕不将此指示告知礼部贝勒，实在是朕的过错。朕如果废法，谁还能奉守法令？此羊你都可以收下。"

太宗以身作则，各项法令也就顺利得到贯彻。

三

太宗治国，以勤奋著称，特别是对刑事处分的大小案件，尤其仔细，与诸贝勒大臣和主管官员总是反复讨论，惟恐出错，冤枉好人。有些案件，他要在请贝勒大臣陪同下，亲自审讯，务求案情水落石出，处理得当。

崇德四年（1639年）八月，以扎喀纳等官员追捕逃人不力，太宗亲自登殿，详审当事人案情经过。

案情是这样的：

内大臣多尔济所属，有三名蒙古人，一名汉人，携马五匹，自伊鲁地方逃走了。所谓"逃人"，是指那些奴仆或士兵，个别的也有官吏，私自潜逃。自努尔哈赤时，就制定了"逃人法"，刑法严苛，有逃必捕，凡捕回者一律处死。太宗时，对此刑法有所宽松，但对此类案件仍然十分重视，特别是携带兵械、财物、马匹而潜逃的，一定要追回。此次，发现蒙汉五人携马匹私逃，太宗闻讯，立即命驻防镇国公扎喀纳、辅国公杜尔祜、宗室顾尔玛洪等率官兵分布于藩城与屏城之间，堵截逃人，并嘱咐说："逃人必从这些地方出现，要急追捕获。"

当时，扎喀纳的戍期已到更换时间，正在返家途中，接到太宗的命令，即赶到太宗所提示之地，等待逃人自投罗网。果然，逃人出现了，傅尔丹等从后面跟踪追击，捕获两匹马，已望见逃人，随后追到哲尔里克地方，因道路泥泞难行，便停止追捕，擅自返回。

兵部得到报告，派人逮捕了追逃人的官员，同时，也在兵部衙门押了扎喀纳等官员。

兵部如实向太宗报告，请示如何处理。太宗马上召和硕诸亲王、郡王、贝勒、贝子及文武群臣，集中到崇政殿，亲审此案。

太宗命诸王贝勒及群臣近前些，又令失职的有关人员：镇国公扎喀纳、杜尔枯、顾尔马洪、梅勒章京多洛里、德尔得赫、甲喇章京傅尔丹、牛录章京巴代、塔海、翁爱、塔里户里、博罗尼敦、雅萨昂邦、穆成格等共十八人，进入大清门，在殿前跪下听审。

太宗首先发问："你们是怎样纵放逃人的？那个地方离盛京（沈阳）约行几天？追到什么地方返回来的。你们都说说。"

扎喀纳先说："臣等昏聩已极，并未想到这些，罪应论死。"他自知事无可辩，请求处死。

太宗接着他的话，说："朕一向有定制，凡追逃人，第一先冲散同伙，使之各自分窜，我兵稍待，不必急于行动，等待逃人疲乏、睡卧，然后再行动，不必追远，一定能擒获。如未发现逃人，则分兵一半，跟踪追捕；一半抄道，堵在前面。你们诸王、贝勒听朕说过此话没有？"

诸王贝勒立即回奏："臣等已听说过多次。"

太宗痛责扎喀纳等人："你们不能穷追到底，也应追到锦州、大凌河（辽宁锦县）、广宁（辽宁北镇）再回来。如不然，亦应选捷健的少壮兵士，执弓挟矢，伏于必经之路，你们应前往广宁一带山下等候逃人。如此，逃人岂能像大雁飞翔水上吗？只要它一登陆，必获无疑。可你们为何只在藩城跟前转悠，即从哲尔里克地方就返回？为什么不再派人截住而任其像兔子一样逃跑了呢？你们都明白，作为国君，得到敌国一人则喜，失掉国中一人则怒。当年，毛明安已逃走三个月，又有叶雷部落的酋长也逃走了数月，都被捕获，或就地斩首，最多费时七个月，你们即使不追他们七八个月，但往追七八天，这有何难？"

太宗转而点名穆成格，斥责说："朕所说追捕逃人的事，他人或许未必全知，尔怎能不知道呢？朕用你为兵部启心郎，目的是让你开导主管的贝勒岳托，所以才没这个职位。岳托不经奏闻，私自更换本族参政，而且，私下还表态：本族间散人应授予官职。吏部将此事向朕报告。朕曾召见你，当面揭示：'你部贝勒行事越轨，你怎么不开导他？如果你不说，岳托有罪的话，决不宽恕你！朕再三指授，可你何尝向朕回奏过一句话！你说，是不是？"

穆成格马上认错："陛下的确向臣说过多次，臣实未回奏过一句话。"

"朕再说你几件事。"太宗又说下去，"那年攻取旅顺口时，因阿三败逃，被处死；你旗布尔山，也败逃，却反诬告霸奇兰，企图夺他的先人城之功。后审讯后，才真相大白。你为何隐瞒布尔山罪状？所谓'启心郎'就像你这样吗？前不久，出猎时，有误伤人马的，曾被拘留在兵部。你令内大臣俄齐尔桑坐在炎热的阳光下，而和托、杜雷都制帐房居住，你这是出于什么动机？难道说俄齐尔桑所射的是狻猊奇兽，而杜雷、和托所射的是马匹吗？你不过是谄媚你部贝勒，所以才妄自区别对待。……还有比你更甚的吗？"

太宗说完，诸王贝勒纷纷表态："皇上的话说得很对。不惩处此人，无以警告众人。"

太宗又传甲喇章京傅尔丹进前，说："此人在朕面前欺慢无礼很多，非止一端。朕要使你们都听听他犯的罪过。以前，朕的马匹，都由大臣子弟与护军牧养。因傅尔丹的马搀入马群。"牧马的人私下说："御厩的马如丢失，理应不惮劳去寻找，同辈人虽丢了马，就是不去寻找也没什么。朕知道了这件事，下令将傅尔丹的马归还给他。他骑上马，至朕的门前，向马抽了一鞭，气哼哼地说：'与其圈马，不如就圈我！'还有，额驸扬古利在太祖时，每临阵，必奋勇当先，你傅尔丹却当面污辱他说：'扬古利，你有什么地方比我强?'说着,竟扬起手臂相争。朕问你,你何尝拒一敌,受一处伤,竟敢与扬古利争功,究竟是为了什么?朕何尝打过你一鞭子,偶尔责备过你吗?朕如此恩养,诸贝勒大臣谁不知道!"

诸贝勒大臣一齐说:"皇上责备的很对。他悖谬已甚,罪应处死。"

最后,太宗问诸贝勒大臣:"以前,有的将官能追获逃去七八个月的逃人,像傅尔丹等人却纵放出境,两相比较,该如何处理呢?"

群臣同声回奏:"皇上圣谕皆对。傅尔丹之罪,实在不能饶恕!"

太宗又说:"金世宗被后世号为'小尧舜'。他曾说过:诸王内或有过错,我不隐匿而直言,对方以为我苛刻,如知而不言,默默容忍,那么他就会益加放肆、巧诈。今朕也是这样,见人之过而直言无隐,或以为朕严苛,知其过而不说,则非公正之道。从来是君明则臣勤劳而民安;君庸碌无能,则臣懒、逸乐而民危。朕岂不体谅臣工们的劳苦!但当今正是我君臣励精图治之日,你们诸王贝勒、贝子、大臣们若不各加勤勉,光靠朕一人宵衣旰食,又有何用?朕将安居独处一二个月,观察你们的行动,即使你们在大清门外恳求,朕也不听!"

和硕睿亲王多尔衮跪奏说:"今当景运日隆之际,臣等不思效力,匡扶国家,以成大业,后悔何及!"……

太宗对傅尔丹十八人的审问,最后变成对诸王贝勒大臣的批评。因为从这件案子,反映出他们懒散、不尽职的风气,所以,太宗借这件事,对他们进行教育,制止不正之风的蔓延。

太宗走后,诸王大臣讨论对十八人的处理,很快将十八人分别定罪,或免公爵,或罚银,或鞭打,最重的是傅尔丹、穆成格判死刑。

处理的报告报到太宗，经审定，扎喀纳免夺公爵爵位，只罚银五百两，降镇国公为辅国公；杜尔祐罚银三百两，顾尔玛洪免予处分。以傅尔丹、穆成格情节严重，罪行大，维持原判，处以死刑，抄没其家，其家产各给其自家兄弟或父亲。其余人，都给予程度不同的处分。

四

希望自己的生命延年益寿，大抵是人的共同愿望。但中国历代帝王大约更想长生不老，做出很多荒唐事，希望找到这长生不老的秘方。秦始皇派徐福率五百童男童女赴东海寻觅长生不老药，结果，徐福一去不复返，秦始皇也没能长寿，成为千古的笑谈。到后来，有些皇帝大搞炼丹术，以为食用金丹就可以长生不老。谁想，因食用金丹中毒而丧命者，比比皆是。但也有些帝王比较注重实际，不迷信炼丹，不相信人可以永远不老，有的甚至斥为荒谬而加以严禁。清代帝王比较注重养生之道，通过饮食营养和内心的修养之功，来达到延年益寿的目的。像乾隆帝活了八十八岁，堪称历代帝王寿命之最。他的祖父康熙帝也活了六十九岁，在位六十一年，是历代帝王中在位最久的一个。再往上推，就是这位大清皇帝第一人的清太宗，又是康熙帝的祖父，尽管他的寿命不算长，在位时间不算久，但他从不相信服用什么东西就可延年益寿，这一点还是值得称道的。

在鞍山东南四十里处，群山衔接、环抱，峰峦奇异，千峰林立，人们称之为"千朵莲花山"，简称千山。早在魏晋时期，这里已有僧人落脚建有寺院。后经历代不断扩建，到明清之际，千山已成为佛、道共同的宗教圣地，僧道众多，寺观遍山中，善男信女络绎不绝，香火繁盛。

中华藏书

大清十二帝·最新整理珍藏版

中国书店

在今千山南沟，有一宏大寺院，名叫大安寺，是千山的名刹之一。寺内有一僧何大峰，主持重修古寺，于崇德元年（1636年）八月峻工。这对于全寺僧人来说，的确是一件值得庆贺的喜事。这当然也是当今皇上治国有方、人民安居乐业的功德，所以，理应向太宗表示感激之情。他特制了千山的特产松花饼，进献给太宗。

松花饼，究系何物，我们不得而知。从"松花"二字判断，大概是以松子为原料制做的。松子是松树所结，其子粒清香可食，为人们所喜爱。再采摘其他天然植物，掺人其中，想必是营养价值很高，久食，具有清心明目延寿的功效。可以肯定，它决不是带有金属属性的金丹之类的东西，是可以食用的。即使达不到延寿的目的，也不会把人吃坏。

僧人何大峰携带松花饼，离开千山，专程赴沈阳。路程不远，不过二百余里。他进了都城盛京，通报求见皇上。令他高兴的是，太宗同意接见他。

八月十四日，正是中秋节的前一天，何大峰恭恭敬敬行过朝见礼，说明来意，然后，将松花饼献上，说："食用此饼，可以延寿明目。"

太宗看了一眼松花饼，口气严肃地说："如果能勤勤恳恳地治理国家，爱养百姓，国泰民安，上天自然会默默保佑，何必服用松花饼而延寿明目呢？"

满族人特别敬天畏天，认为人间一切包括人生寿命祸福，都取决于天，人多做好事、善事，就一定会得到上天的保护，赐福于人。除此，太宗什么也不信。他主张一切顺乎天意，顺乎自然，不去搞那些花里胡哨的名堂。太宗谢绝了松花饼，但又赏识僧人的一片诚意，特赏白银十两，作为重修大安寺的一点费用。

五

在封建专制时代，皇帝具有至高无上的权威，他的一言一行都是神圣不可侵犯的，如果敢说他的缺点或过失，就以"大不敬"论处，轻者革职，或下狱、流放，重者杀头。但也有个别开明的皇帝象唐太宗，比较能听取臣属的批评意见，史书说他"纳谏如流"，著名的魏征就敢于批评他，有些意见相当尖锐，他也能容忍。所以唐太宗把魏征比做是他的一面镜子。

太宗未必做到象唐太宗那样，但在这方面确实也有所表现，经常要求向他"面铮"，鼓励他们"犯颜直谏"，给他提意见，批评他的过失。

天聪五年（1631 年）三月，太宗亲自写了三封征求意见的信。一封写给两大贝勒代善和莽古尔泰；一封写给议政十贝勒，一封写给八大臣。他派文书官员分别送给他们。

太宗致两大贝勒的信是这样写的：

"兄等与众臣定策，推戴我人继大统，数年以来，无日不兢兢业业，期望上继父祖之业，下合民情。近时，听到国人或有怨言，想必是刑法判决不得公平吧？或者赏功有所偏私呢？或荒疏于逸乐、靡费财货呢？这些过错在我身上，我不自知，赖旁观者明白告诉我。这份大业并非是我一人自己干出来的，乃是皇考（太祖）艰难缔造遗留下来的，应当承继下来而不使之衰没，那么，皇考神灵感到欣慰，上天也会加以保佑，倘有损失，皇考神灵就会怨恨，上天必加谴责！古人有言：同舟共济。济则共享其福，不济则均受其害。我两位兄长不要以为责任都在我而凡事面上听从，我有过失，即直言，如不被采纳，方可抛弃我而不说。今六年以来，未听见诸位兄长说过一句话，我怎么能知道呢？国家政令有应当改革的就议更改，务必恰当，以使臣民共同遵守。"

给十贝勒的信，大意是，朕登位六年以来，你们未曾说过一句规劝朕的话。这岂不是认为，朕不可以与之交谈吗？以后，凡有所见，就应直说。朕的过失，以及老百姓的疾苦，一一直陈，不要一点隐瞒。他给八大臣的信说，你们身居要职，与诸贝勒共议国政，原想你们规谏朕与诸贝勒的过失，于国计民生有所裨益。今闻国人以诉讼评断不公而引起不满，这是政治上的失误。朕未能亲接国人，询问明白，只靠你们来报告。但你们犹豫、徘徊，沉默不语，你们以为朕未必听从意见，还担心可能获罪。你们想想：以前以谏诤的原因而被罢斥的有谁？被谴责的有谁？象朕虚怀听取意见，你们都是有目共睹的。希望你们以公忠体国之心，凡朕政治上犯有过失，都应悉心陈说。

两大贝勒和诸贝勒及八大臣读了太宗的信，很快提出自己的意见。太宗大多都采纳，纠正某些偏向。

七月间，太宗又召见他们，说："你们诸贝勒大臣见到朕的过错，即应极力劝谏。人谁能无过？比如，议论国事时，你们竟互相夸诩鹰犬，还说笑话，这不也是过错吗？有过，贵在能改，为什么要避讳不提呢？你们应当以检查自己的过错来规劝朕的过错，这才是正确的。"

太宗的这一思想作风，的确给朝廷吹进了一股新鲜空气，影响了很多大臣敢于表达自己对太宗的意见。但也有部分人仍然胆小谨慎，在太宗面前还是胆怯，甚至恐惧。汉官祖可法为表示个人对太宗的"忠直"，说："臣等惟皇上是惧，其余还有什么可怕的！只要一有情况就向皇上报告。"这同太宗的希望正好相反，他要求大臣不要惧怕，要敢于说他的过失。汉官张存仁深刻领会了太宗的思想，不赞成祖可法的说法，反驳说："你这句话说得不对。忠直为国之臣，就是在皇上面前也犯颜直谏，何况其他人呢？"太宗很高兴地说："张存仁说得很对。一个人果真正直，虽天地鬼神也不敢动他，而做君主的怎么能剥夺他！"

太宗求言心切，一而再、再而三地鼓励诸王贝勒大臣监察他的过错，只要接见他们议论国政时，总要提到给他提意见，他们不提，太宗就批评他们。崇德三年（1638年）七月，太宗召见他们说："现在正是我国兴隆之时，你们固山额真大臣也正加意治理国家，共立功名。朕与王、贝勒、贝子所行，为何没有一个人直接提出得失？以前，因为你们不能治理军队、私藏财物等过失，曾给予处分，可曾有因为'直谏'而给你们加上罪名的吗？你们见好的不喜悦，见过错不责备，等这个人犯了罪，才群起而共议罪状，这都是你们中仿效诈伪，以为与己无关才这样做的。见贤人不荐举，见不善的不斥退，闭口不言，隐藏自己，这哪里是大臣的治国之道？见到贤人而不举，见不善而不说，那么，贤人怎么能得到鼓励？不肖之人又怎么能受到惩罚？如见到贤人即便是仇人也应感到高兴，必加推举；见到不善的人就是自己的姻戚也必须惩治，不能宽恕。这才是真正竭力为国之大臣。你们中有因战功被任命固山额真和六部承政的，也有虽无战功但办事公正的被提拔重用，怎么能一朝富贵就忘了公直呢？名为大臣，不上能为国，下不能为民，国家怎么能用这种人为臣！"

大宗鼓励群臣提意见，态度是认真的，真诚的。的确，通过群臣之间，君臣之间的相互督察，防止了政治上的失误，净化了政治空气，有力于统一大业的发展。毕竟他是一个封建帝王，他说好话很好，实际并不会完全做到。他妄杀给他提建议的岳起鸾就是一个最明显的事例。

这是天聪元年（1627年）发生的事。这年三月，生员岳起鸾上奏疏，提出两条意见，一是不要进兵朝鲜，二是应该与明朝议和，将俘获的汉人尽速遣还给明朝。太宗看了奏疏，当即表示："议和可以，但俘获的士民，是上天给与的，岂能遣返给与我为敌的国家?"他让汉官们来讨论这件事。这些汉官大概出于迎和太宗，或者借此表示自己忠君为国，竟个个发起怒来，一致要求处死岳起鸾。太宗觉得为一纸奏疏将其处死不是一件好事，起先不同意，说："你们想杀他，这是对的，但惟恐杀了这个人，以后就没有敢直言的人了。"群臣力请说："岳起鸾蓄谋向敌，不可不杀。"太宗终于听从了群臣的意见，把他给杀了。

岳起鸾之死，的确冤枉。但他提出二条意见，事关国家的大政方针。征朝鲜已成后金必征之势，太宗已做了决策，岂能更改？将已俘获的汉人返还给明朝，从根本上违背了后金与诸王贝勒的根本利益。明与后金势不两立，后金岂能将已到手的权益再返给明朝。岳起鸾提的这二条建议是犯了大忌，给人的印像，他是在替明朝和附属于明朝的朝鲜说话，实际是把他看成是明朝在后金内部的奸细。这样，他就必死无疑。

话又说回来，我们不能因为这件事就断定他说过的好话都是假的，一样也做不到。事实上，他真的做了不少好事，在思想作风上的确有一些值得肯定的东西。

六

在后金同明朝的争夺中，怎样把明朝的将吏和她统治下的汉人争取到自己这边来，关系实在重大！当时，后金人口既缺，物资不足，更缺人才，只能从明朝方面取得，用今天的话说，就是吸取人才的问题。把对方的人才引到自己方面，就是削弱对方，增强自己。这种效果，从某种意义上说，比赢得一场战争更重要！有一次，太宗对诸贝勒大臣说："惟有多得人才是最可喜的事！金银钱物有用尽的时候，如果能得到一、二个贤能之人，能够为国家所用，所得到的利益就会是无穷尽的。"

他这样说的，也是这样做的。凡是前来归降的汉官不分职衔尊卑，不论人数多寡，一律收留，给饭吃，给房住，还配给妻室。对于稍有点影响的人物，待遇更加优厚。来归时，先宴请，后赏赐各处财物，任命官职，安排生活，配给马匹、奴仆等。过一段时间，太宗还亲自宴请。天聪五年（1613 年）后金兵攻取了大凌河城（辽宁锦县），招降汉官一百数十人，太宗如获至宝，在内廷举行盛大宴会欢迎他们，向他们说："我国的财用还不充实，但一定尽力恩养你们。"宴会结束，他命令从国库中拿出大量钱财物资赏给他们每个人。所赏的东西有缎匹、银两、雕鞍、各色贵重皮毛衣料，以及撒袋、鞓带、各类器物，一应俱全。其后，每隔一段时间就赏给一次。有一次，太宗赏给大凌河城归降的大小汉官 150 多员，仅赏给的仆役人口就达 1524 人，牛只 313 头，还赏给庄屯和大量土地。

赏东西之外，太宗频繁举行宴会。他规定：八旗旗主轮番宴请他们，每五天举行一次大宴，规格都是很高的。这时，还仅有满洲八旗，旗主都由太宗的兄弟们但任。太宗下令让他们每人分别宴请。这样，每次宴请都要宰杀牲畜，已达到没有一天不宴请的！随着来归的汉官日益增多，常常是一天开数次宴会。汉官们个个感激，但满官特别是他的兄弟子侄中的有想不通，曾对太宗说些闲话，说对于汉官优待得过份，很有想法。太宗耐心地开导说："朕对于早归和新降的汉官，都不惜衣服、财帛、马匹、牲畜，一律恩养，又每天三次赐宴，这岂不是一件既费钱又麻烦的事？但朕就是要使人心悦诚服，以图大事。"太宗说的"大事"，当然是指推翻明朝统治，取而代之。他大力做争取汉官的工作，这在他看来，是比钱财、武器更为重要的事。

太宗优礼汉官，实际上是一种收买政策。不出几年，归降的大小汉官都积累甚厚，俨然成了新贵。就拿占有人丁来说，不少汉官占有八、九百丁，最多的达千丁，少的也不下百丁，就是下等之家，也有 20 余丁。他们成了暴发户，有的还不知足，违背制度，私自增加人丁名额。当时，占有人丁多少是衡量富贵程度的主要标志。他们占有人丁如此之多，引起满族贵族的不满。因为一品满族大臣中还没有达到占有千丁的，所以，某些汉官在某些待遇方面已经超过了满官，确实变得很富有。一次，太宗对汉官们说："朕已把你们从涂炭中解救出来，爱护与恩养有加，现在，你们都已富贵起来了！"满族贵族、大臣们都感叹："从前，太祖（努尔哈赤）屠杀汉人，抚养满族人，而今天的汉人有的已经封为王，有的当了昂邦章京（官名，满语，即八旗旗主）了。至于宗室的人，有的为官的，也的变成平民百姓。时势颠倒，竟到了如此地步！"汉官们却感激涕零："似此恩养之恩，虽肝脑涂地，实在也难报答万分之一啊！"

满官与汉官的不同反响，恰恰说明太宗优礼汉官的政策产生了重大的社会效果。从中国历代的传统来说，汉族统治者以及一般士大夫都一向鄙视少数民族为"夷狄"、"胡虏"。明朝统治者及其士大夫也不例外，把女真人称为"建夷"，也是不放在眼里的。但现在却拜倒在后金汗的脚下，就足以说明太宗的政策取得了巨大的成功。

在被俘的汉官中，也有至死不降的，太宗也不勉强。明朝监军道张春是在攻取大凌河之役中被俘的，他见太宗时不参拜，不薙发，不受官职。太宗一时发怒，但没有杀，没有逼迫，而让他居沈阳市内的三官庙，养了起来，直到病死。看来，太宗比曹操做得更好！

七

努尔哈赤创业时，就与蒙古建立了友好关系。他感到蒙古是一支可以利用的力量，把蒙古争取到自己一方，会使他在对明的斗争中处于更有利的地位。基于这种想法，他积极开展对蒙古的友好联系，从遣使通好、厚加赏赐、馈赠，发展到通婚联姻，进而建立了针对明朝的政治与军事联盟。

努尔哈赤与蒙古的关系，基本上是以对天地盟誓的形式，建立平等的联盟，除了表明双方共同对"天"负责，彼此之间的约束并不那么严格。

太宗继位后，继续加强同蒙古的关系，但他的政策目标，是把这种平等的联盟发展成为更牢固的从属关系。他不单单是与他们举行盟誓，而且还具体规定双方承担的义务和责任。如蒙古不遵守或违犯，即罚以马匹牛羊等物。

尽管如此，蒙古常常违犯，这使太宗很头痛。蒙古是个游牧民族，逐水草而居，聚散不定，法规对于他们来说，还很不习惯呢！太宗决心用恩威并行的策略和手段，降服羁放无禁的蒙古，使她完全听命于他的统治。

科尔沁部是最早同努尔哈赤建立关系的蒙古部族，在有清一代中，他们的关系最为密切。自努尔哈赤始，双方就开始结亲。太宗时，他的孝端文皇后、孝庄文皇后、宸妃都是蒙古科尔沁人。后来，他的儿子顺治帝继位后，他的孝惠章皇后也是科尔沁人。乾隆帝曾巡视科尔沁，赋诗赞颂这种亲密的关系，他写道："塞牧虽称远，姻盟向最亲。"同样，太宗及其宗室、大臣们的女儿也都纷纷出嫁到科尔沁。与宗室之女成婚的蒙古王公贵族，都称为"额驸"，也就是汉人所说的"驸马"。

科尔沁土谢图汗奥巴是努尔哈赤的额驸，努尔哈赤的侄女嫁给了奥巴，按辈数，太宗与奥巴是同辈，应该是叔伯关系。照理说，他们之间的关系是很密切的，但蒙古人散漫而无法纪的习性，无视太宗的种种规定，随心所欲，不执行太宗的法令。天聪二年（1628年），太宗率大军征讨蒙古察哈尔部，命奥巴率军从征。奥巴率军前去，违反约会，不去同后金兵会合，竟纵兵掠夺，战役结束后，他也不向太宗报告，自行率军先行返回自己的驻地。

太宗得到报告，不禁大怒，派遣大臣索尼、阿朱户两人赴科尔沁，给奥巴写去一封信，严厉谴责他违约，并历数早年科尔沁曾帮助叶赫攻打他父亲，当父亲去世时迟迟不来吊丧，二个月后才派来一名低级官员等罪状。行前，太宗指示索尼两人："你们见了他，不必行礼，不吃他的饭，不给他好脸色看，还要作出要走的样子，看他如何对待。"

索尼、阿朱户到了科尔沁，直接去见公主，送上太宗赠给的礼物。奥巴正患足疾，听说太宗派来了钦差，就命侍从扶着他去见索尼两人。索尼、阿朱户毫不理会，冷冷地说："我们是天聪汗的使臣，你犯有罪恶，我们要和你绝交，因为有公主在，特来问候。"

奥巴听到这话，心里有些发慌，忙命人摆宴，索尼、阿朱户拂袖而出。奥巴行动不便，急派他的儿子塞冷前去求见，传他父亲的话，小心翼翼地询问："汗的使臣来，一向得向我行礼，给饭就吃，现在两位来此，见我不拜，备宴也不吃，竟拂袖而去，是不是汗谴责我了？"

索尼理直气壮地说："我们不是为你来的，为什么还行礼？又何必吃你的饭呢？汗已发怒，特带来一封信。"说着，把信递给了塞冷。

奥巴读了太宗的信，十分惶恐，不知所措，急忙去见索尼。这时，索尼故意整理鞍辔，做出要走的样子。奥巴再三挽留索尼、阿朱户，忙陪罪说："我知道自己罪重，非常恐惧，我想自己去谢罪，足疾也不在乎了，就是死在路上也在所不惜！"

索尼仍然冷冷地回答："汗没授意我们同你一起回去，也没授意我们阻止你去。去与不去，你自己考虑好了。"

奥巴更坚定了同去的想法，说："我非去不可，但又怕汗不见我怎么办呢？"索尼看他有诚意，便鼓励说："你若真心悔罪，汗不会怪你的。"

第二年正月，奥巴终于来到沈阳。太宗闻讯，亲自迎出10里，马上举行宴会。宴毕，太宗开始处理奥巴违约的事。他先派大臣当面重申信中责问之意。奥巴都一一认错，愿罚骆驼10峰、马100匹，另献出一匹好马，一副甲，表示谢罪。太宗见他悔改，一概宽免，还赏给他貂裘、帽、靴、金带及朝鲜进贡的珍品等。当奥巴离去时，太宗又赠送一大批好东西，太宗率贝勒大臣送出郊外。从此，奥巴闻令即至。

八

在君臣、主奴等级森严的封建社会，很难做到开诚布公，当面直言，特别是涉及到短处，更为君者讳、亲者讳，是不敢说真话的。尤其是政治腐败时期，上下互相欺蒙，互相戒备。太宗反对这种当面不敢说真话的颓废之风，大力提倡以诚相见，直言无隐。他率先示范，对群臣讲实话，作实事，凡好人好事，坏人坏事，功劳、过错，都实事求是地说理，赏罚分明，秉公而断，把原因、根据都摆在群臣或当事人面前。

天聪八年（1634年）正月十六日，众汉官赴户部衙门，向主管贝勒德格类诉苦，说他们负担的差徭繁重，皇上给每位备御8名帮丁，只免官粮，其余负担的杂差与民一例承担，还得按规定赡养"新人"（指新归顺而生活无着落的人），较百姓负担更重。他们要求准许将这 8 名帮丁准照官例当差，增加一些收入，解决生活困难。

德格类将他们的请求向太宗报告。太宗感到问题严重，如解决不好，将引起汉官们的骚动，危及政权与社会的稳定。他马上派龙什、希福调查汉官们差役重科的情况。经查，证明这些汉官所说与事实不符。他们诉苦的原因，是前不久太宗命每名备御官员包括大批汉官，出钱赎买妇女，给新归附的男人配妻室，但没有偿还这笔钱，因此心怀埋怨。太宗指示户部按价还钱。之后，又召见主管礼部贝勒萨哈廉，指示说："这些人都忘记了在辽东时所受的苦累，故口出怨言，如不说清楚，让他们明白，以后只要动些小费就会借为口实。"太宗把他的想法，滔滔不绝地说给萨哈廉，做了详细记录。太宗责成他向汉官们传达自己的意见。

汉官们奉召，齐聚礼部衙门。萨哈廉首先说明召集汉官的意图，然后如实地传达太宗的长篇指示如下：

你们（指汉官）所诉差谣繁重，可谓直言无隐，如非不得已，怎肯前来陈述？但朕的意见也不能隐而不说，应当从公评论。

朕以为你们的苦累较前已经稍轻，何以见得？从前，你们都归并到满洲大臣名下，所有马匹你们不得乘，而满洲官员乘之；所有牲畜你们不得用，而满洲官员强行买去；凡汉官病故，其妻子都给贝勒家为奴；你们属于满洲官员，虽有肥田不能耕种，终年勤劳，米谷且不够吃，每每卖奴仆，或典当衣服维持生活。因此你们暗中私通明朝，朕都宽恕不究，还把你们从满洲大臣之家拔出，另偏为一旗，从此你们才得以乘所有之马，得用所饲养的牲畜，妻子得免为奴仆，选择肥地而耕种，不再象从前那样典衣卖仆人。你们以小事来申诉，无不听取后而加以解决，所控虽然不实，也不重处。这是朕对你们格外加恩更胜过满洲官员。

你们困苦之事，间或有之。然而，试拿满洲人的功劳与你们比较一下：满洲人竭力为国，有经百战的，有经四、五十战的，你们经几战呢？朕对于你们只要有一点功劳就立即提拔，给你们的好处超过满洲人。如果与满洲人比较受伤论功劳作为升迁的条件，你们现任总兵官的不知该居何职！当朕给你们另编旗时，你们都说："把我们从苦难中拯救出来，不受满洲大臣欺凌，虽肝脑涂地，也不能报答皇上恩德于万一。"现在，朕披阅你们的诉词，以前说的话全忘尽了。你们认为苦累甚于满洲人，何不向熟悉差役情况的人问个明白！倘与满洲人相比，你们的差役却是轻的，没有重的。古人云：以家之财养贤则取国而国可得，以国之财养贤则取天下而天下可得。这句话你们都是熟知的。国小民少，朕及贝勒之家各量自己所有，拿出来以养百姓。这就是古人所说的家财、国财之义啊！既然知道这个道理，出一点钱赡养从大凌河城来归的人，却口出怨言，你们为何言行不一？朕以为你们博通典故，虽非圣贤，必有通达事理之人，朕及贝勒尚散财无吝，如果你们真的明白事理，岂能以随众出资为苦呢？……

你们曾奏报说，一切当照官职功次而行之。以前分拨辽东人口时，满汉一等功臣占丁百名，其余俱照功次拨给。如你们照官职功次言之，果真出于诚心，满汉官员所占有的奴仆都应多寡平均。而你们有的占有千丁有八、九百丁，最少的也不下百丁。请问：满洲官员曾有千丁的吗？如真的按功论理，满洲一品大臣应得千丁。自分拨人丁以来，八、九年间，你们汉官很多人占丁的名额都超过了规定。如说这些超额人丁都是新生的小孩，那为什么长得如此之快？如说是从他国俘获的，可你们汉官又从未另行出征。朕真不明白这么多人丁是从何处增添来的？你们的过错，朕知而不究。但贝勒及满官因你们私自隐藏人丁，谁不埋怨？朕如果不允许你们多得，岂不可以照官职功次重新进行分拨吗？倘如此分拨，不知现占有千丁的应得几人！你们在明朝时，家中人丁又有几人？现在又有多少？为什么不深思呢？满汉官员虽有新旧，但都是我的臣属，岂有厚薄之分？既然如此，你们也该同满洲人一样，凡三丁抽一名当兵；凡出征、行猎，一切差徭一例承担，不差分毫，你们以为如何？你们试拿朕的话与你们说的话从公思考，有想说的，不必疑虑，就直说好了。

就说满洲人苦于汉人不只是三丁抽一，还有每年每牛录内须出守台人8名、淘铁人3名、铁匠6名、银匠6名、牧马人4名、固山下差役2名，总计这些，凡每牛录下当差的人家占了十分之四。除此，又有每年给新归附的人耕种，又是每牛录出妇女3口、又是耀州烧盐、畋猎、取肉供应朝鲜使臣、驿马、修筑边境四城、巡视边墙、守贝勒门；又是每牛录派兵一名守巨流河、每牛录设哨马二匹，遇有倒弊，则均摊补买。征瓦尔喀时，每牛录各喂马二、三匹从征，还派摆牙喇兵10名、兵丁二、三名往来驰使，差回又令喂养所剩马匹。遇有各国投诚人来，拨给满洲人现住屯堡房屋，令他们到别处居住，又分给粮食，叫他们舂米纳酒，每年猎取兽肉分给新归附的人，拿出国库银两购买朝鲜布匹，仍令满洲人负载，运输到边城……，这都是满洲人受苦之处，假如不向你们详细说明，你们也未必深信。

萨哈廉传达太宗的指示完毕，总兵官石廷拉、王世选和一批副将、参将，游击官都说：“控诉之事，我们都不知道，这完全是这些备御汉官们干的。”萨哈廉以申诉不实，寻衅闹事的罪名，将为首的8人抓了起来。萨哈廉又问：“你们既然说不知道，当户部贝勒德格类派布丹询问时，你们为何又说知道？又为什么将苦累之事备呈于部呢？”石廷拉代表众汉官说：“各备御不曾说过差役科重，只说控诉帮丁 8 人之事，所以布丹来问，我们回答说知道。至于向部里呈报的事，是龙什、希福叫我们将所有负担的差徭详细写明，我们无知，才书写清楚送上去的。"

萨哈廉将上述情况回报太宗。太宗说："诸汉官既然说不知道，可以将 8 名备御释放。如果治罪，以后有受苦累的就更不敢说了。各官和备御都不要'谢恩'，如'谢恩，就是要治罪又予以赦免。'"石廷柱等诸汉官得到赦免，很感激地说："臣等虽然没有控诉，但此心同死罪无异。皇上和八家贝勒崇尚恤养外人，珍赐无斉，凡遇迎送，宰牲设宴，曾无虚日，臣等以频临死亡之身，蒙皇上生全，另立一旗，得到宠遇，凡此衣、食、奴仆、马匹，哪一样不是皇上的恩赐！果真按功劳大小，颁行爵赏，拨给人丁，我们不但官爵不敢希望得到，就是任何一样东西也不是臣等该有的。现在，臣上等之家不下千丁，下等之家也不下 20 余丁，似此豢养之恩，虽肝脑涂地也实难报答万一啊！"

汉官联合赴部控诉，实际是一次聚众闹事。太宗并没有大动肝火，相反，首先肯定他们敢说心里话，直截了当，没有隐瞒，是完全正当的行为。对他们的控诉与事实不符，尤取平心静气说理的态度，开诚布公。近 2 千言的长篇讲话，通篇是事实，统计数字，没有一句空泛的大道理，也没有一句吓唬人的话，更没有使人感到气势汹汹，讲清事实，道理自明。礼部按违纪规章予以处罚，太宗予以宽恕。这一切，都感动了汉官，撤回了他们的不合理要求。一场风波瞬间平息。

太宗曾说："忠告之言虽逆耳，但对于治理任何事情都是有益的。如果把忠告之言说成是'逆耳'，是不对的。"太宗一见到群臣不管谁犯有某些过失，就当即指出来，诚心"忠告"，并指示改进办法。他对于自己的兄弟、儿子、侄儿们也不例外，一经发现错误，同样当众说清。

在他的影响和示范下，他的群臣们也能做到直接表达政见，君臣无猜，互相商酌，固而保持了内部协调一致，政治统一。

九

太宗的理想是要建立一个富人更富，穷人也富，各安其生的社会。正像他说的："抚有疆城，得臻富贵，欲与兄弟子侄及庶民共享安乐。"在一个存在阶级剥削和压迫的社会里，他的理想是自相矛盾的，而理想与现实矛盾更大，他是永远也不会实现这个理想的，穷困消除不了，当然就不可能使统治者和被统治者共享安乐。尽管如此，太宗还是作了颇大的努力，为百姓作了些有益的事情。

太宗针对社会贫富不均的情况，把政策的着重点放在扶持贫困而抑制富者敛财暴富，力图使贫富平均。具体措施，是让富人出钱或出人来资助贫困。根据他历来颁布的政策，可以归纳如下几条：

第一，没有耕种土地又无存粮的，如有兄弟，可以求其帮助，互为依靠；没有兄弟的，就由所在牛录中的殷实有粮的人家代为抚养。

第二，凡无耕牛不能耕种的贫民，可以将土地托付给"有力之家"即富人代为耕种，在农时季节，指令一些官员各到本牛录所属屯庄，查勘田土锄垦与否，如有被放弃而未锄垦的土地，可拨劳力给以予帮助。

第三，在对国家负担的差役方面，规定一切摇役应摊派给家给殷实或富足之家，不许拖累平民。

第四，由国家出钱捐助穷人，改善他们的处境。天聪二年（1628年）三月，他发下一道谕旨：国中因贫困而不能娶妻的人，由国家支给银两，做为娶妻的费用。到天聪六年（1632年）初，因归降的明兵迅速增加，安定他们的生活就显得十分紧迫。太宗批准，将汉民女子或寡妇许配给他们为妻，由国库出钱，赐给衣服，资助他们安家。

崇德二年（1637年）八月，太宗听说驻防开城的博尔惠牛录中有兄弟俩没有妻室，便召集诸王贝勒大臣说："现在各处俘获的妇女很多，而这兄弟俩还没成家，你们也不报告。自今以后，务要查清各牛录无妻室的，都要给妻室，善加抚恤。几年来，归附的人越来越多，如果不能抚恤穷困，还怎么能吸引别人来归？你们可以把朕的话传达给众官。"

他召见大学士希福等人，又阐述他的想法："我国得到天的护佑，各国臣服，都享有福贵。但我国还有穷人，他们没有妻室，没有马匹，此时不加以恩养还等待什么时候呢？如果吝惜财物不肯恩养他们，那么要这些财物还有什么用！"接着，他又给新旧归附的满洲、蒙古、汉人发下谕旨说："你们中有家贫不能娶妻，当兵买不起马的，允许你们向本牛录章京陈述，牛录章京则报告给固山额真，固山额真再转呈主管的王、贝勒、贝子，他们应将无妻者配给妻子，无马的给马。如果你们有困难，就向朕奏明，朕予以解决。但牛录章京、固山额真隐瞒真实情况不报告，就唯他们是问。如果已报知本王、贝勒、贝子，仍不给无妻之人配给妻室，允许你们赴户部陈述，无马人赴兵部陈述，新投来的蒙古人无妻无马的，允许到理藩院陈述。各该部承政官员应详问本人，然后，再告知各主管的王、贝勒、贝子，他们应收容恩养，否则即来朕处奏明，应该给妻奴的，就给妻奴，该给马匹的就给马匹，不该给的即打发走，朕也不加罪。朕现在公开发布这道诏令，让你们都知道。你们如畏惧不敢说自己穷困，那只好自认穷困，朕也就无法知道了。"

太宗的目的，是为日益增多的归附人解决生计问题。力图使他们安心居住下来，实现"男耕女织"的安定的生活局面，有利于巩固政权。

太宗常说，黎民百姓是父亲太祖留给他和诸王贝勒的，能爱养他们，使之逐渐富庶，这是当臣子的最大的忠孝。他要求诸王、贝勒、贝子和大臣都要出资抚养和救济穷民和新近归附的人。遇有荒年，农业歉收，太宗下令各王贝勒拿出粮食，放到市场上平价发卖，不许囤积居奇，务使平民能得到粮食，有饭吃。有一次，他还下令殷实富足之家，各出牲畜运米至东京（辽阳）赈济贫民。

尽管太宗作了明确规定，反复指示，但这些身居显宦、家资丰饶的贵族地主，并非出自本心愿意拿钱拿粮抚助穷民。当太宗告诫甚至训斥之际，尚能稍加注意，过了这个时候，便遗忘不顾了。太宗常为此严厉批评他们，对情节严重者给予处分。崇德二年（1637年）四月，有一次，太宗眼见这帮权贵吝财如命，很生气，召来当面斥责："你们王贝勒等人家聚财积谷，牧养牲畜，岂不只是为你们一身富足？都是为你们的子孙打算的。你们知道吗？你们的子孙果然贤能，即使你们没有遗产，难道他们不能自立！如果是不肖子孙，即使你们留下大批遗产，岂能守得住？这只能使他们骄横自大，所遗财产还不知为谁积累的呢！你们的打算，是只图一家富足而已，不过是一村居富人，不见尽心为国。"大贝勒代善，后封为礼亲王，是除了太宗，地位最高的人。他和以下的诸王贝勒、贝子因"吝惜"钱财，不认真执行太宗的意旨，常常受到太宗的点名批评。

太宗主观上是想消灭社会的贫困现象，做到共同富裕。他的政策，只能在宏观上起到某些制约作用，却不能全局都解决问题。

+

历代开国帝王在其艰难创业中，往往把发现和重用人才当作一件大事，不惜屈尊甚至用重金四处延揽人才。象刘玄德三顾茅庐请诸葛、肖何月下追韩信等故事，都是求贤若渴的千古美谈，至今仍盛传不衰。因此，在他们周围形成了人才济济的空前盛况。这是那些创业者们获得事业成功的一个非常重要的条件。

在这方面，太宗不仅继承了以往的历史经验，而且对人才问题的认识更深刻，更有自己的独到见解。天聪九年（1635年）2月，太宗对诸王贝勒大臣曾专门谈到人才问题，有一句话可以概括他对人才问题的基本思想。他说："朕惟图治，以人才为本；人臣以进贤为要。"译成现代汉语，大意说，我只求治理好国家，是以人才作为治国的根本；而群臣是以荐贤举能当作自己的重要职责。太宗把发现和使用人才提高到关系国家前途的原则高度来对待，所以，他求才如渴，爱才如宝，惜才如命。

父亲太祖在世时，也是个爱才如宝的人，历史上流传不少有关他爱才的佳话。但狭隘的民族观念限制了他的胸怀，不能正确对待满族以外主要是汉族的人才。进入辽东后，于天命十年（1625年）十月，他曾下令搜查汉族知识分子，凡被捉到的都处死。恐怖传遍四方，知识分子纷纷逃匿。太宗与父亲的作法相反，他打破了民族的偏见，主张无论满、汉、蒙古人，只要有一技之长，他都录用，发挥他们各自的作用。

天聪三年（1629年），太宗召集大臣们，就征求人才的问题发出指示："满、汉、蒙古人中有谋略，可以胜任军政职事的，都要以自己所见向朕报告，从中选择任用。"天聪九年（1635年），他又提醒并催促诸王贝勒大臣推荐人才，说："天下才全德备之人是很不容易找到的。你们满、汉、蒙古人中真有真知灼见、公忠任事的人，当速行推荐，不分新旧归附，也不分已在官府任职，还是未在职的人，只要居心公正，足以任职的，即呈送给吏部，其中有居心公正，通晓文义的人才，要呈送给礼部，主管该部的贝勒要随时向朕报告，朕量才酌用。"

在太宗的号召下，群臣们纷纷推荐人才。大学士范文程对太宗重人才的思想理解极深，曾说："治理和安定国家的根本，首在得人。惟有培养人才，保护善类为第一要义，得到一个贤人远胜过一切。"经他推荐的人都很称职。

在被推荐的人中，还有一些出身微贱的人，太宗不计出身，唯才是用。宁完我是辽阳人，太祖时，被大贝勒代善之子萨哈廉收为奴隶，地位卑贱，供主人驱使。到太宗时，才始见天日。因为通文史，受到推荐，考试合格，太宗当面召见考核，非常称职，马上提拔到文馆为儒生，参与机要。不久，又授给参将的职务，先后参加了第一次入塞远征，在攻大凌河及招抚察哈尔等战役中，立下了功劳。实践证明，宁完我很有才能，敢说话，在政治上也多有建树，是清初开国名臣之一。

在八旗军队中，从一个士兵成为将军也不乏其人。其中，有的士兵就是经太宗亲自提拔破格升为将军的。天聪三年（1629年），太宗率大军进关征明。在攻取坚城遵化时，正白旗小卒萨木哈图第一个登上城，砍翻明兵的抵抗，为后继士兵登城开辟了道路，迅速将遵化攻克。开庆功会时，太宗大赏立功将士，第一个就赏萨木哈图。太宗手持金卮慰劳他，说："我军年来都怯于攻城，况且此城较以前遇到的城池更为坚固。萨木哈图第一个登上城，功劳很大，应该从优录用。"事后，太宗亲授予备御世袭之职，赐予"巴图鲁（勇士之意）"的光荣称号。给予的物资奖励的有：骆驼一峰、马10匹、牛10头、蟒缎19匹、布 200 匹，还特许以后如有过失，一概予以赦免。太宗得知他家里很穷，马上指示有关部门和官员，对他家进行周济抚恤。萨木哈图只是普通一兵，根本谈不上什么资历，但太宗大胆提拔，使他从一个士兵直线升入将军的行列。

太宗用人的原则，不管他来自何方，只要对国家有用，他就决不会舍弃，那怕曾是自己的敌人，他也会化敌为友。明朝总兵祖大寿早在天聪五年镇守大凌河（辽宁锦县）城，被太宗率八旗军队围困，在援绝粮尽时被迫投降，又以赴锦州取妻小及谋取该诚之计而脱身，一去不复返。10 年后，即崇德七年春，再次被困于锦州，不得已而投降。太宗的大臣们都认为他反复无常，决不可信，而且他欺骗狡诈，负恩背约，实为"我国（指清）冠仇"，应该斩首。但太宗力排众议，接受他的投降。在太宗做出保留祖大寿的性命后，群臣又提出，应予以监禁。太宗还是不同意。他说过，祖大寿是辽东的望族，实力雄厚，是朝廷所依赖的主要力量，他的外甥吴三桂正镇守宁远（辽宁县城），在辽东很有影响。保留祖大寿，对瓦解明在辽东的实力，争取吴三桂投降，都具有重大的意义。他说服了群臣，使祖大寿万分激动，甘愿为太宗效劳而不遗余力！

洪承畴作为明军 13 万兵马的统帅，曾与太宗在松山决战，两人是誓不两立的头号敌人，当战争结束，洪承畴被俘拒降时，太宗一再耐心启发引导，终于使他回心转意。太宗大喜，当天就赏赐他很多东西，在宫中陈百戏以示庆贺。这引起了诸王贝勒的不满，都觉得优待过份，说："洪承畴是被捉的一名囚犯，皇上为何待他这样优厚？"太宗并不生气，便平心静气说："我们这些人栉风沐雨，究竟是为了什么？"大家不约而同地说："想得到中原啊！"太宗笑了，说："比如行人，你们都是瞎子，现在得到一个引路的，我怎么不快乐呢！"太宗是想到了将来，同明夺取天下时，特别需要象洪承畴这样的人才。诸王贝勒大臣听到太宗的解释，都心服口服。后来，洪承畴果然不负太宗期望，在进关及南下江南的过程中，他都充当了"引路人"。

还有的曾炮击太宗的人，也被太宗赦免而加以重用。锦州副将祖泽远，本是祖大寿之将，早年曾随同大寿共守大凌河城，降后被放回，直到这次松山决战后，才同大寿再度出降。在被押送盛京被太宗召见时，自知罪重。请求处死。太宗平静地说："你本是个志量偏浅之人。你所以一去不复返，也是看你的主将祖大寿的去向。前不久，朕去巡视杏山，你不但不肯开门迎降，却明知是朕而特发火炮。这岂不是你背恩的最严重的表现吗！你发炮能伤几个人呢？且不说你小城士卒无多，即使洪承畴以 13 万兵，屡屡发火炮，所伤又有几个？朕因你背恩太甚，所以才说这些话。朕见别人有过错，即当明言晓谕，断不会计较旧恶，而事后又加以追究，岂只对你这样！即使尊于你的主将祖大寿，尚且留养，何况你这小人，更不值得一杀。你年方少壮，自今以后，凡遇战阵，奋发效力就行了。"

祖济远既感动又惭愧，禁不住热泪盈眶，哭泣着说："皇上之言都对，谨遵圣意。"

太宗时刻渴望得人才，攻取城镇，缴获战利品固然高兴，但得到贤人就会更高兴。

十一

崇德七年（1642 年），太宗已经 51 岁，因爱妃宸妃去世，心神仰郁，身体也明显大不如前。但他仍然强挺住精神，照旧繁忙地处理国事，从无拖拉、推托的时候。和他相比，诸王、贝勒、贝子、固山额真、议政大臣等大小贵戚百官就差了许多，不能全力以赴地投入公事。太宗看在眼里，不时感到一阵伤心。

他不能容忍他们继续这样下去，必须提醒他们改弦更张。就在这年七月初的一天，太宗传下话，把他们都召到清宁宫训诫。他们并不知道要讨论何事，以为召集这么多大员、皇亲贵戚，必有大事相商。他们静静地等待着。

太宗开门见山，单刀直入，说："朕观察你们的所作所为，对国家政事，都不肯身任，实心效力。每说到国家的事，都与已无涉，因循推托，都推给了朕。像你们这样不竭尽心力，独不畏惧天吗？不勤于政事的人，上天怎能保护你？朕常常告诫你们不尽心于政事，就怕你们失去为臣之道，而招致天谴责你们。从前，那些怠于政事而失去臣之道，遭到上天谴责惩罚的人，你们都已见到了。如果勤于政事而尽臣道，那么，就一定会得到上天赐恩保佑。政举而自身得到荣誉，这个道理不是很明白吗？

今天，关于征战的事，朕不去细说。但想到你们诸王、贝勒、贝子、大臣等，每当率所属大小将士，出兵在外，这个人、那个人贤否？想必都已熟悉。那么，某人贤，某人不肖，为什么不据实向朕奏报呢？如果你们不报告，朕怎么可能知道，而决定提升、降级或罢免呢？

朕缅怀当年皇考太祖时，苏完扎尔固齐（官名）费英东这个人很了不起。他的作为与众不同。他发现人家做了错事，一定先斥责这个人，然后才向太祖报告；看到人家做了好事，他一定先给予奖励，然后再向太祖荐举。这样做，使被斥责的人没有怨言，被荐举的人也没有骄傲的表示。朕现在还没见到你们把善恶的人都如实向朕报告，向费英东这样为公、正直。"

太宗信奉的是天意，他和他的兄弟子侄及群臣都不过是执行天的意志。做得好坏，都会得到上天的奖赏或惩罚。他把过去被处分的人都说成是失掉为臣之道而受到上天的谴责惩罚。

诸王贝勒大臣们都叩头射罪，说："皇上责备的都很对，都是臣等识见短浅所致，以后一定尽心为国。"

附　录

政治生涯

战斗中的成长

皇太极出生时，努尔哈赤正从事统一女真的事业，以满洲部为核心，已将其周围各部统一。万历十五年（1587）在呼兰哈达山下东南建筑了费阿拉（今辽宁新宾县旧老城）。皇太极就出生在这里，他家住在这一山城的最里边，是方圆几百里内最富有的大户。城外有自己的"农幕"，即农庄，家里有大量的绫罗锦缎。吃不完的鸡、鸭、鱼肉及美酒等。当父兄长年累月忙于出征作战时，七岁的皇太极就开始主持家政了，不但把家里日常事务、钱财收支等管理得井井有条。特别是有些事情不烦努尔哈赤操心指示，皇太极就能干得很出色，与自己想的一样，因而努尔哈赤对皇太极更是爱如"心肝"。不幸的是皇太极十二岁那年，他的生母病逝。这位叶赫纳喇氏，母以子贵，在皇太极当皇帝以后被尊为中宫皇后，清代称"孝慈高皇后"。皇太极在母亲死后，跟随父兄，迅速成长，能文能武，文武双全。满族及先世女真人素以尚武著称，皇太极向他父亲学习本民族的传统风俗，从小就参加打猎，练得勇力过人，步射骑射，矢不虚发。皇太极很像他父亲，吃苦耐劳，体格健壮。沈阳实胜寺曾藏有他用过的一张弓，矢长四尺余，不仅一般人不敢问津，就是一个壮士也很难拉开，而皇太极当年却运用自如。

皇太极在参加作战和协助努尔哈赤治理国家的过程中逐渐显露了头角。据文献所载，皇太极早期较大的军事行动，是对乌拉作战。时间是万历四十年，皇太极二十岁。那时努尔哈赤正在统一扈伦四部，已灭哈达、辉发两部，还有乌拉和叶赫部。乌拉首领布占泰被努尔哈赤擒获以后放回去，背弃盟好，掠东海窝集部的呼尔哈部，并公然要娶努尔哈赤已下了聘礼的叶赫"老女"，还以骲箭射已嫁他的努尔哈赤侄女，实际这都是阻止和对抗努尔哈赤实现统一。于是努尔哈赤决定发兵征乌拉。皇太极就在这时随军出征。九月二十二日大军起程，二十九日抵乌拉部，与乌拉兵相峙三天。努尔哈赤所部四出焚毁粮草，乌拉兵白天出城对垒，夜里入城固守。皇太极与其兄莽古尔泰急不可耐，想立即过河进攻。努尔哈赤对他们说，"用兵不能像你们想的那样简单，好比砍伐大树，怎么能一下子砍断？必须用斧子一下一下去砍，渐渐折断。相同的大国，势均力敌，要一举将其灭亡，怎么可能办到？应当把它附属的城郭一个一个攻取，一直攻下去。没有阿哈，额真怎么能生存？没有诸申，贝勒怎么能生存？"在努尔哈赤的指挥下，他们毁掉了乌拉的一些城寨，而"伐大树"之说，对皇太极后来与明朝作战产生了深远的影响。第二年，灭掉乌拉。

在逐步完成统一女真各部的基础上，皇太极帮助他父亲努尔哈赤建立了新的后金国家。努尔哈赤一度想立长子褚英为储，但是褚英背着努尔哈赤做了很多违反其愿望的事，甚至逼迫皇太极等也跟他一起行动。皇太极等向努尔哈赤揭发了褚英的阴谋，万历四十一年努尔哈赤将褚英幽禁，两年后又毅然处死了他。从此皇太极进一步得到了信赖。万历二十九年努尔哈赤始建黄、白、红、蓝四旗，万历四十三年合正黄、正白、正红、正蓝并加镶黄、镶白、镶红、镶蓝，正式完成了军政合一的八旗建制。皇太极被任命为管正白旗的贝勒。

万历四十四年（1616）正月初一日，当新年来到的时候，皇太极同诸兄弟们为努尔哈赤举行了庄严而热烈的仪式，上尊号"覆育列国英明汗"，建国称金，也叫大金或后金，年号天命。现辽宁新宾县老城村为当时的都城赫图阿拉，迄今还有"尊号台"的遗址，俗称"金銮殿"。从此在东北大地诞生了一个和明朝对立的国家政权。

在这个后金国家里，努尔哈赤以父和汗的名义处于权力的顶峰。其次就是他的子侄四人，称和硕贝勒，他们"共议国政，各置官属"。此四人依年齿次序为：大贝勒代善、二贝勒阿敏、三贝勒莽古尔泰、四贝勒皇太极。统称为四大贝勒。他们相当于汉人所说的王，所以有时也称大王、二王、三王、四王。阿敏是努尔哈赤之弟舒尔哈齐之子，其余三人均为努尔哈赤之子。在四人中，皇太极排在最后，这并不表示他的地位低。天命六年（1621）二月，努尔哈赤"命四大贝勒按月分直，国中一切机务，俱令直月贝勒掌理"。这说明他们拥有同等的地位和权力。

不仅如此，在后金所从事的主要战争活动中，皇太极献智献勇，发挥了重要的作用。天命三年（1618），努尔哈赤下定决心要对明朝发动进攻，但是具体怎样行动，却议而未决。而在欢庆努尔哈赤六十大寿的宴席上，皇太极献上一计。他提出先打抚顺，"抚顺是我出入之处，必先取之"。并建议利用明朝守城游击李永芳要在四月八日至二十五日大开马市的机会，派遣五十人扮作马商，分成五伙，入城为市，继之由他亲自带领五千士兵夜行至城下，里应外合，两面夹攻。努尔哈赤欣然接受他的建议。四月十三日以"七大恨"誓师征明，结果大获胜利。抚顺之战是后金与明朝的第一次大战，对后金以后的发展影响深远，皇太极的献计献策及亲临战阵，对后金的胜利有决定性的作用。

抚顺兵败城陷的消息传到明都，"举朝震骇"，多年不理朝政的明神宗惊呼："辽左覆军陨将，建州势焰益张，边事十分危急"。为了置后金于死地，明朝于万历四十六年（1619）发动了著名的萨尔浒大战。明朝倾全国之力，集中将士近十万人，分四路向后金都城赫图阿拉进攻，企图围而歼之。努尔哈赤提出："凭尔几路来，我只一路去！"大军过扎喀关（三道关），欲按兵等待努尔哈赤，皇太极提出不可等待，要加快步伐，以防止明军攻击后金筑城的民夫。行至太兰冈，代善、达尔汉辖又欲将军队隐蔽起来，皇太极也不同意，说应当耀武扬威，对敌布阵，民夫看到这种情形，也会奋勇参战。后金的头号功臣额亦都非常赞成皇太极的主张。按着皇太极的意见，后金军进至萨尔浒（今辽宁抚顺大伙房水库东侧），与明军大战，在筑城民夫配合下，歼杜松于铁背山，首战告捷。继而北向迎击开原总兵马林一路明军，途中皇太极又打败了杜松军的后营游击龚念遂、李希泌。在西、北两路已胜，准备转战东路时，皇太极紧跟代善、阿敏、莽古尔泰之后，赶赴前线。他和代善在阿布达里冈（今辽宁新宾县榆树乡嘎巴寨村南十里）与明军相遇，互相配合，大败明军，明总兵官刘铤力战而死。另一路明军在李如柏率领下，未及交锋，狼狈逃回。萨尔浒之战是后金与明朝的第一次大决战，皇太极为赢得此战的胜利立下了汗马功劳。

天命四年八月，努尔哈赤进攻叶赫，金台石、布扬古分别占据东西二城顽强抵抗。金台石在东城已被攻破而走投无路的时刻，请求见皇太极，说见他以后可以投降。皇太极是他的外甥，特意从进攻西城的战场上来到东城。见面之后，皇太极百般劝金台石投降，然他个人顽固到底，纵火自焚。从此叶赫部被统一，这标志着一个新兴的满族已登上历史舞台。

天命五年六月的一天，皇太极领铁甲八千骑突袭沈阳北境，掠走一千余人。过去"遇唐人辄尽屠，今则一切不杀"，以争取民心。八月，皇太极等随努尔哈赤领兵攻掠懿路、蒲河（沈阳城东北）。明军出城反击，皇太极率精锐轻骑追杀，一直想杀入沈阳城内，被代善劝止了。第二年，二月十一日，皇太极又随父统八路大军，攻掠奉集堡（今沈阳城南苏家屯区奉集堡）。皇太极麾下精兵进至黄山，并追击明将朱万良至武靖营（今沈阳市西南苏家屯区大武靖营）。

天命六年努尔哈赤发动了辽沈大战。皇太极是这次大战的策划者之一和冲锋陷阵的前线指挥官。三月初十日，后金倾国出兵，十二日兵临沈阳城下，明总兵贺世贤出城抵御被战败，十三日后金占领沈阳。明援辽总兵童仲揆、陈策及周敦吉等继与后金兵大战浑河。皇太极奋勇参战。后金的将领雅松遥望明兵，胆怯而退，皇太极却毫无畏惧冲上去，打败明军，并追杀至白塔铺（今沈阳市南郊）。然后与明奉集堡守将李秉诚、朱万良、姜弼接战。皇太极以百余骑击败明朝三总兵。第二天，努尔哈赤斥责雅松说："我的儿子皇太极，父兄依赖如眸子，因你之败，不得不杀入敌营，万一遭到不幸，你的罪何止千刀万剐！"怒斥之后，将其削职。

攻下沈阳城后，后金兵进城住了五天，三月十九日，努尔哈赤又统大军攻向辽阳。明朝在辽沈的所有兵将都集中在这个古老的重镇。皇太极率后金右翼四旗兵冲锋在前，在左翼四旗兵配合下，于辽阳城外打败明军，直追至鞍山界方返回。二十一日，经过城外城内的反复激战，后金攻取了辽阳，明朝守城的经略袁应泰自焚，巡按御史张铨被活捉。这位大明的忠臣不肯屈服于后金。皇太极用宋朝徽、钦二宗降金的故事进行说服，他虽然终未低头，但对皇太极却表示相当尊重。从中反映出皇太极不单是后金英勇善战的一员骁将，而且已经是比较成熟的政治家了。

统治后金

在皇太极一生的经历中，最大的转折是从后金汗到大清帝。他是第一位当大清皇帝的人，这是他个人权势的升华，也是他父亲努尔哈赤创建后金国以来的划时代的飞跃，同时也是满族社会进步的一个标志。

皇太极即汗位以来就倾心于学习中国历代专制主义的封建统治，不断地加强集权。他废除了三大贝勒按月分直的制度，削弱了诸贝勒的特权，使汗任命的官吏发挥更大的作用。在所有的人都不能和他争衡的情况下，他于天聪十年（1636）四月登上了皇帝的宝座。先是诸贝勒大臣以远人归服、国势日隆为理由，请求为皇太极上尊号，未允。后来萨哈廉让诸贝勒检讨过去，表示今后忠诚效力，皇太极答应可以考虑了。然后皇太极又以"早正尊号"征询汉官儒臣的意见，鲍承先、宁完我、范文程、罗绣锦等都表示赞成。萨哈廉又召集诸贝勒各书誓词，向皇太极效忠。"外藩"诸贝勒闻讯也请求上尊号，皇太极同意了。上尊号的准备活动至天聪十年三月末大体就绪。

四月五日，满洲诸贝勒、固山额真，蒙古八固山额真，六部大臣，孔、耿、尚，外藩蒙古贝勒及满蒙汉文武官员齐集。多尔衮捧满字表、巴达礼捧蒙字表、孔有德捧汉字表各一道，率诸贝勒大臣文武各官赴宫门跪下，皇太极在内楼，御前侍卫传达，皇太极命满、蒙、汉三儒臣捧表入，诸贝勒大臣行三跪九叩头礼，左右列班候旨。三儒臣捧表至御前跪读，表中盛赞皇太极的文治武功，上合天意，下顺民情，请上尊号，一切仪物，俱已完备，只待赐允。皇太极听后同意，并发誓倍加乾惕，忧国勤政。消息由儒臣传出，众皆踊跃欢欣，叩头而出。第二天决定选择吉日四月十一日举行登极大典。届时正式祭告天地，受"宽温仁圣皇帝"尊号，建国号大清，实际是把后金改为大清，改元崇德，即天聪十年为崇德元年。祭告天地完毕，在坛前树鹄较射。从此中国历史上名副其实的清朝诞生了，就是这个封建王朝统治全中国二百六十八年，跨古代、近代两个历史时期。在此之前一年，皇太极下令国中之人皆称满洲原名，禁止称诸申，一个少为世人所知的满族因而扩大为举世闻名的中华民族重要成员了。

崇德年间（1636—1643）是皇太极统治的第二个时期。他在原来的基础上巩固和扩大了在东北的统治，为入关统治全中国做了充分的准备。有一件事反映了他的思想，称帝前夕，内院诸臣仿照明朝制度，给新筑的城门起名，叫扬威、昭德等，皇太极认为虚张声势不如务实，给改了巩固、靖远等名。皇太极自认是个伟大的建筑师，他要为子孙创大业，所以非常重视打基础。崇德二年（1637）六月的一天，他向诸王臣说明，自他即位以来，统一蒙古，征服朝鲜，版图扩大，人民繁庶，今后就要"宣布法纪，修明典常，为保邦致治之计"。他举例说："盖治国之道，如筑室然。基址坚固，厄材精良者，必不致速毁，世世子孙可以久居。其或苟且成工者，则不久圯坏，梓材作诰。古人所以谆谆垂诫也。"不出一个月，将同样的话又对诸王贝勒文武群臣重说了一遍。最后一语破的："自古至今，懒于治国者，国必败；勤于治国者，国恒存。"为使国家统治久远，皇太极虽没有改变掠夺财富的手段，但却更注意发展本地区的生产了。他称帝后立刻把保护土地牲畜作为法典规定下来，地里庄稼不准偷损，母猪不许杀，这是为了繁殖。也不准杀马、牛等作牺牲或出卖。以后几乎每年都把督促耕种作为重要活动，提出"农时不可失"，"废农事者罪之"。他知道五谷乃万民之命所关，因此一再强调搞好农业生产，入关前清朝的粮食不太缺乏，与这种努力分不开。手工业生产也大有进步。崇德三年十二月，一次赏给察哈尔固伦公主瓷器一千七百件，可以反映制瓷业有所成就。盛京（今沈阳）宫殿大部分为皇太极时所建，其规模和工艺技术都标志后金手工业的水平很高。盛京城西实胜寺，铸大钟千斤，是冶铸业的发展象征。商业贸易在境内有之，与明及朝鲜也均有之。皇太极曾命令大学士希福带领八家商人及公以下牛录章京以上家人的庞大代表团赴张家口贸易。后来又命人到归化城（今呼和浩特市）买马。个人远走贸易的也不乏其例。

崇德年间，虽然大批汉人被杀，或汉人投毒、拦路劫杀等反抗事件不再发生了，但皇太极却仍然注意缓和清朝的社会矛盾。他命令臣下做好"养人"的事情，尤其是对新掠取或来降的满洲、蒙古、汉人做好安置。皇太极晚年，他的子侄们在他面前发牢骚说太祖时诛戮汉人，而今汉人有为王者矣，有为昂邦章京者矣，而满洲宗室却有为官者，有为民者，"时势颠倒，一至于此！"但这位远见卓识的大清帝并未因此动摇其国策。

皇太极在机构设置上也作了相应的改革和进一步完善。清初决策的重要机构是议政王大臣会议。崇德二年四月皇太极对这个机构作了调整：一、成员除令固山贝子尼堪、罗讬、博洛等与议国政外，每旗各设议政大臣三人；二、规定他们启迪主心，救济贫乏，抚养新人三项任务；三、议政大臣奏事必先通过他们各自的固山额真，公议之后上奏。议政王大臣会议从此有了固定的程式，也更成了专制主义皇权的工具了。天命、天聪年间没有监察机关，崇德年间皇太极成立了都察院，给他们稽察一切官员的大权。有清一代，满蒙的结合，早比满汉更紧密。为了处理蒙古事务曾设蒙古衙门，崇德三年六月又改为理藩院。合原有的六部、都察院，构成了有名的八衙门。皇太极任命满洲、蒙古、汉人担任承政，每部三人，以下皆参政。崇德三年七月更定八衙门官制，每衙门只设满洲承政一人，以下酌设左右参政、理事、副理事、主事等官，由二等变成五等。这就强化了以他为首的国家统治权力。

清入关前没有内阁的名称。但是皇太极统治下的大清已初具内阁性质的内三院。天聪十年三月，皇太极改文馆为内国史院、内秘书院、内弘文院。从文馆到内三院，虽任职者均为大学士、学士，但分工更明确了，有的负责编考历史，有的起草敕谕及注释古今政事得失，还有的向皇帝进讲。崇德以后内三院的大学士、学士们对皇太极的决策有了更大的影响。

皇太极的统治还继续利用了八旗这个军政合一的组织。他使八旗通过变革越发充满生机。一是对满洲八旗不断补充新的成员，二是完善和扩大蒙古八旗、汉军八旗。努尔哈赤时的满洲被称为"佛满洲"，即旧满洲。皇太极对黑龙江等地多次用兵，带来大批少数民族加入满洲共同体，被称为"伊彻满洲"，即新满洲。皇太极把新满洲编入八旗。崇德五年一次就把征索伦俘获的新满洲壮丁并家小五千六百七十三人编为牛录，隶于八旗了。同时把征库尔喀俘获的新满洲壮丁四十二人补充了各旗披甲的缺额。满洲八旗之外，蒙古八旗早于汉军八旗建立。崇德年间汉军八旗发展最快。崇德二年，照满洲例，汉军分为两旗，四年扩大为四旗，每旗设牛录章京十八人，固山额真一人，梅勒章京二人，甲喇章京四人，但内部仍分正黄镶黄两旗，正白镶白两旗，正红镶红两旗，正蓝镶蓝两旗。崇德七年六月正式完成了汉军八旗的建制。皇太极说："我国出则为兵，入则为民，耕战二事，未尝偏废。"这种扩大满洲八旗和建立蒙古八旗与汉军八旗，既增强了清朝的武装力量，也对满蒙汉的广大人民实行了深一层的控制。尤其是为了夺取全中国统治权，皇太极创立的汉军八旗有重要意义。

崇德以后的清朝不像以前那么脆弱，皇太极虽然继续要采取一些巩固其统治的措施，但是并不担心其被消灭，他的目的是以此为基础，实现对全中国的统治。崇德四年六月二十五日，皇太极下令把从前哈达、叶赫、乌拉、辉发和蒙古诸部所接受的明朝敕书全部收上来，在笃恭殿（今沈阳故宫大政殿）前烧掉。这表明从此他们都是清朝的臣民，再也不能对明朝存在幻想了。

重大战役

皇太极还是位杰出的军事家和统帅。他称帝之后，或亲自领兵，或坐镇指挥，其军事活动，是他帝业的重要组成部分。这时他亲自领兵打的第一个大仗是征朝鲜。自从十年前与朝鲜结为兄弟以来，朝鲜仍与明朝藕断丝连，对后金要求政治上尊重，经济上开市贸易，军事上借兵等都寻找借口不肯应允。皇太极每有胜利，都不厌其详地告诉朝鲜，极力想把朝鲜从明朝一边拉过来，但收效甚微。皇太极登帝位的典礼上，最令人扫兴的是朝鲜使臣不拜，这使皇太极非常恼怒，促成了征伐朝鲜战争的爆发。

崇德元年十一月十九日，皇太极以"朝鲜败盟逆命"为由，决定发兵讨伐。十二月一日，大兵会于盛京（今沈阳），部署了济尔哈朗留守盛京，阿济格驻牛庄，阿巴泰驻噶海城。第二天征朝鲜的大兵出发，代善、多尔衮、多铎、岳托、豪格、杜度等随征。全军分左右两翼，右翼由往东京（辽阳）大路，至浑河岸排列，左翼由往抚顺大路排列。上午十时，皇太极大驾起行。朝鲜国王李倧预料"朝夕被兵"，寄希望于明朝支援，实际落空了。清军于十二月十日渡鸭绿江，十三日抵安洲，来势凶猛。李倧召大臣问："寇已深矣，将如之何？"大臣有的主张抵抗，有的提出逃走。李倧举棋不定。听说清军已过松都，只得奔向四十里外的南汉山城。朝鲜京城哭声震天，南汉山城也被清军包围了。三十日清军入朝鲜京城。第二年正月初四日，清军北渡汉江，距王京二十里驻营。初七日，清军战胜朝鲜全罗、忠清两道援军，但是六十六岁的额驸扬古利被朝鲜一败卒击中身亡。李倧"势穷情迫"，称臣请罪。皇太极要求严惩朝鲜挑起衅端的大臣，同时造船发兵攻入江华岛，获朝鲜王妃、王子及阁臣等人。二十八日，李倧献出两祸首。同一天皇太极提出：必须去掉明国年号，断绝与明交往，献出明国所与诰命册印；国王亲自来谒，以长子并另一子为质，诸大臣也以子弟为质，将来立其质子为嗣；从今以后一应文移，奉大清国正朔，所有节日俱行贡献之礼。使臣往来均遵照明国旧例；有事征伐明国，调兵数目、日期，一切不误，并当即备齐鸟枪、弓箭手及兵船五十艘，助攻皮岛；大军撤还时，欢送，俘获之人逃回执送本主；以后每年进贡一次，黄金百两，白银千两及皮张纸席等物均有定数。三十日李倧亲至皇太极面前伏地请罪。举行受降仪式后，当即留下其长子及次子为质，其余被俘妻子家口二百余人遣送还京。二月初二日，皇太极自朝鲜班师。从此清朝代替明朝把朝鲜变成了藩属。朝鲜对清朝由以前的兄弟之称，更执藩臣之礼。不久阿济格领兵攻克皮岛，斩明将沈世魁等，彻底解除了清朝攻向关内的后顾之忧。

自从大凌河之战以后，祖大寿回到明朝就驻守在锦州。吴三桂是大寿之甥，时为副将，祖、吴在辽东拥有强大实力，是明朝倚重的军事集团。清军打不败他，皇太极就用高官厚禄拉拢他的子孙。崇德三年为配合清军入口之战，皇太极亲自领兵攻向宁远、锦州，祖大寿在中后所，打败多铎的军队，皇太极到中后所，要求祖大寿来见，被拒绝。第二年皇太极又领兵围攻松山，旁及连山、塔山、杏山，崇祯召祖大寿救援，皇太极却要他来投降，也没有成功。祖大寿坚守锦州，清军屡攻不克。从崇德六年起，济尔哈朗开始令诸军包围锦州。前此因清军威胁，明朝已调洪承畴入卫京师，至是正式任命洪承畴为兵部尚书兼副都御史总督蓟辽军务，这是准备决战的重要一步。洪氏十月出山海关，调集曹变蛟、王廷臣、自广恩、马科、吴三桂、杨国柱、王朴、唐通八总兵，十三万军队，东来决战。当时祖大寿驻锦州，以松山、杏山、塔山三城为犄角。

崇德五年三月清兵修义州城。过去清军分出一部分入关，现在全力用于松锦决战。特别是明兵的增援，促使清朝不但把孔、耿、尚的军队调来助围锦州，汉军固山额真石廷柱甚至认为"明必与我并力一战"，我军换防都不必换了。崇德六年八月，皇太极见形势危急，事关重大，亲自领兵进战，不顾鼻子出血，十五日起程，三日后方止。有人建议"徐行"，皇太极说："朕如有翼可飞，当即飞去，何可徐行也！"经过六天急行军到了松山。皇太极亲征，大大鼓舞了清军的士气。他部署清军自乌忻河南至海，横截大路，绵亘驻营，再在高桥设伏，围追堵截，处处有备。明兵虽号称十三万，能战者只有白、马、吴三总兵所部。洪承畴不愿急战，但崇祯及兵部尚书陈新甲、职方郎中张若麒等皆轻躁促战，洪氏被迫进兵，初获小胜。皇太极采取大包围的攻势，挖深濠困住了明军，洪承畴正欲决一胜负，而诸将以无饷，议回宁远取粮。洪承畴看出："战亦死，不战亦死；若战，或可冀幸万一。"但部将各怀异志。还没等下令打，王朴已畏敌先逃，于是各帅争驰，败如山倒。逃兵半路被清军伏击，追击，明十三万兵，被斩就有五万。只有曹变蛟、王廷臣突围入松山城，洪承畴与巡抚邱民仰在松山坚守。松山城内兵不过万，外失救援，孤立绝望。洪承畴几次欲突围而出，皆失败。到第二年正月，副将夏承德以其子夏舒为质，密约清军为内应，二月十八日清军入松山，生擒洪承畴。三月初八日，锦州城内的祖大寿也以孤立无援被围一年后投降。四月，清军又攻克塔山、杏山，并毁二城。至此，松锦决战以清军胜利告终。经过松锦决战，明朝军队精锐伤亡殆尽。清朝人说，萨尔浒之战是"王基开"，而松锦之战是"帝业定"。皇太极为大清奠定了一代基业。

崇德七年，皇太极发动了生前最后一次入口之战。他对这次军事行动提出了异乎寻常的要求，即注意明朝和农民军的动向及应采取合作的态度。这表明皇太极认为大清取代明朝而统治全国已为期不远了。这次进军的统帅是奉命大将军阿巴泰等，两翼大军分别从界岭口及黄岩口毁墙而入，长驱南下，至山东兖州，计克三府、十八州、六十七县，败敌三十九处，获黄金二千二百五十两、白金二百二十万五千二百七十两，俘人民三十六万九千口及牛马衣服等物。但是就在这样的大胜利面前，许多文武大将提出直捣山海关时，皇太极仍坚持既定国策，不轻易冒险。终皇太极之世，清军不曾通过山海关，但没有他们扫清道路，也就不可能有后来的清军入关。

生活逸事

皇太极与海兰珠

海兰珠可以说是皇太极一生的最爱，他们经历了常人无法想象的困难才最终结合在一起。虽然他们相差16岁，可真正的爱情又岂是年龄能阻隔的。但还是天妒红颜，彼此相守的誓言却终没有实现，月老在他们两人之间牵的红线终没能敌过命运的捉弄，伴随着海兰珠的香消玉殒酿成了天人永隔的悲剧。伴随着皇太极终极一生爱的人离世，他的生命也在慢慢的流逝着……

皇太极时期的沈阳故宫中，有所谓的"崇德五宫"后妃，这五宫为中宫清宁宫，东宫关雎宫宸妃，西宫麟趾宫贵妃，次东宫衍庆宫淑妃，次西宫永福宫庄妃。崇德五宫后妃的地位远高于其他妃子，其中东宫宸妃即海兰珠，皇太极封宸妃为"东宫大福晋"，仅次于皇后，位居四妃之首。自小追随皇太极、屡屡立功的庄妃仅居五宫之末。皇太极的后妃见于史籍者计有15人，史籍之外的更有多人。皇太极独钟爱宸妃海兰珠，在她的身上倾注了夫妻间的全部感情。曾说如不是发过誓"永不抛弃哲哲"，他真想立海兰珠为皇后。

宸妃是蒙古科尔沁贝勒寨桑之女，姓博尔济吉特，名海兰珠。她是孝端皇后的侄女，庄妃的姐姐。海兰珠生于万历三十七年（1609年），比庄妃大4岁。天聪八年（1634年），其兄吴克善亲送海兰珠到盛京，与皇太极成婚，当时海兰珠已26岁，虽然已过妙龄，但倍受皇太极的宠爱。崇德元年，皇太极以古代名妃常用的封号，封海兰珠为"宸妃"。以《诗经》中像征爱情的诗句："关关雎鸠，在河之洲，窈窕淑女，君子好逑"，将宸妃居住的寝宫命名为"关雎宫"。在宫中的地位远远超过比她年轻四岁、早嫁九年的亲妹妹庄妃，仅次于姑母皇后哲哲。

崇德二年（1637），海兰珠生下皇子，这是皇太极的第八个儿子。皇太极十分喜悦，遂创大清以来之先例，特意在大政殿举行隆重的仪式，向中外颁诏宣布这一重要事件，并举行宴会和演百戏，万民同贺，大会群臣，盛筵宾客，同时颁发大赦令，释放了许多囚犯。他的理论根据是"自古以来人君有诞子之庆，必颁大赦于国中，此古帝王之隆规"。然而，前7个皇子诞生时，并未举行什么大型庆典活动，也未大赦。之后，庄妃生第9子，麟趾宫贵妃又生下第11子，亦未如此隆重地办理。由此可见，皇太极是将宸妃生的皇八子作为"储君"来对待的。

皇八子诞生庆典上，八方朝贺。蒙古各部落的首领均来供奉大量贺礼，朝鲜国王在元旦日上皇帝皇后贺表、敬献方物的同时，还上了皇太子贺表，并进献皇太子礼品，一时间，盛京（今沈阳）城内热闹无比。皇太极为表庆贺数次大宴宾客于崇政殿、清宁宫，着实盛况空前。此时的皇太极，开疆拓土，称雄于东北，加之娇妻产子，诸事顺遂，可谓春风得意，踌躇满志。宸妃更是看在眼里，美在心头，喜上眉梢。不过以后发生的事还真应了"好景不长"这句俗语，倍受娇宠的皇八子不到1岁便夭折了。痛失爱子，使皇太极十分悲痛，但他毕竟是一国之君，还有真荣了不几孑，两关启庄妃又给他生了皇元孑。爱孑的死，给皇太极和宸妃以沉重的精神打击。痛失爱子对宸妃的打击可想而知，从此，宸妃郁郁成疾。皇太极除多方安慰开导外，又厚赐宸妃财物仪仗，但这一切都无法医治她失子的心病。

崇德六年（1641）九月，皇太极御驾亲征辽西攻打明朝死守的军事要地松山、锦州。九日率军扎宫在松山城西北十里处。十二日，从盛京来到的官员向皇上奏言关睢宫宸妃得病的消息。时值两军对垒的严重时刻，皇太极却毫不犹豫地立刻召集诸王、贝勒、贝子、公及各固山额真，命他们固守杏山、高桥，随后，十三日一大早，皇太极就车驾起行，昼夜兼程赶回盛京。十七日抵达旧边界驻跸。当夜一更时分，盛京遣使来奏报宸妃病危，皇太极闻讯立即拔营，连夜赶奔，并遣大学士希福、刚林及冷僧机、索尼等急驰前往问候病势来报。皇太极尚未入城即传来宸妃殡天的噩耗。年仅33岁。皇太极疾驰入宫，在爱妃的遗体前声泪俱下，悲痛欲绝。他为了宸妃之死日夜哭泣，六天六夜不吃不喝，几次哭晕过去。皇太极与宸妃情深意笃，宸妃之死，对皇太极精神打击极大，于是"饮食顿减，圣躬违和"，甚至"言语无绪"，以致害了一场大病，自此后再没有重返松锦战场，从而也结束了他40余年的戎马生涯。

此后，皇太极亲自主持宸妃的葬礼，在太宗的坚持下，丧殓仪式从厚举行。宸妃的殡所设在盛京城地载门外五里，皇太极频繁地率众王及后宫女眷至此祭祀，每次祭祀太宗都亲自在灵前奠酒。回到宫中，皇太极坚持不入宫，而在临时的御帷中居住，以表示对宸妃的哀悼和怀念。在频繁举行的祭祀中，皇太极长时间沉浸在痛失爱妃的悲痛之中，每次祭祀必"恸哭莫酒"，很长时间里茶饭不思，甚至几次昏迷过去。朝中的大臣见此无不忧心如焚，清初的言臣祖可法、张存仁进劝说，皇上如此悲伤，于情可以理解，于理却未免太过了。皇上乃万乘之身，负有底定天下、抚育万民的责任，关系重大。现在与明朝的交战正在进行，皇上不能过分沉湎于悲痛之中，应该以江山社稷为重，尽快从悲痛中解脱出来，这才是举朝上下想看到的。

宸妃葬于盛京城北十里的蒲河边上，皇太极每次巡猎途中都要到墓地祭祀。之后还追封宸妃为"敏惠恭和元妃"，这是清代妃子谥号中字数最多的，并举行了隆重的追封礼。宸妃之丧被视为国丧，皇太极特下诏，崇德七年（1642）元旦大典，由于宸妃之丧而停止，举国停止筵宴。在宸妃丧期内作乐的官吏和宗室，都引起皇太极的暴怒，被一一革职禁锢。这已经成为事实上的国丧，连外藩蒙古、朝鲜等都遣专使来朝吊祭。皇太极亲自为宸妃撰写的祭文情真意切，催人泪下。真情绵绵。昭陵妃园寝建成后，宸妃改葬于园寝内。

对宸妃的魂牵梦索，使皇太极难以自拔。自宸妃死后，皇太极频繁举行祭典，并请僧道人等为宸妃布道诵经，超度亡魂。他每次出猎，必过宸妃墓地下马伫立，长时间地凭吊默哀，以茶酒奠祭，痛哭不止。大祭、小祭、月祭、冬至节令祭、岁暮祭，年祭。无论怎样的祭奠都无法抹平心中的悲伤，反而加重了心伤。松锦大战捷报频奏，关外四座重镇尽归清朝，关外障碍既除，挥师入关逐鹿中原指日可待。然而，战争胜利的喜悦，也不能冲淡皇太极的悲伤。对宸妃的思念与难解的忧伤，严重损害了皇太极的健康，甚至连日常朝政也"难以躬亲办理"。在宸妃去世两年之后，皇太极也逝于清宁宫，追寻宸妃而去，享年52岁。

只说控诉帮丁8人之事，所以布丹来问，我们回答说知道。至于向部里呈报的事，是龙什、希福叫我们将所有负担的差徭详细写明，我们无知，才书写清楚送上去的。"

萨哈廉将上述情况回报太宗。太宗说："诸汉官既然说不知道，可以将8名备御释放。如果治罪，以后有受苦累的就更不敢说了。各官和备御都不要'谢恩'，如'谢恩，就是要治罪又予以赦免。'"石廷柱等诸汉官得到赦免，很感激地说："臣等虽然没有控诉，但此心同死罪无异。皇上和八家贝勒崇尚恤养外人，珍赐无齐，凡遇迎送，宰牲设宴，曾无虚日，臣等以频临死亡之身，蒙皇上生全，另立一旗，得到宠遇，凡此衣、食、奴仆、马匹，哪一样不是皇上的恩赐！果真按功劳大小，颁行爵赏，拨给人丁，我们不但官爵不敢希望得到，就是任何一样东西也不是臣等该有的。现在，臣上等之家不下千丁，下等之家也不下20余丁，似此豢养之恩，虽肝脑涂地也实难报答万一啊！"

汉官联合赴部控诉，实际是一次聚众闹事。太宗并没有大动肝火，相反，首先肯定他们敢说心里话，直截了当，没有隐瞒，是完全正当的行为。对他们的控诉与事实不符，尤取平心静气说理的态度，开诚布公。近2千言的长篇讲话，通篇是事实，统计数字，没有一句空泛的大道理，也没有一句吓唬人的话，更没有使人感到气势汹汹，讲清事实，道理自明。礼部按违纪规章予以处罚，太宗予以宽恕。这一切，都感动了汉官，撤回了他们的不合理要求。一场风波瞬间平息。

太宗曾说："忠告之言虽逆耳，但对于治理任何事情都是有益的。如果把忠告之言说成是'逆耳'，是不对的。"太宗一见到群臣不管谁犯有某些过失，就当即指出来，诚心"忠告"，并指示改进办法。他对于自己的兄弟、儿子、侄儿们也不例外，一经发现错误，同样当众说清。

在他的影响和示范下，他的群臣们也能做到直接表达政见，君臣无猜，互相商酌，固而保持了内部协调一致，政治统一。

九

太宗的理想是要建立一个富人更富，穷人也富，各安其生的社会。正像他说的："抚有疆域，得臻富贵，欲与兄弟子侄及庶民共享安乐。"在一个存在阶级剥削和压迫的社会里，他的理想是自相矛盾的，而理想与现实矛盾更大，他是永远也不会实现这个理想的，穷困消除不了，当然就不可能使统治者和被统治者共享安乐。尽管如此，太宗还是作了颇大的努力，为百姓作了些有益的事情。

太宗针对社会贫富不均的情况，把政策的着重点放在扶持贫困而抑制富者敛财暴富，力图使贫富平均。具体措施，是让富人出钱或出人来资助贫困。根据他历来颁布的政策，可以归纳如下几条：

第一，没有耕种土地又无存粮的，如有兄弟，可以求其帮助，互为依靠；没有兄弟的，就由所在牛录中的殷实有粮的人家代为抚养。

第二，凡无耕牛不能耕种的贫民，可以将土地托付给"有力之家"即富人代为耕种，在农时季节，指令一些官员各到本牛录所属屯庄，查勘田土锄垦与否，如有被放弃而未锄垦的土地，可拨劳力给以予帮助。

第三，在对国家负担的差役方面，规定一切摇役应摊派给家给殷实或富足之家，不许拖累平民。

第四，由国家出钱捐助穷人，改善他们的处境。天聪二年（1628年）三月，他发下一道谕旨：国中因贫困而不能娶妻的人，由国家支给银两，做为娶妻的费用。到天聪六年（1632年）初，因归降的明兵迅速增加，安定他们的